D1748551

Volker Koop · Armee oder Freizeitclub?

Volker Koop

Armee oder Freizeitclub?

Die Kampfgruppen der Arbeiterklasse
in der DDR

1997

BOUVIER VERLAG · BONN

Die Deutsche Bibliothek - CIP-Einheitsaufnahme

Koop, Volker:
Armee oder Freizeitclub? : die Kampfgruppen der
Arbeiterklasse in der DDR / Volker Koop. - Bonn : Bouvier,
1997
ISBN 3-416-02670-5

Alle Rechte vorbehalten. Ohne ausdrückliche Genehmigung des Verlags ist es nicht gestattet, das Buch oder Teile daraus zu vervielfältigen oder auf Datenträger aufzuzeichnen. © Bouvier Verlag 1997. Printed in Germany. Abbildung auf dem Schutzumschlag: Kampfgruppen-Medaille für treue Dienste, gestiftet 1965 (Foto: Jürgen Wittke); Umschlaggestaltung: Michael Fischer, Köln. Satz: Bouvier Verlag, Bonn. Druck und Einband: Druckerei Plump, Rheinbreitbach. Gedruckt auf säurefreiem Papier.

Inhalt

Vorwort	7
Mit der Waffe in der Hand - die Kampfgruppen der Arbeiterklasse - Entstehung und Entwicklung der ersten Jahre	11
„Ein Stück Heldentum am 13. August"	93
„Den Gegner in kürzester Zeit liquidieren"	130
OVE - Der „Volkssturm" der SED	175
Sonderrolle für das Wismut-Sperrgebiet	180
Zentralschule für Kampfgruppen: Kaderschmiede zur Verteidigung der Republik	190
Ausreichend Geld nur für Orden und Medaillen	218
Neue Marschrichtung für die Kampfgruppen	224
Anhang	247
Verzeichnis der Dokumente	249
Dokumente	251
Die wesentliche Bewaffnung und Ausrüstung der Kampfgruppen	316
Abkürzungsverzeichnis	318
Begriffserläuterungen	321
Namensverzeichnis	322
Bewertung des Quellenmaterials	325
Literatur- und Quellenhinweise	328
Zeittafel	330
Danksagung - Hinweis zur Zitierweise - Bildnachweis	339

Vorwort

Die Kampfgruppen der Arbeiterklasse in der DDR - Armee oder Freizeitclub? Diese Frage ist sicherlich nicht exakt zu beantworten, möglicherweise ist sie sogar falsch gestellt. Denn es gab zu keiner Zeit *die* Kampfgruppen. Glaubt man den offiziellen Verlautbarungen der SED-Führung bei Paraden und Kampfappellen, dann hatte es sich um eine hochmotivierte, gut ausgerüstete Truppe gehandelt, die jederzeit in der Lage gewesen wäre, die vielbeschworenen sozialistischen Errungenschaften mit der Waffe in der Hand zu verteidigen. Zieht man man dagegen eher die internen Analysen derselben Funktionäre zu Rate, dann sah das Bild anders aus: Die „Kämpfer" waren in der Masse wenig motiviert, drückten sich vor der Ausbildung wo immer es ging, und auch ihr sozialistisches Bewußtsein war in der Regel nicht eben ausgeprägt. Sicher, viele der Kampfgruppen-Angehörigen hatten an den Sieg des Sozialismus geglaubt und ihn herbeiführen und verteidigen wollen. Für noch mehr allerdings dürfte die Zugehörigkeit zu den Kampfgruppen lediglich die Übernahme einer „gesellschaftlichen Aufgabe" gewesen sein, wie sie mehr oder weniger von jedem Einwohner in der DDR erwartet wurde. Sie hätten sich genau so gut in der Gesellschaft für Deutsch-sowjetische Freundschaft oder beim Roten Kreuz engagieren können.

Nicht von ungefähr ließ die SED die Bevölkerung der DDR über die tatsächlichen Aufgaben der Kampfgruppen, aber auch über Struktur und Umfang, im unklaren. Den „Kämpfern" selbst wurden allenfalls schwammige, nicht greifbare Definitionen mit auf den Weg gegeben, ihnen ein ausgesprochen verworrenes „Feindbild" eingeimpft. Da gab es Diversanten, subversive und konterrevolutionäre Kräfte, feindliche Rangergruppen, Luft- und Seelandeeinheiten, die aufzuklären, gefangenzunehmen oder zu vernichten waren, und schließlich volksfeindliche Menschenansammlungen, die ebenfalls auf der „Gegnerliste" standen. Mit all diesen Begriffen sollte letztlich eine einzige Gruppe umschrieben werden: Menschen, die sich mit der sozialistischen Diktatur nicht anfreunden konnten und sich nicht anpassen wollten. In allen Direktiven, Befehlen und Anweisungen, egal ob von Politbüro, Zentralkomitee, Nationalem Verteidigungsrat oder dem Minister des Innern, schimmert immer wieder mehr oder weniger deutlich durch, daß der tatsächliche Gegner der Kampfgruppen die eigene Bevölkerung war, sofern sie nicht mit dem SED-Regime übereinstimmte. Nach dem gescheiterten Volksaufstand vom 17. Juni 1953 als allein von der SED geführtes bewaffnetes Organ gegründet, bestanden die Kampfgruppen denn ihre sogenannten „Bewährungsproben" auch immer nur in Situationen, in denen der Freiheitswille der Menschen in der DDR gedämpft oder gar gebrochen werden mußte: im Zusammenhang mit dem ungarischen Volksaufstand 1956 ebenso wie in der Peripherie des Mauerbaus vom 13. August 1961 oder bei der Zwangsaussiedlung „Aktion Festigung" im Jahr darauf. Hier ging es nicht mehr um imaginäre Gegner, die ohnehin nicht beabsichtigten, die DDR zu überfallen, sondern hier zeigten sich konkrete Gefahren für den Sozialismus, richtiger: für das SED-Regime. Zur Abwehr solcher Gefahren, und ausschließlich hierfür, waren die Kampfgruppen aufgestellt worden, ohne daß sich die Mehrzahl der „Kämpfer" dieser Tatsache und dieses Mißbrauchs ihrer Person bewußt gewesen sein mag.

Wie der Charakter solcher Kampfgruppen einzuschätzen ist, kann daraus ersichtlich werden, daß in nur drei Ländern des ehemaligen Warschauer Vertrages derartige paramilitärische Einrichtungen existierten: in der DDR, in Ungarn und in der Tschechoslowakei, jeweils als Antwort auf die Freiheitsbestrebungen der Menschen in diesen Ländern und nach Niederschlagung der Volksaufstände durch sowjetische Truppen aufgestellt.

Durchweg etwa 200.000 Angehörige hatten die Kampfgruppen in der DDR gezählt. Sie verfügten nicht über die modernste Bewaffnung und Ausrüstung, wären aber gleichwohl in der Lage gewesen, zumindest im Innern der DDR für „Ruhe und Ordnung" zu sorgen. Ihre Existenz - und Präsenz auf den Straßen - dürfte zumindest 1956 dazu beigetragen haben, aufflackernde Unruhen, die sich bereits in spontanen Arbeitsniederlegungen und Protesten gegen das sowjetische Vorgehen in Ungarn äußerten, im Keim zu ersticken. Beim Mauerbau 1961 spielten die Kampfgruppen allenfalls eine Nebenrolle - trotz der anschließenden öffentlichen Heroisierung durch die SED. Danach, bis zu ihrer Auflösung, wurde den Kampfgruppen zwar in allen Papieren eine „Rolle innerhalb der sozialistischen Landesverteidigung" auch gegen Feinde von außen zugewiesen, ob sie diese allerdings - vor allem wegen des immer wieder kritisierten wenig ausgeprägten „politisch-moralischen Zustandes der Kämpfer" - hätte erfüllen können, sei dahingestellt. Eine letzte Umorientierung erfuhr die Aufgabenstellung für die Kampfgruppen 1988/89. Von einem äußeren Feind, den es zu bekämpfen galt, war nicht mehr die Rede, die „Kämpfer" sollten vielmehr in die Lage versetzt werden, die sozialistische Ordnung und Sicherheit auf den Straßen der DDR sicherstellen zu können. Artilleristen der Kampfgruppen mußten ihre Granatwerfer oder die Panzerabwehrkanonen, andere ihre Maschinenpistolen gegen Knüttel und Schutzschilde tauschen. Die SED-Führung richtete sich wiederum auf ein Vorgehen gegen die eigene Bevölkerung ein, ohne allerdings auch nur annähernd die Zeichen der Zeit erkannt zu haben. Noch im November 1989 schrieb der Generalsekretär der SED, Egon Krenz, allen Kampfgruppen-Angehörigen einen Brief, in dem er sie ausdrücklich und nicht von ungefähr an ihre Rolle im Zusammenhang mit dem Mauerbau erinnerte. Offensichtlich hatte Krenz - auch nach dem Mauerfall - DDR und Sozialismus noch nicht verlorengegeben. Krenz und die übrige Führung der SED wollten nicht wahrhaben, daß schon 1989 jeder zehnte „Kämpfer" einen Besuch beim „Klassenfeind" in der Bundesrepublik Deutschland beantragt hatte, daß Hunderte von „Kämpfern" nicht in die DDR zurückgekehrt waren. Das Modell „Kampfgruppen", das 1956 noch funktioniert hatte, taugte nicht mehr oder anders formuliert: Das Schwert der Arbeiterklasse war längst stumpf geworden.

Armee oder Freizeitclub? - Beides waren die Kampfgruppen nicht. Als Armee erschienen sie nur in der offiziellen Propaganda. Für viele „Freizeit-Kämpfer" boten sie willkommene Abwechslung und vermittelten, dieses darf nicht unterschätzt werden, das Gefühl echter Kameradschaft. Sie sollten ein Machtinstrument der SED nicht zur Sicherung der „Diktatur des Proletariats", sondern zur Gewährleistung der „Diktatur der Partei" darstellen. Dafür, und nur dafür, waren sie geschaffen und materiell ausgerüstet. Daß sie dann in ihrer letzten Aufgabe, nämlich die Bevölkerung im Umfeld der sich anbahnenden und dann verwirklichten politischen Wende in Schach zu halten, „versagten", mußte sich zwangsläufig so ergeben. Denn bei den Kampfgruppen hatte es sich ausdrücklich zu keiner Zeit um ein bewaffnetes Organ des Staates namens DDR gehandelt, sondern stets um ein bewaffnetes Organ allein der SED. Als deren Einfluß zu schwinden begann und sich schließlich im Nichts auflöste, mußte damit gleichzeitig das Schicksal der Kampfgruppen besiegelt sein.

Volker Koop   Bonn, im März 1997

Anzahl und Dislozierung der KG-Einheiten

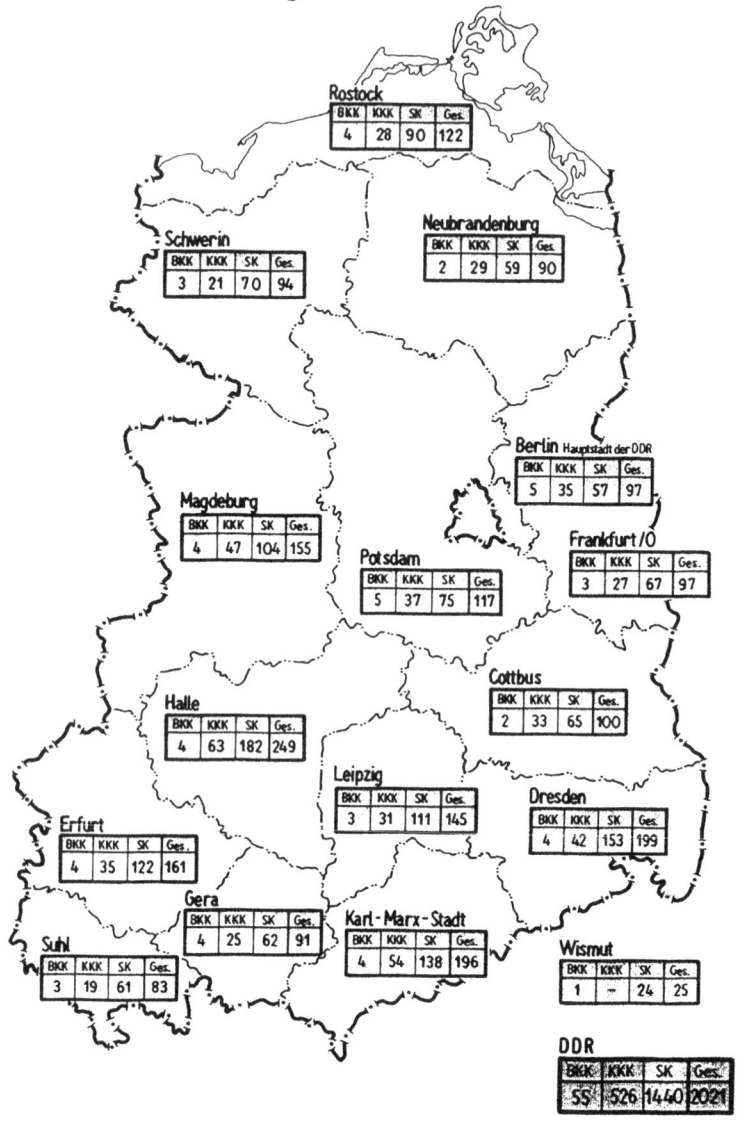

GVS I 068 S47 -6-

Rostock

BKK	KKK	SK	Ges.
4	28	90	122

Schwerin

BKK	KKK	SK	Ges.
3	21	70	94

Neubrandenburg

BKK	KKK	SK	Ges.
2	29	59	90

Berlin Hauptstadt der DDR

BKK	KKK	SK	Ges.
5	35	57	97

Magdeburg

BKK	KKK	SK	Ges.
4	47	104	155

Potsdam

BKK	KKK	SK	Ges.
5	37	75	117

Frankfurt/O

BKK	KKK	SK	Ges.
3	27	67	97

Halle

BKK	KKK	SK	Ges.
4	63	182	249

Cottbus

BKK	KKK	SK	Ges.
2	33	65	100

Erfurt

BKK	KKK	SK	Ges.
4	35	122	161

Leipzig

BKK	KKK	SK	Ges.
3	31	111	145

Dresden

BKK	KKK	SK	Ges.
4	42	153	199

Gera

BKK	KKK	SK	Ges.
4	25	62	91

Karl-Marx-Stadt

BKK	KKK	SK	Ges.
4	54	138	196

Suhl

BKK	KKK	SK	Ges.
3	19	61	83

Wismut

BKK	KKK	SK	Ges.
1	–	24	25

DDR

BKK	KKK	SK	Ges.
55	526	1440	2021

Mit der Waffe in der Hand -
Die Kampfgruppen der Arbeiterklasse

> „Die Arbeiter und Bauern in der Deutschen Demokratischen Republik sind dazu übergegangen, Sicherungsmaßnahmen zu treffen und schlagkräftige Organisationen zu schaffen, die die Wiederholung eines 17. Juni oder ähnlicher faschistischer Provokationen unmöglich machen."
>
> (Walter Ulbricht am 25. November 1953 in seiner Regierungserklärung vor der Volkskammer der DDR)

Der Volksaufstand vom 17. Juni 1953 hatte in der DDR - neben der standrechtlichen Erschießung von mindestens zwanzig Demonstranten, zahllosen Verletzten, einer großen Zahl von Verhaftungen und Verurteilungen zu langjährigen Zuchthausstrafen und zu dann auch vollstreckten Todesurteilen sowie radikalen Säuberungswellen in der SED - eine Reihe weitreichender Konsequenzen, die teilweise bis zum Jahr 1990 Bestand haben sollten: Die völlige Militarisierung des Landes, die schrittweise Umbildung der Kasernierten Volkspolizei zur Nationalen Volksarmee, die Umgestaltung der Deutschen Grenzpolizei zur militärischen Grenztruppe sowie als ersten Schritt die Aufstellung der Kampfgruppen der Arbeiterklasse. Insbesondere aber setzte die SED nach den Erfahrungen des Volksaufstandes konsequenter als zuvor alles daran, sämtliche Lebensbereiche in der DDR zu durchdringen, zu steuern und zu kontrollieren. Denn dieser 17. Juni hatte nicht nur deutlich gemacht, daß es der SED in keiner Weise auch nur annähernd gelungen war, die Menschen in der DDR für die Idee des Sozialismus zu begeistern, er hatte der SED-Führung vor allem demonstriert, daß sie über keinerlei Instrument verfügte, Demonstrationen oder anderen Unruhen im Lande mit eigenen bewaffneten Kräften wirksam, d.h. auch gewaltsam zu begegnen und sie unterdrücken. Zwar hätte sich zum damaligen Zeitpunkt die DDR-Führung weiterhin auf die Sowjetunion und die in der DDR stationierte „Gruppe der sowjetischen Streitkräfte in Deutschland (GSSD)" verlassen können, doch strebte die SED die Bildung eines eigenen „bewaffneten Organes" an, das über Zentralkomitee und Politbüro nur ihr selbst unterstehen sollte. An die Nationale Volksarmee war 1953 noch nicht zu denken, sie wurde erst 1956 gegründet. Die Kasernierte Volkspolizei sowie die Deutsche Grenzpolizei waren von der Bewaffnung, mehr noch von ihrem „politisch-moralischen Zustand" her, kaum in der Lage, solchen Situationen, wie sie sich am 17. Juni ergeben hatten, ohne Unterstützung des „großen Bruders" Herr zu werden. Zwar betrachtete die SED die Kasernierte Volkspolizei durchaus nicht als „Polizeitruppe" mit entsprechenden Aufgaben, sondern als militärische Kraft und sprach von ihr konsequenterweise häufig als von den „Nationalen Streitkräften", doch war auch den Mitgliedern von Politbüro und ZK sehr wohl bewußt, daß die bestehenden bewaffneten Kräfte - Kasernierte Volkspolizei, Deutsche Volkspolizei, Transportpolizei, Deutsche Grenzpolizei, aber ebenso in begrenztem Maße die paramilitärische Gesellschaft für Sport und Technik - sich keinesfalls als zuverlässige Stütze des Regimes erwiesen hatten, noch auf absehbare Zeit erweisen würden. Es gibt nicht ein einziges Protokoll von Politbüro- oder ZK-Sitzungen aus diesen oder späteren Jahren, aus dem nicht der katastrophale Zustand dieser Einrichtungen hervorginge, der weniger - aber auch - auf materielle Unzulänglichkeiten zurückzuführen war, als vielmehr auf die mangelnde Unterstützung der Bevölkerung für das Ost-Berliner Regime. Die SED wollte sich daher mit „Kampfgruppen der Arbeiterklasse" von den übrigen „bewaffneten Organen" unabhängig machen. Nicht von ungefähr war in den Anfangsjahren die Zugehörigkeit zur SED Voraussetzung, um den Kampfgruppen angehören zu können, und selbst nach einer späteren Öffnung für parteilose, aber doch „fortschrittliche Werktätige" blieben die Führungspositionen SED-Mitgliedern vorbehalten.

Unsicherheit in Politbüro und ZK

Weder ZK noch Politbüro schienen in den ersten Tagen und Wochen nach dem Juni-Aufstand konkrete Vorstellungen darüber gehabt zu haben, wie eine Wiederholung solcher Ereignisse künftig verhindert bzw. niedergeschlagen werden könnte. Die entwickelten Aktivitäten trugen eher den Charakter des Aktionismus, denn den überlegter Handlungen. Für die Sitzungen des Politbüros vom 17. bis 19. Juni finden sich keinerlei Hinweise auf die Behandlung des Volksaufstandes, am 20. Juni beschloß es unter dem Tagesordnungspunkt 2 die Bildung eines Stabes für Berlin, dem für die Deutsche Volkspolizei die Genossen Seiffert, Wagner und Fruck angehörten, für die Kasernierte Volkspolizei Zaisser, Hoffmann und Maron. Am 3. Juli wurden 3.000 Angehörige der Kasernierten Volkspolizei in Berlin bereitgestellt, um - unter nunmehr einheitlichem Kommando aller Polizeikräfte in Berlin - die Bevölkerung einzuschüchtern und ein Wiederaufflackern des Aufstandes zu unterbinden. Einig war sich die Führungs-Clique der SED zu diesem Zeitpunkt lediglich darüber, daß der Bevölkerung ein „neuer politischer Kurs" der Partei suggeriert werden müsse und es vorrangige Aufgabe sei, „die Ordnung aus eigenen Kräften auf feste Grundlagen zu stellen". Der Begriff des „neuen politischen Kurses" war auf der 14.,15. und 16. Tagung des ZK in den Monaten Juni bis September 1953 geprägt worden, um den aufgebrachten Menschen ein scheinbares Nachgeben sowie Kurskorrekturen vorzugaukeln und sie zu beruhigen. Tatsächliches Ziel des „neuen Kurses" allerdings war es ausschließlich, die Massen zu beruhigen, Gegner des Regimes zu verurteilen und das kommunistisch/sozialistische System nun in allen Bereichen, besonders im militärischen, zu stärken.

Bereits in den Tagen im direkten Anschluß an die Sitzung des Politbüros vom 20. Juni 1953 (11 - 17 Uhr) und der 14. ZK-Tagung vom selben Tag (22 Uhr) hatten deren Mitglieder auf Parteiaktivtagungen in Betrieben, Bezirken und Kreisen den vermeintlich „neuen politischen Kurs" zu erläutern versucht - ein unmögliches Unterfangen, gab es doch eine tatsächliche Kursänderung allenfalls im Hinblick auf weitere und intensivierte Unterdrückungsmaßnahmen. Dennoch war auf der 14. ZK-Tagung festgelegt worden, „der Prüfstein für den Erfolg unserer Aufklärungsarbeit werden die von den Belegschaften aus innerer Überzeugung übernommenen Beschlüsse der Unterstützung des neuen politischen Kurses von Partei und Regierung und ihre Einsicht in die Notwendigkeit zur aktiven Bekämpfung aller offenen und versteckten Provokateure sein".

Auf dieser Grundlage, nämlich der Bekämpfung von „Provokationen", beschlossen Politbüro (23. Juli 1953) und das ZK der SED auf seiner 15. Tagung (24. bis 26. Juli)[1] bereits die Bildung und systematische Ausbildung von Kampfgruppen, ehrlicherweise zu dieser

---

[1] Referate, Entschließungen und das Protokoll der Diskussionsbeiträge der 15. Tagung lagen als parteiinternes Material vor. Laut Entscheidung von Honecker vom 14.11.1978 wurden die Dokumente mit dem Vermerk „zur dauernden Aufbewahrung im ZK" versehen, d.h., die Akten wurden dauernd gesperrt und offensichtlich „bereinigt".

Zeit noch Kampfgruppen der *Partei* genannt. Erste Konturen nahmen diese „Kampfgruppen" Ende Juli und dann im August an. Die Bezirksleitungen der SED hatten, wie kurz danach auch die Grundorganisationen der SED auf allen Ebenen, beraten, auf welche Weise „die massenpolitische Arbeit der Partei" verbessert und wie das „Klassenbewußtsein der Arbeiter" erhöht werden könne. Das Ergebnis dieser Überlegungen sollte dazu führen, daß Werktätige „auch außerhalb der Arbeitszeit Sorge zu tragen (hatten) für den Schutz und die Sicherheit der Produktions- und Verwaltungseinrichtungen und der geschaffenen Werte".[2] Selbstverständlich war es der SED zu keinem Zeitpunkt darum gegangen, Kampfgruppen zum Schutz von „Produktionsstätten" aufzustellen, sondern die Bildung dieser Kampfgruppen war alleiniger Ausdruck der permanenten Furcht des Regimes, seine Macht zu verlieren. Erst geschürt und dann mißbraucht werden sollte die Angst mancher Arbeiter vor „konterrevolutionären" Anschlägen aus dem einzigen Grund, die alleinige SED-Herrschaft zu stabilisieren. Festlegungen über konkrete Aufgaben künftiger „Kampfgruppen", Kriterien der Aufnahme oder der Ausbildung waren zu formulieren und zu beschließen, vor allem das entscheidende politische Führungsinstrument zu schaffen.

„Sicherheitskommission" als streng geheimes Machtinstrument

Auf Beschluß von Politbüro und ZK war bereits die streng geheime „Sicherheitskommission" ins Leben gerufen worden, die sich rasch zu einem der wichtigsten und einflußreichsten Gremien entwickelt hatte. Sie allein legte die Richtlinien für die Landesverteidigung und die Militarisierung des gesamten Lebens in der DDR und damit des Machterhalts der SED fest. Zugleich konnte die SED über sie ihre führende und unumstrittene Rolle in allen bewaffneten Kräften zementieren. Welcher Geheimhaltung die Existenz dieser Sicherheitskommission unterlag, ist kaum nachvollziehbar, war sie doch das bedeutendste Machtinstrument der Partei, wenn auch - wie in Diktaturen üblich - hinter den Kulissen. Ohne jegliche gesetzliche Grundlage war die Kommission geschaffen worden und arbeitete, allein der Partei - und somit in diesem Fall sich selbst - Rechenschaft schuldig. Welche Dimension die Geheimhaltung um dieses Gremium angenommen hatte, ist einem Schreiben Ulbrichts vom 22. November 1959 an den

---

[2] Gabert, Dissertation (B), Berlin (Ost), 1989

Ersten Sekretär der ZK der KPdSU, Chruschtschow, zu entnehmen. Um die Zustimmung der UdSSR zur Bildung eines „Nationalen Sicherheitsrates"[3] zu erhalten, war Ulbricht in seinem Brief kurz auch auf die Sicherheitskommission eingegangen:

„Seit langer Zeit besteht in der DDR eine vom Politbüro des ZK der SED eingesetzte Sicherheitskommission, die die Frage der Sicherheit und Verteidigung des Landes leitet. Die Sicherheitskommission setzt sich wie folgt zusammen:
Vorsitzender: Walter Ulbricht
Mitglieder: Otto Grotewohl
               Erich Honecker (Sekretär der Kommission)
               Hermann Matern
               Bruno Leuschner
               Alfred Neumann
               Willi Stoph
               Karl Maron (Innenminister)
               Erich Mielke (Minister für Staatssicherheit)
               Alois Pisnick (Kandidat des Politbüros und Sekretär
               der Bezirksleitung Magdeburg der SED)
Das Bestehen der Sicherheitskommission ist bisher nur den leitenden Funktionären, die auf dem Gebiet der Sicherheit und Verteidigung tätig sind, bekannt."

Verwechselt werden darf diese „Sicherheitskommission" im übrigen nicht mit der am 12. August 1953 gebildeten, ebenfalls geheimen „Abteilung für Sicherheitsfragen des ZK der SED - Abteilung S - ", die zwar auch erheblichen Einfluß auf sämtliche militärischen Angelegenheiten in der DDR - und damit auf das gesamte gesellschaftliche Leben - nahm, jedoch nicht - wie die Sicherheitskommission - die Kompetenz besaß, originär die politischen Weichen zu stellen.

Wie immer in ihrer Geschichte wandte die SED auch im Zusammenhang mit der Aufstellung der Kampfgruppen die Methode des Verschleierns und Vertuschens an. Formell wurde dem Ministerium des Innern die Verantwortung für die Ausbildung und Leitung der Kampfgruppen übertragen, das Heft in der Hand behielt das eigentliche Machtorgan der Partei SED, neben der geheimen „Sicherheitskommission" im weiteren die Abteilung für Sicherheitsfragen des ZK.

---

[3] Gegründet wurde dieses Gremium dann unter dem Namen „Nationaler Verteidigungsrat der Deutschen Demokratischen Republik". Der Begriff „Nationaler Sicherheitsrat" hatte die Ideologen in der SED zu sehr an den amerikanischen „Nationalen Sicherheitsrat" erinnert und kam daher letzlich nicht in Frage.

Arbeiterwehren und Sicherungsgruppen
Während das ZK der SED Kampfgruppen in ihrer vollen Bedeutung zunehmend als Instrument der Herrschaftssicherung erkannte, war es in den Bezirken, Kreisen und Betrieben bereits zur Bildung erster „Wehren" gekommen. Die Initiative hierfür dürfte noch von den örtlichen und betrieblichen Parteiorganisationen ausgegangen sein, wobei im Vordergrund die Betriebe standen, deren Belegschaften sich am 17. Juni und danach als besonders „unzuverlässig" erwiesen hatten. Zum Entsetzen der SED hatte es sich dabei vor allem um Großbetriebe gehandelt, in denen sie - fälschlicherweise - das ihr ergebene „Proletariat" wähnte. An dieser Stelle muß in Erinnerung gerufen werden, daß sich im öffentlichen Bewußtsein der Aufstand der Bevölkerung der DDR gegen das verhaßte kommunistische Regime unzulässigerweise auf den 17. Juni reduziert. Tatsächlich hatten die Proteste schon am 13. Juni ihren Anfang genommen. Bei einem Betriebsausflug des VEB Industriebau auf Berliner Seeen hatten Bauarbeiter der Technischen Leitung des Betriebes angekündigt, sie würden am 15. Juni aus Protest gegen die angekündigte zehnprozentige Normerhöhung in den Streik treten. Als dann am Montag, 15. Juni, die Arbeiter tatsächlich mit dem Streik begannen, hatte die Betriebsgewerkschaftsleitung diesen nur dadurch vorerst abwenden können, daß sie eine Betriebsversammlung zuließ, auf der eine Resolution an den Ministerpräsident Grotewohl folgenden Inhaltes verabschiedet wurde:

„Wir Kollegen von der Großbaustelle des Krankenhauses Friedrichshain vom VEB Industriebau wenden uns an Sie, Herr Ministerpräsident, mit der Bitte, von unseren Sorgen Kenntnis zu nehmen. Unsere Belegschaft ist der Meinung, daß die 10 Prozent Normerhöhung für uns eine große Härte ist. Wir fordern, daß von dieser Normerhöhung auf unserer Baustelle Abstand genommen wird. ... In Anbetracht der erregten Stimmung der gesamten Belegschaft fordern wir, zu diesen schwerwiegenden Punkten unverzüglich Stellung zu nehmen und erwarten Ihre Stellungnahme bis spätestens morgen Mittag."

Hatten die ersten Forderungen lediglich eine Rücknahme der Normerhöhung beinhaltet, verlangten am 16. Juni in Berlin und zahlreichen anderen Städten der DDR bereits Zehntausende von Demonstranten den Sturz der Regierung, freie Wahlen und somit das Ende der SED-Diktatur. Für die Parteiführung und die sowjetische Besatzungsmacht war damit die Grenze des gerade noch Duldbaren überschritten. Unter massivem Panzereinsatz wurde am 17. Juni der Aufstand der Menschen niedergeschlagen. Mit diesem Blutbad jedoch war in der DDR noch keine Ruhe eingekehrt, wie die nachfolgenden Beispiele, stellvertretend für viele, zeigen: Am 18. Juli hatte das MfS berichten müssen, daß sich inzwischen über vier Prozent der Landwirtschaftlichen Produktionsgenossenschaften aufgelöst hätten, eine noch größere Zahl vor diesem Schritt stehe. Arbeiter im Klement-Gottwald-Werk in Schwerin hatten am 9. Juli die Arbeit niedergelegt. Ebenfalls am 9. Juli forderten 1.300 Betriebsangehörige des VEB Carl-Zeiß Jena die Haftentlassung des zu Zuchthaus verurteilten Streikführers Norkus und bekräftigten diese Forderung am 11. Juli mit einem Sitzstreik, an dem mehr als 2.000 Arbeiter des Werkes teilnahmen. Im Buna-Werk Schkopau erreichten Proteste zwischen dem 15. und 17. Juli Dimensionen, die die der Aktionen des 17. Juni bei weitem übertrafen. Auf welche Weise die SED die Kontrolle über die Arbeiter in Schkopau wiedergewinnen wollte, demonstrierte sie gerade am Beispiel „Buna". Bereits am 15. Juli war ein sog. „Kampfstab", bestehend aus Angehörigen der SED-Kreisleitung, der KVP, des Betriebsschutzes sowie der Staatssicherheit, gebildet worden. Nachdem der Vertreter der sowjetischen Besatzungsmacht, Gardeoberst Rodionow, nach einem Gespräch mit den Streikenden festgestellt hatte, bei deren Anliegen handele es sich um „faschistische Forderungen", war der Weg zum Einsatz von Gewalt für die SED frei. Noch in der Nacht zum 16. Juli wurden achtzehn Arbeiter vom MfS verhaftet, am Tag darauf brachen starke Sicherheitskräfte endgültig den Widerstand der Buna-Arbeiter.

Auch im VEB Leuna-Werke „Walter Ulbricht" hatte die Kreisleitung der SED am 30. Juli 1953 einen Einsatzstab aus Vertretern der Partei- bzw. Werkleitung, des Werkschutzes und der GST aufgestellt, der die Bildung bewaffneter Arbeitereinheiten vorzubereiten hatte. In Saalfeld beauftragte die SED-Kreisleitung den VEB Maxhütte Unterwellenborn „auf Grund ihrer bei der Zurückschlagung der konterrevolutionären Provokationen gewonnenen Erfahrungen mit dem Aufbau von Betriebskampfgruppen". Zum selben Zeitpunkt wurden im VEB Rohrkombinat des Stahl- und Walzwerkes Riesa ebenso wie auf der Schiffswerft „Neptun" in Rostock erste „Arbeiterwehren" aufgestellt[4]. Einen Schwerpunkt dieser noch nicht zentral geleiteten Bildung von „Arbeiterwehren" stellte - nach der Aktenlage - Berlin dar, wo es nach einer entsprechenden Beschlußfassung durch die SED-Bezirksleitung vom 3. August 1953 allein im Bezirk Pankow innerhalb kürzester Zeit Kampfgruppen in 23 Betrieben und Einrichtungen gab. Der Bezirk Halle meldete mit Stand vom 13. August 1953 die Vorbe-

---

[4] Gabert.

reitung zur Aufstellung von Kampfgruppen in 16 Bergbau-, 15 Maschinenbau-, 12 Chemie- und drei Metallurgiebetrieben, in 23 Niederlassungen der Deutschen Handelszentrale sowie in sechs Betrieben des Bauwesens. Einige Maschinen-Traktoren-Stationen - so in Bad Frankenhausen, Heldungen, Voigtstedt und Wiehe - hatten erste „Sicherungsgruppen" als Keimzellen künftiger Kampfgruppen aufgestellt.

Daß dieser Flickenteppich von Arbeiterwehren, Kampf- oder Sicherungsgruppen zusammengefaßt und unter zentraler Leitung - und zwar unter der der SED - geführt werden mußte, war nun vorrangiges Interesse der Partei. Sie sollten, wie Ulbricht es auf der 16. Sitzung des ZK vom 17. bis 19. September 1953 formuliert hatte, „die Unantastbarkeit der Grundlagen unserer fortschrittlichen demokratischen Ordnung sichern und die leitende Rolle unserer Partei festigen". Pathetisch brachte Eberhard Nimz, seines Zeichens Sekretär der Betriebsparteiorganisationen im Stahl-und Walzwerk Brandenburg, die Vorstellungen über die Rolle der Kampfgruppen in der Ausgabe der Betriebszeitung „Stahl für den Frieden" am 5. September 1953 zu Papier:

„Eine schlagkräftige Arbeiterwehr - der Garant der Sicherheit unseres Werkes! ... Um allen eventuellen Versuchen feindlicher Kräfte, neue Angriffe gegen unser Volkseigentum und unsere Staatsmacht der Arbeiter und Bauern zu starten, von vornherein wirksam zu begegnen bzw. sie überhaupt unmöglich zu machen, ist die Bildung von Arbeiterwehren unbedingt erforderlich. ... Die Arbeiterwehr ist der freiwillige Zusammenschluß der besten und fortschrittlichsten Kollegen zum Schutze unseres Werkes und unserer demokratischen Einrichtungen. Für jeden bewußten Kollegen ist es eine Ehre, der Arbeiterwehr unseres Betriebes anzugehören."

Noch unbewaffnet und in Zivilkleidung, zeigten sich in diesen Wochen die Arbeiterwehren, allerdings mit einer Ausnahme: Für die „Kämpfer" des Stahl- und Walzwerkes Riesa waren bereits ausgesonderte Polizeiuniformen ausgegeben worden. Die Riesaer waren es auch, die so etwas wie eine „Traditionspflege" aufnahmen. Schon im November 1953 hatten sie mit einer eigenen Schalmeienkapelle aufspielen können.

3.000 Volkspolizisten nach Berlin

Im Archiv des früheren Ministeriums des Innern finden sich Unterlagen, aus denen hervorgeht, daß die DDR-Spitze zumindest in der ersten Zeit nach dem Juni-Volksaufstand Schwierigkeiten hatte, mit der entstandenen Situation fertigzuwerden. Sie mußte auf die Militärmacht der sowjetischen Truppen bauen und konnte selbst nur das aus ihrer Sicht Notwendigste unternehmen, um den Schaden zu begrenzen. Erst der Befehl 11/53 des Ministers des Innern vom 30. September 1953 (Geheime Verschlußsache 141/53) zeigt an, daß die SED nun entschlossen war, die Zügel wieder in die Hand zu nehmen. „Zur Herbeiführung eines ordnungsgemässen Polizei-Einsatzes in Berlin, der die Gewährleistung der öffentlichen Ruhe und Ordnung gewährleisten muß", befahl Innenminister Stoph:

„1. Der Chef der Deutschen Volkspolizei hat von der Deutschen Demokratischen Republik nach Berlin für den Dienst in den Berliner Volkspolizeibereitschaften entsprechend den Notwendigkeiten, bis zum 1.11.1953 3.000 VP.-Angehörige zu versetzen.
2. In Berlin sind für die Berliner Volkspolizei bis zum 1.12.1953 1.500 Personen in der Berliner Volkspolizei (insbesondere für die Schutzpolizei) zu werben.
3. Für den polizeilichen Einsatz im Demokratischen Sektor von Berlin, ist entsprechend den politischen Notwendigkeiten auf der Grundlage der neuen Struktur der Berliner Volkspolizei ein detaillierter Einsatzplan, der die Aufgaben der Einsatzkräfte enthält, auszuarbeiten und am 1.10.1953 in Kraft zu setzen.
4. Die KVP ist ab 1.10.1953 aus Berlin abzuziehen, die Ablösung ist am 10.10.1953 zu beenden.
Der Chef der Deutschen Volkspolizei und der Chef der Kasernierten Volkspolizei melden mir bis zum 12.10.1953 die Durchführung der Ablösung.
5. Die Bewachung der Regierungsgebäude und anderer zentraler Objekte ist ab 1.10.1953 wie folgt zu regeln:
a) Bewachung durch Wacheinheiten des Staatssekretariats für Staatssicherheit:
Zentralkomitee der SED,
Amtssitz des Präsidenten,
Regierungsgebäude und Haus der Ministerien,
Volks- und Länderkammer,
Regierungsstädtchen und
Regierungskrankenhaus.
b) Den Plan der Bewachung der Regierungs- und anderer zentralen Gebäude legt mir der Chef der Deutschen Volkspolizei bis zum 15.10. 1953 zur Bestätigung vor.
6. Die Kontrolle für die Durchführung dieses Befehls übertrage ich entsprechend ihrem Verantwortungsbereich dem Chef der Deutschen Volkspolizei und dem Chef der Kasernierten Volkspolizei und Staatssekretär Wollweber."

Dieser Befehl muß sicherlich als ein eindeutiges Mißtrauensvotum gegenüber der KVP gewertet werden. Eine Betrachtung des inneren Zustandes der Kasernierten Volkspolizei macht deutlich, warum die SED nicht allein auf die KVP und die übrigen schon bestehenden „bewaffneten Organe" bauen mochte. In einem streng vertraulichen Bericht an das Politbüro vom 21. November 1953 wurde unumwunden eingeräumt, die Disziplin in der KVP habe nachgelassen, die Zahl der Deserteure sei gestiegen - im Raum Torgelow/Eggesin sogar um das Dreifache -, und der „politisch-moralische Zustand" habe sich verschlechtert. Gerade nach den Ereignissen des 17. Juni hätten „republikfeindliche Elemente und Agenten der westlichen Geheimdienste ihre Tätigkeit zur Zersetzung der kasernierten Volkspolizei verstärkt".

Generalleutnant Heinz Hoffmann, Chef der KVP und später Minister für Nationale Verteidigung, mußte für das Jahr 1953 insgesamt 457 Verhaftungen aus den Reihen der KVP melden, darunter die von 78 „Agenten" westlicher Geheimdienste. Außerdem habe es 1953 27 „terroristische Akte gegenüber Offizieren der KVP sowie Funktionären, 85 Organisationen zur Gruppenflucht, 140 Deserteure, die in Westberlin den Spionagezentralen Dienstgeheimnisse preisgaben, sowie 89 Fälle von feindlicher Propaganda und Verbreitung von Flugblättern" gegeben. Neben 14.157 Disziplinarvergehen hatte die SED schließlich noch zur Kenntnis zu nehmen, daß 2.582 KVP-Angehörige allein 1953 in den Westen geflohen waren, wobei sich unter ihnen ein überdurchschnittlich hoher Anteil von SED- und FDJ-Mitgliedern befunden hatte. Schädlichen und verleumderischen Gerüchten über die KVP träten die örtlichen Partei- und FDJ-Organisationen nicht ausreichend gegenüber, kritisierten Politbüro und ZK, sie bewegten sich sogar „in einigen Fällen im Schlepptau der Provokateure". Gleiches gelte im übrigen für die Grenzpolizei, die wie die KVP darunter litt, daß zu wenige junge Männer daran dachten, sich ihr freiwillig anzuschließen. Rund 18.000 Stellen in der KVP hatten 1953 nicht besetzt werden können, weil sich nicht genügend Freiwillige für den Dienst in dieser „Nationalen Streitkraft" gemeldet hatten. Unzufrieden zeigte sich die SED über die soziale Zusammensetzung und Herkunft der KVP-Angehörigen. Zwar entstammten 60 Prozent der Arbeiterschaft, allerdings zum überwiegenden Teil kleineren oder Handwerksbetrieben und nicht, wie gewünscht, „dem Kern der Arbeiterklasse, aus den Großbetrieben".

Dem Personalmangel, insbesondere dem Fehlbestand junger Offiziere, wollte die SED mit der Einführung einer partiellen Wehr- oder Dienstpflicht begegnen, wobei die Arbeiter- und Bauernfakultäten der Universitäten in der DDR als Kaderschmiede auserkoren wurden. Von den jährlich 3.000 Absolventen sollten mindestens 2.500 als Reserveoffiziere ausgebildet werden. Außerdem sollten „die Mängel im System der Auffüllung durch die Einberufung von jährlich 30 000 - 35 000 Jugendlichen aus den Reihen der Mitglieder und Kandidaten der Partei, der Mitglieder der Freien Deutschen Jugend und der besten parteilosen Arbeiter und werktätigen Bauern beseitigt werden". Darüber hinaus beschloß die Parteiführung, in „getarnter Form" über die Kreisbehörden alle Männer im wehrfähigen Alter in der DDR zu erfassen, hatte sie doch ermittelt, daß zu diesem Zeitpunkt insgesamt 1.392 Millionen Einwohner der DDR noch keine militärische Ausbildung erhalten hatten.

Daß sich die Verhältnisse innerhalb der KVP bis zu deren Ende bzw. ihrer dann auch offiziellen Umwandlung zur Nationalen Volksarmee nicht wesentlich änderten, zeigt ein Blick in einen Geheimbericht, den Stasi-Staatssekretär Wollweber am 25. Januar 1955 dem Ersten Sekretär des ZK Ulbricht zugeleitet hatte: 57 KVP-Angehörige hatten danach 1954 wegen „antidemokratischer Tätigkeit" verhaftet werden müssen. 2.945 Mann, unter ihnen 450 Offiziere, waren im selben Jahr „aus politisch-moralischen Gründen entlassen worden; von diesen Entlassenen wurden 263 Mitglieder und Kandidaten der SED aus der Partei ausgeschlossen".

„Instrument des Kampfes gegen Terroraktionen des Feindes"

Der SED mußte es nach den Erfahrungen des 17. Juni und nach dem offensichtlichen Versagen der bestehenden bewaffneten Kräfte darum gehen, ihren Machtanspruch durch die Anwendung auch militärischer Gewalt durchsetzen zu können und hierfür nach Möglichkeit die gesamte Bevölkerung, sofern sie denn Waffen tragen konnte, einzuspannen und zu mißbrauchen.

Der Vorsitzende des Ministerrates der DDR, Grotewohl, bestätigte später auf der 3. Parteikonferenz der SED am 28. März 1956, es gehöre „zu den wichtigsten Aufgaben der Staatsmacht der Arbeiter und Bauern in der DDR, die den Aufbau des Sozialismus durch den Zusammenschluß der *gesamten* Bevölkerung um die Arbeiterklasse organisiert, den Schutz der Errungenschaften der Arbeiter und Bauern und die militärische Verteidigung der Heimat zu sichern". Für Andersdenkende und „Abweichler" sollte in einem solchen System kein Platz sein. Hinzu kam, daß die SED eine direkt von ihr geführte und ihr unterstellte milizähnliche Einrichtung brauchte, die zudem - zumindest in der propagandistischen Darstellung - den Eindruck erwekken sollte, Arbeiter und Bauern selbst seien es, die die „sozialistischen Errungenschaften" gegenüber imperialistischen und kapitalistischen Mächten schützen müßten und wollten.

Der 9. Dezember 1953 kann als das zumindest formale Gründungsdatum der Kampfgruppen betrachtet werden. An diesem Tag war in Berlin das Sekretariat des Zentralkomitees der SED zusammengetreten, um in zehn Punkten Einzelheiten zum Aufbau der Kampfgruppen festzulegen. Unmißverständlich wurde die Rolle des neuen bewaffneten Organs „Kampfgruppen" definiert und festgeschrieben. Sie hatten in erster Linie ein „Instrument der politischen Massenarbeit und des Kampfes gegen Terroraktionen des Feindes" zu sein, mit „körperlich voll einsatzfähigen Mitgliedern und Kandidaten" der SED als „Kämpfern", die es „als hohe Ehre und Pflicht" betrachteten, „in den Reihen der Kampfgruppen aktiv an der Zerschlagung der verbrecherischen Machenschaften der faschistischen Untergrundorganisationen, der Agenturen des Ostbüros[5] usw. und damit am Schutze unserer Partei und unserer Republik" teilzunehmen. Bei entsprechender „Verstärkung der Maßnahmen zur patriotischen Erziehung aller Werktätigen" sollten dazu „fortschrittliche, klassenbewußte Arbeiter, parteilose Genossenschaftsbauern u.a." Angehörige der Kampfgruppen werden können. Die technische und taktische Ausbildung wurde vorerst der paramilitärischen Gesellschaft für Sport und Technik (GST)[6] übertragen, ohne daß damit jedoch die Verantwortung der Parteileitungen auf der Bezirksebene für die Führung, den Einsatz der Kader, die Disziplin und aller anderen Fragen in irgendeiner Weise berührt worden wäre. Bezirks- und Kreisleitungen der Partei erhielten die Verpflichtung, gemeinsam mit den Bezirks- und Kreissekretären die Ausbildung von „Kämpfern" zu organisieren und aufzunehmen. Als eher bescheiden und unzureichend muß die Bewaffnung der Kampfgruppen in dieser frühen Entstehungsphase bezeichnet werden. Die GST hatte Kleinkaliber-Gewehre zur Verfügung zu stellen, die für Ausbildung wie Einsatz geplant und derart zu lagern waren, daß „die Kampfgruppen in Alarmfällen innerhalb weniger Minuten bewaffnet werden können". Zumindest die Vorstellung einer in wenigen Minu-

---

[5] Gemeint waren hier die Ostbüros der SPD
[6] Die Gesellschaft für Sport und Technik war am 12. August 1952 gegründet worden, um durch sie den militärischen Nachwuchs für die KVP und die übrigen bewaffneten Organe ausbilden zu lassen.

ten nach Alarmauslösung kampfbereiten Truppe erwies sich - wie im weiteren und insbesondere am Beispiel des 13. August 1961 immer wieder ersichtlich wird - bis zum Ende der Kampfgruppen als weitgehend illusorisch. Am Rande sei bemerkt, daß 1953, aber desgleichen noch im folgenden Jahr, die Kampfgruppen in ihrem Äußeren eher als ungeordnete „Räuberbanden" auftraten. Denn eine Uniformierung war - wohl vorwiegend aus wirtschaftlichen Gründen - noch nicht vorgesehen, lediglich an eine einheitliche Kopfbedeckung mit „Schimützen" war vorerst gedacht.

Wegen der Geschehnisse vom 17. Juni drängten Politbüro und ZK der SED auf eine rasche Aufstellung der Kampfgruppen der Arbeiterklasse. Begleitend, und um die DDR-Öffentlichkeit auf die Notwendigkeit eines solchen „bewaffneten Organs" einzustimmen, hatte nach dem Volksaufstand republikweit eine Hatz auf vermeintliche Agenten und Spione sowie andere „Schädlinge" eingesetzt. Der „Beweis" sollte erbracht werden, der Juni-Aufstand sei nicht von der eigenen Bevölkerung ausgegangen, sondern vom Westen angezettelt worden. Am 10. November 1953 erreichte diese Menschenjagd einen weiteren Höhepunkt mit zahlreichen Verhaftungen, wobei die Stadt Dessau einen Schwerpunkt ausmachte: Ostbüros der SPD waren dort als „Agentenzentralen" ausgemacht worden. Vor allem hatte das Überlaufen des „ehemaligen stellvertretenden Leiters der CIC-Filiale X/9592, Hans-Joachim Geyer" nach Ost-Berlin die DDR-Bevölkerung anstiften sollen, gegen „Wirtschafts-, Militär- und politische Spionage" vorzugehen. Die DDR-Öffentlichkeit sollte aufgeputscht werden durch Warnungen vor Sabotage und der „Organisierung von Diversionsakten durch bewaffnete Gruppen". Entsprechend mußten Spione und Diversanten präsentiert werden, was dem diktatorischen Ost-Berliner Regime nicht allzu schwer fiel. Zahlreiche Verhaftungen lieferten die gewünschten „Beweise" dafür, daß, wie am 11. November 1953 u.a. in den „Mitteldeutschen Neuesten Nachrichten" in Dessau zu lesen war, „in den letzten Wochen Agentennester in unserer Republik aufgedeckt und liquidiert werden" konnten. Selbstverständlich fehlte in allen Berichten neben heftigen Attacken auf den weit verbreiteten „Sozialdemokratismus" nicht der Aufruf, „unseren demokratischen Staat gegen alle Anschläge seiner Feinde zu sichern. (...) Die Organe der Staatssicherheit bei dieser Aufgabe zu unterstützen (sei) Pflicht jedes ehrlichen Menschen".

Volkspolizei und Kampfgruppen sollten nach dem Befehl des Sekretariats des ZK vom 9. Dezember 1953 in die Lage versetzt werden, „Aktionen des Feindes" künftig „rechtzeitig und erfolgreich zu zerschlagen". Die Beschlüsse zur Ausbildung der Kampfgruppen waren in Dessau unter Verantwortung der Kreisleitung sowie des „Genossen Mattheß" unverzüglich umzusetzen, als Termin wurde der 15. Januar 1954 gesetzt. Zugleich sollten alle Anstrengungen darauf gerichtet werden, Einsatzpläne zu erarbeiten, um nicht nur Betriebe, sondern ganze Stadtteile abschnüren zu können. Innenminister Maron übernahm die Aufgabe, entsprechende Einsatzpläne aufzustellen, wobei die Dessauer Erfahrungen „für die Parteiorganisationen der Republik zu verallgemeinern" waren. Auch dieses ist ein Hinweis auf die Bedeutung und Dimension der „Aktionen des Feindes", zu denen es am 10. November 1953 in Dessau und anderen Städten Mitteldeutschlands gekommen war.

„Genossen Berater" machen Druck
Die Dessauer Ereignisse spielten dann übrigens noch einmal eine Rolle in einem Gespräch, das am 8. Januar 1954 im Dienstsitz Walter Ulbrichts stattgefunden und zum Inhalt eine Überprüfung des DDR-Staatssekretariats für Staatssicherheit durch sowjetische „Berater" gehabt hatte. Anwesend waren, wie es in der Aktennotiz der Abteilung für Sicherheitsfragen des ZK der SED vom darauffolgenden Tage hieß,

„die verantwortlichen sowjetischen Genossen Berater für das Staatssekretariat für Staatssicherheit,
Genosse Willy Stoph,
Genosse Ernst Wollweber,
Genosse Otto Walter,
Genossen Otto Last,
Genosse Weikert,
Genosse Röbelen,
u. beim ersten Punkt der Tagesordnung: Gen. Maron".

Diese Aktennotiz, in der es um die Stabilisierung des kommunistischen Systems in der DDR nach dem 17. Juni ging, zeigt in einer seltenen Anschaulichkeit das Verhältnis zwischen den sog. „Beratern und Freunden" einerseits und der DDR-Führung andererseits auf. Sie belegt eindrucksvoll die zu dieser Zeit noch gegebene Abhängigkeit Ost-Berlins von Moskau, die auch dadurch nicht gemildert wurde, daß die ostdeutschen Genossen, zumindest in Einzelfragen den „Freunden" widersprechen mochten, denn dem Widerspruch folgten Rückzug und Selbstkritik auf dem Fuß. An den Gesprächsergebnissen änderte der konkrete Verlauf ohnehin kaum etwas. Allerdings war dem Ersten ZK-Sekretär Ulbricht eine gewisse Geschicklichkeit im Umgang mit den sowjetischen Herrschern nicht abzusprechen, wie sich nachfolgend am Beispiel des sowjetischen Versuches, die Volkspolizei der Staatssicherheit zu unterstellen, zeigen wird. Da die Sowjets der SED in dieser Besprechung, richtiger: bei diesem Befehlsempfang, eine Reihe von Anweisungen erteilten, die das weitere Leben in der DDR stark beeinflußten, u.a. durch den Ausbau des Bespitzelungssystems und eine weitere Militarisierung der „Republik", soll es weitgehend ungekürzt wiedergegeben werden:

„Der Genosse Chefberater[7] kritisierte insbesondere die schlechte Arbeitsweise der Kriminalpolizei und teilte mit, dass die Anweisung, die vor ca. 6 Monaten herausgegeben wurde, über die verstärkte Werbung von Informatoren nur völlig ungenügend durchgeführt wird, und die Zahl dieser Informatoren ausserordentlich gering sei. Durch das Fehlen eines Informatoren-Apparates sei ein starkes Ansteigen der Kriminalität zu verzeichnen. Er teilte mit, dass nach ihren Ermittlungen die Aufklärungsquote 30% betrage.

Genosse Maron warf ein, dass nach seiner Statistik 60 % aller Fälle aufgeklärt worden seien.

Der sowjetische Freund bemängelte, dass die Informatoren nicht systematisch bei den Schwerpunkten geworben werden und ihre Qualität viel zu wünschen übrig lässt. Er teilte mit, dass ohne gute Informatoren bei der Arbeit zur Bekämpfung der Verbrechertätigkeit keine besseren Resultate erzielt werden können, vor allen Dingen, dass keine vorbeugenden Massnahmen und Verhinderung von Verbrechen ohne Informatoren möglich seien.

Von ihm wurde weiterhin der Strafvollzug stark kritisiert. Die Aussenkommandos seien völlig ungenügend bewacht und Entweichungen von Gefangenen grösserer Zahl sei die Folge davon. Aber auch die Ordnung in den Gefängnissen ist keineswegs gefestigt. Insbesondere haben die Kontrollen der sowjetischen Genossen ergeben, dass zwischen den VP-Angehörigen und den Gefangenen vielfach freundschaftliche Beziehungen hergestellt wurden.

Der sowjetische Freund bemängelte, dass die Leitung der Hauptverwaltung Deutsche Volkspolizei nicht ernsthaft genug die Anleitung ihrer Organe vornehme, da die leitenden Genossen zu wenig in den untersten Dienststellen zur Kontrolle und

---

[7] Aus „Geheimhaltungsgründen" durfte der Name des „Genossen Chefberaters" selbst in derartigen, streng geheimen Protokollen nicht genannt werden. Gehandelt hatte es sich um den sowjetischen Oberst Bulda, der von August 1953 bis 1957 als Chefberater des StfS bzw. MfS eingesetzt war. Am 15. Juni 1957 hatte das Politbüro beschlossen, ihn mit dem Vaterländischen Verdienstorden in Silber auszuzeichnen.

Hilfe anwesend seien, und dass die Volkspolizei-Organe in den Kreisen und Orten völlig ungenügend angeleitet werden und deren Arbeit und politisch-moralische Zustand der Leitung zu wenig bekannt sei.

Kritik wurde geübt am Genossen Maron und der Polizeiführung für ihren Urlaub während der Weihnachts- und Neujahrstage. Der Freund teilte mit, dass in der Sowjetunion die staatlichen Organe gerade an Festtagen in höchster Alarmbereitschaft seien und die verantwortlichen Funktionäre im Dienstgebäude übernachten und nicht nach Hause gehen. Selbstverständlich sollten auch die verantwortlichen Funktionäre der Volkspolizei ihren Urlaub bekommen, aber nicht an solchen Tagen.

Desweiteren wurde bemängelt, dass die Arbeit der Volkspolizei ohne Arbeitspläne erfolge. Er wies darauf hin, dass heute noch in der Sowjetunion die staatlichen Organe nach monatlichen und Quartals-Arbeitsplänen arbeiteten.

Dann wurde dem Genossen Maron das Wort erteilt, der folgendes ausführte:
Es entspricht nicht den Tatsachen, dass in der Deutschen Volkspolizei ohne Arbeitspläne gearbeitet wird. Tatsache ist, dass diese Arbeitspläne noch viele Mängel haben, und dass vor allen Dingen durch die sich sehr rasch verändernde politische Situation meistens die Arbeitspläne nicht durchgeführt werden können, da andere Arbeiten dringlicher Natur durchgeführt werden müssen. Er selbst habe in seinem Arbeitsplan für Dezember festgelegt gehabt, dass er einige Volkspolizei-Dienststellen besuchen wolle, um dort zu überprüfen und Anleitung zu geben, sei aber infolge Vorbereitung zur Berliner Konferenz nicht dazu in der Lage gewesen, seinen Plan einzuhalten.

Genosse Maron teilte mit, dass er sich dessen bewusst sei, dass er in den unteren Organen nicht genügend angeleitet habe. Das sei zum Teil darauf zurückzuführen, dass er alle Hände voll zu tun habe, um die Hauptverwaltung selbst anzuleiten.

Zum Bericht über die Situation auf dem Lande führte Genosse Maron aus, dass die Brigaden die Verhältnisse nicht immer richtig gesehen haben, vor allen Dingen, dass nicht berücksichtigt worden sei, dass die Abschnittsbevollmächtigten erst vor ca. 8 Monaten eingesetzt worden seien, dass sie ein völlig neues Arbeitsgebiet übernommen hätten und über keinerlei Erfahrungen verfügen. Es sei indessen eine Tatsache, dass sie von dem Volkspolizei-Kreisamt schlecht und zu wenig angeleitet worden seien. Genosse Maron teilte mit, dass in der deutschen Volkspolizei ein empfindlicher Kadermangel zu verzeichnen sei, da die Qualität der Neugeworbenen naturgemäss schwach sei, und dass infolge der dringenden Aufgabe sie nicht in der Lage seien, die Kader richtig vorzubereiten und zu schulen, sondern die neu Geworbenen sofort in den operativen Dienst einreihen müssen, und dass aus diesem Grunde viele Schwächen in der Arbeit zu verzeichnen seien. Zur Zeit seien in der Deutschen Volkspolizei 19.000 Fehlstellen vorhanden.

Die Ausbildung an der Waffe sei bisher fast nicht möglich gewesen, da bis vor 14 Tagen die Deutsche Volkspolizei über keinerlei Munitionsbestände verfügt habe, und die VP-Angehörigen pro Pistole nur 8 Schuss Munition gehabt hätten. Es sei eine Tatsache, dass ein grosser Prozentsatz der Volkspolizisten noch nie mit ihrer Waffe geschossen haben.

Ebenfalls führte er aus, dass das Verbindungswesen, besonders Telefon, schlecht sei, dass die Bemerkung des Genossen Walter Ulbricht, dass die Benutzung des öffentlichen Fernsprechnetzes die Feinde von allen Massnahmen frühzeitig Kenntnis erhalten, den Tatsachen entspricht. Leider seien ihm im Frühjahr dieses Jahres die finanziellen Mittel für den Ausbau des Verbindungswesens gestrichen worden, so dass er nicht in der Lage gewesen ist, eigene Netze aufzubauen.
Genosse Maron teilte mit, dass die Werbung von Informatoren wirklich noch ausserordentlich schlecht sei, und auch die Qualität der geworbenen Informatoren nicht den Anforderungen entspreche. Zurückzuführen sei dies erstens auf die Tatsache, dass bis vor 5 oder 6 Monaten vom damaligen Ministerium für Staatssicherheit ihm untersagt worden sei, überhaupt mit Informatoren zu arbeiten. Ausserdem habe er selbst die Werbung von Informatoren etwas gebremst, damit keine Fehler passieren, da keinerlei Erfahrungen bisher vorhanden waren in der Arbeit und Werbung von Informatoren. Genosse Maron wies darauf hin, dass es evtl. Schwierigkeiten mit den Sicherheitsorganen geben würde, da man in gewissen Fällen doch nicht wissen könne, ob Personen, die geworben werden sollen, nicht bereits für die Staatssicherheit verpflichtet seien.
Einwurf des Genossen sowjetischen Chefberaters:
Man müsse in solchen Fällen bei den Dienststellen nachfragen, ob er bei ihnen als Informator registriert sei, dann könne keine Panne passieren.
Genosse Walter Ulbricht machte den Vorschlag, dass Genosse Maron den Entwurf für eine Vorlage an das Politbüro zur Verbesserung der Arbeit ausarbeiten solle, wobei es darauf ankomme, grundsätzliche Veränderungen, vor allen Dingen im Bewusstsein und im Kampfgeist der Volkspolizisten herbeizuführen.
Genosse Ulbricht wies darauf hin, dass die auftretenden Schwächen in der Volkspolizei zum Teil daraus resultieren, dass die Volkspolizei für den Aufbau der KVP, des Staatssekretariats für Staatssicherheit und anderer wichtiger Apparate laufend qualifizierte Kader habe abgeben müssen, dass in den Jahren 1948/49 die Volkspolizei einen höheren Stand in ihrer Arbeit erreicht habe, der durch den Abgang vieler qualifizierter Mitarbeiter gesunken sei.
Der sowjetische Chefberater begrüsste den Vorschlag des Genossen Walter Ulbricht, einen Entwurf für eine Polit-Büro-Vorlage auszuarbeiten und nannte als wichtige Punkte:

1. Sofortiger Aufbau eines qualifizierten Informanten-Apparates
2. Ausarbeitung eines Statuts über die gesamte Tätigkeit der Volkspolizei, da dadurch alle strittigen Fragen, insbesondere die Kompetenzfragen zwischen Volkspolizei und Staatssekretariat für Staatssicherheit sofort geklärt werden.

Als weiteren Punkt führte er aus:
Die Volkspolizei hat 2 Aufgaben:
a) den Kampf gegen die kriminellen Elemente,
b) die Aufrechterhaltung der allgemeinen Ruhe und Ordnung.

Er schlug vor, dass in den Bezirksbehörden der Volkspolizei je 1 Berater einzusetzen ist (dieser Vorschlag wurde vom Genossen Walter Ulbricht akzeptiert). Abschliessend wies der Genosse sowjetische Chefberater darauf hin, dass es un-

ter allen Umständen erforderlich ist, den unteren Dienststellen aktive Hilfe von der Leitung der Volkspolizei zu geben.
Der stellvertretende Chefberater führte aus, dass die Volkspolizei im Kampf gegen die feindlichen Elemente in der DDR auch jetzt, unabhängig von den noch vorhandenen Fehlstellen, ausserordentlich grosse Möglichkeiten hat, und dass es unbedingt erforderlich ist, diese Möglichkeiten auszunutzen. Er stellte die Frage der Stellung der operativen Arbeit der Volkspolizei in den Bezirken unter die Leitung der Bezirksverwaltung des Staatssekretariats für Staatssicherheit. Er regte an, dass, wenn die Unterstellung nicht sofort geregelt werden könne, unter allen Umständen ein Austausch zwischen den Organen der Staatssicherheit und der Volkspolizei in den Bezirken über wichtige Hinweise usw. durchgeführt werden müsse.
Der Genosse Walter Ulbricht teilte mit, dass bei der jetzigen Lage in den Bezirksverwaltungen der Staatssicherheit eine Unterstellung der Volkspolizei nicht möglich sei, da die Bezirksverwaltungen ausserordentlich schwach seien und nicht in der Lage seien, erfolgreich diese Aufgabe durchzuführen. Es liege nicht daran, dass von Seiten der Volkspolizei nicht die Bereitwilligkeit zu dieser Unterstellung vorhanden sei, sondern ausschliesslich daran, dass grosse Schwächen im Apparat der Staatssicherheit in den Bezirken bestehen.
Der sowjetische Chefberater schlug vor, dass die Zusammenarbeit in den Bezirken durch den 1. Sekretär der Bezirksleitung der Partei erfolgen sollte, der den Leiter der Bezirksverwaltung des Staatssekretariats für Staatssicherheit und Chef der Bezirksverwaltung der Deutschen Volkspolizei regelmässig zu Besprechungen zusammenruft und sie zur gemeinsamen Bearbeitung wichtiger Vorgänge veranlasst. Wie es die Situation erfordert, müssten die beiden Chefs möglichst täglich zusammenkommen.
Der Genosse Walter Ulbricht warf ein, dass das wohl richtig sei, aber dann doch ungeklärt sei, wer in einer ernsten politischen Situation für die Führung verantwortlich sei, und dies doch, wenn auch nicht jetzt, so doch später endgültig geklärt werden müsste.
Der Genosse Ulbricht führte abschliessend aus:
Es kommt jetzt entscheidend darauf an, das Kampfbewusstsein der Volkspolizei zu heben. In dem zu erarbeitenden Dokument müsste man völlig klar sagen, was bei der Volkspolizei verändert werden muss. Genosse Ulbricht führte dann noch aus, dass unbedingt notwendig ist, die Überheblichkeit einiger Angehöriger der Staatssicherheit gegenüber der Volkspolizei zu bekämpfen und schnellstens zu liquidieren. Ebenfalls erklärte Genosse Ulbricht, dass das Schulungssystem der Kriminalpolizei schnellstens überprüft werden müsste.
Die Vorschläge unserer Freunde wurden angenommen. Für die Ausarbeitung der Vorlage an das Politbüro sind verantwortlich:
Genosse Maron, Röbelen, Weikert. Frist: 3 Wochen.
Abschliessend machte der sowjetische Freund noch den Vorschlag, nach Ausarbeitung dieses Dokumentes eine Konferenz mit den verantwortlichen Genossen der VP durchzuführen, an der Genosse Ulbricht teilnimmt.
Der Vorschlag wurde vom Genossen Ulbricht akzeptiert.

Tätigkeit der Organe der Staatssicherheit
Der Genosse Chefberater gab eine Einschätzung der Situation anhand der Überprüfungen unserer sowjetischen Freunde. Er wies darauf hin, dass in der Arbeit mit Informatoren ein sehr ernster Zustand besteht. Einmal sei die Zahl der Informatoren noch völlig ungenügend und zum anderen die Methoden zur Werbung von Informatoren fehlerhaft. Er teilte mit, dass die Organe, die ungenügend mit den Informatoren arbeiten, weder Augen noch Ohren haben. Besonders hemmend auf die richtige Durchführung der Arbeit wirkt sich das Fehlen von Informatoren in den Kreisdienststellen aus. Besondere Schwierigkeiten bei der Arbeit mit den Informatoren und Werbung von solchen bildet die ausserordentlich niedrige Qualifikation der Sachbearbeiter der Kreisdienststellen. Weil sie ein sehr niedriges Bildungsniveau haben, wagen sie es nicht, Gespräche mit Intelligenzlern und anderen Schichten der Bevölkerung zu führen und wählen deshalb ihre Informatoren nur unter Arbeitern und einfachen Leuten. In den Schwerpunkten der Arbeit, wie in der Kirche, in den anderen Parteien, bei der Intelligenz der Betriebe, in wichtigen Verwaltungsstellen, fehlen deshalb die Informatoren, oder es sind nur solche Informatoren vorhanden, die keinen Überblick über die Situation haben.
Um diesen Zustand zu verändern, ist es erforderlich, so schnell wie möglich die fachliche Qualifikation und Ausbildung der Mitarbeiter des Staatssicherheitsdienstes zu erhöhen. Ebenfalls ist zu verzeichnen, dass die Arbeit gegen das Ostbüro keinerlei Fortschritte macht. Die Ursache dafür ist, dass viele zu junge und unerfahrene Mitarbeiter mit diesen Aufgaben betraut sind . ....
Als sehr ernst bezeichnete der Genosse Chefberater die Kadersituation. Besonders mangelt es an erfahrenen Genossen im Kampf gegen die SPD. Die Werbung solcher Genossen muss unter allen Umständen verstärkt werden.
Genosse Walter Ulbricht führte aus:
In der Leitung des Staatssekretariats für Staatssicherheit hat man aus den Ereignissen vom 17. Juni noch nicht alle Konsequenzen gezogen. Auf einigen Gebieten hat sich die Arbeit verbessert und sind Fortschritte erzielt worden, aber in anderen wichtigen Fragen hat sich Arbeitsweise noch nicht verändert. Das trifft insbesondere auf den Kampf gegen das Ostbüro, auf die Arbeit auf dem Lande und auf die gesamte Arbeit in Mitteldeutschland zu. Die Genossen des Staatssekretariats für Staatssicherheit sind nicht in der Lage, die Parteiführung über die Situation in unserer Wirtschaft zu informieren. Vor allem kennen sie nicht diejenigen Kräfte, die mit den Konzernen in Verbindung stehen, und ebenso sind die Kräfte, die für das Ostbüro arbeiten, bekannt. Genosse Ulbricht wies darauf hin, dass in jedem Bezirk spezifische Aufgaben bestehen, da in jedem Bezirk andere Verhältnisse sind. Anhand einer Reihe Beispiele, die Genosse Ulbricht persönlich in Halle, Dessau, Leipzig usw. in Mitteldeutschland untersuchte, wies er nach, dass die Dienststellen keine Kenntnis von den Nestern des Gegners haben und in ihrer Arbeitsweise schwerfällig sind. So erklärte er, dass seit dem 17. Juni in Mitteldeutschland sich nichts verändert hat, dass keine Verbindungen zu Halle, Merseburg, Dessau usw. geschaffen wurden.
Die Anleitung der Bezirksdienststellen muss absolut verändert werden. Es muss vom Staatssekreariat für Staatssicherheit geholfen werden, dass die Dienststellenleiter sich nicht verzetteln und mit zufälligen Arbeiten die Arbeitszeit ausgefüllt

wird, sondern die Schwerpunktaufgaben erkannt werden und um die Beseitigung der Schwerpunkte gekämpft wird.

Genosse Ulbricht gab dem Genossen Röbelen den Auftrag, zu veranlassen, dass der Sektor Information bei der Abteilung Leitende Organe im ZK alles, was über die Tätigkeit des Ostbüros gemeldet wird, sofort an die Abteilung für Sicherheitsfragen zu übergeben hat, damit dieses den Genossen Mielke sofort informieren kann.

Der stellvertretende Chefberater wies ebenfalls noch einmal auf die schwache Qualität der Mitarbeiter in den Kreisen und Bezirken hin und forderte, dass unter allen Umständen die Kreisdienststellenleiter durch qualifizierte Mitarbeiter verstärkt werden sollen. Auch teilte er mit, dass die Arbeit mit den Informatoren in den Kreisen völlig ungenügend ist. Man habe alle guten Genossen aus den Kreisen in das Ministerium genommen und nur die unqualifiziertesten in den Kreisen gelassen. Der Genosse Wollweber warf ein, dass es eine Tatsache sei, dass durch die verantwortungslose Arbeit von Zaisser die Basis des Staatssekretariats für Staatssicherheit zerstört worden sei und eine völlig verkehrte Linie der Arbeit in der gesamten Staatssicherheit eingeführt worden sei.

Seine erste Aufgabe sei es gewesen, die richtige Linie der Arbeit herbeizuführen und den Kampf um die Stärkung der Basis und die Durchsetzung dieser Linie nach unten hin aufzunehmen. Er sei sich dessen bewusst, dass diese Arbeit noch keineswegs als erfolgreich beendet bezeichnet werden dürfte, trotzdem seien in letzter Zeit eine grosse Zahl neuer Informatoren geworben worden. Er wisse, dass dies natürlich noch völlig ungenügend sei, dass die Kontrolle und Anleitung nach unten zu schwach sei und er sei bestrebt, die Veränderung jetzt mit allen Mitteln durchzusetzen.

Anschliessend sprach Genosse Mielke und erklärte, dass gute Voraussetzungen geschaffen worden seien, um in nächster Zeit die Arbeit gegen das Ostbüro mit entsprechenden Erfolgen zu beginnen. Ebenso sprach Genosse Last über seine Arbeit und Hilfe in Mitteldeutschland und wies auf gewisse Erfolge und Verbesserungen der Arbeit auch in diesen Gebieten hin, die in nächster Zeit ebenfalls zu Erfolgen führen werden. Der Genosse Last erklärte, dass es eine Tatsache sei, dass man noch zu den Konzern-Kreisen ungenügende Verbindung habe und über viele Fragen keineswegs informiert sei.

Abschliessend führte Genosse Ulbricht aus, dass auch bei der Staatssicherheit eine kämpferische Haltung der Mitarbeiter herbeigeführt werden muss, dass man endgültig die Fälle des Versagens von Angehörigen des Staatssekretariats für Staatssicherheit in den Kreis- und Bezirksdienststellen ausmerzt und es nicht mehr geduldet werden könne, das solche, die vor dem Feind kapituliert haben, noch länger in den Reihen des Staatssicherheitsdienstes belassen kann, und sie entsprechend bestrafen muss."

Dieses also war die Situation, in der die Kampfgruppen der Arbeiterklasse ein zusätzliches Element zur Sicherung der Staatsmacht darstellen sollten: Kasernierte Volkspolizei und Deutsche Volkspolizei waren am 17. Juni 1953 den Erwartungen der Partei ebenso wenig gerecht geworden wie das Ministerium für Staatssicherheit, das in der

Folge zum Staatssekretariat heruntergestuft und - bis bis zur Wiederaufwertung als eigenständiges Ministerium im Jahr 1955 - in das Ministerium des Innern eingegliedert wurde. Klargestellt werden muß: Bei dieser Herabstufung zum Staatssekretariat hatte es sich einerseits zwar auch um eine Bestrafung für das Versagen des MfS im Zusammenhang mit dem Volksaufstand vom 17. Juni gehandelt, zugleich aber wollte die SED wiederum der Öffentlichkeit Sand in die Augen streuen. Ihr war durchaus bewußt, daß das Ministerium für Staatssicherheit bei den Menschen im Lande außerordentlich verhaßt war. Durch die „Degradierung" zum Staatssekretariat hoffte die SED, die Wut und den Zorn der Menschen besänftigen zu können. Für das System der Unterdrückung hatte dieses keinerlei Konsequenzen. Im Gegenteil: Unter dem Deckmantel des Ministeriums des Innern konnte die Stasi nicht nur ungestört, sondern noch infamer als zuvor ihrem schmutzigen Geschäft nachgehen. Zugleich fühlte sich die SED vom Ostbüro der SPD, das immer noch zahlreiche Anhänger in der DDR zählte, bedroht und hatte feststellen müssen, daß mit der gewaltsamen Niederschlagung des Juni-Aufstandes keineswegs der politische Widerstand gegen das sozialistische System erloschen war. Kompetenzrangeleien zwischen Volkspolizei und Staatssicherheit gehörten ebenso zum politischen Alltag wie die drängenden Forderungen der Sowjets, endlich - nach sowjetischem Vorbild - für „Ruhe und Ordnung" in der DDR zu sorgen.

„Unklarheit über Wesen und Aufgaben der Kampfgruppen"

Mit dem Beschluß des ZK-Sekretariats vom 9. Dezember 1953 waren zwar die Grundlagen für den Aufbau der Kampfgruppen der Arbeiterklasse geschaffen worden, am 1. Mai 1954 waren bei den Mai-Umzügen in vielen Orten der DDR auch erstmals geschlossene Kampfgruppen-Einheiten mit roter Armbinde aufmarschiert, doch wenig später, am 2. Juni 1954, mußte eben dieses Sekretariat feststellen, daß über Sinn und Aufgaben der Kampfgruppen in der Partei wie auch in den Betrieben selbst noch erhebliche Unsicherheit herrschte. Die Abteilung für Sicherheitsfragen des ZK legte einen Bericht vor, nach dem es sich erwiesen hatte, daß der genannte Beschluß „für die einheitliche Organisation, Ausbildung und Aufgabenstellung der Kampfgruppen nicht ausreichend ist". Zahlreiche Beispiele hätten gezeigt, daß weiterhin „in den Parteileitungen (angefangen von einzelnen Bezirksleitungen bis zu den Leitungen der Grundorganisationen) grosse Unklarheiten über das Wesen und die Aufgaben der Kampfgruppen bestehen". Vielfach würden die Kampfgruppen weniger als ein „Instrument der politischen Massenarbeit" betrachtet, sondern es werde eher der Versuch unternommen, sie zu einer „Art halbmilitärisches Organ mit polizeilichen Aufgaben zu machen". Häufig werde sogar die Meinung vertreten, monierte Abteilungsleiter Röbelen, „dass mit den Kampfgruppen die Tradition des alten Rot-Front-Kämpferbundes wieder aufleben und diese ihren Ausdruck in einer gleichen Organisationsform und sogar ‚Uniformierung' finden soll". So unrecht hatte Röbelen nicht, denn obwohl es sich bei den Kampfgruppen um ein direkt von der Partei geführtes bewaffnetes Organ handelte, gab es offensichtlich erhebliche Differenzen im Hinblick auf die eigene Identität. So hatten die „Kämpfer" des VEB Elektrogerätewerk Suhl im März 1954 mit einem Marsch nach Zella-Mehlis die im mitteldeutschen Raum 1921 gefallenen kommunistischen Arbeiter ehren wollen und sich eigens für diesen Marsch „Thälmann-Mützen" gekauft. Eingeflochten sei an dieser Stelle, daß das, was Röbelen 1954 verurteilte, Jahre später durchaus hoffähig war, soweit es die Rückbesinnung auf die „Wurzeln" der Kampfgruppen der Arbeiterklasse anbelangte. Denn nunmehr wurde ausdrücklich auf die Historie auch der Rot-Front-Kämpfer bezug genommen, beispielsweise 1983, wo es anläßlich des 30jährigen Bestehens der Parteitruppe hieß:

„Die Geschichte der Kampfgruppen wurzelt in den revolutionären Kämpfen der deutschen Arbeiterklasse und geht zurück bis in die zwanziger Jahre. Die Kampfgruppen bewahren und pflegen das Vermächtnis der Wehr- und Schutzorganisationen der Arbeiterklasse wie der Roten Ruhrarmee, des Hamburger Aufstandes, der revolutionären Kämpfe der Arbeiter im mitteldeutschen Industriegebiet. Sie sind der würdige Erbe des Thälmannschen Roten Frontkämpferbundes."[8]

Im übrigen habe sich - so Abteilungsleiter Röbelen im Juni 1954 weiter - nachteilig ausgewirkt, daß im Apparat des ZK keine Abteilung direkt mit der Anleitung und Kontrolle der unteren Parteiorgane in den Fragen der Kampfgruppen beauftragt sei. Die Abteilung für Sicherheitsfragen sei lediglich über ihre Verantwortlichkeit für die GST auch für die technische Ausbildung der Kampfgruppen zuständig. Die Abteilungen Leitende Organe im ZK sowie in den Bezirks-, Kreis- und Stadtleitungen sollten deshalb mit der Anleitung und Kontrolle über die Durchführung der Beschlüsse über die Kampfgruppen beauf-

---

[8] Die Kampfgruppen der Arbeiterklasse der DDR, Offizin Nexö, Leipzig, 1983

tragt werden. Zudem sollten, „um die gegenwärtig bestehende Verwirrung zu beseitigen und eine einheitliche Linie in den Fragen der Kampfgruppen zu gewährleisten", entsprechende Richtlinien als Ergänzung zum Beschluß vom 9. Dezember 1953 erlassen werden".
Eindringlich wurden dort die Gefahren durch die „amerikanischen und westdeutschen Imperialisten" beschworen und noch einmal ausdrücklicher Bezug auf den 17. Juni genommen:

„Die patriotische Erziehung der Werktätigen in der DDR, die ständige Erhöhung ihrer Wachsamkeit und ihrer Abwehrbereitschaft sind die Voraussetzungen für den wirksamen Schutz unseres Arbeiter- und Bauernstaates.
So versuchte der Gegner am 17. Juni 1953 eine groß angelegte, lang vorbereitete Provokation durchzuführen. Mit Unterstützung der Sowjetarmee haben unsere Werktätigen und die Staatsorgane der DDR den Provokateuren eine vernichtende Antwort erteilt.[9]
Nach dieser Niederlage haben die Gegner des deutschen Volkes ihre Taktik mehrere Male geändert. Sie versuchten durch den Einsatz von mehrköpfigen, bewaffneten Banden Sabotage und Diversionsakte durchzuführen. In fast allen Fällen gelang es der Wachsamkeit der Staatsorgane, unterstützt von unseren Werktätigen, diese Banden unschädlich zu machen.
In der letzten Zeit versuchen die Feinde unseres Volkes besonders in Einzelaktionen mit Mord, Brandstiftung und Sabotage ihre verbrecherischen Pläne fortzusetzen und die Arbeit besonders in unseren Produktionsstätten (VEB's, MTS, LPG's und VEG's) zu stören.
Darüberhinaus machen die amerikanischen und westdeutschen Imperialisten einschliesslich ihrer Helfer und Agenten aller Schattierungen wütende Anstrengungen, um über ihre Rundfunksender, durch Ausstreuen von Flugblättern, durch Gerüchtemacherei usw. eine üble Hetze zu entfalten. Sie beabsichtigen damit, das Vertrauen der breiten Massen zur Partei der Arbeiterklasse, zur Regierung der DDR, zur Politik der Nationalen Front des demokratischen Deutschlands zu erschüttern und zu untergraben.
Vor der Sozialistischen Einheitspartei Deutschlands steht jetzt die Aufgabe, die Arbeit unter den Massen zu verstärken, die Verbindung mit ihnen zu festigen und die grosse Mehrheit der Bevölkerung zu einem hohen Staatsbewußtsein und zur Wachsamkeit gegenüber allen verbrecherischen Machenschaften der Feinde des Volkes zu erziehen und sie zum Kampf für die friedliche Wiedervereinigung unseres Vaterlandes auf demokratischer Grundlage zu begeistern und zu mobilisieren.
Eine wichtige Voraussetzung dafür ist die Erhöhung der Kampfbereitschaft der Mitglieder und Kandidaten der Partei und die Verbesserung der offensiven Agitation. Zu diesem Zweck schuf die Sozialistische Einheitspartei Deutschlands die Kampfgruppen, die ein Instrument der Partei zur Durchführung der politischen

---

[9] Hier beginnt die geschichtsfälschende Legendenbildung, nach der die „Werktätigen" selbst den Sozialismus verteidigten. Ähnlich agitierte die SED dann beim Mauerbau 1961.

Massenarbeit und ein Instrument des Kampfes gegen Terroraktionen des Feindes sind.
Sie werden entscheidend dazu beitragen, dass die verbrecherischen Pläne der anglo-amerikanischen und westdeutschen Imperialisten und ihrer Agenten in der Deutschen Demokratischen Republik nicht zur Durchführung gelangen."
Ausdrücklich - und dieses ist ebenso wichtig wie entlarvend - wurde in den Richtlinien klargestellt:

„Die Kampfgruppen sind ein Instrument der Sozialistischen Einheitspartei Deutschlands zur politischen Massenarbeit und zum Kampf gegen Terror- und Sabotageaktionen des Feindes.
Die Kampfgruppen sind kein neues polizeiliches, militärisches oder halbmilitärisches Organ der DDR, sie sind auch kein Ersatz für die Organe der Volkspolizei - also keinesfalls ein Staatsorgan."

Die Kampfgruppen der Partei - eine „rote SA"

Angesichts der späteren Aufgabenstellung innerhalb der „sozialistischen Landesverteidigung", der Ausbildung, der Ausrüstung wie der Bewaffnung nicht nur mit schweren Maschinengewehren, sondern zusätzlich mit Granatwerfern, Artillerie, mit Schützenpanzerfahrzeugen und Flugabwehrkanonen muß die Feststellung erlaubt sein, daß selbst die NSDAP im sog. 3. Reich Adolf Hitlers sich als Partei nicht ein derartiges Instrument zur Unterdrückung der eigenen Bevölkerung geschaffen hatte. Dennoch aber gibt es durchaus nachweisbare Parallelen zwischen der Hitler-Diktatur und der der SED. Auch die SA hatte als Kampf- und Propagandatruppe ihre Wurzeln in den Parteikampfgruppen der NSDAP und unterschied sich in vielen ihrer Aufgaben und in ihrem Auftreten mit Kampfappellen, mit Musik, Fahnen und Orden, nicht wesentlich von denen der frühen Kampfgruppen.

Gemäß den Beschlüssen der SED waren Kampfgruppen, beginnend im zweiten Halbjahr 1954, verstärkt aufzustellen in:
- Volkseigenen Betrieben,
- Maschinen- und Traktoren-Stationen,
- Volkseigenen Gütern,
- Landwirtschaftlichen Produktionsgenossenschaften sowie in
- Verwaltungen, Schulen, Wohngebieten und in den Objekten der Partei und der „demokratischen Massenorganisationen". Kampfgruppen hatten die jeweiligen „Betriebe, Parteihäuser, Verwaltungen, Schulen usw. (...) unter ihren Schutz" zu nehmen, um „feindliche Provokationen jeder Art schnell und konsequent zu zerschlagen, ver-

bunden mit der politischen Entlarvung der Provokateure und der Aufklärung der Werktätigen".

Gewissermaßen „nebenamtlich" war der Einsatz auch bei Katastrophen wie Feuersbrünste, Überschwemmungen und Unglücksfällen vorgesehen, wobei eine weitere Bestimmung in fataler Weise an die SA der Nazis erinnert: „Sie ... übernehmen erforderlichenfalls den Versammlungsschutz, den Schutz aller Organisationseinrichtungen und der eigenen Mitglieder der Partei."

In „außergewöhnlichen Situationen" sollte der Einsatz dieser Kampfgruppen im Zusammenwirken mit der Volkspolizei auch außerhalb ihrer eigentlichen Zuständigkeitsbereiche - wie Betriebe oder Wohngebiete - erfolgen, wobei die Kampfgruppen der Deutschen Reichsbahn ausdrücklich von der Einbeziehung in diese Richtlinie ausgenommen wurden.

Differenziert wurde bei der Aufstellung der Partei-Armee in Kampfgruppen „I" (in Industriebetrieben), „W" (in Wohnbezirken") und „L" (in Landwirtschaftsbetrieben), deren Ausbildung und Aufgaben sich teilweise erheblich voneinander unterschieden.

<u>Kampfgruppen „I":</u>

Generell sollten in Industriebetrieben Kampfgruppen, bestehend aus einer Führungsgruppe mit drei, einem Versorgungszug mit sieben und vier Abteilungen mit insgesamt 62 Angehörigen gebildet werden. Für kleine Betriebe waren Ausnahmen vorgesehen. Der jeweilige Parteisekretär hatte als Kampfgruppenleiter zu fungieren, der seine Befehle von der nächsthöheren Parteileitung, der Kreisleitung der SED bzw. der Leitung der Betriebsparteiorganisation erhielt. Besondere Verantwortung hatte der Stellvertretende Leiter zu tragen, denn ihm oblag neben der Organisation und dem Aufbau der Kampfgruppe die Sorge um den „politisch-moralischen Zustand" der „Kämpfer" sowie die politische Massenarbeit. Ausdrücklich war ihm aufgegeben, „insbesondere Prozesse gegen Agenten, Saboteure und Spione und andere Veröffentlichungen hierüber, zur Schulung der Kampfgruppen und Bekanntmachung mit den Methoden des Gegners" auszuwerten.[10]

---

[10] Zur Beobachtung und operativen Auswertung derartiger Prozesse wurde im MfS eigens die Hauptabteilung I eingerichtet, deren erster Leiter Generalmajor Kleinjung war.

Kampfgruppen „W"

Hauptaufgabe dieser Form der Kampfgruppen sollte es vor allem sein, „durch ständige, beharrliche Aufklärungsarbeit ... unsere werktätigen Menschen zur aktiven Teilnahme am Kampf zur Errichtung eines demokratischen, friedliebenden Deutschlands zu mobilisieren und die verbrecherischen Absichten der Gegner des deutschen Volkes zu entlarven". Mehr noch als bei den Kampfgruppen „I" wurde bei ihnen der Charakter einer gegen die eigene Bevölkerung gerichteten Truppe sichtbar: „Sie werden eingesetzt zum Schutz von Großveranstaltungen und Versammlungen. Ihre Kampftrupps müssen vorbereitet werden zum Einsatz gegen Flugblatt- oder ähnliche Aktionen des Gegners und zum Schutze der Funktionäre und Leitungen der Partei."

Kampfgruppen „L"

Die Kampfgruppen sollten in kleinen, kampfstarken Trupps aufgestellt werden, „weil der Gegner in Landgebieten kleinere Aktionen durchführt, und weil die Parteiorganisationen in den landwirtschaftlichen Betrieben durchweg schwächer sind, als in Industriebetrieben". In MTS, LPG und VEG war ihnen die Aufgabe zugewiesen, „die politische Massenarbeit mit den Bauern auf den Dörfern zu verstärken, Sabotageakte und Anschläge auf das gesellschaftliche Eigentum sowie auf das persönliche Eigentum fortschrittlicher Landarbeiter, Klein- und Mittelbauern auf dem Land zu verhindern, Agenten und Saboteure unschädlich zu machen". Offensichtlich maß die SED gerade den Kampfgruppen „L" noch größere Bedeutung bei als den anderen Formen, wie nicht zuletzt auch aus den ausführlichen „Hinweisen zur Ausbildung der Kampfgruppen 'L'" erkennbar wird. So, wie die SED in den ersten Nachkriegsjahren verbreitet hatte, die USA würden von Flugzeugen aus Kartoffelkäfer über der SBZ bzw. dann der DDR abwerfen, um die Ernten zu vernichten oder doch wenigstens zu beeinträchtigen, wurde nun versucht, Angst dadurch zu schüren, daß den „Imperialisten" die Verbreitung von Viehseuchen unterstellt wurde. Richtig ist zweifellos, daß insbesondere unter der Landbevölkerung die Sympathien für die SED nicht eben ausgeprägt waren, waren die Enteignungswellen doch noch in frischer Erinnerung ebenso wie das damit einhergehende Pressen in die Landwirtschaftlichen Produktionsgenossenschaften. Entsprechend mußte ein Gegengewicht für den „politisch-moralischen" Aufbau der Landbevölkerung geschaffen werden.

Gerade auf dem Lande werde „vom Gegner die Methode des individuellen Terrors angewandt", hatte Generalmajor Röbelen, um von den Ursachen für die Unzufriedenheit und den Unmut über das Regime abzulenken, ausgeführt und die Wichtigkeit der „Kampfgruppen „L" folgendermaßen zusätzlich unterstrichen:

„Der Gegner arbeitet bei seinen Versuchen zur Störung der Demokratisierung des Dorfes gerade auf dem Lande mit Brandstiftungen und Anschlägen auf Leitende Funktionäre. Er verbreitet Gerüchte, die unter den werktätigen Bauern Unruhe stiften sollen. Er verursacht Viehseuchen und Ernteschäden, deshalb ist gerade in den Kampfgruppen 'L' die Ausbildung schwerpunktmäßig auf das vorzeitige Erkennen der Agententätigkeit zu richten. Sehr wichtig hierzu ist es, die Mithilfe der Bevölkerung zu erreichen. Das ist nur möglich durch Entfaltung der politischen Massenarbeit. Die Bevölkerung muß über die Absichten des Gegners aufgeklärt, das Vertrauen der Landbevölkerung zur Regierung und Partei der Arbeiterklasse gestärkt werden."

Für alle Kampfgruppen-Formen wurden verbindlich diese Ziele der Ausbildung vorgegeben:

„Die Angehörigen der Kampfgruppe sollen in der Lage sein:
1. Beim taktischen Einsatz das gesellschaftliche Eigentum gegen Sabotage und Angriffe und in Verbindung damit das Leben fortschrittlicher Werktätiger vor individuellem Terror der Feinde zu schützen.
2. Agenten zu stellen, vor den Werktätigen zu entlarven und unschädlich zu machen.
3. Bei Provokationen oder Streiks die gesellschaftlichen Werte zu schützen und durch Übernahme bestimmter Aufgaben in der Produktion die Fortsetzung der Produktion zu gewährleisten.
4. Bei Katastrophen-Einsätzen wie Großfeuer, Waldbrand, Überschwemmungen, Schneeverwehungen usw. wirkungsvolle Gegenmaßnahmen zu treffen.
5. Bei Großveranstaltungen und Versammlungen in Verbindung mit den staatlichen Sicherheitsorganen Absperrdienste und Versammlungsschutz zu übernehmen."

Um das Wesen der SED-Armee zu verdeutlichen: Die Kampfgruppen hatten nicht etwa Eigentum und Leben *aller,* sondern nur das der *fortschrittlichen,* und damit sozialistisch/kommunistischen Werktätigen zu schützen. Sie sollten auch bei *Streiks* zum Einsatz kommen - und damit zwangsläufig gegen die eigene Bevölkerung vorgehen. Und sie wurden mit dem Schutz von Großveranstaltungen und Versammlungen beauftragt, die ohnehin nur von der SED und ihren Hilfsorganisationen durchgeführt werden durften. Hinweise auf die Bekämpfung „finsterer imperialistischer Kräfte" waren schon damals wenig glaubwürdig und werden durch die Aufgabendefinition des ZK der SED ad absurdum geführt, auch wenn der damalige Minister des Innern, Stoph, auf dem 23. Plenum des ZK der SED vom 13. bis 15. April 1955 bekräftigt hatte, „die Kampfgruppen der Partei in den Betrieben, Maschinen-Traktoren-Stationen und Verwaltungen" müßten „angesichts der Tatsache, daß Feinde Anschläge auf die staatliche Ordnung der Deutschen Demokratischen Republik und auf das Volkseigentum planen, zu einem wirksamen Instrument der Heimatverteidigung und zum Schutze des Volkseigentums entwickelt werden. Die Schaffung der Kampfgruppen sowie deren Organisierung und Ausbildung ist von großer Bedeutung für die Mobilisierung der Parteimitglieder und fortschrittlichen Parteilosen zum wirksamen Schutz der demokratischen Errungenschaften und zur Erhöhung der Verteidigungskraft der Deutschen Demokratischen Republik".

„Erziehung zum Haß gegen Kriegstreiber und Feinde der Republik"

Ein paar Wochen zuvor, am 4. Januar 1955, war im „Amtssitz des Genossen Pieck" das Politbüro der SED zusammengetreten, um als wesentliche Punkte der Tagesordnung die Aufgaben der GST festzulegen, vor allem aber die Organisation und Ausbildung der Kampfgruppen neu zu definieren. Beide Fragen sind im Zusammenhang zu sehen, denn es existierte eine Reihe von Schnittstellen, nicht nur durch die Ausbildung der „Kämpfer" durch Angehörige der GST, sondern insbesondere dadurch, daß auch die GST dazu bestimmt war, gemeinsam mit den übrigen „bewaffneten Organen ... für die Verteidigung der Republik ständig einsatzbereit zu sein". Kampfgruppen ebenso wie GST sollten nach dem Willen des Politbüros eine noch stärkere militärische Ausrichtung bekommen, stellte doch im SED-Jargon „der räuberische und aggressive Militarismus in Westdeutschland und Westberlin eine ernste Gefahr für die friedliebenden Völker in Europa und vor allem für das deutsche Volk" dar. „Arbeiter und werktätige Bauern" sollten daher „eine sorgfältige Waffen- und militärische Ausbildung" erhalten, für die in erster Linie die Gesellschaft für Sport und Technik unter der Führung der Partei zu sorgen hatte. Letztlich sollte durch das Instrument der GST die gesamte männliche Bevölkerung in der DDR zumindest vormilitärische Kenntnisse erhalten, obgleich sich die SED bemühte, dieses Ziel in der Ausbildung teilweise durch pseudo-sportliche Aktivitäten nach außen hin zu verbrämen. Anders als bei den Kampfgruppen, deren Angehörige nach

Möglichkeit Parteimitglieder zu sein hatten, war angestrebt, in der GST *alle* jungen männlichen DDR-Werktätigen zu erfassen, wenn sie denn nur „fortschrittlich" waren. „Jugendliche Arbeiter und werktätige Bauern" waren neben den „Söhnen der fortschrittlichen Intelligenz" nicht nur ständig zu vormilitärischen Höchstleistungen zu erziehen, im selben Maße sollten sie ideologisch indoktriniert werden, was sich im Politbüro-Beschluß so liest:

„Durch breite mündliche und schriftliche Agitation und Propaganda Erziehung der Arbeiter und werktätigen Bauern zum Hass gegen die Kriegstreiber und Feinde unserer Republik, zur Liebe zur Heimat und zur Erkenntnis der Notwendigkeit der bewaffneten Verteidigung gegen die aggressiven Kriegsbrandstifter."

GST zur Sicherstellung des militärischen Nachwuchses

Schon bei Jugendlichen im Alter von 14 Jahren setzte die SED an, um den späteren Nachwuchs für KVP, Kampfgruppen oder Grenzpolizei zu rekrutieren, wenngleich die jungen Menschen sich des eigentlichen Sinnes ihrer GST-Zugehörigkeit nicht immer bewußt sein konnten - und vor allem nicht sein sollten. Mit „Modellbau in allen Sparten", mit der Ausbildung im Schwimmen oder dem Skilauf „in den Gebieten des Harzes, des Thüringer Waldes, der Rhön, des Kyffhäusers, des Erzgebirges, des Elbsandsteingebirges und des Oybins" war es nicht schwer, junge Menschen zu begeistern und quasi spielerisch zu „sozialistischen Kämpfern" zu erziehen. Regelmäßig waren „Mutproben" verlangt, wie etwa Tischspringen, Turmspringen, Sprung aus einigen Metern Höhe in den Sand oder das Überwinden von Hindernisbahnen. Für die älteren GST-Mitglieder hatte die Parteiführung schon schwierigere Übungen parat. Mindestens einmal monatlich hatten Geländemärsche stattzufinden, die „allmählich für die Frauen bis Ende des Jahres 1955 auf 20 km, für die Männer bis auf 40 km" zu steigern waren.

Die SED verstand es durchaus, große Teile insbesondere der jüngeren Bevölkerung für eine Mitarbeit in der GST zu begeistern. Denn all das, was dem „Normalbürger" verwehrt war, bot eben die GST. Sprungtürme und Spezialwippen wurden für die Flug- und Fallschirmausbildung errichtet, wobei die GST die Zeichnungen zu stellen, Betriebe, Städte und Verwaltungen dagegen für die Realisierung zu sorgen und für die Kosten aufzukommen hatten. Verständlicherweise gehörte es zu den Höhepunkten im Leben eines Jugendlichen, in einem

Segelflugzeug zu sitzen, und das war ihm eben allein bei der GST möglich. Das Politbüro wies die Leitung der GST an, zu prüfen „welche Flugplätze noch benötigt werden" und dem MdI eine entsprechende Aufstellung zu übermitteln. „Vorhandene Flugplätze, die zweckentfremdet benutzt werden", waren nach Möglichkeit der GST zur Verfügung zu stellen, die auf Anweisung des Ministeriums für Volksbildung auch Schulen in Anspruch nehmen konnte. Die HVDVP wurde angewiesen, die Schießausbildung sicher- sowie entsprechende Schieß- und Ausbildungsplätze zur Verfügung zu stellen. Selbst Hundezucht und -sport wurden der GST übertragen:

„Träger der Hundezucht und des Hundesportes wird die Gesellschaft für Sport und Technik. Die Spezial-Zuchtgemeinschaften werden bei der GST neu gebildet. Die bisherigen Zuchtbuchstellen werden der GST unterstellt. Die Fachzeitschrift ‚Der Hund' ist von der GST zu übernehmen."

Freunden des Reitsportes blieb wenig anderes übrig, als sich der GST anzuschließen, denn, „der gesamte Amateur-Reitsport wird von der Gesellschaft für Sport und Technik durchgeführt". Daß später dann die GST noch die Möglichkeit bot, ohne die ansonsten obligatorischen langjährigen Wartezeiten einen Führerschein zu erwerben, erhöhte ihre Attraktivität zusätzlich.

Wohl die meisten Teilnehmer an den GST-Aktivitäten standen den tatsächlichen Zielsetzungen dieses Parteiinstrumentes relativ gleichgültig gegenüber. Sie wollten oder konnten nicht realisieren, daß es der SED nur um eines, nämlich um die Gewinnung militärischen Nachwuchses, ging:

„Um die Arbeiter und werktätigen Bauern für die bewaffnete Verteidigung unserer Republik vorzubereiten, muß die Partei der patriotischen Erziehung der Werktätigen größte Aufmerksamkeit schenken.
Die ersten Sekretäre der Bezirks- und Kreisleitungen der Partei müssen die Parteiorganisationen in den volkseigenen Betrieben, in Maschinen-Traktoren-Stationen und Landwirtschaftlichen Produktionsgenossenschaften so anleiten, daß sie die Arbeiter und werktätigen Bauern zum Haß gegen den Imperialismus erziehen, damit diese aktiv an den Vorbereitungen zum Schutz der Heimat teilnehmen."

Die Angehörigen der FDJ und des FDGB wurden verpflichtet, alle Mitglieder der GST „durch gute politisch-ideologische Arbeit für die ständige Steigerung der Verteidigungsbereitschaft zu mobilisieren", „die Genossen des Staats- und Wirtschaftsapparates haben die Gesellschaft für Sport und Technik weitgehend zu unterstützen". Schließlich wurden die Medien in der DDR für die Propagierung der GST- und damit der SED-Ziele eingespannt: „Die gesamte Presse, der Film und der Funk müssen alles tun, um alle Maßnahmen, die die Gesellschaft für Sport und Technik durchführt, zu unterstützen." Diese GST war es, die bis zum 15. April 1955 für die Ausbildung der Kampfgruppen verantwortlich war. Welche enge Verflechtung es zwischen Kampfgruppen und GST darüber hinaus gab, wird aus der Tatsache ersichtlich, daß nach einem Beschluß des Politbüros vom 4. Januar 1955 die an „Schulen, Universitäten, Hoch- und Fachschulen einschließlich der Schulen der Partei und Massenorganisationen" bereits bestehenden Kampfgruppen in Einheiten der GST umzubilden waren - selbstverständlich bei unveränderter Zielsetzung.

Auf dem Weg zur militärischen Formation

Diese Maßnahme war nur eine von vielen, die das Politbüro an diesem 4. Januar beschlossen hatte und die für die Kampfgruppen weitreichende Konsequenzen haben sollten. Die „Kämpfer" sollten nicht mehr allein als Truppe zum Einsatz gegen die eigene Bevölkerung eingesetzt werden, ihnen wurden zunehmend Aufgaben zur Landesverteidigung auch nach außen übertragen. „Die seitens der imperialistischen Mächte durch die Unterzeichung der Pariser Verträge[11] und durch die Ablehnung einer gemeinsamen Übereinkunft über die Wiedervereinigung Deutschlands und über die kollektive Sicherheit in Europa geschaffene neue Lage bedingt die Verstärkung des Kampfes gegen den Militarismus in Westdeutschland und gleichzeitig die Vorbereitung und Durchführung von Maßnahmen zur Organisierung der Verteidigung der Heimat", befand das Politbüro und entschied: „Aus diesem Grunde erweitern sich die Aufgaben für die Kampfgruppen erheblich."

Unabhängig davon, daß die Kampfgruppen nunmehr „zu einem wirksamen und starken Instrument der Heimatverteidigung" umfunktioniert werden sollten, wurde in der Vorlage an das Politbüro von Generalmajor Röbelen massive Kritik am Ausbildungsstand und an der Einsatzbereitschaft der Partei-Armee geübt. Gemessen an der bis-

---

[11] Gemeint waren die Resultate der vier Pariser Konferenzen vom 19. bis 23. Oktober 1953, die als wesentliche Ergebnisse das Ende des Besatzungsregimes in der Bundesrepublik Deutschland, die Gründung der Westeuropäischen Union, die Einladung an die Bundesrepublik Deutschland, der NATO beizutreten, und das Saarstatut zur Folge hatten.

her gültigen Aufgabenstellung, deren Hauptinhalt der Schutz der volkseigenen Betriebe und Anlagen bildete, sei ihre Entwicklung unbefriedigend. Das gelte hinsichtlich der waffenmäßigen Ausbildung als auch bezüglich der Anzahl der vorhandenen Kampfgruppen und der Zahl und Zusammensetzung ihrer Mitglieder. „In Anbetracht der verstärkten Kriegsvorbereitungen der imperialistischen Mächte und der ernsten Bedrohung des Friedens durch die Ratifizierung der Pariser Kriegsverträge im Bonner Bundestag und Bundesrat" beschloß das Politbüro daher, „die Kampfgruppen der Partei zu einem wirksamen Instrument der Heimatverteidigung zu entwickeln, das gemeinsam mit der Deutschen Volkspolizei (bzw. die Kampfgruppen bei der Deutschen Reichsbahn mit der Transportpolizei) die innere Sicherheit gewährleistet".

Für die Ausbildung der „Kämpfer" neuen Typs war die GST nicht geeignet. Unter der politischen Führung der SED wurden sie nunmehr in Ausbildung und Einsatz der befehlsmäßigen Leitung durch die Deutsche Volkspolizei bzw. die Transportpolizei unterstellt. Die neuen Organisationsformen waren von jetzt vorwiegend militärischem Charakter geprägt. Die Aufteilung in Kampfgruppen nach Industriebetrieben, Wohn- und ländlichen Gebieten wurde aufgegeben, stattdessen entstanden Gruppen, Züge und Hundertschaften. Eine Zersplitterung der Kampfgruppen war dadurch zu vermeiden, daß „die kleineren Kampfgruppen in der Stadt auf die größeren sozialistischen Betriebe, auf dem Land auf die Maschinen-Traktoren-Stationen zu konzentrieren" waren. Der Volkspolizei wurde befohlen, umgehend vierwöchige Ausbildungslager für Kampfgruppen-Kommandeure vorzubereiten, zu denen die jeweiligen Parteileitungen ausgewählte Funktionäre zu entsenden hatten. „Schon in kurzer Frist (müssen) in allen in Frage kommenden Betrieben, Verwaltungen usw. Kampfgruppen bestehen", wobei mit Rücksicht auf die Produktion darauf zu achten war, daß „deren zahlenmäßige Stärke jedoch im allgemeinen nicht über 12 - 15 % der Gesamtzahl der Beschäftigten des einzelnen Betriebes hinausgehen soll", eine geradezu abwegige Vorgabe, wie sich noch zeigen wird. Ausdrücklich bemerkte das Politbüro nochmals, „daß es sich um Kampfgruppen der *Partei* handelt" und daß dieses im zahlenmäßigen Verhältnis der Parteimitglieder und Kandidaten gegenüber den Parteilosen unbedingt zum Ausdruck zu kommen habe. Funktionen innerhalb der Kampfgruppen dürften deshalb ausschließlich von „bewußten Genossen" ausgeübt werden, zudem könnten neben Mitgliedern und Kandidaten der SED nur „fortschrittliche, staatsbewußte Parteilose" aufgenommen werden, die einer „demokratischen Massenorganisation" angehörten.

Nicht nur durch „eine straffe militärische Disziplin" änderte sich der Alltag der „Kämpfer", denn statt der Kleinkalibergewehre der GST, die bisher die Bewaffnung ausgemacht hatten, wurden nun Infanteriewaffen einschließlich leichter Maschinengewehre eingeführt. Vier Ausbildungsstunden pro Woche - grundsätzlich außerhalb der Arbeitszeit - sollten dazu beitragen, aus der bisherigen Freizeittruppe eine Armee oder wenigstens doch eine ernstzunehmende paramilitärische Organisation zu formen.

Sonderstellung für die Reichsbahner

Eine Sonderstellung räumte das Politbüro neben den Kampfgruppen im Wismut-Sperrgebiet denen in den Dienststellen und Betrieben der Deutschen Reichsbahn, der Reichsbahnausbesserungswerke sowie des Ministeriums für Verkehrswesen ein, die in ihrer politischen Führung der Generaldirektion der Reichsbahn, in ihrer militärischen Ausbildung und im Einsatz ausschließlich der Transportpolizei unterstellt wurden. Auch hier demonstrierte die SED erneut ihre Vorstellungen von einem „Volk unter Waffen" und die enge Verwobenheit des Netzes para- und rein militärischer Organisationen. Waren in den festen Standorten der Reichsbahn demnach Kampfgruppen zu gründen und von der Transportpolizei auszubilden, galt das für das fahrende Personal sowie für die „zur Aufrechterhaltung des Verkehrs wichtigsten Funktionäre (z.B. Bahnhofsvorsteher, Dispatcher)" nicht, ohne daß allerdings auf deren militärische Ausbildung verzichtet worden wäre. Dieser Personenkreis hatte sich als „Helfer der Transportpolizei" zu verpflichten. Ihre Organisierung, Ausbildung und Einsatz wurden direkt von den Dienststellen der Transportpolizei übernommen und geleitet. Auf der Grundlage einer Verordnung der DDR-Regierung vom 25. September 1952 „über die Zulassung freiwilliger Helfer zur Unterstützung der Volkspolizei" waren „in großer Zahl in den Dienststellen des Betriebes und Verkehrs, den Bahn-, Signal-, Fernmelde- und Starkstrommeistereien freiwillige Helfer der Transportpolizei zu gewinnen", deren Aufgaben sich in der Praxis jedoch kaum von denen regulärer „Kämpfer" unterschieden.

Bezeichnend ist, daß die Verantwortung für die Organisation und Ausbildung der Kampfgruppen der Deutschen Reichsbahn dem Staatssekretariat für Staatssicherheit übertragen wurde. Im Befehl 12/55 vom 25. April 1955 wies Innenminister Stoph die Kampfgruppen der Reichsbahn an, „gemeinsam mit den Kräften der Transportpolizei den zuverlässigen Schutz der Objekte und Anlagen der Deutschen Reichsbahn zu gewährleisten" und sofort mit der entsprechenden Ausbildung an Infanteriewaffen einschließlich leichter Maschinengewehre zu beginnen. Mit welcher Eile die SED ihr Ziel verfolgte, zeigt sich daran, daß bereits für die Zeit vom 15. bis 17. Juni 1955 in Klein-Wall bei Erkner am Rande Berlins ein erster Lehrgang zur Ausbildung von 100 Hundertschaftskommandeuren befohlen wurde. Angesichts der noch mangelhaften Ausrüstungssituation erhielten die künftigen Reichsbahn-Kommandeure Bekleidung, Ausrüstung und Bewaffnung leihweise von der Transportpolizei. Gleichzeitig ordnete Stasi-Staatssekretär Wollweber in den VP-Dienstabschnitten (T) vierwöchige Lehrgänge für Zug- und Gruppenführer an, wobei für Unterkunft und Verpflegung sowie die Bereitstellung des technischen Personals, Köche etwa, die Deutsche Reichsbahn selbst aufkommen mußte. Im Vordergrund dieser Lehrgänge stand die Schießausbildung, für die Generalmajor Walter von der Hauptabteilung Transportpolizei 25.000 Schuß KK-, 24.000 Schuß Karabiner-, 6.500 Schuß Pistolen- und 19.000 Schuß MPi-Munition bereitzustellen hatte. Wollwebers Stellvertreter, Generalmajor Last, erhielt den Auftrag, sämtliche Vorbereitungsmaßnahmen zu treffen, um einen schnellen Einsatz der Kampfgruppen sicherzustellen.

In den Hochschulen für Verkehrswesen, der Fachschule für Eisenbahn, den Reichsbahnschulen sowie Instituten wiederum fand die Militarisierung unter dem Deckmantel von Einheiten der Gesellschaft für Technik und Sport statt. Auch den Parteiapparat selbst mochte die SED von der Kampfgruppen-Bildung nicht ausnehmen. So beschloß das Sekretariat des ZK am 30. März 1955 unter Leitung von Ulbricht, „alle Mitarbeiter des zentralen Apparates der Partei, die nicht für einen operativen Instrukteureinsatz infrage kommen, werden in Kampfgruppen zusammengefasst". Politische Mitarbeiter, die noch keine militärische Ausbildung hatten, wurden in einer besonderen Gruppe an Waffen ausgebildet, die „Genossen" mit Waffen-Erfahrungen waren „in besonderen Zeitabständen" zusammenzuziehen, „um gewisse Wiederholungsübungen durchzuführen".

Es würde den Rahmen dieses Buches sprengen, wollte man die Ausbildungsprogramme, die die Hauptverwaltung Deutsche Volkspolizei für die Kampfgruppen festgelegt hatte, detailliert vorstellen. Von Interesse sind in diesen Programmen in erster Linie die jeweils vorangestellten „Hauptaufgaben", die einen tiefen Einblick in die eigentliche Zielstellung, die die SED mit ihrer Partei-Armee verfolgte, zulassen. So galt es nach dem ersten Ausbildungsprogramm unter VP-Regie - durch den Chef der Volkspolizei Maron am 20. April 1955 bestätigt -, in 132 Ausbildungsstunden die „Kämpfer zur Wahrung der Interessen unserer Heimat, zum Patriotismus und zur grenzenlosen Ergebenheit gegenüber der Sozialistischen Einheitspartei Deutschlands und der Regierung der Demokratischen Republik" zu erziehen. Ebenso wichtig aber war es, den Kampfgruppen ein ausgeprägtes Feindbild einzuimpfen. Vorrangiges Ziel war es deshalb, in den Angehörigen der Kampfgruppen „Haß gegen die anglo-amerikanischen Imperialisten und ihre westdeutschen Helfershelfer, der Adenauer-Clique, die die Schuldigen an der Spaltung Deutschlands sind", zu erzeugen.

Militärische Strukturen festgezurrt

Am 7. Juli 1955 befaßte sich das ZK-Sekretariat erneut mit den Kampfgruppen und verabschiedete eine Direktive, die in ihren wesentlichen Elementen über Jahrzehnte Bestand haben und die Strukturen der Partei-Armee bestimmen sollte. Die einheitliche Kopfbedeckung - eine Skimütze - wurde nun zum offiziellen Markenzeichen der Kampfgruppen ebenso wie blaue Overalls mit roter Armbinde. Getragen werden durften diese äußeren Zeichen des Kämpfertums ausschließlich von „ständigen Angehörigen der Kampfgruppen" die bereits eine Ausbildung erhalten hatten bzw. regelmäßig daran teilnahmen. Außerdem gab es nun für alle Funktionäre - vom Gruppen- und Zugführer bis hin zu den Hundertschafts-Kommandeuren und den Angehörigen der Kampfstäbe - „Dienststellungsabzeichen", was den militärischen Anspruch der Partei-Armee weiter untermauern sollte. Wichtiger noch als die Einführung von Skimützen und Overalls dürfte allerdings die endgültige Festlegung auf die militärische Strukturen der Kampfgruppen gewesen sein. Mit sofortiger Wirkung galt danach diese Organisationsform:

„1. Die Kampfgruppen sind in Gruppen, Züge und Hundertschaften zu gliedern. Die Gruppe setzt sich aus einem Gruppenführer und 9 Kämpfern (insgesamt 10), der Zug aus 1 Zugführer, Stellv. des Zugführers und 3 Gruppen (insgesamt 32) zusammen.
3 Züge bilden eine Hundertschaft, deren Leitung sich aus 1 Hundertschafts-Kommandeur, 1 Stellv. Allgemein, 1 Beauftragten der zuständigen Parteileitung für die politische Arbeit, oder, wenn sich Hundertschaften aus mehreren Grundorganisationen zusammensetzen, der qualifizierteste Genosse, der von diesen Parteileitungen in Übereinstimmung beauftragt wird (nach Möglichkeit ein Mitglied der Parteileitung) und 1 Innendienstleiter zusammen."

Darüber hinaus waren in kürzester Frist in jedem Kreisgebiet Stäbe der Kampfgruppen zu bilden, die wiederum ihre Befehle ausschließlich von den Leitern der VPKÄ entgegennahmen und neben dem Kommandeur aus dem Stellvertreter Allgemein, dem Polit-Stellvertreter, einem Innendienstleiter sowie vier Kradmeldern bestanden. In „größeren sozialistischen Betrieben" war allein der Parteisekretär „für die richtige politische Anleitung der Kampfgruppe" verantwortlich, konnte selbst jedoch nicht „Kämpfer" sein, „da im Falle des Einsatzes der Kampfgruppe der Betrieb nicht ohne Parteisekretär bleiben darf". Um ein Höchstmaß von konzentrierter Ausbildung und einen schlagkräftigen Einsatz unter Berücksichtigung der örtlichen Strukturen und unter Vermeidung einer Zersplitterung der Kampfgruppen zu gewährleisten, waren kleinere Kampfgruppen mehrerer Betriebe zu Hundertschaften zusammenzufassen. Ebenso waren kleinere städtische Kampfgruppen denen in „größeren sozialistischen Betrieben" einzugliedern. Vorgabe dabei war, daß selbständige Kampfgruppen zumindest die Stärke einer Hundertschaft erreichten.

Erweitert und präzisiert wurden jetzt die Aufnahmekriterien. Neben männlichen Mitgliedern und Kandidaten konnten nunmehr ab dem 25. Lebensjahr auch

„b) männliche fortschrittliche, klassenbewußte, parteilose Arbeiter und Angestellte (Gewerkschafts- und FDJ-Mitglieder),
c) männliche fortschrittliche, parteilose Genossenschaftsbauern und werktätige Einzelbauern sowie fortschrittliche Mitglieder des DBD, die Mitglieder einer LPG sind,
d) männliche fortschrittliche Angehörige der technischen, wissenschaftlichen und künstlerischen Intelligenz"

sich als „Kämpfer" beweisen. Geöffnet wurden die Kampfgruppen für Frauen, die zwar von der militärischen Instruktion ausgeschlossen blieben, aber durch das Deutsche Rote Kreuz zu Sanitäterinnen ausgebildet werden sollten. Neu war zudem, daß Kandidaten für die

Aufnahme in die Kampfgruppen sich in Polikliniken einer ärztlichen Untersuchung zu unterziehen hatten, wobei die Untersuchungsbefunde bei den Parteileitungen aufzubewahren waren. Ursache für diesen Schritt war die Tatsache gewesen, daß sich zwar häufig „Kämpfer" freiwillig für den „Ehrendienst" meldeten, diese dann aber gesundheitlich nicht in der Lage gewesen waren, den physischen Anforderungen zu genügen. Von 167 im VEB Stahlwerk Silbitz 1955 untersuchten „Kämpfern" hatten beispielsweise aus gesundheitlichen Gründen 52 ihren Dienst nicht antreten können, beim Rat des Kreises Eisenberg blieben von 46 „Kämpfern" nur 28 übrig.[12] Eingeführt wurde ferner ein Versicherungsschutz bei Unfällen während der Ausbildung bzw. des Einsatzes oder auf den damit im Zusammenhang stehenden Fahrten.

Sollzahlen fernab jeder Realität

Aus dem Jahr 1955 datiert die Vertrauliche Verschlußsache 365/55, aus der hervorgeht, daß die vom Politbüro anvisierte Richtzahl für die Stärke der Kampfgruppen von 12 bis 15 Prozent der Belegschaftsmitglieder in jeder Hinsicht illusorisch gewesen war. Beschäftigt waren in der DDR in jenem Jahr insgesamt 4,635 Millionen Arbeitnehmer, davon in der

Industrie (ohne Bauindustrie)	2.250.000
Bauindustrie	240.000
Verkehr	500.000
Handel	580.000
unproduktiver Bereich (Verwaltungen usw.)	800.000
Landwirtschaft	265.000

Bei nur zwölf Prozent Belegschaftsmitgliedern als „Kämpfer" hätte die Erfüllung der Richtzahl eine Kampfgruppenstärke von 556.000 Mann bedeutet. Tatsächlich aber gehörten den Kampfgruppen Mitte 1955 lediglich 180.000 Mann an:

---

[12] Gabert

Bezirk	Zahl der Kampfgruppen	Kampfgruppen-Angehörige
Erfurt	524	8.460
Berlin	448	21.282
Dresden	598	14.921
Gera	285	9.066
Neubrandenburg	280	3.361
Rostock	233	6.533
Suhl		5.567
Schwerin	303	5.523
Leipzig		11.587
Halle	847	18.473
Frankfurt	276	7.643
Wismut	313	4.720
Magdeburg	1.470	19.500
Karl-Marx-Stadt	799	26.282
Potsdam	511	9.770
Cottbus		6.571
Insgesamt		179.259

Bemerkenswert an dieser Aufstellung ist, daß die Durchschnittsstärke in den drei vorwiegend landwirtschaftlich strukturierten Bezirken Neubrandenburg, Frankfurt und Schwerin je Kampfgruppe bei 19 Angehörigen lag, in den Industriebezirken Berlin, Halle und Karl-Marx-Stadt dagegen bei 31,5. Die Erkenntnis des Politbüros:

„Daran wird die außerordentliche Zersplitterung der Kampfgruppen, besonders in den landwirtschaftlichen Gebieten, deutlich. Gleichzeitig zeigt sich, daß auch in den Bezirken mit ausschließlich oder überwiegenden Industrie-Charakter die Orientierung noch ungenügend auf die sozialistischen Großbetriebe erfolgt."

Zwar änderte sich an der Zahl von 180.000 „Kämpfern" über den gesamten Zeitraum der Existenz der Kampfgruppen kaum etwas (wobei zusätzlich angemerkt werden muß, daß beileibe nicht alle „Kämpfer" an der Ausbildung teilnahmen), doch meinte das Politbüro 1955 noch, „bei entsprechender politisch-ideologischer und politisch-organisatorischer Arbeit der Parteiorganisationen" könne eine Zahl von 300.000 „Kämpfern in absehbarer Frist durchaus erreichbar und als real" angesehen werden.

Entsprechend wurde der „Bewaffnungsplan für die Kampfgruppen der Partei" aufgestellt, der folgende Ausrüstung vorsah:

Karabiner	233.350
MPi	60.000
LMG	6.650
Panzerbüchsen	1.000

Als Normausstattung galt dabei die Bewaffung pro Gruppe (15 Mann) mit zwölf Karabinern und drei Maschinenpistolen, pro Zug (45 Mann) ein leichtes Maschinengewehr und in den Bezirken Potsdam und Berlin bei einer zu erreichenden Kampfgruppenstärke von zusammen 45.000 Mann pro Zug zusätzlich noch je eine Panzerbüchse.

„Ehrendienst am deutschen Volk"

Besonders in den Jahren 1954/55 trieb die SED die Vorbereitungen zur Aufstellung einer eigenen Armee in der DDR massiv voran. GST, Kampfgruppen und Transportpolizei waren dabei zwar wichtige Elemente, hatten aber letztlich eher ergänzende Aufgaben und die Nachwuchswerbung für den eigentlichen Kern einer anvisierten Streitkraft zu erledigen. Denn im übergreifenden System der militärischen und paramilitärischen Einrichtungen nahm die Kasernierte Volkspolizei (KVP) trotz aller ihrer Schwächen die entscheidende Rolle ein. Sie war auf Beschluß des Ministerrates am 1. Juli 1952 aus der bisherigen Hauptverwaltung für Ausbildung (HVA)[13] hervorgegangen und von Anbeginn an in Ausbildung, Aufgaben und Ausrüstung ausschließlich militärisch geprägt gewesen. Zu keinem Zeitpunkt hatte die DDR-Führung ein Hehl daraus gemacht, daß sie die KVP als „bewaffnetes Organ" zur Landesverteidigung und als Vorläufer einer noch aufzustellenden Armee betrachtete. Wie es im SED-Deutsch hieß, bestand die Aufgabe der KVP darin, „den Schutz der DDR vor konterrevolutionären Anschlägen von außen zu sichern". Der Dienst in den bewaffneten Organen der DDR und speziell in der KVP galt demnach „als Ehrendienst am deutschen Volk". Die Bereitschaft der Bevölkerung allerdings, in der KVP zu dienen, ließ zu wünschen übrig und führte schon 1954 zu Überlegungen, eine zumindest partielle Wehrpflicht in der DDR einzuführen. Ausgangspunkt für derartige Gedanken war die Tatsache, daß das „bestehende Prinzip der strengen Freiwilligkeit immer wieder durchbrochen wurde. Es erwies sich als

---

[13] Nicht zu verwechseln mit der HVA (Hauptverwaltung Aufklärung im MfS), die zu dieser Zeit noch nicht existierte.

unmöglich, „trotz starker Unterstützung durch die Partei (...) zeitgerecht die notwendige Zahl von Freiwilligen zur Auffüllung entstehender Fehlstellen zuzuführen. So z.B. mußte das Ausbildungsjahr 1953/54 mit rund 18 000 Fehlstellen an Soldaten begonnen werden. Die z.Zt. laufende Werbung erbrachte in den Monaten Januar und Februar durchschnittlich nur 1 600 bis 1 700 Neueinstellungen, so daß nach wie vor 15 000 Fehlstellen bestehen", hieß es in einer ZK-Vorlage vom März 1954. Die Mängel im System der Auffüllung könnten durch die Einberufung von jährlich 30.000 bis 35.000 Mann „aus den Reihen der Mitglieder und Kandidaten der Partei, der Mitglieder der Freien Deutschen Jugend und der besten parteilosen Arbeiter und werktätigen Bauern" beseitigt werden. 1,392 Millionen männliche Einwohner der DDR hatten zu diesem Zeitpunkt noch keine militärische Ausbildung erhalten, unter ihnen 160.800 des Geburtsjahrganges 1937, 159.800 des Jahrganges 1936 sowie 149.200 des Geburtsjahrganges 1935. Selbst wenn es gelingen sollte, jährlich die angestrebte Zahl von 30.000 bis 35.000 Jugendlichen für die KVP zu werben, würden immerhin 100.000 bis 120.000 junge Männer eines jeden Jahrganges dennoch nicht von der militärischen Ausbildung erfaßt „und müßten deshalb in die allgemeine Ausbildung einbezogen werden". Schwierigkeiten bereitete der SED zweifellos das Verfahren, möglichst unauffällig alle für die KVP geeigneten Männer, aber auch Frauen, zu erfassen, ohne daß die Militarisierungsbestrebungen und die Vorbereitungen zur Einführung einer Wehrpflicht allzu offenkundig würden:

„Dazu ist die Registrierung der männlichen Bevölkerung im Alter von 17 bis 50 Jahren und der weiblichen Bevölkerung, soweit sie eine Ausbildung in einem medizinischen Beruf, im Nachrichtendienst, als Dolmetscher usw. hat, zu organisieren und durchzuführen. Es wird vorgeschlagen, diese Registrierung in getarnter Form auf der Grundlage der bei den Paß- und Meldestellen der HVDVP vorhandenen Fragebogen, die zur Ausstellung neuer Personalausweise verwendet wurden, vorzunehmen",

hieß der konspirative Ausweg.

Die „fortschrittlichsten Studenten" im Visier

In einem ersten Schritt sah die SED vor, den Offiziersbestand wesentlich zu erhöhen. 18.281 Offiziere zählte die KVP Anfang 1954, die zum größten Teil in den zwanzig Schulen der KVP ausgebildet worden waren, nunmehr sollte die „Schaffung eines Kaderbestandes von Reserveoffizieren" in Angriff genommen werden. Als Zielgruppe für die entsprechende militärische Ausbildung hatte das ZK Studenten im Visier, wobei mit dem „fortschrittlichsten Teil der Studenten" begonnen werden sollte:

„Es ist möglich, diese Ausbildung mit dem besten Teil der an den Arbeiter- und Bauernfakultäten studierenden Arbeiterjugend zu beginnen. Aus den 13 Arbeiter- und Bauernfakultäten mit insgesamt rund 9 000 männlichen Studenten, von denen jährlich 3 000 ihr Studium beenden, könnten durchschnittlich jedes Jahr etwa 2 500 Reserveoffiziere ausgebildet werden.

Zur Ausbildung der Studenten der Arbeiter- und Bauernfakultät sind an diesen militärische Lehrstühle zu schaffen, die mit ausgebildeten Offizieren zu besetzen sind. Die militärische Ausbildung ist in das Programm aufzunehmen, und die Studenten sind in den Semesterferien zu Monatskursen an den bestehenden Schulen der Kasernierten Volkspolizei auszubilden."[14]

Aber nicht nur die Werbung und Ausbildung von Offizieren bereitete der KVP-Führung Kopfzerbrechen, vor allem mit der sozialen und politischen Zusammensetzung des Unteroffiziers- und Mannschaftsbestandes zeigte sich die Partei unzufrieden. So gehörten der KVP zwar 60 Prozent „Arbeiter" an, allerdings entstammten diese weniger - wie politisch gewünscht - dem „Kern der Arbeiterklasse", den Großbetrieben, sondern eher kleinen oder Handwerksbetrieben. Zudem habe die Erfahrung gezeigt, „daß Jugendliche mit geringer Allgemeinbildung, geringer beruflicher Qualifikation, landwirtschaftliche Arbeiter usw. bei dem bestehenden System der Auffüllung leichter geworben werden, als qualifizierte Arbeiter. So z.B. haben über 20 % der Unteroffiziere und Soldaten keine abgeschlossene Grundschulausbildung". Zwar brachte der Verfasser der ZK-Vorlage - wohl eher pflichtgemäß - zu Papier, die KVP-Angehörigen seien in ihrer Masse „der Regierung der Deutschen Demokratischen Republik und der Partei ergeben", doch mußte er einräumen, daß es in der KVP eine bedeutende Anzahl von Umsiedlern gebe und - schlimmer noch - vie-

---

[14] An den Arbeiter- und Bauernfakultäten sollte Arbeiterkindern, die lediglich eine achtjährige (manchmal sogar kürzere) Schulausbildung absolviert hatten, die Gelegenheit gegeben werden, unter Heranziehung von Hochschullehrern das Abitur zu erreichen. Für dieses Experiment innerhalb des sozialistischen Erziehungswesens wurden an den Universitäten der DDR entsprechende „Fakultäten" eingerichtet, die jedoch nicht mit herkömmlichen Fakultäten verwechselt werden dürfen. Es handelte sich eher um eine Form des „zweiten Bildungsweges". Nach Einführung einer generellen zehnjährigen Schulpflicht wurden die Arbeiter- Bauernfakultäten zu Beginn der sechziger Jahre überflüssig und abgeschafft.

le, die starke Westbindungen hätten. Dieses aber war noch weniger zu akzeptieren als eine unzureichende oder gar fehlende schulische Qualifikation, denn: „Dieser Teil unterliegt leicht der feindlichen Propaganda und wirkt teilweise zersetzend bis zur Schädlingsarbeit auf den übrigen Personalbestand ein."

Schließlich litt die KVP daran, daß die Mehrzahl der Jugendlichen, die sich zur Laufbahn in dieser Truppe entschieden hatten, dieses häufig nicht aus einem Glauben an den Sieg des Sozialismus heraus taten. Schlichtes - und auch nachvollziehbares - Versorgungsdenken war oft genug der Anlaß zum Eintritt in die KVP, dem vielfach kurz danach schon der Austritt folgte:

„Die Mehrzahl der geworbenen Jugendlichen tritt aus materiellen Gründen, ohne tiefe Überzeugung und Ziele der Kasernierten Volkspolizei in diese ein. Daher verweigert ein Teil von ihnen bei Ankunft in den Einheiten den Dienst, wenn sie feststellen, daß die Kasernierte Volkspolizei keine Polizei, sondern ein Truppenteil ist."

Dieser Satz ist in zweifacher Weise bemerkenswert: Zum einen widerspricht der Verfasser seiner wenige Zeilen zuvor geäußerten Behauptung, die Masse der KVP-Angehörigen sei der Regierung ergeben, zum anderen aber, und dieses ist wesentlicher, wird unverblümt eingeräumt, daß es sich bei der KVP keinesfalls um eine Polizei handelte. Diese Feststellung sollten all jene zur Kenntnis nehmen, die auch heute noch der irrigen Auffassung sind, die Aufstellung der Nationalen Volksarmee im Jahr 1956 sei lediglich eine Reaktion der DDR auf die Bildung der Bundeswehr gewesen. Erleichtert wurde im übrigen denen, die Polizisten und eben nicht Soldaten hatten werden wollen, der Abschied von der KVP durch die zu dieser Zeit fehlenden gesetzlichen Regelungen, wegen eigenmächtigen Verlassens des Dienstes zur Verantwortung gezogen werden zu können.

„Die Desertationen hören nicht auf"

Die Kasernierte Volkspolizei zeigte sich bis zu ihrer Umwandlung in die Nationale Volksarmee permanent in einem ausgesprochen desolaten Zustand, wie auch der 1. Sekretär des ZK Ulbricht einem Bericht entnehmen mußte, den ihm Staatssekretär Wollweber am 25. Januar 1955 vorgelegt hatte. Bei einer Stärke von 93.577 Mann im Jahr 1954 waren bei der KVP 70.576 Disziplinarverstöße festgestellt und geahndet, 16.563 Mal Befehle nicht ausgeführt worden. In 25.142 Fällen hatten unerlaubte Entfernungen und in 3.279 Trunkenheit und Folgehandlungen registriert werden müssen, dazu mehr als 3.500 Schlägereien in den Truppenteilen. Für die Partei besonders unbefriedigend dürfte gewesen sein, daß fast neun Prozent aller Verstöße auf das Offizierskorps entfallen waren, fast drei Viertel - exakt 73 Prozent - auf Mitglieder der SED und der FDJ. Natürlich fehlte in Wollwebers Bericht nicht der pflichtgemäße Hinweis, der politisch-moralische Zustand des Personalbestandes der KVP sei im allgemeinen ein gesunder. Begeistert seien die KVP-Angehörigen z. B. dem Aufruf der Regierung nachgekommen, „Staatsgütern und werktätigen Bauern" bei der Ernte zu helfen, hätten 599.295 DM für Hochwassergeschädigte gesammelt. Doch im weiteren strafte sich Wollweber wiederum selbst der Unwahrheit. Denn bei allen semantischen Bemühungen kam auch er nicht umhin einzugestehen:

„Trotz des Angeführten gibt es in den Truppenteilen und Verbänden der KVP noch Fälle negativer politischer Einstellungen, Unlust zum Dienst in der KVP und grobe Disziplinarverstöße. Die Desertionen hören nicht auf. Oftmals gibt es Fälle ernster moralischer Vergehen, besondere Vorkommnisse sowie antidemokratische und feindliche Tätigkeit. Eine weitgehende Verbreitung negativer Stimmungen ist in der Regel dann zu beobachten, wenn in der Republik irgendwelche politischen Maßnahmen durchgeführt werden."

Im Vorfeld der Volkskammerwahlen hätten beispielsweise KVP-Angehörige geäußert, diese Wahlen trügen keinen demokratischen Charakter und die SED setzte ihre Kandidaten nur deshalb nicht auf eine eigene Liste, weil sie Angst vor einem „Durchfall" bei den Wahlen habe. In seinem Bericht wurde Wollweber konkret:

„In dieser Beziehung ist die Äußerung des in der Potsdamer Bereitschaft diensttuenden Soldaten WERT charakteristisch, der da sagte: ‚Bei uns gibt es keine Demokratie, die SED, und das ist Diktatur. Bei uns fehlen die Oppositionsparteien.' Der Gefreite KAUTUS aus der Bereitschaft Halle äußerte in Anwesenheit anderer KVP-Angehöriger: ‚Ich habe kein Vertrauen zur Regierung der DDR. Ich werde die Wählerliste nicht einsehen und auch nicht zur Wahl gehen'."

Einige KVP-Angehörigen hätten sich in ihren Äußerungen so weit gesteigert, daß sie, wenn sie nicht entlassen würden, „einfach abhauen oder desertieren" würden. 652 Mann, darunter 42 Offiziere, der KVP desertierten allein 1954 in die Bundesrepublik Deutschland. In weiteren 4.000 Fällen meinte die Staatssicherheit festgestellt zu haben, daß KVP-Angehörige sich mit Fluchtgedanken trugen. Besonders auffällig war für die Stasi, daß es in den KVP-Bereitschaften Potsdam, Prenzlau und Halle zu der anteilig größten Zahl von Desertationen gekommen war. 60 Prozent aller Desertationen der gesamten KVP waren auf nur diese drei Bereitschaften entfallen. Kein Pardon kannte die SED bei Deserteuren, die - aus welchen Gründen auch immer, vorwiegend wohl aus familiären - in die DDR zurückgekehrt waren. 400 der 652 in den Westen Geflohenen waren beispielsweise 1954 wieder in die DDR gegangen, 174 von ihnen wurden auf der Stelle „wegen Verrat von militärischen Geheimnissen über die KVP an ausländische Geheimdienste dem Gericht übergeben" und zu hohen Zuchthausstrafen verurteilt.

„Erscheinungen moralischer Zersetzung"

Innerhalb der KVP war Wollwebers Staatssicherheit permanent auf der Jagd nach wirklichen und vermeintlichen Agenten und hatte natürlich fündig zu sein. So wurde für 1954 die Aufspürung und Entlarvung von 22 Agenten in der KVP gemeldet, von denen 15 Offiziere gewesen sein sollen. Doch nicht nur Desertationen und Agententätigkeit ließen das „allgemeine Niveau des politisch-moralischen Zustandes der KVP im bedeutenden Maße" absinken. Die große Zahl krimineller Vergehen machte der KVP-Führung und damit der SED im selben Maße zu schaffen. Ebenfalls im Jahr 1954 hatte der Oberstaatsanwalt der Volkspolizei 1.972 KVP-Angehörige in Zivilprozeßverfahren zur Verantwortung gezogen und von diesen 732 den Gerichten übergeben. Daß die Mitgliedschaft in SED oder FDJ aus den KVP-Angehörigen noch längst nicht „bessere" Menschen machte, zeigt sich daran, daß sich unter den den Gerichten Übergebenen 112 SED- und 585 FDJ-Mitglieder befunden hatten. Gleichfalls war strafbares Handeln nicht auf Soldaten beschränkt, denn unter den kriminellen Handelns Beschuldigten befanden sich immerhin 109 Offiziere sowie 129 Unterführer. Angeklagt und verurteilt wurden sie vor allem wegen

- Wirtschaftsverbrechen (161)
- Körperverletzungen (123)
- Diebstahl (116)
- Sittlichkeitsverbrechen (59)
- Betrug, Fälschung (51)

Erwähnt sei auch noch die hohe Zahl von 38 Selbstmorden bzw. 66 Selbstmordversuchen, die ebenfalls deutlicher Hinweis auf die Zustände in der KVP waren. Auch später, in der NVA und in den Grenztruppen, änderte sich im übrigen dieses erschütternde Bild nicht. Weiter hatte Wollweber vielfältige „Erscheinungen moralischer Zersetzungen" zu beklagen. Ledige und verheiratete KVP-Angehörige träten in intime Verbindungen mit zufällig kennengelernten Frauen, steckten sich hierbei mit venerischen Krankenheiten an und fielen damit für den Dienst praktisch aus. Monatlich erkrankten zwischen 300 und 380 KVP-Angehörige an Geschlechtskrankheiten, 1954 insgesamt 3.300, und auch hier standen die Bereitschaften Potsdam, Prenzlau und Halle wieder an der Spitze. Schließlich sei festgestellt worden, daß es durch KVP-Angehörige immer wieder gegenüber der Zivilbevölkerung „zu flegelhaften und ungehörigen Ausfällen" gekommen sei, wobei als besonders übel vermerkt wurde, daß zwei KVP-Angehörige in Eggesin den dortigen Parteisekretär des Kreises und dessen Ehefrau in betrunkenem Zustand beleidigt hätten.

Antidemokratische Losungen, sieben „mutwillige Beschädigungen von Bildern mit Persönlichkeiten der DDR und SU", dazu „74 Fälle ernster feindlicher Vergehen, die gegen die Politik der SED und Regierung der DDR gerichtet waren", hatte Wollwebers Stasi 1954 bearbeitet und 57 KVP-Angehörige verhaftet, unter ihnen fünf Offiziere, „wegen antidemokratischer Tätigkeit". Auch diese Zahlen belegen, wie wenig verläßlich die KVP aus Parteisicht gewesen war und daß sie ebenso dringend „reformiert" werden mußte: „Aus politisch-moralischen Gründen wurden im Jahre 1954 2 945 Mann entlassen, davon 450 Offiziere; von diesen Entlassenen wurden 263 Mitglieder und Kandidaten der SED aus der Partei ausgeschlossen." Es ist wenig verwunderlich, daß sich die SED auf diese KVP nicht stützen mochte, sondern ihre Hoffnungen und Erwartungen zum Erhalt der Macht zunehmend auf die Kampfgruppen setzte.

„Das Gift der feindlichen Agenten"
Ungeachtet des gleichzeitigen Aufbaues der Kampfgruppen, mußten die Schwierigkeiten in der KVP beseitigt werden, sollte sie doch den Kern der im engsten Parteikreis längst beschlossenen Nationalen Volksarmee bilden. Um zumindest den personellen Engpässen entgegenzuwirken, hatten Kommissionen, aufgestellt von der SED, ver-

stärkt für den Dienst in der KVP zu werben, wobei jedoch die Formen beinahe schon an das in vergangenen Jahrhunderten in der Seefahrt vorkommende „Shangaien" erinnern. Denn junge Männer wurden weniger überzeugt, als regelrecht in die KVP gepreßt. In dem Bemühen, das ganze Land unter Waffen zu sehen, wandten die Parteifunktionäre dabei Methoden an, die selbst das Politbüro zum Nachdenken brachten. Weniger wohl wegen möglicher moralischer Skrupel, als vielmehr, weil die rigiden Methoden, die Erpressungen und Entlassungen aus volkseigenen Betrieben einschlossen, viele junge Männer zusätzlich zur Flucht in den freien Westen veranlaßten. In einem Papier, das den Mitgliedern des Politbüros auf ihrer Sitzung am 10. Juli 1955 vorgelegt wurde, hieß es dazu unter anderem:

„Es wäre falsch anzunehmen, dass bei jedem Jugendlichen die Überzeugung und Bereitschaft sich bereits jetzt persönlich am bewaffneten Schutz unserer Heimat zu beteiligen, von selbst kommen würde. Noch nicht alle erkennen die Gefahr, die unserer Republik seitens der westlichen Imperialisten droht. Noch nicht alle verstehen, dass ein Arbeiter- und Bauernstaat zum Schutze des sozialistischen Aufbaus bewaffnete Organe haben muß. Vor vielen Jugendlichen steht daher zum ersten Mal die Frage nach ihrer Bereitschaft zum Dienst in den bewaffneten Organen unserer DDR."

Es komme hinzu,

„[...] dass die ältere Generation, darunter viele Eltern der Jugendlichen selbst der Meinung sind, es handele sich um die selbe verabscheuungswürdige Sache wie früher. Sie begreifen noch nicht, dass es heute nicht mehr darum geht, für die Profitinteressen der räuberischen Monopolherren in den Krieg zu ziehen, sondern darum, einen von diesen ‚Herren' geplanten Krieg zu verhindern. Oft wirkt auch noch das Gift der von feindlichen Agenten in unserer Republik geschürten pazifistischen Propaganda, die den Zweck verfolgt, die Werktätigen irre zu führen und die Verteidigungsbereitschaft unserer Republik zu lähmen. Über diese und noch andere Wahrheiten müssen die Parteimitglieder und fortschrittliche Parteilose mit den Werktätigen, insbesondere mit den Jugendlichen offen diskutieren und eine geduldige, beharrliche und überzeugende Aufklärungsarbeit leisten".

In der Mathias-Thesen-Werft hätten durch eine „gründliche ideologische Aufklärungsarbeit" über 200 Jugendliche dazu bewogen werden können, „sich freudig und bereitwillig zum Waffendienst" zu melden und ihre „zwei- bis dreijährige patriotische Pflicht" zu erfüllen. Eine in diesem Sinn gute Arbeit habe auch die Parteiorganisation des Eisenhüttenwerkes Calbe geleistet, die ebenfalls „eine grosse Anzahl Jugendlicher zur KVP delegieren konnte".

Allerdings: Wie diese „beharrliche und überzeugende Aufklärungsarbeit" in der Praxis tatsächlich aussah, wird zumindest andeutungsweise in dem Politbüro-Papier beschrieben und zeigt auf, wie rigoros und brutal die SED-Werbekolonnen bisweilen vorgingen:

„Es gibt aber auch eine Reihe von Parteileitungen und einzelne Funktionäre, welche die Aufklärungsarbeit durch die schädlichen Methoden des Kommandierens und Administrierens ersetzen. Dadurch wurden Jugendliche irre geführt, in eine ausweglose Lage gezwungen, das Vertrauen zu unserer Staatsmacht untergraben und führte in manchen Fällen bis zur Republikflucht einzelner Jugendlicher. So versuchte zum Beispiel der in der Volkswerft Stralsund beschäftigte Jugendliche Hans-Georg Gruhnert die Deutsche Demokratische Republik zu verlassen. Er wurde von den Organen unserer Staatsmacht an diesem unüberlegten Schritt gehindert und brachte in einer mit ihm geführten Aussprache zum Ausdruck, dass ihm seitens einer sogenannten ‚Kommission' drei Möglichkeiten geboten wurden: entweder der Dienst in der KVP, oder Arbeit in einem privaten Betrieb oder Übergang zur Söldnerarmee in Westdeutschland[15]. Solche Methoden der Erpressung oder Drohungen werden von der Partei auf das schärfste verurteilt.
In einem anderen Falle wurde der Jugendliche Hans-Joachim Rode, der im Walzwerk Finow beschäftigt war, als Staatsfeind beschimpft, weil er nicht sofort seine Bereitschaft zum Eintritt in die KVP erklärte. Das ZK unserer Partei bekam Mitteilung, dass das Büro der Kreisleitung Wittstock während einer Tagung der Kreisparteiaktive über einen 34-jährigen Genossen, ein Familienvater von drei Kindern - der einer Aufforderung zum Eintritt in die KVP nicht sofort zustimmte, sondern sich Bedenkzeit erbat - den Beschluss gefaßt hatte, dass er seine verantwortliche Funktion in der Konsumgenossenschaft sofort niederzulegen und als Landarbeiter in ein Volkseigenes Gut zu gehen hat. Drohungen mit Entlassungen aus den Volkseigenen Betrieben, Herabsetzung in niedrigere Lohnstufen, Entziehung von Ferienplätzen, Bezeichnung der Jugendlichen als Staatsfeinde, usw. entsprechen nicht den Prinzipien unserer Partei und wirken sich parteischädigend aus. Die Bezirksleitungen und Kreisleitungen der Partei müssen dafür sorgen, dass solche Erscheinungen schnellstens liquidiert werden. Die sogenannte Kommissionsarbeit ist sofort einzustellen."

Stattdessen, so das Politbüro, müsse erreicht werden, daß es jeder Jugendliche als Selbstverständlichkeit betrachte, „zum gegebenen Zeitpunkt das Ehrenkleid der bewaffneten Organe unserer Republik zu tragen, denn nur bewußt handelnde Jugendliche werden solche Kämpfer sein, die bereit sind mit größtem Einsatz ihre Arbeiter- und Bauernmacht zu verteidigen".

---

[15] „Übergang zur Söldnerarmee in Westdeutschland", um dort als Spion eingesetzt zu werden, d. Verf.

Mit Druck und Erpressung in die KVP
Wenngleich sich das Politbüro von dem Treiben der Kommissionen verbal distanzierte, zeigt sich doch, wie das Prinzip der „Freiwilligkeit" beim Eintritt nicht nur in die KVP, sondern ebenso in die Kampfgruppen der Arbeiterklasse zu bewerten ist. Daran änderte auch nichts ein Schreiben Ulbrichts vom 9. Juli 1955, das dieser an alle 1. Sekretäre der Bezirks- und Kreisleitungen gerichtet hatte und das auf eine erhebliche Beunruhigung innerhalb von ZK und Politbüro schließen läßt. Immerhin wurden hierin die rüden Methoden der SED-Kolonnen gerügt, obwohl selbstverständlich zu Beginn die Notwendigkeit der Aufstellung bewaffneter Organe noch einmal eindringlich unterstrichen wurde. Die „im Zusammenhang mit der unter den Bedingungen der neuen Lage notwendig gewordenen Erhöhung der Verteidigungsbereitschaft in der DDR" habe das Politbüro im März und April wichtige Entschlüsse zur umfassenden Werbung für die bewaffneten Organe - besonders die KPV - fassen lassen. Inzwischen könne festgestellt werden, daß diese Werbung nach zögerndem Anlauf gute Erfolge gebracht habe, „was unbedingt als ein Ausdruck des gewachsenen sozialistischen Staatsbewusstseins der Arbeiterklasse, auch gerade in der Jugend" zu werten sei. Dennoch müsse „die Verbindung zwischen der Partei und der Arbeiterklasse sowie den übrigen Volksmassen noch inniger und fester" gestaltet werden. Diesem Ziel stünden jedoch Genossen entgegen, die noch immer nicht „den tiefen Sinn schöpferischer Parteiarbeit begriffen" hätten.

Ulbricht kritisierte insbesondere, daß die Leitungen der Parteiorganisationen die Werbung vielfach als eine „zusätzliche Belastung" empfänden, die mit der „eigentlichen" Parteiarbeit nichts zu tun habe. Daneben seien in vielen Betrieben zahlreiche Werbekolonnen zusammengestellt worden, die von den Bezirks-und Kreisleitungen „völlig losgelöst arbeiteten und denen in vielen Fällen die Werbung völlig alleinverantwortlich überlassen wurde". Besonders gestört haben muß das Politbüro die Feststellung, daß sich diese Kommissionen durch die „oft nicht von uns, sondern vom Gegner vorbereiteten Jugendlichen im wahrsten Sinne des Wortes ‚vorführen'" ließen.

„Wenn dazu noch in diesen Kommissionen teilweise wenig erfahrene und nur mangelhaft qualifizierte Genossen arbeiten, die den oft völlig verwirrten, unklaren Jugendlichen, um den sich vorher vielfach weder die Parteiorganisation, noch die FDJ ernsthaft gekümmert hat, bei seiner Weigerung zur KVP zu gehen, gleich zum Staatsfeind, zum Vaterlandsverräter und zum Agenten stempeln, so ist es klar, dass eine solche Arbeitsweise nicht nur keine Erfolge bringen, sondern im Gegenteil gefährlichen Schaden anrichten kann."

Im übrigen, so Ulbricht weiter, müsse bemängelt werden, daß durch viele Partei-, Gewerkschafts- und FDJ-Organisationen kein Einfluß auf die Umgebung des Jugendlichen, auf seine Eltern genommen werde. Man kümmere sich nicht um sein ganzes Leben und nehme nicht jede Gelegenheit wahr, um ihn durch alle Möglichkeiten und Mittel beharrlich zu einem wirklich bewußten jungen Staatsbürger des Arbeiter-und-Bauern-Staates zu erziehen. In letzter Zeit häuften sich dagegen die Signale,

„[...] dass anstelle beharrlicher und kameradschaftlicher Aufklärungs- und Überzeugungsarbeit, anstelle offener Auseinandersetzungen, schädliche Methoden des Druckes und der Erpressung angewandt werden. Es gibt nicht wenige Beispiele, wo Jugendlichen, die noch nicht die Notwendigkeit des Eintritts in die KVP begriffen haben, nicht nur die Möglichkeit jeder weiteren beruflichen Fortbildung genommen, sondern zum Teil die Arbeitsmöglichkeit im volkseigenen Betrieb entzogen wurde. Ein noch härterer Beweis für den schädlichen Charakter solcher Methoden ist die Tatsache, daß manche Jugendliche in ihrer Verwirrung dem Feind in die Arme getrieben wurden. Letzten Endes sind es nicht zuletzt auch gerade diese Gründe, die in steigendem Umfang ganzen Gruppen von jungen Menschen Veranlassung zur Republikflucht gegeben haben".

Es kann wohl als überraschend angesehen werden, daß Ulbricht - wenn auch nur intern - die erpresserischen Methoden der eigenen Genossen als verantwortlich und mit ausschlaggebend dafür ansah - und dieses auch schriftlich niederlegte -, daß immer mehr junge Menschen die DDR verlassen wollten. Als Konsequenz aus dem üblen Treiben der Werbekommissionen wurden einmonatige besondere Schulungen befohlen, an denen „ohne Einschränkung alle Funktionäre und Mitglieder der Partei, der FDJ, der Gewerkschaften, des DFD, der GST und anderer Massenorganisationen sowie des Staatsapparates" teilzunehmen hatten, „angefangen von den Mitgliedern der Kreiswerbekommission bis zum Beauftragten einer Grundorganisation im Betrieb, die durch die Partei- oder Massenorganisation einen speziellen Auftrag für die Werbearbeit unter den Jugendlichen haben". Vor allem aber - und dieses muß wohl schon fast als Eingeständnis einer Niederlage der Partei gewertet werden - wurden mit sofortiger Wirkung „alle bisher erteilten und gegenwärtig bestehenden ‚Sollauflagen' für die Werbung" aufgehoben. Als letzte Maßnahme schließlich zog das Politbüro sämtliche zur Unterstützung der Werbung in die Betriebe und Verwaltungen kommandierten KVP-Offiziere - insgesamt 600 - zurück, um auf diese Weise „den betreffenden Parteileitungen ihre Verantwortung für die Arbeit unter den Massen deutlicher zu machen".[16]

Kampfgruppen-Orchester für Groß-Berlin
Erpresserische Methoden auf der einen Seite, Schalmeienklänge auf der anderen. Mit Klängen des Honeckerschen Lieblingsinstrumentes wurden die „Kämpfer" in Riesa bereits seit 1953 unterhalten - wie an anderer Stelle schon erwähnt -, 1956 sollte nun endlich ein „richtiges" Orchester auch für die Berliner Kampfgruppen ins Leben gerufen werden. Weniger ging es dabei um die musikalische Erbauung, vielmehr sollten die Musiker ein Zusammengehörigkeitsgefühl unter den „Kämpfern" entstehen lassen bzw. fördern und das Liedgut der Arbeiterbewegung pflegen. Vor allem war ein Orchester unerläßlich für die Selbstdarstellung der Kampfgruppen in der Öffentlichkeit, fehlten doch einer ordentlichen Parade oder einem richtigen Kampfappell ohne die entsprechende Umrahmung mit Blasmusik und Märschen wesentliche emotionale Zutaten. Willi Kaufmann, Musikdirektor und VP-Kommandeur, hatte dieses ebenso gesehen und wandte sich deshalb am 4. April 1956 an den Genossen Krüger von der Abteilung Sicherheit des ZK und bot in der „Erkenntnis der Notwendigkeit der Aufstellung von Orchestern unserer Kampfgruppen" die Hilfestellung der „Parteiorganisation Orchester der Berliner Volkspolizei" bei dem Vorhaben an. Da nach Ansicht Kaufmanns Musik keine Grenzen, auch keine ideologischen, kannte, schlug er für die Leitung des künftigen Orchesters vier Musiker vor, die beim Staatlichen Rundfunkkomitee arbeiteten und

„über langjährige Erfahrungen in der Blasmusik verfügen, z.B:
1. Gen. Otto Müller, Musikabteilung des Rundfunks, ehemaliger Obermusikmeister, Zentrale Schule der Sowjetunion und Genosse unserer Partei,
2. Gen. Fritz Möller, Musikabteilung des Rundfunks, ehemaliger Obermusikmeister der Wehrmacht, später Zentralschule der Sowjetunion,
3. Kollege Hans Rüsing, Produktionsleitung Musik, ehemaliger Obermusikmeister der Luftwaffe, später 1. Dirigent des Blasorchesters des Rundfunk-Studio Leipzig,

---

[16] Erst mit der Einführung der allgemeinen Wehrpflicht hatte die SED das Problem der mangelnden Bereitschaft zum Dienst in den „bewaffneten Organen" lösen könne. Siehe auch Dokumenten-Anhang, Schreiben Ulbricht-Chruschtschow vom 13. Dezember 1961

4. Kollege Hermann Klar, ehemaliger Musikmeister der Luftwaffe, später Dirigent des Orchesters der KVP Berlin."

Insbesondere im Verwaltungsapparat der Musikabteilung, Abteilung Volksmusik, des Staatlichen Rundfunkkomitees befänden sich viele zum größten Teil sehr gute ehemalige gute Berufsmusiker, so daß es keinerlei Schwierigkeit bereiten werde, den Klangkörper zusammenzustellen, zumal ohnehin „ein großer Teil dieser Genossen und Kollegen den Ehrendienst unserer Kampfgruppen durchführen". Zusätzlich könne man noch auf die Musikabteilungen des Ministeriums für Kultur, die Abteilung kulturelle Massenarbeit beim FDGB und auf die Deutsche Konzert- und Gastspieldirektion Berlin zurückgreifen und somit „in aller kürzester Zeit ein gutes Blasorchester" bilden. Schließlich sollte über den FDGB-Bundesvorstand ermittelt werden, in welchen Berliner Betrieben sich noch ehemalige Berufsmusiker befänden, um auch diese dann in den Kampfgruppen-Orchestern von Groß-Berlin einzusetzen. Musikinstrumente müßten dann allerdings vom ZK der SED genehmigt werden.

Dieses Beispiel ist für sich genommen relativ unbedeutend, zeigt aber, und deshalb ist es hier angeführt, mit welch außerordentlich unwichtigen Dingen sich der zentrale Machtapparat in der DDR, das Zentralkomitee der SED, befaßte und gleichzeitig die Unterdrückungsmechanismen innerhalb der DDR perfektionierte.

1956: Mit revolutionärer Wachsamkeit gegen die Bevölkerung

Am 23. Oktober 1956 begann in Ungarn der Volksaufstand gegen die sowjetische Besetzung und das sowjethörige kommunistische Regime. Nachdem es anfangs den Anschein hatte, die sowjetischen Truppen würden sich aus Budapest und ganz Ungarn zurückziehen, schlug der Kreml am 4. November hart zurück. Mit brutaler Waffengewalt wurden die Freiheitsbestrebungen des ungarischen Volkes bis zum 15. November für Jahrzehnte zunichte gemacht und unterdrückt. Als letzte Bastion der Aufständischen hatte sich die Industriestadt Sztálinváros den Sowjets und ihren Marionetten ergeben müssen. Schon einen Tag nach dem Beginn des ungarischen Freiheitskampfes, während in Budapest die Menschen starben, setzte die SED die Kampfgruppen in der DDR ein, um der Bevölkerung unmißverständlich klarzumachen, daß ein Übergreifen des Aufstandes oder der Unruhen keine

Aussicht auf Erfolg haben und im Keim erstickt würde. In der
„Zeittafel zur Militärgeschichte der DDR" [17] heißt es dazu:

„Parteiorganisationen in Betrieben und Institutionen in Berlin und anderen Städten führen Appelle der bewaffneten Kampfgruppen der Arbeiterklasse durch. In Resolutionen bekunden sie ihr Entschlossenheit, alle Provokationen der Imperialisten zu verhindern. Angesichts des konterrevolutionären Putsches in Ungarn erhöhen die Mitglieder der SED und Millionen andere Werktätige ihre revolutionäre Wachsamkeit, Einsatzbereitschaft und Kampfentschlossenheit."

Doch die sogenannten Kampfappelle stellten nur die halbe Wahrheit dar. In Wirklichkeit standen die Kampfgruppen in den Tagen des ungarischen Volksaufstandes vor ihrer ersten „Bewährungsprobe". Schon vom 24. bis 26. Oktober ließ die SED in Betrieben und Institutionen u.a. in Berlin, Halle, Karl-Marx-Stadt durch die Kampfgruppen Macht demonstrieren und sie in Kampfappellen aufmarschieren. Angeblich versuchte Brandstiftungen in der Rostocker Ernst-Moritz-Arndt-Universität und in der Bezirksparteischule „John Schehr" wurden durch die Kampfgruppen „verhindert", die es zudem ermöglichten, daß „von Provokateuren in Szene gesetzte Krawalle nicht zum Ausbruch kamen, sondern die Anstifter dingfest gemacht werden konnten".[18]

Wiederum gärte es in der DDR, doch dieses Mal stand der SED nicht nur die inzwischen in Nationale Volksarmee umbenannte KVP zur Verfügung, auch die Kampfgruppen sollten ihrer Repressionsaufgabe gerecht werden. Die SED-Führung zeigte sich höchst beunruhigt, war es doch auch in ihrem Herrschaftsbereich zu Solidaritätsbekundungen mit der ungarischen Freiheitsbewegung gekommen. In Magdeburg beispielsweise entzündete sich der Unmut im VEB Schwermaschinenbau „Georgij Dimitroff", nachdem die Partei, ohne die Betroffenen überhaupt gefragt oder informiert zu haben, am 29. Oktober im Parteiorgan „Volksstimme" eine Solidaritätsadresse des FDJ-Kollektivs an die Jugendleitung der Waggonfabrik „Wilhelm Pieck" im ungarischen Györ hatte veröffentlichen lassen. Darin hatte es geheißen:

„Liebe Freunde!
Wir haben zu den Vorkommnissen in Eurer Heimat Stellung genommen und erklären uns mit allen fortschrittlichen Werktätigen Eures Landes solidarisch, die unter Führung der Partei den konterrevolutionären Kräften ein Ende bereiten. Wir versichern Euch, daß wir, die Jugend des Georgij-Dimitroff-Werkes, fest an Eurer Seite, an der Seite aller Volksdemokratien und der Sowjetunion stehen und

---

[17] Militärverlag der Deutschen Demokratischen Republik, Berlin, 1985
[18] Gabert

es nicht zulassen werden, daß es den Feinden unserer Völker gelingt, ihre Pläne zu verwirklichen."

Aus Protest gegen diese Solidaritätsadresse verweigerten am 30. Oktober rund 30 Jugendliche des Magdeburger VEB die Arbeit, nur scheinbar ein isolierter Fall. Denn vom Spätsommer an war es in der DDR zu einer Reihe kleinerer Streikaktionen gekommen, die im Westen entweder nicht bekannt oder kaum beachtet wurden. Allein vom 1. Juli bis zum 7. Oktober verzeichneten die Stasi-Dokumente 44 solcher Arbeitsniederlegungen, die ihre Ursachen vorwiegend noch in Forderungen nach Lohnerhöhungen bzw. Normsenkungen hatten. Magdeburg kristallisierte sich als Zentrum dieser Streiks heraus, die am 1. Oktober in den Ernst-Thälmann-Werken ebenso zu verzeichnen waren, wie drei Tage später erneut in den Dimitroff-Werken. In Ribnitz legte am 15. Oktober eine Maurerbrigade die Arbeit nieder, eine Schicht des Reichsbahnbetonwerkes Redwisch, die Brigade der MTS Isserode und die Arbeiter einer Druckerei in Blankenstein. Zwei Tage später streikten in Dresden Arbeiterinnen eines Textilbetriebes, in den folgenden Tagen Arbeiterinnen und Arbeiter u. a. in Wismar, Ronneburg, Pössneck, Rostock oder Berlin-Weissensee.

Arbeiterlieder singend zur Humboldt-Universität

Das Schwergewicht der Unruhen und damit der Kampfgruppen-Aktivitäten in diesen Tagen lag jedoch in Ost-Berlin, wo am 3. November die Volkskammer der DDR zu ihrer 17. Sitzung zusammengekommen war. In der Veterinärmedizinischen und in der Philosophischen Fakultät der Berliner Humboldt-Universität Unter den Linden hatten Lehrkräfte und Studenten gegen das blutige Vorgehen der Sowjetunion in Budapest protestiert und sich mit einer Unterschriftenaktion für einen menschlicheren Sozialismus eingesetzt. Für die SED war dieses Anlaß genug, die parteieigene Armee aufmarschieren zu lassen. Durch „entschlossenes Auftreten der Kampfgruppen der Arbeiterklasse" - wie der Einsatz von Gewalt umschrieben wurde, „wurde diese Provokation im Keim erstickt". Wie dieses „entschlossene Auftreten" aussah, ist einem Bericht des damals beteiligten „Genossen Schneideratus" zu entnehmen:

„Einige Kampfgruppeneinheiten wurden in Bereitschaft befohlen, um ein Übergreifen eventueller Unruhen auf das geordnete Leben in der Stadt zu verhindern. Die Einheit des Ministeriums für Bauwesen war in den Räumen des Zentralrates der FDJ in der Mittelstraße zum Einsatz bereit und die Einheit der Bauakademie in deren Hauptsitz in der Hannoverschen Straße 30. Die Veterinäre waren unsere Straßennachbarn und wir hatten die Möglichkeit und Aufgabe, stets zu beobachten, ob sich Ansammlungen von womöglich sogar unruhestiftenden jungen Menschen auf der Straße oder auf dem geräumigen Hof- und Grundstücksgelände ergeben würden. Natürlich war es drinnen nicht unbekannt geblieben, daß Arbeitereinheiten bereitstehen, um Unruhestifter zur Ordnung zu rufen. Unsere Einsatzbereitschaft war ein Beweis für unseren Willen, die Errungenschaften unseres Arbeiter-und-Bauern-Staates sich nicht durch konterrevolutionäre Elemente und Hetzpropaganda streitig machen zu lassen."

Einschüchterung und notfalls Gewaltanwendung waren gleichermaßen die Aufgabe der 75. Kampfgruppenhundertschaft, über deren damaligen Einsatz der „Genosse Kurt Breitfeld" berichtete:

„In dieser Situation marschierte auch unsere Kampfgruppenhundertschaft geschlossen, Arbeiterlieder singend, durch die Straßen von Berlin-Mitte. Unter den Linden, vor der Humboldt-Universität demonstrierten die Angehörigen unserer Kampfgruppe ihre Entschlossenheit, die Arbeiter-und-Bauern-Macht und unsere Errungenschaften zu verteidigen und Provokationen des Klassenfeindes nicht zuzulassen."[19]

Mit Hilfe der „Kämpfer" gelang es der SED, die Friedhofsruhe in den Berliner Universitäten und auf den Straßen der DDR wiederherzustellen. Zahlreiche Demonstranten wurden verletzt, noch mehr verhaftet, doch die SED ließ verkünden: „Der Aufmarsch der Berliner Kampfgruppen Unter den Linden zeigte deutlich, daß die Arbeiterklasse nicht gewillt war und ist, sich die politische Macht aus den Händen nehmen zu lassen." Mit den Kampfgruppen hatte die SED den Menschen gezeigt, daß sie einen zweiten 17. Juni nicht zulassen würde. Ihnen standen in diesen Tagen nicht nur die sowjetischen Truppen entgegen, sondern auch schwer bewaffnete Landsleute. Den Demonstranten war klar, daß ein Volksaufstand in der DDR keinen Erfolg haben könnte. Dieses zumindest ist das „Verdienst" der Kampfgruppen der Arbeiterklasse.

„Hilferuf an den großen Bruder" schon formuliert

Die SED jedoch hatte vorgesorgt, sollte es den Kampfgruppen im Zusammenwirken mit der Volkspolizei nicht gelingen, den regimekritischen Teil der Bevölkerung zum Schweigen zu bringen. Der Einsatz der erst am 18. Januar desselben Jahres von der Volkskammer beschlossenen Nationalen Volksarmee war vorbereitet, und vor allem:

---

[19] ebda

Falls die eigenen Kräfte nicht reichen sollten, um eine befürchtete Ausweitung der Protestaktionen zu unterdrücken, war der „Hilferuf" an die sowjetischen Truppen nach dem Muster des 17. Juni 1953 längst beschlossene Sache.

In der streng vertraulichen Anlage Nr. 3 zum Protokoll 57/56 der Sitzung des Politbüros vom 8. November 1956 war das aus Sicht der SED erforderliche Vorgehen festgelegt, mit dem einer Wiederholung des 17. Juni von vornherein und mit allen Mitteln begegnet werden sollte. Beschlossen waren die „Maßnahmen zur Unterdrückung konterrevolutionärer Aktionen" unter maßgeblicher Beteiligung der Kampfgruppen wie auch der GST von den Politbüro-Mitgliedern Ulbricht, Pieck, Grotewohl, Matern, Oelßner, Ebert, Rau und Stoph, dazu waren die Kandidaten Mückenberger, Warnke, Honecker und Leuschner bei dieser Sitzung anwesend. Auf drei Etappen hatte sich das Politbüro eingestellt, in denen erwartete Unruhen - unter scheinheiliger Berufung auf Verpflichtungen aus dem Warschauer Vertrag - niedergeschlagen werden sollten:

„Die imperialistischen und militaristischen Kräfte geben ihre Absichten, ihre alten Machtpositionen wieder zu gewinnen, nicht auf. Sie bedienen sich dazu aller Mittel der Hetze, der Agentenarbeit, der Provokation und sogar gewaltsamer Aktionen, um unsere Arbeiter- und Bauernmacht zu untergraben und zu erschüttern.

Um diese Machenschaften der Feinde des deutschen Volkes zu unterdrücken und zu zerschlagen, wird beschlossen:

I. Die Deutsche Demokratische Republik ist auf Grund des Warschauer Vertrages und des Moskauer Vertrages ein souveräner Staat. Daher ist sie verpflichtet, mit ihren eigenen Kräften die Ruhe und Ordnung auf ihrem Territorium aufrecht zu erhalten und alle konterrevolutionären Aktionen zu unterdrücken und zu zerschlagen.

1. <u>Einsatz der bewaffneten Kräfte</u>
a) <u>1. Etappe</u>
   Es kommen zum Einsatz:
      Volkspolizei,
      bewaffnete Kräfte der Staatssicherheit,
      Kampfgruppen.

Zur Unterstützung sind heranzuziehen Kräfte der Arbeiterklasse und der Werktätigen, die zu einem solchen Einsatz fähig und bereit sind, sowie Mitglieder der GST über 18 Jahre.

Unterstützung durch die Nationale Volksarmee in Einzelfällen.

b) 2. Etappe
Wenn die Kräfte der 1. Etappe nicht ausreichen, übernimmt die Nationale Volksarmee die Lösung der Aufgabe. Dazu werden ihr alle bewaffneten Kräfte der 1. Etappe unterstellt (also auch die Kampfgruppen, d. Verf.).
Die Vorbereitungen zu a) und b) sind so zu treffen, daß sie nach Maßgabe der Lage sowohl insgesamt wie in einzelnen Teilen der Republik durchgeführt werden können.
c) 3. Etappe
Eingreifen der Sowjetischen Truppen in Deutschland auf Anforderung durch die Regierung der Deutschen Demokratischen Republik.
2. Gemäß den vorstehenden Aufgaben sind unter Federführung des Ministers für Nationale Verteidigung für alle bewaffneten Kräfte in der Deutschen Demokratischen Republik Einsatzpläne ausarbeiten zu lassen.
Ausbildungs- und Übungspläne sind gemäß den Erfordernissen für den inneren Einsatz zu überprüfen und zu verändern.
II. Grundsätze für die Führung zur Durchsetzung der Beschlüsse des Politbüros und des Ministerrates der Deutschen Demokratischen Republik
1. Zentral:
Die politische und operative Führung wird einer Kommission übertragen. Sie besteht aus den Genossen:

          U l b r i c h t   (Vorsitzender)
          G r o t e w o h l
          M a t e r n
          S c h i r d e w a n
          S t o p h
          H o n e c k e r
          W o l l w e b e r
          M a r o n

Die Führung der bewaffneten Kräfte handelt auf Grundlage der Beschlüsse dieser Kommission.
2. In den Bezirken und großen Städten sind Einsatzleitungen in folgender Zusammensetzung zu bilden:
1. Sekretär der Bezirksleitung der SED   (Vorsitzender)
Vorsitzender des Rates des Bezirkes
Chef der Bezirksverwaltung der Staatssicherheit
Chef der Bezirksbehörde der Deutschen Volkspolizei
Der zuständige Truppenkommandeur oder Militärkommandant einer großen Stadt."

Die DDR-Führung hatte sich also detailliert auf den Einsatz der eigenen bewaffneten Kräfte, aber auch der Gruppe der sowjetischen Streitkräfte in Deutschland vorbereitet und letztlich prophylaktisch über das gesamte Land mehr oder weniger bereits einen „Ausnahmezustand" verhängt", der sofort hätte ausgerufen und aktiviert werden können. Denn das Politbüro beschränkte sich nicht nur auf das Formulieren von Gedankenspielen, sondern hatte in allen großen Städten der DDR bereits Militärkommandanten eingesetzt (in Berlin z.B. den späteren Innenminister und Chef der Volkspolizei, Friedrich Dickel) und die Liste der übrigen Militärkommandanten - ausschließlich „qualifizierte und unbedingt zuverlässige Offiziere" - bestätigt. Die Grenzen der Militärbezirke waren abgesteckt wie auch die Kampfräume, und ebenso waren die einzelnen Schritte zur Bewahrung bzw. Wiederherstellung der sozialistischen Ordnung festgelegt:

In der ersten Etappe, in der „gegen Störungen der öffentlichen Ruhe und Ordnung" neben der Volkspolizei die Kampfgruppen der Arbeiterklasse zum Einsatz kommen sollten, war demnach „zunächst nur mit einfachen polizeilichen Mitteln (Absperrungen, Wasserwerfer usw.) vorzugehen. Schußwaffengebrauch bleibt dem besonderen Beschluß der Kommission vorbehalten, soweit er nicht notwendig ist als Notwehr gegen Angriffe auf Personen und Objekte". Sollte sich in Einzelfällen ein militärischer Einsatz als erforderlich erweisen, hatten die Militärkommandanten bzw. die Truppenkommandeure die „Befehlsgewalt über alle an der Lösung einer Aufgabe beteiligten bewaffneten Kräfte". Sollte es Volkspolizei und Kampfgruppen allein nicht gelingen, die erwarteten Unruhen niederzuschlagen, war beschlossen, „die Truppenteile und Einheiten der Nationalen Volksarmee (...) in erster Linie zum geschlossenen Einsatz zu verwenden". NVA, Kampfgruppen und Volkspolizei war dabei vorgegeben, unbedingt kompromißlos vorzugehen: „Wenn und wo es zu militärischem Einsatz kommt, werden Verhandlungen nicht geführt. Die Aufgabe ist unbedingt durchzusetzen", was nichts anderes bedeutete als den Befehl zur völligen Ausschaltung des „Gegners", bei dem es sich - und dieses muß unterstrichen werden -, um Teile der DDR-Bevölkerung und nicht etwa um ausländische Invasoren gehandelt hätte. Für die Durchführung dieses Beschlusses, der ein Blutbad in der DDR zur Folge hätte haben können, waren verantwortlich die „Genossen Stoph (federführend), Mielke und Maron". Die Kontrolle über die Befehlsausführung lag in den Händen des „Genossen Honecker", dem damit ein wichtiger Sprung auf der Hierarchie-Leiter des Politbüros gelungen war.

Die Abrechnung mit den Gegnern

Der ungarische Volksaufstand hatte für die SED einen willkommenen Vorwand geboten, um in der gesamten DDR zu einer weiteren Jagd auf „Agentenzentralen" aufzurufen, „Konterrevolutionäre" zu verhaften und politisch Mißliebige hinter Schloß und Riegel zu bringen. Mißtrauen wurde gesät, in geradezu hysterischer Weise verbreitet, nur in letzter Minute hätten im Herbst 1956 die „konterrevolutionären Pläne des deutschen Imperialismus" zerschlagen und mit der Solidaritätsbewegung der deutschen Arbeiterklasse für das sozialistische Ungarn der Weltfrieden gerettet werden können. Gleichzeitig nutzte Ulbricht die Gunst der Stunde zur Generalabrechnung mit seinen innerparteilichen Gegnern, vor allem mit Karl Schirdewan, bis dahin zweitmächtigster Mann im Staat, dem „Fraktionsbildung" vorgeworfen wurde, und der von Glück reden konnte, daß er lediglich seiner Parteiämter enthoben wurde.

Die damalige Atmosphäre zeichnet eindrucksvoll eine von Horst Lehfeld und Werner Pfaff dem Institut für Gesellschaftswissenschaften beim ZK der SED vorgelegte geheime Dissertation, in der ein düstereres Bild der Situation im Herbst 1956 kaum hätte dargestellt werden können. Die Arbeit, die eher der Anklageschrift eines DDR-Staatsanwaltes ähnelt, ist nicht nur Beleg für die „Qualität" mancher Dissertationen in der DDR. Sie macht zugleich deutlich, welches Umfeld des Mißtrauens und des Hasses die SED brauchte und bewußt schuf, um ihre Anstrengungen zum Aufbau gegen die eigene Bevölkerung gerichteter „bewaffneter Organe", der Kampfgruppen also, zu verstärken und gegenüber der Öffentlichkeit zu begründen. Sie soll deshalb zumindest in Auszügen wiedergegeben werden:

„Der aggressive, kriegslüsterne deutsche Imperialismus begann auf der ganzen Breite mit der Vorbereitung des ‚kleinen Krieges' zur Annexion der DDR. Diesem Ziele dienten auch die unzähligen Spionage- und Agentenzentralen in Westdeutschland und vor allem in Westberlin (hier gab es allein 83 solcher Agenturen), deren Mitarbeiter - für den sogenannten Tag X geschult - aktiv an der Vorbereitung des Überfalls auf die DDR teilnahmen.
Im Sommer 1956 gelang es den Sicherheitsorganen der Deutschen Demokratischen Republik erneut, ein solches Spionagenetz des CIC zu zerschlagen. 73 Agenten konnten festgenommen werden, die meist für amerikanische Geheimdienste gearbeitet hatten. Aus den Erklärungen, die diese Agenten vor den Staatsorganen unserer Republik zu Protokoll gaben, ging klar hervor, daß die westlichen Geheimdienste durch Spionage, Sabotage und Gerüchtemacherei Unruhe unter der Bevölkerung der DDR stiften wollten.
Die Tätigkeit dieser Agenten war auf die Vorbereitung eines Krieges, auf die Verwirklichung der Angriffspläne der NATO, auf einen neuen Tag X gerichtet.
Nicht nur, daß diese Agenten mit den gemeinsten Mitteln der Lüge, Verleumdung oder Erpressung Angehörige entscheidender Berufsgruppen in der DDR, wie zum Beispiel Ärzte, Ingenieure, Techniker, Facharbeiter und andere Spezial-

kräfte zur Spionagetätigkeit oder Republikflucht zwangen, sie scheuten auch nicht vor Sabotage, Brandstiftung oder Mord zurück ...

Mit gemeinster Skrupellosigkeit wollten diese Staatsfeinde das deutsche Volk im Herbst 1956 im Interesse des amerikanischen und deutschen Imperialismus in einen neuen Weltkrieg stürzen.

Sie fanden dabei die Unterstützung einer Reihe weiterer Elemente, denen ein gleiches Unternehmen vorschwebte und die ebenso wie sie mit Hilfe und Unterstützung ausländischer Agentenzentralen die Regierung der DDR stürzen und die SED auflösen wollten. Allen diesen staatsfeindlichen Gruppen war gemeinsam, daß sie bei der Verwirklichung ihrer irrealen konterrevolutionären Pläne mit der direkten militärischen Unterstützung durch ausländische imperialistische Mächte oder durch die Bonner Imperialisten rechneten.

Die aktive, organisierte Tätigkeit dieser konterrevolutionären Gruppen veranschaulicht die Tatsache, daß die Feinde der Arbeiter-und-Bauern-Macht in der DDR im Herbst 1956 zum geplanten Angriff übergingen.

So hatten sich zum Beispiel auch der Verlagsleiter des Aufbauverlages, Walter Janka, und die Bürger Gustav Just, Heinz Zöger und Richard Wolf organisiert, um als aktive Mitglieder der staatsfeindlichen Harich-Gruppe[20] auf der Grundlage einer konterrevolutionären Konzeption Ziele zu verfolgen, die, wie der Generalstaatsanwalt der DDR nach dem unvermeidlichen Zusammenbruch der Gruppe zutreffend umriß, darauf hinausliefen, ‚durch Beseitigung wesentlicher sozialistischer Errungenschaften auf politischem, wirtschaftlichem und kulturellem Gebiet die volksdemokratischen Grundlagen der Arbeiter-und-Bauern-Macht zu untergraben und die Staatsmacht der DDR zu liquidieren.

Sie führten zu diesem Zweck Zusammenkünfte staatsfeindlichen Charakters durch. Dabei wurden die konterrevolutionären Ziele erörtert und zugleich Maßnahmen festgelegt und durchgeführt, um diese Ziele durch Verbreitung ihrer konterrevolutionären Pläne, durch Bildung weiterer staatsfeindlicher Gruppen, durch Sturz führender Staatsfunktionäre und durch Belebung und Organisierung reaktionärer Kräfte und Bestrebungen zu realisieren, und zwar unter Verwendung von Publikationsorganen und Rundfunkstationen außerhalb des Territoriums der Deutschen Demokratischen Republik.

In Halle und Leipzig hatten sich die wissenschaftlichen Mitarbeiter der Universitäten Dr. Ralf Schröder, Dr. Harri Lucht, Ronald Lötzsch, Harry Schmidtke und der Schriftsteller Erich Loest zu einem konterrevolutionären Komplott vereinigt. Auch sie wollten im Oktober 1956 die Regierung der DDR beseitigen, die verfassungsmäßige Staats- und Gesellschaftsordnung der DDR untergraben und die bestehende Wirtschaftsplanung aufheben. Zur Durchführung dieser Ziele hielten

---

[20] In einem Prozeß vom 23. bis 26. Juli 1957 wurde Walter Harich, stellvertretender Cheflektor des Aufbauverlages, vom Obersten Gericht der DDR wegen der Bildung einer „konspirativen Gruppe" zu zehn Jahren Zuchthaus verurteilt. Verurteilt wurden auch der Leiter des Aufbauverlages, Walter Janka (fünf Jahre Zuchthaus), sowie Heinz Zöger, Gustav Just und Richard Wolf. An dem Prozeß hatten zahlreiche Intellektuelle der DDR teilnehmen müssen, um ihnen den neuen und härteren Kurs gegen jede Form von Opposition aufzuzeigen.

sie Verbindung zum konterrevolutionären Zentrum Harich-Janka. ‚Sie verbreiteten', hieß es später in der Anklageschrift des Staatsanwalts des Bezirks Halle, ‚ihre staatsfeindliche Konzeption durch individuelle Gespräche, durch Vorträge auf literarischen Veranstaltungen oder anläßlich Vorlesungen in den Universitäten Leipzig und Halle, um den Boden für einen Umsturz vorzubereiten.'
Um das ganze Ausmaß des Angriffs des deutschen Imperialismus auf die Deutsche Demokratische Republik im Herbst 1956 zu veranschaulichen, sei hier auch auf die staatsfeindliche Gruppe, die sich im Bezirk Suhl organisiert hatte, hingewiesen. Sie wurde auf Initiative imperialistischer Agentenzentralen im Oktober 1956 gebildet. Die Leitung hatte der Bürger Friedrich Geyer. Außerdem gehörten zu dieser Gruppe die Einwohner des Bezirks Suhl Heinrich Kraphel, Werner Seiler, Hermann Link und Karl Lattermann.
Geyer hatte schon im Juni 1953 und dann im Oktober 1956 die Verbindung mit einem Mitarbeiter des RIAS aufgenommen. Durch ihn erhielt er den Auftrag zur Bildung einer staatsfeindlichen Gruppe und zur Ausarbeitung einer konterrevolutionären Konzeption, die sich auf die Beseitigung der Staats- und Gesellschaftsordnung der Deutschen Demokratischen Republik richtete.
So organisierte Geyer im Rahmen des umfassenden Angriffs des deutschen Imperialismus auf die DDR im Oktober 1956 unter Anwendung konspirativer Methoden illegale Zusammenkünfte, auf denen eine staatsfeindliche Konzeption beraten wurde, und legte dabei gemeinsam mit seinen Komplizen Maßnahmen zu deren Realisierung fest.
Geyer war ehemaliges Mitglied der Liberaldemokratischen Partei Deutschlands. Er wollte diese fortschrittliche und demokratische Partei, die im engen Bündnis mit der Arbeiterklasse und ihrer Partei, der SED, einen ehrlichen und aufrichtigen Kampf um die Sicherung des Aufbaus des Sozialismus und die Erhaltung des Friedens führte, für seine schmutzigen und staatsfeindlichen Machenschaften mißbrauchen.
Geyer und seine Gruppe hatten sich wie es in der Anklageschrift des Staatsanwalts des Bezirks Suhl hieß, folgende Ziele gestellt:
‚Die LDPD sollte zur politisch führenden Kraft werden, die die Konterrevolution in die richtige Bahn lenkt, nach dem Sturz der Regierung eine provisorische Regierung bildet und einen neuen Staat aufbaut. Für den Aufbau dieses neuen Staatswesens wurden folgende Punkte aufgestellt:
Abgehen vom Aufbau eines volksdemokratischen Staatswesens, Restaurierung der kapitalistischen Verhältnisse, Rückgabe der VEB, außer Monopolbetriebe, Abschaffung der Planwirtschaft und Einführung einer gelenkten Wirtschaft,
Auflösung der SED,
Presse- und Versammlungsfreiheit,
Wahlen und Veränderung der Zentralvorstände in den bürgerlichen Parteien,
Entwicklung der LDPD zur führenden Kraft und Zusammenarbeit mit umgebildeter CDU,
Freilassung der ‚politischen Gefangenen' und aktive Wiedervereinigungspolitik im westlichen Sinne.
Diese Ziele dieser konterrevolutionären Gruppen decken sich voll und ganz mit dem vom sogenannten Forschungsbeirat beim westdeutschen ‚Ministerium für

gesamtdeutsche Fragen' ausgearbeiteten Plänen der Annexion, der Wiederherstellung der imperialistischen Diktatur und der Vernichtung der demokratischen Rechte und Freiheiten der Bevölkerung der Deutschen Demokratischen Republik.
...
In diesem Zusammenhang muß man auf eine Gruppe aufmerksam machen, die sich bald nach dem XX. Parteitag der KPdSU am Institut für Gesellschaftswissenschaften der Humboldt-Universität gebildet hatte und der die damals dort beschäftigten Dozenten Heinrich Saar, Herbert Grüger und Erwin Gülzow angehörten. Die Grundrichtung ihrer Konzeption lag in der von den Feinden der deutschen Arbeiterklasse erwünschten Richtung des Angriffs auf die bewährten Arbeiterführer. Erwin Gülzow selbst sprach das später, als die strafrechtliche Verfolgung eingeleitet war, in der Voruntersuchung auf die Frage des Staatsanwaltes nach der strafbaren Handlung, die zu seiner Verhaftung geführt hatte, offen aus. Er und seine Gesinnungsgenossen vertraten, wie er sagte, die Meinung, daß ‚solche Mitglieder von Partei und Regierung wie Walter Ulbricht, Grotewohl, Matern, Norden usw. ihrer Funktion enthoben werden müßten.'
So hofften die Feinde unseres Staates mit Hilfe ihrer vielen großen und kleinen Agentenzentralen und der staatsfeindlichen Gruppen, die sich mit ihrer Unterstützung auf dem Gebiet der Deutschen Demokratischen Republik organisiert hatten, den Aufbau des Sozialismus zu bremsen und die Arbeiter-und-Bauern-Macht stürzen zu können. ...
Ein Sieg dieser verbrecherischen Kräfte hätte eine großangelegte Provokation und das bewaffnete Eingreifen des westdeutschen Imperialismus zur Folge gehabt. Deutschland wäre damit zum Herd eines dritten Weltbrandes geworden.
So sah der Plan des westdeutschen Imperialismus aus. Er wurde objektiv begünstigt durch die falschen Ansichten einiger verantwortlicher Parteifunktionäre. Sie und vor allem Schirdewan, hatten die Beschlüsse des XX. Parteitages der KPdSU und der 3. Parteikonferenz der SED nicht begriffen. Sie hatten nicht verstanden, daß seit der Ablehnung der Wiedervereinigungsvorschläge der Regierung der DDR durch die Bonner Machthaber und der Eingliederung Westdeutschlands in die NATO eine grundsätzliche Veränderung der Lage eingetreten war. [21]
Im Gegensatz zum Zentralkomitee waren sie zu einer solchen antimarxistischen Auffassung gelangt, daß sich die Entwicklung in der Deutschen Demokratischen Republik nicht im Kampf der Gegensätze, sondern vielmehr konfliktlos vollziehe. Ihr Festhalten an alten, überlebten Vorstellungen mußte sie zu opportunistischen Fehlern führen. Sie verkannten völlig die Politik der friedlichen Koexistenz - vom XX. Parteitag der KPdSU noch einmal mit Nachdruck gefordert - und glaubten, daß in Deutschland die Preisgabe von Errungenschaften der Diktatur des Proletariats erforderlich sei, um die nationale Lebensfrage des deutschen Volkes friedlich zu lösen. Eine solche opportunistische Auffassung von den Entwicklungsgesetzen bedeutete die Negierung des Klassenkampfes in der DDR, der vor allem durch die ausländischen und westberliner Agentenzentralen forciert wurde, sie bedeutete ferner eine Unterschätzung der NATO-Politik und der um-

---

[21] V. Parteitag der SED, Bericht des Politbüros, 1958

fassenden Versuche der westdeutschen Militaristen, die DDR zu unterminieren.[22]
...
Die falschen Vorstellungen Schirdewans fanden zum Beispiel ihren Ausdruck darin, daß er der Ansicht war, man brauche die Provokationen, die sich im Herbst 1956 häuften, nicht weiter ernst zu nehmen. Schirdewan meinte, man könne all diesen Leuten, die unsere Republik mit Schmutz und Dreck bewarfen, die Lügen und Verleumdungen unter den Werktätigen verbreiteten und die Massen zum Bürgerkrieg aufputschen wollten, ruhig Gelegenheit geben, ihre Meinung offen zu äußern. Schirdewan nannte das eine ‚Taktik des Ventils'. Doch die Elemente, denen diese Politik genutzt hätte, waren bezahlte Agenten des amerikanischen und westdeutschen Imperialismus. Sie versuchten, die jungen Menschen an den Universitäten aufzuwiegeln, Unruhe in der Bevölkerung zu stiften, und wollten schließlich die Westmächte bitten, in die durch sie provozierten Auseinandersetzungen, die nach ihrer Vorstellung einen bewaffneten Charakter annehmen mußten, einzugreifen. Die von Schirdewan und anderen empfohlene Politik des ‚offenen Ventils' hätte also den Feinden unseres Arbeiter-und-Bauern-Staates Gelegenheit gegeben, sich nicht nur ‚offen auszusprechen', das heißt, mit allen Mitteln der Lüge und Verleumdung gegen unsere Regierung zu hetzen, sondern sie hätte es diesen Leuten auch ermöglicht, sich für den bewaffneten Kampf zu organisieren, sie hätte ihnen weiteren Raum für ihre verbrecherischen Aktionen gegeben.
Schließlich wären die Feinde unseres Staates durch eine solche Politik in ihrem Vorgehen ermuntert worden, denn sie hätten unseren Machtorganen in gewisser Hinsicht die Hände gebunden, und letzten Endes hätte diese Politik gar den Bürgerkrieg heraufbeschwören können, der für die westdeutschen Imperialisten und Militaristen der willkommene Anlaß zum militärischen Überfall auf die DDR gewesen wäre.
Die Tatsache, daß Schirdewan für eine ‚Politik des offenen Ventils' eintrat, zeigte, daß er den Ernst der Lage, die im Herbst 1956 in Europa bestand, völlig verkannte. Mit seinem wütenden Haß gegen Walter Ulbricht trug er praktisch die Angriffe der Konterrevolution vor. Schirdewan wurde zum Sprecher der Konterrevolution, als er dem Klassenfeind den für einen Angriff auf die Deutsche Demokratische Republik notwendigen Spielraum geben wollte, den der deutsche Imperialismus dank der konsequenten Politik des Zentralkomitees unter der Führung Walter Ulbrichts nicht erhielt. ... Das, was Schirdewan zum Ausdruck brachte, war Feindschaft und Haß gegen Walter Ulbricht. Seine Hetze gegen den Ersten Sekretär des Zentralkomitees war ein Beitrag zum Klassenkampf der imperialistischen Bourgeoisie gegen die Arbeiterklasse.
Gegen die konsequent marxistisch-leninistische Politik der Parteiführung unter der Leitung Walter Ulbrichts im Herbst 1956 trat auch der damalige Leiter des Instituts für Agrarökonomie bei der Akademie für Landwirtschaftswissenschaf-

---

[22] Ulbricht, Der XXII. Parteitag der KPdSU und die Aufgaben in der Deutschen Demokratischen Republik, Berlin, 1961

ten, Vieweg,[23] mit einer konterrevolutionären Konzeption zur Veränderung der Agrarpolitik in der Deutschen Demokratischen Republik auf. Er wollte mit einem ‚neuen Agrarprogramm für die Entwicklung der Landwirtschaft ...' die Bauern in einen Gegensatz zur Agrarpolitik von Partei und Regierung bringen, das Bündnis der Arbeiterklasse mit der werktätigen Bauernschaft sprengen und auf diese Weise mit der Liquidierung der Arbeiter-und-Bauern-Macht organisieren. ...
Am 24. Oktober führten von der Partei der Arbeiterklasse mobilisiert, die Berliner Kampfgruppen, die im Jahre 1953 von den Arbeitern zum Schutze der sozialistischen Betriebe gebildet worden waren, eine machtvolle Kampfdemonstration gegen die Diversionstätigkeit der imperialistischen Westberliner Agentenorganisationen durch. In einem Appell wurde festgestellt, daß alle Provokationen und Unruhestiftungen, die den friedlichen sozialistischen Aufbau in der DDR stören sollten, jederzeit an der Wachsamkeit und Kampfbereitschaft der Werktätigen scheitern werden.
Dieser Kampfgruppenappell war eine eindrucksvolle Demonstration der Einheit und Geschlossenheit der sozialistischen Kräfte und des werktätigen Volkes der DDR.
Nichts bringt diese Bereitschaft deutlicher zum Ausdruck, als die Tatsache, daß sich allein im Oktober auf Grund der imperialistischen Machenschaften in Ungarn und der Angriffe der Imperialisten auf die Deutsche Demokratische Republik 11 700 Werktätige entschlossen, Kandidat der SED zu werden.
Angesichts der Aussichtslosigkeit des imperialistischen konterrevolutionären Unterfangens stellten sich den Sicherheitsorganen der Deutschen Demokratischen Republik eine Reihe von Agenten westlicher Geheimdienste, die berichteten, daß ihre Auftraggeber es in jüngster Zeit nicht verhehlt hätten, darauf hinzuweisen, daß die Spionage die Vorarbeit für geplante Provokationen sei. Heinz Markhardt aus Schwarzenberg im Bezirk Karl-Marx-Stadt, seit 1950 für den USA-Geheimdienst tätig, erklärte: ‚Ich konnte es mit meinem Gewissen nicht länger vereinbaren, weiterhin gegen die Interessen der Werktätigen zu arbeiten, zumal ich erkannte, daß Spionage der Vorbereitung zum Blutvergießen dient, wie es die Ereignisse in Ungarn zeigten.'
Angesichts dieser ernsten Lage, die durch das aggressive Auftreten des deutschen Imperialismus und der durch ihn gedungenen konterrevolutionären Elemente im Herbst 1956 entstanden war, erachtete das Zentralkomitee der Sozialistischen Einheitspartei Deutschlands es als seine Pflicht, derartige Provokationen mit allen Mitteln rechtzeitig zu verhindern, denn es ging in diesem Fall um die Sicherung des Friedens in ganz Deutschland und in Europa."

Nahezu nichts ließ die SED unversucht, um im Zusammenhang mit den ungarischen Ereignissen Lügen und die Behauptung zu verbreiten, „ermuntert und unterstützt seitens imperialistischer Kreise" hätten

---

[23] Kurt Vieweg war von 1950 bis 1953 Sekretär des ZK, 1957 wegen „revisionistischer" Theorien abgesetzt, flüchtete er in die Bundesrepublik, kehrte noch im selben Jahr in die DDR zurück und wurde 1958 zu zwölf Jahren Zuchthaus verurteilt.

„die Feinde des Sozialismus auch in der DDR den Versuch unternommen, die Arbeiter- und-Bauern-Macht zu beseitigen. Kampfgruppen der Arbeiterklasse, Angehörige des Ministeriums für Staatssicherheit, der Volkspolizei und der Deutschen Grenzpolizei" hätten jedoch die „gefährlichen Folgen von Provokationen gegen die Arbeiter-und-Bauern-Macht und gegen die Grenzen der DDR abwehren" können. Davon, daß nicht nur die Nationale Volksarmee, sondern auch die sowjetischen Besatzungstruppen bereitstanden, um auf Anforderung der SED notfalls mit blutiger Gewalt dieses kommunistische Regime an der Macht zu halten, findet sich dagegen in den Erklärungen der SED verständlicherweise nichts. Stattdessen sollten „angesichts der Greueltaten und Exzesse, deren sich der Klassengegner unter der ungarischen Arbeiterklasse schuldig gemacht hatte" die Kampfgruppen befähigt werden, sich „auch militärisch auf extreme Klassenkampfbedingungen einzustellen".[24] Für sechs Hundertschaften im Grenzkreis Wernigerode befahl das ZK der SED daher am 12. Dezember 1956 eine großangelegte Alarmübung, in der die „Kämpfer" erstmals ihr Können im Straßen- und Häuserkampf unter Beweis zu stellen hatten. Die „Abwehr von Angriffen bewaffneter Provokateure" gehörte ebenso zum Übungsablauf wie „die Säuberung der die Objekte umgebenden Straßen, die Verfolgung des Gegners und der Gegenangriff, die Auflösung provozierender Gruppen, die Festnahme und Zuführung ihrer Rädelsführer". Die Stoßrichtung war damit klar: Es war ausschließlich die eigene Bevölkerung.

„Provokationen ersticken, unterdrücken zerschlagen!"
Unterdessen glorifizierte Erich Honecker auf der 30. Sitzung des ZK am 30. Januar 1957 die Kampfgruppen und ihren Anteil an der Bewahrung von Ruhe und Ordnung und unterstrich erneut, deren Hauptaufgaben lägen vor allem „in der Verteidigung der Errungenschaften der Deutschen Demokratischen Republik gegen alle konterrevolutionären Provokationen sowohl in ihren Betrieben als auch in ihren Stadt- und Kreisgebieten". Diese Aufgaben lösten die „Kämpfer" gemeinsam mit der Volkspolizei und notfalls auch mit der Nationalen Volksarmee. Ihre Aufgaben lägen also auf dem Gebiet des Schutzes der jeweiligen Betriebe, in der Durchführung von Ordnungs- und Sicherungsaufgaben oder Kampfaufgaben in ihrem Stadt- oder Kreisge-

---

[24] Gabert

biet. Die Erhöhung der Kampfbereitschaft der bewaffneten Organe sei von allergrößter Bedeutung für den Erhalt des Friedens, meinte Honecker und verstieg sich dann zu den folgenden Sätzen:

„Die deutsche Arbeiterklasse würde es uns nie verzeihen, wenn wir in der gegenwärtigen Situation auch nur einen Augenblick die Stärkung der Verteidigungskräfte unserer Republik vernachlässigen würden. Wir tragen eine große Verantwortung dafür, daß die bewaffneten Kräfte unserer Arbeiter-und-Bauern-Macht, die Nationale Volksarmee, die deutsche Volkspolizei und die Kampfgruppen der Arbeiterklasse zu jeder Zeit in der Lage sind, mit ihnen zur Verfügung stehenden Kräften die Ruhe und Ordnung sicherzustellen und eventuelle konterrevolutionäre Provokationen im Keime zu ersticken, zu unterdrücken und zu zerschlagen."

Deutlicher und drohender hätte Honecker die Aufgaben der Kampfgruppen nicht beschreiben können. Erste Konsequenzen für die Kampfgruppen hatte der Minister des Innern bereits am 10. Januar 1957 mit dem Befehl 4/57 gezogen, in dem die Aufgaben und Organisation im Hinblick auf den Einsatz im Landesinneren neu definiert und konkretisiert wurden. Die Hauptaufgabe bestehe in der „Verteidigung der Errungenschaften der Deutschen Demokratischen Republik gegen alle konterrevolutionären Aktionen sowohl in ihrem eigenen Objekt als auch in ihrem Stadt- und Kreisgebiet" hieß es dort. Im einzelnen hätten die Kampfgruppen nunmehr folgende Aufgaben zu erfüllen:

- Schutz und Sicherung des jeweiligen Betriebes oder anderer Objekte,
- Bereitstellung und Einsatz von Teilen der Kampfgruppen als Reserven auf Befehl der zuständigen Einsatzleitung zur Lösung von Ordnungs- und Sicherungsaufgaben oder Kampfaufgaben im Orts- und Häuserkampf mit dem Ziel der Liquidierung von Stützpunkten des Gegners,
- beweglicher Einsatz zur Bekämpfung und Niederschlagung von Gruppen und Personen, die der Gegner aus der Luft landet oder anderer bewaffneter Kräfte (Diversanten).

Da allerdings mit aus der Luft landenden Gegnern kaum zu rechnen war, war die eigentliche und ausschließliche Zweckbestimmung vorgegeben, nämlich die Erfüllung von „Ordnungs- und Sicherungsaufgaben" bei Unruhen in der DDR. Mit allen zur Verfügung stehenden Mitteln sollte der Aufbau der Kampfgruppen beschleunigt werden. In kürzester Zeit waren deshalb die Kampfgruppen durch die Volkspolizei mit drei kompletten Munitionsausstattungen zu versorgen. Außerdem hatte die Hauptabteilung Ausbildung und Schulung des MdI eine zentrale Ausbildungsstätte für Kampfgruppen-Kommandeure einzurichten, die bereits am 15. April 1957 ihre Arbeit aufnehmen sollte. Ausgewählt für diesen Zweck wurde die vorherige Sonderschule der Partei für Funktionäre der KPD in Schmerwitz.[25]

Auf die Bedeutung des ungarischen Volksaufstandes für den Ausbau der Kampfgruppen ging das ZK auch gut ein Jahr später, am 10. Juli 1958, in seinem Bericht an den V. Parteitag der SED ausführlich ein. Festgestellt wurde die Bedeutung der GST für die „Erziehung der Jugend zur Verteidigungsbereitschaft und der Vorbereitung auf den freiwilligen Ehrendienst in den bewaffneten Kräften". Ebenso fand die Rolle des Deutschen Roten Kreuzes „im Rahmen des Schutzes des sozialistischen Aufbaus" angesichts der dortigen „Erfolge in der Verbesserung der massenpolitischen Arbeit, in der Ausbildung und in der Aufstellung von einsatzbereiten, operativen Einheiten" ihre entsprechende Würdigung. Besonderen Platz in der ZK-Darstellung jedoch nahmen die Kampfgruppen ein, die in der Tat dabei waren, sich zu einem wirksamen Instrument zur Unterdrückung jeglicher regimekritischen oder -feindlichen Strömungen zu entwickeln:

„Die Ergebnisse des Kampfes gegen Verbrechen und Vergehen gegenüber dem Arbeiter-und-Bauern-Staat sowie die konsequente Verwirklichung der Sicherungsmaßnahmen der Partei und Regierung während der Provokationsversuche im Herbst 1956 zeigten die Wirksamkeit der politischen Erziehungsarbeit der Parteiorganisationen in den Organen der Inneren Sicherheit. ...
Die Kampfgruppen als das unmittelbar bewaffnete Organ der Arbeiterklasse, sind zu einem festen Bestandteil unseres gesellschaftlichen Lebens geworden. Ihre Hauptaufgabe besteht darin, gemeinsam mit den Organen der Inneren Sicherheit die Errungenschaften der Deutschen Demokratischen Republik gegen alle konterrevolutionären Aktionen zu verteidigen. Ihre Bereitschaft zur Erfüllung dieser Hauptaufgabe haben die Kampfgruppen besonders während der Ereignisse im Herbst 1956, als die Imperialisten versuchen wollten, auch in der Deutschen Demokratischen Republik einen konterrevolutionären Putsch nach ungarischem Muster zu organisieren, vor allem in Berlin in hervorragender Weise bewiesen."

Angesichts dieser ersten bestandenen „Bewährungsprobe" stellte das ZK der SED „die Aufgabe, die Kampfgruppen der Arbeiterklasse in jeder Beziehung weiterhin zu stärken und alle Maßnahmen für eine gründliche Ausbildung zu treffen". Zudem sollten Ausrüstung und Bewaffnung massiv verbessert werden.

---

[25] Tatsächlich wurde der erste Lehrgang an der Zentralschule in Schmerwitz am 17. Mai 1957 eröffnet.

Vor Ort gefürchtet: Die Brigaden des ZK

Mit „Brigaden des ZK" hatte sich die SED ein Instrument geschaffen, das massiv in das Leben jedes Einzelnen eingreifen konnte - und dieses auch tat. Diese Brigaden wurden in die Nationale Volksarmee entsandt, in die Volkspolizei, in Bezirke und Betriebe, Schulen, in Universitäten, in den Justizapparat oder in die Parteileitungen auf Bezirks- und Kreisebene, um inquisitorisch festzustellen, ob die Parteianweisungen in verlangtem Maße umgesetzt würden. Von den Berichten dieser Brigaden, die dem ZK vorgelegt und dort diskutiert wurden, hingen das Wohl und Wehe, das berufliche Fortkommen, aber in Einzelfällen auch die Freiheit manches Funktionäres ebenso ab wie das vermeintlicher „feindlicher Kräfte", die es - in welcher Form auch immer - zu disziplinieren galt. Die ZK-Brigaden waren gefürchtet, denn gegen ihre Einschätzungen und Voten gab es keine Rechtsmittel, da, wie im Sozialismus üblich, auch hier die Partei immer recht hatte.

Am Beispiel eines derartigen Brigade-Einsatzes „zur Überprüfung des Niveaus der ideologisch-politischen und organisatorischen Führungstätigkeit der Bezirksleitung Halle", der sich über den langen Zeitraum vom 23. März bis zum 9. Mai 1957 erstreckte, soll demonstriert werden, daß es um wirtschaftliche Fragen, angefangen vom Zuckerrüben- bis zum Maisanbau, ebenso ging, wie vor allem um Gesinnungsschnüffelei, das Entlarven von „feindlichen Kräften" sowie schließlich um das Werben für den Eintritt in die bewaffneten Organe, speziell in die Kampfgruppen. Als Auftrag war der ZK-Brigade mit auf den Weg gegeben worden, „den Stand der Massenarbeit in der chemischen Industrie und Landwirtschaft zu prüfen sowie durch unmittelbare Hilfe bei der Zerschlagung der Konzern-Ideologie die Grundorganisationen zu stärken und die Kampfkraft der Partei zu erhöhen". Eher beiläufig wurde in dem Bericht bemerkt, die Bezirksleitung Halle habe zwar große Anstrengungen zur Erhöhung der Kohle- und Energieproduktion unternommen, um so mehr aber wurde kritisiert, daß die Bezirksleitung nur ungenügende Kenntnisse über die „Fortschritte in der sozialistischen Erziehung der Arbeiterklasse" besitze. Im Zuckerrüben- und Maisanbau sei eine „richtige Orientierung auf die Erhöhung der Marktproduktion" festzustellen, wichtiger seien aber die registrierten „ideologischen Schwächen an den Oberschulen, im Justizapparat und einige parteifremde Erscheinungen an der Universität Halle". Besonders zu verurteilen sei die Tatsache, daß die BL nicht die notwendige Schlußfolgerung aus den Beschlüssen des 30. Plenums getroffen habe, nämlich das Schwergewicht auf die Stärkung der Partei in den Zentren der Arbeiterklasse des Bezirks zu legen:

„Trotz der unmißverständlichen Feststellung des ZK, daß sich der Klassenkampf gegen die Kräfte des deutschen Imperialismus zuspitzt, hat die BL in der politischen Arbeit die Gefährlichkeit des deutschen Imperialismus unterschätzt. Die BL Halle begriff nicht, daß zu den aggressiven Plänen der Imperialisten auch systematische, konterrevolutionäre Maßnahmen der IG-Farben-Nachfolgekonzerne auf dem Territorium der DDR gegen die Arbeiter- und Bauernmacht gehören, um die Chemiezentren in der DDR für die weiteren Ziele der NATO-Kriegspolitik auszunutzen. Infolgedessen wurde die politische Offensive in diesen Brennpunkten des politischen Kampfes im Bezirk Halle - in den Großbetrieben der Chemie - nicht geführt. Erst nach heftiger Kritik durch das ZK und auf grund eines Beschlusses des Politbüro über die Lage in der Chemie hat die BL Halle sich in den letzten 3 Wochen diesen wichtigen Aufgaben zugewandt."

Verwerflich sei zudem, so die ZK-Brigade weiter, daß „die BL nicht entschieden um die allseitige Förderung des sozialistischen Sektors der Landwirtschaft, besonders der zurückgebliebenen LPG" gekämpft habe und daß vor allem in der überwiegenden Zahl der Dörfer „fast keine Auseinandersetzung mit den feindlichen Parolen zur Landwirtschaftspolitik" stattfinde. Tendenzen zur Schönfärberei, der Selbstzufriedenheit, der Mißachtung von Beschlüssen sowie der Mißachtung des Prinzips des demokratischen Zentralismus hätten sich speziell in den SED-Kreisleitungen breitgemacht.

Auch die Untersuchungen der ZK-Brigade im Bezirk Halle standen noch weitgehend unter dem Eindruck des Ungarn-Aufstandes. Zwar hätten viele „bewußte Parteimitglieder den Ernst der Lage noch besser begriffen" und die „Aufforderung zum entschiedenen Kampf gegen die Konzern-Ideologie mit großer Zustimmung aufgenommen", doch lasse die Arbeit in den Grundorganisationen, wo nur die Hälfte der Mitglieder und Kandidaten sich an den Parteiveranstaltungen beteiligten, zu wünschen übrig. Die schlechte Parteiarbeit habe unter anderem dazu geführt, daß sich in einem chemischen Betrieb von elf „Genossen Meistern aus der Hauptwerkstatt nur 1 Genosse an der Kampfgruppenausbildung beteiligt. In dieser Grundorganisation gibt es eine Parteigruppe 'Gummierung', die 16 Genossen umfaßt. Von diesen 16 Genossen nehmen seit langem nur 2 am Parteileben teil. In allen 3 chemischen Großbetrieben des Kreises Bitterfeld nehmen nur etwa 30 % der Mitgliedschaft am Parteileben teil. Die Masse der Parteimitglieder beteiligt sich nicht an den Einsätzen auf dem Dorf".

Zu Gewalt in Betrieben aufgerufen - "Sozialismus auf Kosten der Arbeiter"

Doch abgesehen vom mangelnden Interesse der Arbeiterschaft am Parteileben stießen die ZK-Kontrolleure auf Sachverhalte, die aus ihrer Sicht noch weitaus schwerwiegender waren. Denn in den Betrieben und selbst in der SED fanden sie eine Reihe von Personen, die für sie nichts anderes waren als "faschistische Provokateure" und die deshalb schleunigst entfernt werden mußten. Unverhohlen wurde dabei auch zur Gewaltanwendung gegenüber den politisch Mißliebigen aufgefordert:

"In Leuna und in den Bitterfelder Betrieben sind in den letzten Monaten an zahlreichen Stellen faschistische Provokateure offen aufgetreten. In der Filmfabrik Wolfen betrieb der frühere SA-Mann Zeidler Kriegshetze. In der Anorganischen Abteilung des EKB konnte ein gewisser Albrecht monatelang die Diktatur der Monopole und Militaristen in Westdeutschland verherrlichen, offen gegen unsere Regierung hetzen und Morddrohungen aussprechen. Solche Beispiele können zu Dutzenden aufgezählt werden. Das feindliche Auftreten einiger leitender Leute, wie Dr. Sundhoff in Leuna, Reissmann in der Filmfabrik Wolfen, sind allgemein bekannt. Solche Provokateure haben lange Zeit weder Prügel bezogen, noch sind sie politisch entlarvt worden."

Die erforderliche Konsequenz für die SED lag auf der Hand, entsprechend wurde "eine Reihe faschistischer Elemente (...) in den letzten Wochen entlarvt und teilweise aus dem Betrieb entfernt".

Zum Zeitpunkt der Untersuchung hatten schon zahlreiche führende wissenschaftliche Kräfte das Chemiekombinat Leuna verlassen und waren in den Westen geflohen. Doch die ZK-Brigade verstand es, die Schuld auf die untergeordneten Parteiebenen zu schieben:

"Die Mehrheit der 200 Akademiker von Leuna ist nicht nach Westdeutschland gegangen, weil die sozialistische Erziehung zu stark war, sondern weil sie fehlte, aber dafür die Agenten der Chemiekonzerne aktiv arbeiteten. Es ist ein grundfalscher Ausgangspunkt der BL, wenn sie glaubt, durch Zurückweichen vor den feindlichen Kräften die Intelligenz an die DDR zu binden."

Erhebliche und letztlich unüberwindliche Schwierigkeiten bereiteten der SED die Bemühungen, die insgesamt etwa 80.000 Chemiearbeiter im Raum Bitterfeld an sich zu binden bzw. von der Sache des Sozialismus zu überzeugen. Denn den Arbeitern ging es weniger um sozialistische Ideale, sondern stattdessen um Alltagsprobleme wie Fragen von Arbeitszeit oder -einkommen. Zwar erkannte die ZK-Brigade durchaus die Probleme, war aber aus der ideologischen Verbohrtheit heraus nicht in der Lage, die erforderlichen Folgerungen zu ziehen.

„Verbreitete Unklarheiten" bestanden selbst nach Erkenntnis der ZK-Funktionäre insbesondere in diesen Bereichen:

„Der Entwicklungsstand in beiden Teilen Deutschlands wird vorwiegend noch von materiellen Einzelfragen aus beurteilt. ‚In Westdeutschland sei z.B. die Frage der 45-Stunden-Woche besser im Interesse der Arbeiter gelöst als bei uns. Dort erhielten die Arbeiter einen vollen Lohnausgleich, während bei uns die Arbeitsproduktivität gesteigert werden muß. Die Verkürzung der Arbeitszeit gehe nur auf die Knochen der Arbeiter; sie würden nach Ablauf des Vierteljahres um 3 Stunden betrogen. Der Sozialismus werde zu einseitig auf Kosten der Arbeiter aufgebaut. Die Arbeiter müßten die größten Opfer bringen, während Intelligenz und Mittelschichten den Vorteil haben'."

Im Hinblick auf die damals von der SED noch verbal angestrebte deutsche Wiedervereinigung unter kommunistischem Vorzeichen hatten die Arbeiter ein besseres Empfinden als die Partei, deren Funktionäre konsterniert mit solchen Äußerungen konfrontiert wurden:

„‚Westdeutschland ist uns wirtschaftlich deshalb weit überlegen, weil die Planwirtschaft in der DDR versagt hat. Der Ausbau der Chemieindustrie wurde stark vernachlässigt. Es gibt große Fehlinvestitionen in anderen Industriezweigen.' Unter der Intelligenz im EKB wurde gesagt, daß die Wiedervereinigung auf dem von unserer Partei vorgeschlagenen Weg - Enteignung und Zerschlagung der Monopole - den in Westdeutschland erreichten Vorsprung stoppen und rückgängig machen werde."

Statt mehr Lohn drei neue Hundertschaften

Daß die ZK-Brigade von derartigen Äußerungen nicht eben angetan war, läßt sich unschwer nachvollziehen. Entsprechend forderte sie die Bezirksleitung Halle auf, die Diskussionen in der politischen Massenarbeit endlich auf die Hauptfragen zu lenken und den „gegnerischen Parolen", die das „Denken ganzer Abteilungen" bestimmten, entschiedenen Widerstand entgegenzusetzen. Fest steht: Die SED-Führung kannte sehr wohl die Sorgen und Nöte der Menschen in der DDR, ohne sich allerdings auch nur ansatzweise um deren Lösung zu bemühen. Stattdessen forcierte sie die weitere Ideologisierung und Militarisierung. Nicht die von den Arbeitern in den Chemiebetrieben angesprochenen Fragen wurden angepackt, sondern die SED machte sich vor, mit noch mehr „Kämpfern" und noch mehr Fahnen zum 1. Mai zumindest ihre eigene Zukunft zu sichern. So brüstete sich die ZK-Brigade in ihrem Bericht damit, daß die Parteileitung der Filmfabrik Wolfen auf ihre Anregung und mit ihrer Hilfe bewiesen habe,

„[...] daß es möglich ist, die Aktivität der Parteimitglieder bedeutend zu heben, wenn ihre Fragen grundsätzlich beantwortet und Kampfaufgaben gestellt werden. Die Parteileitung hat mit einem Dokument die wichtigsten ideologischen Fragen in den Grundorganisationen zur Diskussion gestellt.
Zugleich hat sie ihre Zielsetzung, die Stärke der Kampfgruppen nur auf 150 Genossen zu erhöhen, korrigiert und in allen Parteiorganisationen die Diskussion über die Fragen des 30. Plenums mit der neuen Aufgabe verbunden, am 1. Mai mit 3 Hundertschaften aufzumarschieren. Innerhalb von 10 Tagen entwickelte sich eine lebendige Auseinandersetzung, in der 125 Genossen ihre Verpflichtung abgaben, in Zukunft in der Kampfgruppe mitzuarbeiten."

Selbst die Hatz auf Mitarbeiter der Betriebe wurde genutzt, um Arbeiter für die Kampfgruppen zu werben, wobei im Rahmen von Säuberungswellen der Einfachheit halber unliebsame Kräfte generell zu Nazis, zumindest aber zu Reaktionären oder „Elementen" erklärt und damit mehr oder weniger vogelfrei wurden. So hätte sich in der Parteiorganisation Magazinverwaltung der schon mehrfach genannten Filmfabrik Wolfen vor den Parteiwahlen eine Fraktion gebildet,

„[...] die sich zum Ziel gesetzt hatte, den Sekretär, Gen. Freymann, einen alten Kommunisten, aus der Leitung zu entfernen. In dieser Parteiorganisation herrschte bereits vor mehreren Jahren gegenseitige Korruption einer Clique von Parteimitgliedern. Es gab schon verschiedene Auseinandersetzungen. Die zentrale Parteileitung bemerkte aber nicht, daß seit etwa einem halben Jahr einige Leitungsmitglieder die Leitungssitzungen boykottierten. Es wurde auch zugelassen, daß ein ehemaliger SA-Mann, der am 30. Jan. 1933 die KPD verriet, und Haussuchungen bei Genossen durchführte, in diesem Jahr zum stellvertretenden Sekretär gewählt wurde. Dieses Element erwies sich jetzt als einer der Hauptorganisatoren dieser Fraktion. Seine Vergangenheit war aber bekannt gewesen. Nach Entlarvung der Fraktion traten 7 Genossen der Kampfgruppe bei. Ein Genosse erklärte, jetzt endlich seien die Elemente entfernt, gegen die er schon jahrelang vergeblich angekämpft hatte".

Schwerpunkte im Straßen- und Häuserkampf

Aus den Erfahrungen des Ungarn-Aufstandes hatte das SED-Zentralkomitee auch die Schlußfolgerung gezogen, die Kampfgruppen müßten noch intensiver als bisher im Straßen- und Häuserkampf ausgebildet werden. Denn bei dem potentiellen Feind hatte es sich nun einmal nicht um westliche Truppen, sondern um die vielbeschworenen „konterrevolutionären Elemente" aus dem eigenen Land gehandelt, und die waren in den Städten und Dörfern in der DDR zu schlagen. Die Ausbildungsprogramme wurden daher umgeschrieben, doch wiederum wurden die „Kämpfer" den Erwartungen der Parteiführung nicht gerecht. „Guten Aufschwung" hätten die Kampfgruppen im ersten Halbjahr 1957 zwar genommen, schrieb Ulbricht den 1. Sekretären der SED-Bezirksleitungen im Sommer 1957, insgesamt 100.000 „Kämpfer", Volkspolizisten sowie Angehörige anderer bewaffneter Organe hätten auch an den vom 29. Plenum der Partei befohlenen Übungen im Straßen- und Häuserkampf teilgenommen, doch seien weiterhin wesentliche Mängel festzustellen gewesen. In den Übungen sei z. B. vorgegeben gewesen, „Objekte der Partei, der Bezirksverwaltungen der Deutschen Volkspolizei und andere als vom Gegner besetzt zu betrachten, die dann von den Kampfgruppen freigekämpft werden sollten". Völlig falsche politische und taktische Ideen hätten jedoch die Übungen in einigen Bezirken, besonders in Frankfurt/Oder, Berlin und Suhl, zu einem Mißerfolg werden lassen. Außerhalb der ohnehin geplanten Übungen sei deshalb ab sofort einmal im Quartal eine zusätzliche Stabsplan- oder Stabsübung im Straßen- und Häuserkampf durchzuführen. Vor allem gehe es darum, „die politische Arbeit unter der Bevölkerung und in den taktischen Einheiten unter den Bedingungen eines unvorbereitet ausgelösten Einsatzes in kürzester Zeit mit größtem Erfolg zu lösen". Da darüber hinaus die bisherigen Übungen zum größten Teil nach zuvor genau festgelegten Plänen und mit vorher bekannten Terminen abgehalten worden seien, müßten nunmehr ab dem 1. September 1957 nicht angekündigte Übungen stattfinden, in die „alle Organe der Inneren Sicherheit sowie die GST und das Deutsche Rote Kreuz mit einzubeziehen" seien. Schließlich seien neue Uniformen für die Kampfgruppen auf der Grundlage eines entsprechenden Beschlusses der Sicherheitskommission der SED im Kreis Suhl und an der Zentralschule für Hundertschaftskommandeure in Schmerwitz zu erproben und ab der zweiten Hälfte des Jahres 1958 an alle Bezirke auszuliefern. Im letzten Punkt seines Schreibens schließlich wies Ulbricht noch einmal darauf hin, daß die in einzelnen Bezirken geforderte „Bildung von Jugendhundertschaften der Kampfgruppen nicht zulässig" sei.

Selbst Funktionäre ohne Vorbildrolle

Zu keinem Zeitpunkt war die SED bereit, nach außen hin einzugestehen, daß das Interesse in der Bevölkerung an der Mitwirkung in den Kampfgruppen nicht sonderlich ausgeprägt gewesen war. Jahr für Jahr wurde von einer weiteren Stärkung gesprochen, ebenso oft mußte die Hauptabteilung Ausbildung und Schulung der Deutschen Volkspolizei in ihren Berichten eingestehen, daß es mit der Beteiligung der Werktätigen an der Kampfgruppen-Ausbildung nicht eben zum besten bestellt war. Am 24. März 1958 beispielsweise hatte die HA/AS voller Stolz wissen lassen, daß die Zahl der Kämpfer, die sich an der Ausbildung beteiligten, im Jahr 1957 gegenüber 1956 um 18.676 auf 80.238 gestiegen sei. Zugleich aber teilte sie, eher verschämt, mit, daß damit nunmehr 50,7 Prozent der „Kämpfer" an der Ausbildung teilnähmen. Mithin nur jeder zweite, der als Angehöriger der Kampfgruppen geführt wurde, dachte überhaupt daran, Freizeit für die Partei zu opfern. Und von denen, die dann tatsächlich zu den Ausbildungsstunden erschienen, dürfte auch nicht jeder von der Sache überzeugt gewesen sein. Das galt nicht nur für den „einfachen Kämpfer", sondern ebenfalls für die, die eigentlich Vorbild hätten sein sollen, die Zugführer und Kommandeure. Hierzu einige Beispiele aus dem Bericht:

Bezirk Neubrandenburg
Für den 3.3.1958 wurde ein Zugführer-Lehrgang nach Neubrandenburg einberufen. Die vorgesehene Stärke betrug 120 Mann. Eingetroffen sind 60 Genossen.
Bezirk Gera
Anfang März wurde ein Lehrgang in Gera geplant und von der Bezirksleitung die Einberufung für 30 Genossen herausgegeben. Zum festgelegten Termin trafen jedoch nur 7 Genossen ein. Daraufhin wurde der Lehrgang abgesetzt und ein neuer Termin festgelegt, zu dem die Bezirksleitung 40 Einberufungen erließ. Auch zu diesem erneut angesetzten Lehrgangsbeginn erschienen nur 12 Genossen, wovon bereits 3 bereits in der ersten Nacht den Lehrgang verließen."

Wenig anders sah es mit der Teilnahme an der Schießausbildung aus. Generell weniger als die Hälfte, teilweise nur ein Drittel der „Kämpfer" hatte sich in der Kunst des Schießens unterweisen lassen, wobei anzumerken ist, daß Waffen inzwischen durchaus in ausreichender Zahl zur Verfügung standen, so 140.023 Karabiner 98 k, 12.796 Maschinenpistolen 44 und 41, 880 Kleinkaliber- und 11.034 Seitengewehre. Weitere 28.000 Maschinenpistolen befanden sich 1958 im Zulauf zu den Kampfgruppen, und schließlich war noch die Beschaffung von 3.204 Panzerbüchsen 40 mm, 1.068 Granatwerfern 82 mm sowie 216 Panzerabwehrkanonen 45 mm beschlossene Sache. Auch an Munition herrschte kein Mangel: Mit drei kompletten Munitionsausrüstungen waren die Kampfgruppen inzwischen versehen, immerhin also mit 13.2600.000 Schuß. Schwierigkeiten, und das ist geradezu typisch für eine Planwirtschaft, bereitete dagegen die Versorgung der Kampfgruppen mit Reinigungsgeräten für die Waffen. Der Umstand, daß gerade einmal 28.527 Sätze zur Verfügung standen, führte zu einem erheblichen Mangel in der Pflege der Waffen, mußte die Leitung der Volkspolizei eingestehen.

Allerdings: Der Kampf gegen „Agenten" und Diversanten hatte weiterzugehen, um damit eine Rechtfertigung für den weiteren Auf- und Ausbau der Kampfgruppen zu besitzen. Entsprechend wurde als „Hauptaufgabe" des Ausbildungsprogrammes 1958 wiederum genannt: „Die polizeitaktische und militärfachliche Ausbildung der Kämpfer und Einheiten zur Bekämpfung konterrevolutionärer Elemente, um die innere Sicherheit der Deutschen Demokratischen Republik zu gewährleisten." Und um gut und böse unmißverständlich zu definieren, wurde den Kampfgruppen „Zusammenarbeit und Waffenbrüderschaft gegenüber den bewaffneten Kräften unserer DDR, der ruhmreichen Sowjetarmee und den Armeen der anderen Länder des sozialistischen Lagers" ebenso befohlen, wie der „Haß gegen die Imperialisten und ihre westdeutschen Helfershelfer, die die Schuldigen an der Spaltung Deutschlands sind".

„Ein hinterhältiger, brutaler und gefährlicher Gegner"

Wie weit jedoch Anspruch und Wirklichkeit auseinanderklafften, zeigte sich u.a. bei den zahlreichen „Arbeitskonferenzen" der Kampfgruppen, auf denen zwar einerseits martialische Entschließungen verabschiedet wurden, andererseits jedoch kaum verhehlt werden konnte, in welch beklagenswerten Zustand die Kampfgruppen sich tatsächlich befanden. 1.500 Angehörige der Kampfgruppen des Bezirkes Leipzig waren z.B. am 4. April 1958 in der Kongreßhalle der Messestadt zusammengekommen, um das Ausbildungsjahr 1957 auszuwerten und Schlußfolgerungen für die weitere Arbeit zu ziehen. Die politische Entwicklung, so waren sich die „Kämpfer" einig, verlange „höchste Wachsamkeit, Einsatzbereitschaft und Schlagkraft, denn nur so sind wir in der Lage, alle Angriffe des Gegners rechtzeitig zu erkennen und schonungslos zu zerschlagen". Dieses sei umso notwendiger, als die „reaktionäre Mehrheit des Bundestages" die Atombewaffnung der Bundeswehr beschlossen habe und dieses den Kampfgruppen zeige, „daß die deutschen Militaristen ein hinterhältiger, brutaler und gefährlicher Gegner ist, der durch die Hetze gegen die DDR und den Kommunismus einen dritten Weltkrieg vorbereitet". Derart moralisch aufgerüstet, forderten die versammelten „Kämpfer", noch mehr als bisher die „besten und fortschrittlichsten Arbeiter für den Dienst in den Kampfgruppen zu gewinnen", die Entwicklung auf dem Lande voranzutreiben sowie die Ausbildung und die Teilnahme daran zu verstärken. Doch so selbstbewußt die Leipziger „Kämpfer" sich auch gaben, in den Augen der Partei fanden sie keine Gnade, wie aus einem Bericht über diese Arbeitskonferenz, der am 11. April der Sicherheitskommission vorgelegt wurde, hervorgeht. Leipzig nehme einen der letzten Plätze im Republikmaßstab ein, hieß es dort, die Hauptursache für den unbefriedigenden Stand sei in der vielfach noch mangelnden politisch-ideologischen Arbeit und in der mangelnden Qualität der Kommandeure zu sehen. Das Hauptreferat, gehalten vom „Leiter der Bezirksbehörde Deutsche Volkspolizei, Genossen Kohoutek", sei durchaus nicht schlecht gewesen, hätte aber nicht die Frage beantworten können, wie denn nun die Arbeit der Kampfgruppen zu verbessern sei. Besser wäre es gewesen, wenn ein Angehöriger der Bezirksleitung referiert hätte. Die Folge sei gewesen, „dass trotz Anwesenheit aller 1. Kreissekretäre, keiner zu der politischen Arbeit mit den Kampfgruppen Stellung genommen hat. Sie hüllten sich in Schweigen, als ob ihnen die Sache nichts anginge". Dieses habe sogar dazu geführt, daß die Frage gestellt worden sei, ob die Kampfgruppen von der Polizei oder der Partei geführt würden. „Genosse Rehberg, Kommandeur der 1. Hundertschaft in Leipzig", habe sich mit pazifistischen Auffassungen einiger Genossen auseinandersetzen müssen, die die Meinung vertreten hätten, „wenn es mal ernst ist, sind wir da". Eindringlich müsse man solchen Genossen sagen, „dass es <u>jetzt</u> ernst ist. Denn wenn es so weit ist, wie diese Genossen das ausdrükken, wird es bereits zu spät sein". Generell, so das Fazit des Beobachters, werde die Arbeit der Parteiorganisationen mit den Kampfgruppen unterschätzt. Eine der ernsten Schlußfolgerungen, die aus dieser Konferenz gezogen werden müsse, sei, daß sich die leitenden Funktionäre des Bezirkes und der Kreise aktiver einschalten müßten. Nur so könne „in der Arbeit mit den Kampfgruppen endlich ein entscheidender Durchbruch erzielt" werden. Im übrigen aber sei „der Ablauf der Konferenz ein guter gewesen. Eine Reihe Kämpfer und Kommandeure wurden mit wertvollen Sachprämien (Fahrräder, Fotoapparate usw.) ausgezeichnet".

Der angemahnte „entscheidende Durchbruch" für die Kampfgruppen kam letztlich nie, was auch wenig verwunderlich ist. Denn die

Ursache für die mangelnde Bereitschaft der Bevölkerung, sich in den Kampfgruppen zu engagieren und für deren schlechten Ausbildungsstand wurden in der Regel dort gesucht, wo sie ganz sicher nicht zu finden waren. Die Bezirksleitung Halle etwa hatte sich 1958 in einem Bericht mit der Entwicklung der Kampfgruppen befaßt und war zu dem Ergebnis gekommen, „hohe Disziplin, vorbildliche Einsatzbereitschaft und gute Leistungen" zeichneten die Mehrheit der Hundertschaften im Bezirk aus. Noch stärker als 1957 sei die „offensive Auseinandersetzung (...) über die Notwendigkeit der Sicherung unserer Republik, die Disziplin, Opferbereitschaft usw." geführt worden:

„In diesen Auseinandersetzungen wurde durch die klare Erkenntnis unserer Genossen über die Richtigkeit der Politik der Partei, den sozialistischen Aufbau nicht nur vorwärts zu führen, sondern allseitig zu sichern, mitgeholfen, die fraktionelle Gruppe Schirdewan-Wollweber ideologisch zu entlarven und in ihrer Position zu isolieren."

Bei Schirdewan und Wollweber hatte es sich - wie beschrieben - immerhin um die nach Ulbricht mächtigsten Männer in der DDR gehandelt, die im Februar 1958 wegen „Fraktionstätigkeit" all ihrer Parteiämter enthoben wurden und nunmehr als Sündenböcke auch für die Fehlentwicklung bei den Kampfgruppen herhalten mußten.

Die öffentliche Darstellung der Kampfgruppen durch die SED unterschied sich zwangsläufig in erheblichem Maße von den Realitäten. Die Wahrheiten, die intern zu Papier gebracht worden waren, suchte man dort vergebens. Die Delegierten des V. Parteitages der SED z.B. hatten nach dem entsprechenden Bericht des ZK am 10. Juli 1958 durchaus den Eindruck haben müssen, die Kampfgruppen hätten sich inzwischen zu einer schlagkräftigen Truppe entwickelt, ohne die Ruhe und Ordnung nicht mehr gewährleistet werden könnten und ohne die der „Gegner" längst im Lande stünde. Ihren Auftrag, die innere Sicherheit der DDR beim Aufbau des Sozialismus in jeder Situation voll zu gewährleisten, hätten die Kampfgruppen ehrenvoll erfüllt, und sie seien als das unmittelbar bewaffnete Organ der Arbeiterklasse zu einem festen Bestandteil des gesellschaftlichen Lebens geworden, lobte das ZK. Zweifel an der Hauptaufgabe der Kampfgruppen, nämlich „konterrevolutionäre Aktionen" zu unterbinden, ließ die Partei bei den Delegierten erst gar nicht aufkommen:

„Ihre Bereitschaft zur Erfüllung dieser Hauptaufgabe haben die Kampfgruppen besonders während der Ereignisse im Herbst 1956, als die Imperialisten versuchen wollten, auch in der Deutschen Demokratischen Republik einen konterrevolutionären Putsch nach ungarischem Muster zu organisieren, vor allem in Berlin in hervorragender Weise bewiesen."

Zur weiteren politischen Festigung der Kampfgruppen habe das ZK beschlossen, ein eigenes Presseorgan herauszugeben, dessen erste Ausgabe bereits im Oktober 1957 unter dem Titel „Der Kämpfer" erschienen war. Honecker, der sich für dieses neue Medium zur ideologischen Beeinflußung der Kampfgruppen eingesetzt hatte, ließ in seinem Geleitwort zum ersten Erscheinen wissen: „Die Angehörigen der Kampfgruppen erhalten nunmehr in Gestalt ihrer Zeitung einen neuen wertvollen Kampfgenossen. ‚Der Kämpfer' erscheint zur rechten Zeit. Er wird dazu beitragen, allen Kämpfern und Kommandeuren zu helfen, die vor den Kampfgruppen stehenden Aufgaben noch besser als bisher zu erfüllen." Natürlich ging es im monatlich erscheinenden „Kämpfer" weniger um Information, denn um Indoktrination, oder, wie es in der Sprache der SED hieß:

„‚Der Kämpfer' (vermittelt) viele wertvolle Informationen und Hinweise, die dazu beitragen, die führende Rolle der Partei in jeder Einheit ständig zu stärken, die politische Arbeit in den Kollektiven erzieherisch wirksamer, lebendiger und interessanter zu gestalten, die Ausbildung komplex, praxisnäher und insgesamt effektiver zu organisieren, den Kampfwert und die Gefechtsbereitschaft der Einheiten systematisch zu erhöhen und die Führung des sozialistischen Wettbewerbs zu unterstützen."[26]

Sichergestellt war die „Linientreue", das sei hier angemerkt, allein schon dadurch, daß der Chefredakteur, als erster fungierte Otto Trötscher, gleichzeitig Mitglied der Sicherheitsabteilung des ZK war. Dementsprechend hatte sich „Der Kämpfer" nach seiner Gründung unverzüglich „in das Leben der Kampfgruppeneinheiten" einzuschalten und dazu beizutragen, „die Lösung der zentral gestellten, aber im Territorium konkret umzusetzenden Anforderungen durch seine Beiträge zu fördern und zu unterstützen". Parteitagsbeschlüsse fanden sich im „Kämpfer" ebenso wie Porträts verdienter Kampfgruppenangehöriger, über die Herbert Nicolaus schrieb:

„Kämpfer der ersten Stunde wie Helmut Peters, Delegierter des Vereinigungsparteitages von 1946 und langjähriger Kommandeur einer Magdeburger Kampfgruppeneinheit, Kurt Kuhlen und Paul Lähne, beide Mitbegründer des Roten Frontkämpferbundes in Halle und später der Kampfgruppen, kamen zu Wort und be-

---

[26] Gabert

richteten aus ihrem persönlichen Erleben über die geschichtlichen Traditionen und die Entwicklung der Kampfgruppen."[27]

„Der Kämpfer" reichte jedoch offensichtlich nicht aus, um sich als einziges Organ in der für ihre Medienvielfalt nicht gerade bekannten DDR um die Erziehung der Kampfgruppenangehörigen zu sozialistischen Menschen zu kümmern. Um die von der Abteilung für Sicherheitsfragen des ZK, der Arbeitsgruppe Militärpolitik der Agitationskommission beim Politibüro und der Politischen Verwaltung des MdI vorgebenen Themen, zu denen vorzugsweise die Darstellung der SED-Militärpolitik, verpflichtender Traditionen der Arbeiterbewegung oder der sowjetischen Militärdoktrin und ihrer Bedeutung für die Kampfgruppen gehörten, den „Kämpfern" nahezubringen, wurde nach und nach eine Reihe von Betriebszeitungen herausgegeben. Schon 1962 hatte es erste solcher Informationsblätter gegeben wie den „Kampfruf" im Kreis Bitterfeld und dann ab 1963 „Der Rote Wittstocker Sender", der „Brandenburger Kämpfer" oder „Die rote Hundertschaft" im Kreis Jüterbog.

Bewußte Falschinterpretation der Genfer Abkommen

Wenn auch „Der Kämpfer" am Ende des Ausbildungsjahres 1957/58 festgestellt hatte: „Es war das bisher erfolgreichste Jahr seit dem Bestehen der Kampfgruppen", war doch eines sicher: Die Kampfgruppen waren keinesfalls eine Truppe, die gegen irgendeine Armee aus dem Bereich etwa der NATO hätte antreten sollen oder können. Abgesehen davon, daß sich dieses die Sowjetunion ohnehin im Rahmen des Warschauer Vertrages vorbehalten hatte und im Kriegsfall selbst der Nationalen Volksarmee eine lediglich untergeordnete Aufgabe als „Kanonenfutter" zugewiesen war, schien es die SED-Führung nicht für völlig ausgeschlossen gehalten zu haben, daß die motorisierten Kampfgruppen-Einheiten sowie die „operativen Einheiten des Deutschen Roten Kreuzes"[28], zumindest am Rande, in nach dem Völker-

---

[27] Nicolaus, Dissertation (A), Berlin (Ost), 1989
[28] Die Kampfgruppen hatten keinen eigenständigen medizinischen Dienst, sondern bedienten sich der „operativen Einheiten" des Deutschen Roten Kreuzes. Wie auch die Zivilverteidigung wurde das DRK in der DDR als Teil der sozialistischen Landesverteidigung betrachtet. Bezeichnend hierfür ist, daß die politische Zuständigkeit für das DRK in der Abteilung für Sicherheitsfragen des ZK der SED angesiedelt war.

recht als kriegerisch geltende Auseinandersetzungen hätten verwickelt werden können. Speziell Honecker wollte daher sichergehen, daß den „Kämpfern" in derartigen Situationen ein Kombattanten-Status zuerkannt werden würde und hatte deshalb am 9. Dezember 1958 anläßlich einer Beratung mit Sektorenleitern des ZK eine entsprechende Expertise angefordert, die ihm wenig später, am 19. Dezember, vorgelegt wurde. Das Ergebnis war für Honecker „beruhigend": Im Falle eines militärischen Konfliktes, an dem auch Kampfgruppen-Einheiten bzw. operative Einheiten des Deutschen Roten Kreuzes beteiligt wären, würde sich die DDR auf die Artikel I und II des Genfer Abkommens zur Verbesserung des Loses der Verwundeten und Kranken bewaffneter Kräfte im Felde bzw. der Schiffbrüchigen der bewaffneten Kräfte zur See vom 12. August 1949 berufen. Denn zu den nach diesem Abkommen geschützten Personenkreisen zählten „Angehörige von Milizen und Freiwilligenkorps, die nicht zu den regulären bewaffneten Kräften gehören, einschließlich solcher von organisierten Widerstandsbewegungen, wenn diese Milizen, Freiwilligenkorps oder Widerstandsbewegungen einem kriegführenden Staat angehören und folgende Bedingungen erfüllen: einem verantwortlichen Leiter unterstehen, ein bleibendes und von weitem erkennbares Zeichen tragen, die Waffen offen führen und die Gesetze und Gebräuche des Krieges einhalten."

Als ebenfalls geschützt galten nach dem Genfer Abkommen Personen die ausschließlich eingesetzt wurden zum „Aufsuchen, zur Bergung, zum Transport oder zur Pflege der Verwundeten und Kranken oder zur Verhütung von Krankheiten verwundeter Personen (Ärzte, Krankenpfleger und Krankenschwestern, Krankenträger, Sanitätskraftwagenfahrer, Personal und Besatzung von Lazarettschiffen".

Für den Leiter der Abteilung für Sicherheitsfragen beim ZK, Borning, war die Angelegenheit damit eindeutig, wie er Honecker schrieb:

> „Bekanntlich ist die Regierung der Deutschen Demokratischen Republik am 30. August 1956 dem Genfer Abkommen beigetreten. Mit der Definition des Personenkreises, der den bewaffneten Organen eines Staates (also auch die Kampfgruppen) angehören sowie der Darstellung der rechtlichen Stellung des Sanitätspersonals geht eindeutig hervor, daß sowohl alle Kampfgruppenangehörigen der Deutschen Demokratischen Republik wie auch das Sanitätspersonal unter dem Schutz der 4 Genfer Abkommen stehen."

Zumindest soweit es die Kampfgruppen anbelangte, dürfte Borning einer Fehleinschätzung unterlegen sein. Denn bei diesen handelte es sich ausdrücklich *nicht* um ein bewaffnetes *Staatsorgan,* sondern um die Armee einer (wenn auch Staats-) Partei. Erinnert werden muß daran, daß das Sekretariat des ZK am 2. Juni 1954 angesichts der Unklarheiten über Wesen und Aufgaben der Kampfgruppen expressis verbis festgestellt hatte: „Die Kampfgruppen sind kein neues polizeiliches, militärisches oder halbmilitärisches Organ der DDR, sie sind auch kein Ersatz für die Organe der Volkspolizei - also keinesfalls ein Staatsorgan!"

Die ersten Bataillone werden aufgestellt

Ungeachtet dessen, sondern vielmehr durch die falsche Interpretation der Stellung der Kampfgruppen nach dem Genfer Abkommen sogar noch ermuntert, ordnete das ZK am 19. Dezember 1958 für das kommende Jahr grundlegende Änderungen des Ausbildungsprogrammes an, das zusätzliche militärische Elemente zu enthalten hatte. Bereits bei der Einleitung der festgelegten Hauptaufgaben mußte nunmehr zum Ausdruck gebracht werden, „daß der Einsatz der Kampfgruppen zu Kampfhandlungen in grösseren Städten sowohl für operative Aufgaben als auch zur Verteidigung wichtiger Objekte und Abschnitte erfolgt". Darüber hinaus waren die Kampfgruppen verstärkt zur Bekämpfung von „aus der Luft abgesetzten Diversantengruppen" (worunter wohl eher Luftlandetruppen verstanden werden sollten) auszubilden, was für den einzelnen „Kämpfer die Ausbildung im Fuß- und mot. Marsch über weitere Entfernungen, insbesondere für die Kampfgruppen-Bataillone der Bezirksreserve notwendig" machte. Weitere neue Aspekte der Ausbildung - oder auch der militärischen „Aufwertung" - der Kampfgruppen waren:

„a) Schaffung von Bataillonen und ihren Stäben und Ausbildung der Bataillonskommandeure und Stäbe für die Kampfgruppen der Bezirksreserve und aller Berliner Kampfgruppen.
b) Qualifizierung der Hundertschaftsleitungen zur Führung der Hundertschaften im Rahmen des Bataillons.
c) Ausbildung der Kämpfer für Kampfhandlungen im Städtekampf im Rahmen der Hundertschaft.
d) Ausbildung der Kampfgruppen der Bezirksreserve im mot. Marsch und zur Führung von Kampfhandlungen zur Vernichtung stärkerer konterrevolutionärer Kräfte und aus der Luft abgesetzter Diversantengruppen.
e) Ausbildung der Kämpfer besonders festgelegter Hundertschaften an der 45 mm Pak, 82 mm Gr.W. und am SG ‚Maximow' mit dem Ziel, am Ende des Ausbildungsjahres 1959 die erste Übung zu schießen."

„Mit der Waffe in der Hand ..."

Die „Kämpfer" sollten jedoch nicht nur eine umfassendere militärische Ausbildung erhalten, die SED-Führung hielt 1959 die Zeit für gekommen, sie enger an die Partei - erst in zweiter Linie, wenn überhaupt, an den Staat - zu binden. Zum 10. Jahrestag der DDR-Gründung führte das Politbüro ein einheitliches Gelöbnis für die Angehörigen der Kampfgruppen ein, mit dem diese sich verpflichteten, notfalls ihr Leben für die Sache des Sozialismus einzusetzen. Beschlossen hatte dieses Gelöbnis das Politbüro auf seiner Sitzung vom 30. April 1959, um damit den Angehörigen der Kampfgruppen die hohe Verantwortung, die sie als „Angehörige des unmittelbar bewaffneten Organs der Arbeiterklasse für die Sicherung der Arbeiter- und Bauernmacht tragen", bewußter zu machen. Mit der Einführung eines solches Gelöbnisses werde zudem den seit langem bestehenden Forderungen großer Teile der „Kämpfer" und vieler Parteiorganisationen entsprochen. Als Termine für die Gelöbnisse, die wie weiland im sog. Dritten Reich als militärische Zeremonielle zu gestalten waren, legte das Politbüro jeweils den Vorabend des 1. Mai bzw. den Vorabend des „Tages der Republik" fest. Interessant bei der Vorlage des Textes des Gelöbnisses ist ein Vergleich zwischen dem Vorschlag und dem dann tatsächlich beschlossenen Wortlaut. Der Entwurf eines Gelöbnisses lautete nämlich:

„Ich bin bereit,
als Kämpfer der Arbeiterklasse
die Deutsche Demokratische Republik,
ihre sozialistischen Errungenschaften
jederzeit
mit der Waffe in der Hand
zu schützen
und mein Leben für sie einzusetzen.

Ich gelobe:
die Weisungen der Partei zu erfüllen,
die Befehle meiner Kommandeure zu befolgen,
immer Disziplin zu wahren,
für die Erhaltung des Friedens zu kämpfen
und die Sache der Arbeiterklasse
als Patriot und Internationalist
gegen alle Feinde zu verteidigen."

Verabschiedet wurde dann allerdings ein Text, der die führende Rolle der SED in den Vordergrund rückte:

„Ich bin bereit,
als Kämpfer der Arbeiterklasse
die Weisungen der Partei zu erfüllen,
die Deutsche Demokratische Republik,
ihre sozialistischen Errungenschaften
jederzeit mit der Waffe in der Hand
zu schützen
und mein Leben für sie einzusetzen.
Das gelobe ich!"

Gegenüber den Interessen der SED hatten die des Staatswesens DDR eindeutig in den Hintergrund zu treten, und auch von Disziplin, der Bewahrung des Friedens oder des Internationalismus war nicht mehr die Rede.

Der Vollständigkeit halber soll auch ein weiterer, wenn auch verworfener Entwurfstext wiedergegeben werden, der in seiner Blutrünstigkeit einmalig ist, eher an fanatische Geheimbünde erinnert und von daher eindrucksvoll Einblick in das Denken der SED-Führung gewährt:

„Ich - Sohn des deutschen Volkes, schwöre -
aus glühender Liebe zu meinem Volke, zu meiner Heimat und zu meiner Familie:
Zu kämpfen, bis mein Volk wieder frei und glücklich, die Schmach und Schande der faschistischen Barbarei abgewaschen, der Hitlerfaschismus vertilgt ist.
Ich schwöre:
Dafür bedingungslos mein Leben einzusetzen und meinem Volke die Treue zu halten bis zum letzten Blutstropfen.
Dieser Schwur verbindet mich mit allen Antifaschisten in brüderlicher Kampfestreue bis zum vollen Sieg unserer heiligen Sache.
Ich schwöre.
Erbarmungslos vorzugehen gegen jeden, der diesen Schwur bricht.
Sollte ich diesen Schwur brechen und damit zum Verräter werden an meinem Volke, meiner Heimat, meiner Familie - so sei mein Leben verwirkt. Meine Kampfgenossen sollen mich dann als Verräter und Volksfeind vernichten!"

Ein Stück „Heldentum" am 13. August

Eine bedeutende Rolle hatte die SED den Kampfgruppen - zumindest in der Darstellung für die Öffentlichkeit und hier besonders für die westliche - im Zusammenhang mit dem Mauerbau am 13. August 1961[1] zugewiesen. Zum einen erwartete sie von diesem von ihr direkt geführten „bewaffneten Organ" - anders beispielsweise als von der Nationalen Volksarmee - eine besonders hohe politische Zuverlässigkeit, zum anderen aber war der DDR-Führung aus Sorge um das internationale Ansehen daran gelegen, der Aktion einen möglichst „unmilitärischen" Anstrich zu verleihen. Vertreter der „Arbeiterklasse" sollten der Weltöffentlichkeit vorgaukeln, sie selbst hätten gewissermaßen aus eigenem Antrieb den „Schutz der sozialistischen Errungenschaften" in die Hände genommen. In seinen „Erinnerungen" bestätigte Honecker das Vertrauen, das er als Sekretär für Sicherheitsfragen des ZK der SED und als „Mauerarchitekt" in die Kampfgruppen gesetzt hatte:

„Ich hatte vorgeschlagen, direkt an der Grenze die politische und militärische Kampfkraft der Arbeiterklasse einzusetzen, das heißt Werktätige aus sozialistischen Betrieben in den Uniformen der Kampfgruppen. Sie sollten mit Bereitschaften der Volkspolizei unmittelbar die Grenze zu Berlin-West sichern."

Nur falls es notwendig werden sollte, hatten die Truppenteile und Verbände der Nationalen Volksarmee und die Organe des Ministeriums für Staatssicherheit die Kampfgruppen aus der zweiten Staffel heraus zu unterstützen. Der geschichtlichen Wahrheit jedoch entsprechen derartige „Erinnerungen" nicht.

Um 01.40 Uhr des 13. August waren in Berlin die „Kämpfer" alarmiert worden, erfüllten allerdings in den ersten Stunden ihres Einsatzes die Erwartungen der Parteiführung nur zum Teil bzw. überhaupt nicht. Zwar hatte schon um 02.07 Uhr der 2. Zug der Hundertschaft des Stadtbezirks Pankow im VEB Bergmann-Borsig Stellung bezogen und Einsatzbereitschaft gemeldet, doch bis 9.30 Uhr wurden gerade einmal 834 Angehörige der Motorisierten Bataillone - und damit 22,5 Prozent der eigentlichen Stärke - gezählt. Noch niedriger war mit 14,1 Prozent der Anteil der Angehörigen der Allgemeinen

---

[1] Insbesondere im Sprachgebrauch in den alten Bundesländern wird der 13. August 1961 als Tag des Mauerbaus bezeichnet. Mit dem Bau der tatsächlichen Mauer wurde allerdings, das sei der historischen Wahrheit wegen angemerkt, erst später begonnen.

Bataillone, von denen sich bis zum selben Zeitpunkt 1.382 gemeldet hatten. Erst kurz vor Mitternacht, also fast 24 Stunden nach Beginn des Mauerbaus, waren 1.686 bzw. 2.888 „Kämpfer" vor Ort, um sich an der Durchsetzung der Sperrmaßnahmen zu beteiligen. Eine Hundertschaft der Akademie der Wissenschaften hatte in der Auguststraße Stellung bezogen. Unter den „Kämpfern", die an diesem Tag aufmarschierten, waren auch 32 Mitglieder der Berliner Stadtverordnetenversammlung, um auf diese ungewöhnliche und wenig parlamentarische Weise ihr Abgeordnetenmandat „verantwortungsbewußt wahrzunehmen".[2] Sie dürften ebensowenig als typische Vertreter der „Arbeiterklasse" gelten wie etwa die „Kämpfer" des Potsdamer FDGB-Bezirksvorstandes, des Rates des Bezirkes oder der Bezirksstaatsanwaltschaft Potsdam, die zur Sicherung des Grenzabschnitts zwischen Teltow und Sacrow eingesetzt wurden.

„Auf blanken Tischen geschlafen"

Unabhängig von der nachzuweisenden Tatsache, daß die Kampfgruppen in ihrer Rolle beim Mauerbau eher versagt hatten, setzte dennoch eine öffentlichen Heroisierung ein. So schilderte Walter Schindler, 1961 Gruppenführer, die „Entbehrungen und den Kampfgeist" in den August-Tagen so:

„Diese Tage waren für uns eine Bewährungsprobe. Sie verlangten das Äußerste. Es kam vor, daß wir in den ersten Tagen auf blanken Tischen und Fußböden schliefen, daß wir 12 Stunden und mehr ununterbrochen Dienst taten, 2 Stunden ruhten und wieder alarmiert wurden. Es goß in Strömen und es war kalt. Doch wenn Freiwillige gebraucht wurden, dann trat die ganze Einheit an. Wie oft geschah es auch, daß die Kämpfer nach einem Einsatz Essen empfingen und es stehenlassen mußten, weil in derselben Minute Alarm gegeben wurde. Nie aber taten solche Schwierigkeiten dem Kampfgeist Abbruch. Im Gegenteil: Mit jedem neuen Einsatz wuchs der Zusammenhalt, die Bereitschaft, das Klassenbewußtsein."

Besonderen Eifer hatte dabei ein Genosse namens Helmut Egerland demonstriert, der in seinem Urlaub vom Mauerbau gehört hatte und diesen sofort abbrach, um sich noch am 13. August bei seinem Kommandeur, dem Genossen Melcher, zum Dienst zu melden.[3]

---

[2] Gabert, Dissertation (B), Berlin, 1989
[3] ebda

Derartigen Enthusiasmus allerdings legten beileibe nicht alle „Kämpfer" an den Tag. In einem Bericht an den NVR-Vorsitzenden Ulbricht meldete am 15. August die SED-Bezirkseinsatzleitung Berlin neben 11.034 Angehörigen der Volkspolizei nunmehr 5.979 „Kämpfer" im Einsatz an der entstehenden Mauer, die sich folgendermaßen aufgliederten:

Kreis	Batl. mot	Allgemein
Friedrichshain	210	146
Köpenick	301	760
Lichtenberg	280	60
Mitte	945	1750
Pankow	-	296
Prenzlauer Berg	93	240
Treptow	293	358
Weissensee	-	247
insgesamt:	2122	3857
	(57,2%)	(48,0%)

„Hohes Klassenbewußtsein und entschlossenes Handeln"

Ausführlich hatte sich der Nationale Verteidigungsrat in seiner Sitzung am 29. November 1961 (Geheime Kommandosache B 76/61) mit der Einsatzbereitschaft der Kampfgruppen befaßt und war - aus Sicht der SED - zu teilweise katastrophalen Ergebnissen gekommen. Gleichwohl bescheinigte er ihnen dem herkömmlichen Ritual folgend, sie hätten unter Beweis gestellt,

„[...] daß sie sowohl selbständig als auch im Zusammenwirken mit anderen bewaffneten Kräften in der Lage sind, taktische Aufgaben zur Gewährleistung der Sicherheit an den Grenzen und im Gebiet der DDR zu erfüllen.
Die Kämpfer und Kommandeure zeigten bei ihrem Einsatz ein hohes Klassenbewußtsein und ein entschlossenes Handeln bei der Verhinderung und Zerschlagung gegnerischer Provokationen. Im demokratischen Berlin, in Potsdam und im Grenzgebiet des Bezirkes Suhl zeigte sich besonders, daß der Einsatz der Kampfgruppen mit entscheidend zur Aufrechterhaltung der Ruhe, der Ordnung und der Sicherheit beitrug".

Trotz der „weiteren politischen und organisatorischen Festigung der Kampfgruppen" und den „insgesamt vorhandenen beachtlichen Erfolgen und Fortschritten" stellte der NVR zugleich aber „weiterhin ernste Schwächen und Mängel (fest), die im Interesse der Verbesserung der gesamten Führungstätigkeit, der ständigen Steigerung der Alarm- und Einsatzbereitschaft und zur Vervollkommnung der Ausbildung in kürzester Frist zu überwinden" seien. Die zusätzliche Aufstellung von 3. Hundertschaften (mot.) habe zu einer wesentlichen Festigung der Kampfgruppen-Bataillone (mot.) geführt. Mit Abschluß des III. Quartals 1961 sei bei diesen wichtigsten Kampfgruppen-Einheiten eine personelle Auffüllung von durchschnittlich 87 Prozent erreicht worden. Besonders zufrieden zeigte sich der NVR mit den vier Kampfgruppen-Bataillonen (mot.) des Wismutgebietes, bei denen eine personelle Auffüllung von 99,4 Prozent zu verzeichnen war. Schlußlichter dagegen bildeten die Kampfgruppen-Bataillone (mot.) Neubrandenburg mit 74% sowie Frankfurt/Oder, Schwerin und Cottbus mit je ca. 79 Prozent. Bei der „unverzüglichen Auffüllung der Kampfgruppen-Bataillone (mot.) auf ihre volle Stärke aus bereits bestehenden und ausgebildeten Kampfgruppen-Einheiten" müsse jedoch darauf geachtet werden - so der NVR weiter -, „daß die Bedingungen für die Zugehörigkeit zu den Kampfgruppen der Arbeiterklasse streng eingehalten werden und nur solche Kämpfer und Kommandeure den Kampfgruppen-Bataillone (mot.) angehören dürfen, die sowohl für die regelmäßige Teilnahme an der Ausbildung als auch im Einsatz ständig zur Verfügung stehen".

Alarmierung ließ zu wünschen übrig

Gerade dieser Hinweis war vor dem Hintergrund der Erfahrungen des 13. August 1961 von besonderer Wichtigkeit. Denn sie hätten, so VP-Oberst Mellmann in seinem Bericht, gelehrt,

„[...] daß beispielsweise in Berlin die Kampfgruppen-Bataillone (mot.) nur mit einem Personalbestand von 65,5 % der Iststärke für den Einsatz zur Verfügung standen. Zahlreiche Partei-, Staats- und Wirtschaftsfunktionäre mußten bereits nach kurzer Zeit aus dem Einsatz herausgenommen und für Aufgaben außerhalb der Kampfgruppen freigestellt werden. Dadurch, daß die Kampfgruppen-Bataillone (mot.) nicht mit vollem Personalbestand im Einsatz zur Verfügung standen, sind der Kampfwert und die Einsatzmöglichkeiten dieser wichtigsten Kampfgruppen-Einheiten ernsthaft gefährdet. Auch die Kampfgruppen-Bataillone (mot.) des Bezirkes Potsdam erreichten in den ersten Einsatztagen lediglich eine durchschnittliche Einsatzstärke von 2/3 der Iststärke".

Neben der Tatsache, daß sich die einzelnen Einheiten der Kampfgruppen-Bataillone (mot.) noch immer auf eine zu große Zahl von Betrieben zersplitterten, habe sich am 13. August 1961 erneut die

Notwendigkeit eines vereinfachten und zweckmäßigeren Systems der Alarmierung gezeigt. Die gemachten Erfahrungen deckten sich mit denen aus Übungen in den Bezirken Gera, Erfurt, Suhl sowie im Kreis Oelsnitz. In der Tat wurden die NVR-Mitglieder mit erheblichen Mängeln beim Einsatz der Kampfgruppen am Tag des Mauerbaus konfrontiert:

„In Berlin war anläßlich des Einsatzes am 13.08.61 ca. 7 Stunden nach Auslösung des Alarms die Einsatzbereitschaft lediglich für ca. 12,7 % der Kampfgruppen-Bataillone (mot.) und für ca. 13,8 % der allgemeinen Kampfgruppen-Bataillone und Hundertschaften hergestellt. Nach ca. 14 Stunden waren es ca. 36,6 % bei den Kampfgruppen-Bataillonen (mot.) und 28,8 % bei den allgemeinen Bataillonen und Hundertschaften.
Im Bezirk Potsdam belief sich die Herstellung der Einsatzbereitschaft für das beste Kampfgruppen-Bataillon (mot.) nach 6 Stunden auf 29,2 % und für die 3 übrigen Kampfgruppen-Bataillone (mot.) auf 15,1 % bis 15,5 %. Die allgemeinen Kampfgruppen-Einheiten erreichten 14,5 %. Selbst nach 15 Stunden lag in Potsdam die Herstellung der Einsatzbereitschaft der Kampfgruppen-Bataillone (mot.) zwischen 44,8 % und 59,5 %."

Daß derartige Zahlen als „Geheime Kommandosache" behandelt werden mußten, liegt auf der Hand, waren sie doch keinesfalls Ausdruck eines unbedingten Rückhaltes der Kampfgruppen in der Arbeiterklasse, aus der sie doch angeblich kamen und für die sie kämpfen sollten. Als wesentliche Ursache für die mangelnde Einsatzbereitschaft hatte der NVR Mellmanns Einschätzung eines unzulänglichen Alarmierungssystems bestätigt. So waren beispielsweise in Berlin die Abschnittsbevollmächtigten „die Hauptträger der Alarmierung der Kampfgruppen und der Deutschen Volkspolizei" gewesen. Abgesehen von dem zeitaufwendigen Verfahren waren diese ABV „für die Dauer der mehrstündigen Alarmierung ihrer Tätigkeit zur Aufklärung im Abschnitt entzogen". Für den NVR bedeuteten die Resultate aus dem bisherigen Verfahren die Notwendigkeit, ein von der Deutschen Volkspolizei unabhängiges System der Alarmierung für alle Angehörigen der Kampfgruppen zu schaffen und damit eine schnellere Benachrichtigung und ein schnelleres Sammeln der Kräfte nach erfolgter Alarmierung sicherzustellen.

Auf entsprechende erfolgreiche Übungen konnte der NVR zu diesem Zeitpunkt bereits verweisen. So hatten bei zentral ausgelösten und geleiteten Alarmübungen in den Bezirken Erfurt (Stadt- und Landkreis Erfurt) und Schwerin (Stadtkreis Schwerin) „trotz der Tatsache, daß noch keinesfalls alle politisch-ideologischen und organisatorischen Unzulänglichkeiten voll überwunden sind, erhebliche Verkürzungen der Zeiten zur Herstellung der vollen Gefechtsbereitschaft erzielt" werden können.

Als besonders schwerwiegend aber, so monierten die NVR-Mitglieder, habe sich erwiesen, „daß noch nicht bei allen Funktionären und Kämpfern Klarheit darüber besteht, daß von der schnellen Herstellung der Alarm- und Einsatzbereitschaft die Erfüllung der den Kampfgruppen gestellten Aufgaben zur Sicherung des Friedens und zum Schutze unserer Arbeiter-und-Bauern-Macht abhängt und alle Tendenzen der Übungsideologien wirksamer als bisher bekämpft werden müssen".

Mit Platzpatronen und scharfer Munition

Doch unabhängig von dieser Kritik: Den Kampfgruppen war am 13. August und in den Tagen danach ihre eigentliche Aufgabe zugewiesen worden, nämlich insbesondere Protesten und Demonstrationen der eigenen Bevölkerung gegen den Mauerbau zu begegnen. Im „Journal der Gefechtshandlung" vom 13. August wurden sie mehrfach durchaus lobend erwähnt. Um 10.45 Uhr beispielsweise wurden zwei Hundertschaften in Marsch gesetzt, um eine Ansammlung von ca. 100 Personen, die sich am Kontrollpunkt Köpenicker Straße zu Protesten zusammengefunden hatten, gewaltsam zu zerstreuen. Um 10.50 Uhr findet sich die Eintragung: „Zur Aufrechterhaltung der Sicherheit und Ordnung in den Stadtbezirken sind die Bataillone der KG als geschlossene Einheit und Patrouillen zum Einsatz zu bringen. Es ist nochmals auf die Erhöhung der Wachsamkeit hinzuweisen." Eine halbe Stunde später, um 11.15 Uhr erging die Anweisung, „beim Einsatz der KG (...) Platzpatronen an die Kämpfer auszugeben. Scharfe Munition ist versiegelt mitzuführen. Einsatz von Nebelkerzen und Wasserwerfern nach Lage genehmigt". Die Kampfgruppen lösten Menschenansammlungen in allen Teilen der Stadt auf, um 18 Uhr Unter den Linden/Friedrichstraße, obwohl die Menschen dort „keine negative Haltung einnahmen", und fast zur selben Zeit in der Ebert-Straße. Als bekannt wurde, daß gegen 18 Uhr am Potsdamer Platz auf westlicher Seite eine Kundgebung stattfinden sollte, beorderte Generalmajor Eikemeier als Chef der Einsatzleitung das 2. Allgemeine Kampfgruppen-Bataillon „mit 162 Kämpfern, das in der Geschwister-Scholl-Str. stationiert ist", dorthin, um eventuelle Protestaktionen von vornherein zu unterdrücken. Ein Oberstleutnant Padelt erhielt gleichzeitig den Auftrag, „die Kräfte der Kampfgruppen und eigene Einheiten sowie Wasserwerfer am Potsdamer Platz zu stationieren". Um 18.42 Uhr entwickelte sich aus SED-Sicht eine weitere kritische Situation, dieses Mal in der Wollankstraße, wo rund 500 Personen ihrer Empörung und ihrem Zorn Luft machten. Hier wurden unter Leitung eines Major Kleeberg neben einem Zug der Volkspolizei und einem des Sicherungskommandos zwei Kampfgruppenzüge eingesetzt, um die „Ordnung" wiederherzustellen.

Für 23.20 Uhr stellte das „Journal der Gefechtshandlungen" folgende Konzentration der Kampfgruppen fest:

	Mot.	Allgem. Btl.
Friedenau	145	148
Köpenick	226	378
Lichtenberg	239	-
Mitte	731	1.594
Pankow	-	212
Prenzl. Berg	102	79
Treptow	243	215
	1.686	2.888
	(45 %)	(34,7 %)

Nicht nur mit der Auflösung von Demonstrationen waren die Kampfgruppen befaßt, sie hatten zudem aktiv am eigentlichen Mauerbau mitzuwirken. So berichtete am 23. August, dem Tag des großen Kampfappells der Kampfgruppen in Berlin, der „Kämpfer Mehling", der bereits seit elf Tagen im Einsatz war, dem Reporter von Radio DDR, er sei an mehreren Grenzübergängen eingesetzt worden und habe dort die verschiedensten Arbeiten erledigt: „Wir haben unter anderem Wachdienst durchgeführt ... Wir haben Ziegelsteine geladen, um also die Materialien heranzuführen, wir waren also sozusagen ein Einsatzkommando". Jeder Kämpfer sei mit Begeisterung im Einsatz gewesen, eine ausgezeichnete Stimmung habe geherrscht. Und Mehling fügte hinzu: „Letzten Endes ging es ja darum, endlich normale Verhältnisse in Berlin zu schaffen. Und ich glaube, die Kampfgruppen der sozialistischen Betriebe haben dazu beigetragen." Alle Kämpfer könnten darauf stolz sein.

"War dies ein Tag, an Blut zu denken?"
Über den Kampfappell war in den Zeitungen der DDR zu lesen, so auch im zweiten Augustheft der Neuen Berliner Illustrierten. „Der Kampfauftrag ist erfüllt", hatte Kampfgruppenkommandeur Paul Schatte dem „Genossen Parteisekretär" Ulbricht nebst den angetretenen KG-Hundertschaften des Kabelwerkes Oberspree gemeldet. Und weiter:

„Nach kurzer Ruhepause stehen nun die Kämpfer wieder an ihren Maschinen und Werkplätzen. Während ihres Einsatzes waren dort keine Lücken entstanden. Die im Werk verbliebenen Kollegen und Genossen hatten ihre Arbeit mitgetan. Auch das war ein wichtiges Stück Heldentum in den Tagen nach dem 13. August."

Unter der Überschrift „Gewehre und Blumen" glorifizierte die Neue Berliner Illustrierte die Kampfgruppen und ihre Leistungen beim Mauerbau in geradezu unerträglicher Weise:

„Im kilometerlangen Spalier der Berliner wäre er mir nie aufgefallen, der alte Mann mit dem Stock, hätte er nicht plötzlich beide Arme emporgerissen. Was Krücke, was steifes Bein - hier mußte gewinkt werden, zweihändig jetzt, das Holz mit dem stabilen Griff hoch gegen den blauen Himmel geschwungen. Dann hastig ein Versuch, neben der marschierenden Kolonne zu bleiben, aufgegeben im dichten Gedränge, noch einmal ein strahlender Blick auf die Fahne, die so viel freudige Erregung ausgelöst hatte: Nun schon 30, 35 Meter entfernt, war sie ein letztes Mal zu sehen.
Ihr Stoff war alt, dunkel die Farbe. Ein Banner des Roten Frontkämpferbundes, aus Hohenneuendorf bei Berlin, die Inschrift das stolze ‚Trotz alledem!', Vermächtnis des Mannes, der am 13. August 1871 geboren, am 15. Januar 1919 ermordet wurde, weil die Mörder und ihre Auftraggeber noch mächtiger waren als die Arbeiterklasse: Karl Liebknechts. Das Rot wie von Blut, nicht so strahlend hell wie die meterhohen Banner, die dieser Parade voranwehen.
War dies ein Tag, an Blut zu denken?
Umsäumt von winkenden, lachenden Menschen zogen die Gruppen in Uniform durch die Linden, über den Marx-Engels-Platz, am Rathaus vorbei, und die hier marschierten, trugen Gewehre, doch Blumen auch. Nicht nur Nelken, Rosen wurden ihnen zugeworfen: Mehrmals sah ich, wie Frauen in mittäglicher Sonnenglut Papiertaschentücher in den Zug reichten, Ausdruck aufmerksamer, geradezu familiärer Fürsorge.
Diese Familie ist fester zusammengewachsen in den vergangenen fünf Jahren, ihre Fröhlichkeit selbstbewußter, sicherer geworden. Wenn wir an Blut denken, laßt uns jenes nicht vergessen, das nicht vergossen wurde! Nicht vergossen dank jener, die hier in Waffen durch unser Spalier schritten.
Der Sommer 1961 ließ den Brandgeruch des Krieges ahnen:
28. Juni - General Heusinger: Sieben westdeutsche Divisionen in der Lage, ‚unverzüglich jede Mission auszuführen'.

Mitte Juli - Kriegsminister Strauß: ‚Was die Zukunft anbelangt, so wird es im Herbst eine Berlin-Krise geben.'
Ende Juli - Minister Lemmer: ‚Ich bin ohne jede Frivolität der Auffassung, daß eine handfeste Verschärfung der internationalen Auseinandersetzungen in Berlin besser ist als die jetzige Stagnation'.
13. August - Die in Übereinstimmung mit den anderen Mitgliedern des Warschauer Paktes vorgenommene militärische Sicherung unserer Staatsgrenzen zerschlägt alle Hoffnungen, einen Einmarsch in die DDR als völkerrechtlich unerheblichen Vorgang hinstellen zu können.
18. August - Walter Ulbricht: ‚Dadurch ist den Provokateuren von vornherein die Lust genommen worden, gefährliche Zwischenfälle heraufzubeschwören. Es ist bei der Durchführung all unserer Maßnahmen weit weniger passiert als bei einer durchschnittlichen Rock-and-Roll-Veranstaltung im Westberliner Sportpalast.'
Das hat Walter Ulbricht ebenso gefallen wie jedem von uns: Eine bedeutsame und erfolgreiche militärische Aktion, bei der kein Schuß gefallen ist. Sie hat uns - beileibe nicht nur der Bevölkerung der DDR - den Frieden gerettet. Und sie hat uns Ruhe in unserem Haus geschaffen, Voraussetzung dafür, daß wir die Früchte unserer Arbeit genießen können.
So bildeten das Linden-Corso und die Bewaffneten, die sich zur Parade daneben aufstellten, keinen Gegensatz. Das erkennen sogar Leute, die wahrhaftig nicht zu unseren Freunden zählen: ‚Die Mauer hat den ostdeutschen Staat gestärkt. Sie gab dem Regime die nötige Sicherheit, um die Wirtschaft zu verbessern' (New York Herald Tribune). ‚Der Bau der Mauer war der Auftakt zu einem unbestreitbaren wirtschaftlichen Aufschwung in Ostdeutschland' (Svenska Dagbladet). ‚Die Wirtschaftslage ist besser als je zuvor' (Kölner Stadt-Anzeiger)."

„Die Zahl von Hamsterkäufen geht zurück"

Wenigstens vordergründig Lob zollte die Bezirkseinsatzleitung Berlin den Kampfgruppen in einem Bericht an den NVR-Vorsitzenden, datiert vom 25. August 1961. Unter dem Punkt „Politisch-moralischer Zustand und Maßnahmen der politischen Erziehung" wies sie darauf hin, „der Appell der Kampfgruppen und der anschließende Vorbeimarsch [hätten] bei vielen VP.-Angeh. auf Grund der großen Disziplin und Begeisterung einen tiefen Eindruck" hinterlassen. Viele Genossen hätten daraus die Schlußfolgerung gezogen, „auch in der eigenen Dienststelle auf diesem Gebiet künftig noch größere Anstrengungen zu unternehmen", schwärmte die Bezirkseinsatzleitung. Auch die Bevölkerung Ost-Berlins war von der Teilung der Stadt und insbesondere vom Auftreten der Kampfgruppen begeistert, glaubt man denn dem an Ulbricht gerichteten Bericht. Zur „Stimmung der Bevölkerung" brachten die Verfasser zu Papier:

„- Der gestrige Appell der KG hat in der Bevölkerung und bei den Kämpfern einen großen Eindruck hinterlassen.
Diese Tatsache war am heutigen Tage Inhalt vieler Diskussionen in Betrieben und Wohngebieten.
- In den Betrieben erhöht sich auf Grund der politischen Arbeit die Verpflichtungsbewegung zur Erfüllung der Pläne, die Bereitschaft - Dienst in den bewaffneten Organen zu versehen sowie die Antragstellung um
- Aufnahme in die Partei der Arbeiterklasse."
Schließlich habe sich die Lage in den Wohngebieten stabilisiert, und auch die Zahl von Hamsterkäufen gehe zurück.

Gezielte Schüsse von den „Kämpfern"

Diesem Bild von heiler Welt und Sieg des Sozialismus steht allerdings ein Bericht über den Tod von Roland Hoff entgegen, der am 29. August nach Berlin (West) hatte fliehen wollen und dabei - unter Beteiligung der „Kämpfer" - nordöstlich der Industriebrücke gegen 14 Uhr getötet worden war. Der Kommandeur der 5. Grenzbrigade meldete in einem Fernschreiben dem Stab des MdI u.a.:

„Der in diesem Abschnitt eingesetzte Sicherungsführer ... sowie die Posten ... hatten die Aufgabe, die Grenzarbeiten entlang der Uferböschung zu sichern. Zu diesen Arbeiten waren 40 Arbeiter der Fa. Gum (Kanal- und Kanalisationsarbeiten) aus Potsdam eingesetzt. Ofw. ... bemerkte gegen 14.00 Uhr, wie eine Person ca. 70 m von ihm entfernt, in den Kanal sprang. Auf sofortigen Anruf und Warnschuß reagierte diese Person nicht. Sie schwamm in Richtung WB weiter. Daraufhin gab Ofw. .. den Feuerbefehl für die Zielschüsse. Ofw. ... schoß aus seiner MPi in kurzen Feuerstößen 18 Schuß, Sold. Pohl und Sold. Lang aus ihren Karabinern insgesamt 9 Schuß. Durch hinzu kommende in diesem Abschnitt eingesetzte Kräfte der Kampfgruppe wurde durch einen Angehörigen der KG ebenfalls ein Zielschuß abgegeben. Name des KG-Angehörigen bisher unbekannt. Die Zielschüsse wurden abgegeben, als H. ca. 15 m schwimmend im Kanal zurückgelegt hatte. Geschoßeinschläge auf westlicher Seite wurden nicht beobachtet.
Nach den Zielschüssen versank die Person sofort in dem Kanal und tauchte nicht wieder auf. Auf der Wasseroberfläche kam eine Aktentasche zum Vorschein, die ca. 30 m kanalabwärts durch einen Genossen der KG geborgen wurde."

Großeinsatz bei Zwangsräumungen in Berlin

Für welche Aufgaben die Kampfgruppen im August 1961 tatsächlich eingesetzt worden waren, war weniger der DDR-Presse zu entnehmen als vielmehr den Protokollen von NVR, BDVP, Bezirkseinsatzleitung oder den geheimen Berichten über verhinderte „Grenzdurchbrüche". Auf einer Besprechung des „Zentralen Stabes"[4] am 20. September 1961 unter Vorsitz von Honecker beispielsweise war beschlossen worden, die Häuser in der Bernauer Straße zu räumen, da sich gerade hier immer wieder erschütternde Fluchtszenen durch Sprünge aus Fenstern und von Dächern abgespielt hatten. Honecker faßte die Ergebnisse der Beratung zusammen und ordnete u.a. an, „die Umsiedlung in den bekannten Straßenzügen (...) nach einem Plan durchzuführen. Zu beschleunigen ist die Aussiedlung feindlicher und schwankender Elemente". Erfüllungsgehilfen für diese Aufgabe waren die Kampfgruppen. Unter Punkt 4 der Vorschläge heißt es dazu: „Die Häuser in der Bernauer- und Harzer Straße werden geräumt. 700 auf einmal ist nicht möglich. Die Unzuverlässigen werden mit Kampfgruppen in Zivil umgesiedelt." Bemerkenswert ist, daß die „Kämpfer" bei dieser Zwangsaussiedlung, die unter den Augen der West-Berliner und der Weltöffentlichkeit stattfand, nicht einmal ihre Uniform tragen durften. Der SED-Führung war wohl die Verwerflichkeit ihres Handelns zumindest partiell bewußt, auch wenn sie das nicht zugeben mochte. In den folgenden Monaten waren die „Kämpfer" - neben der Räumung der Bernauer Straße mit fast 2.000 Familien zumindest an der Zwangsräumung noch folgender Häuser beteiligt:

<u>20. September:</u>
- Harzer Straße gegenüber Neukölln, 20 Häuser mit 250 Familien
- Spätbrücke, gegenüber Britz, acht Einfamilienhäuser
- Bernauer Straße, weitere Häuser bis ca. 150 m in die Seitenstraßen hinein

<u>26. Februar 1962:</u>
- Groß-Ziethen, gegenüber Spandau, 30 Häuser.[5]

Aufschluß über das Ausmaß des Einsatzes von „Kämpfern" bei der Zwangsvertreibung von Menschen aus dem unmittelbaren Mauerbereich gibt das Protokoll der 11. Sitzung des Nationalen Verteidigungsrates vom 30. Mai 1962. In der von Ulbricht unterschriebenen Geheimen Kommandosache B 41/62 wurde der Minister des Innern beauftragt, „zur Verhinderung von Grenzdurchbrüchen und Provokationen (...) weitere Einzelmaßnahmen zur Erhöhung der Sicherheit an

---

[4] Mitglieder der „Zentralen Stabes" siehe Anhang
[5] Quelle: „Verletzungen der Menschenrechte", Bundesministerium für gesamtdeutsche Fragen, Bonn, 1962

der Staatsgrenze zwischen der Deutschen Demokratischen Republik und Westberlin durchzuführen. Zur Schaffung übersichtlicher Geländeabschnitte an der Staatsgrenze" war demnach folgendes Abrißprogramm, dessen Kosten mit rund 20 Millionen Mark der DDR beziffert wurde, beschlossen worden, deren Hauptanteil die Kampfgruppen zu tragen hatten:

„1. a) Räumung von Grundstücken, die die Grenzsicherungseinheiten in der Dienstdurchführung behindern und Grenzverletzungen begünstigen.
- Laubengelände zwischen der Bösebrücke (Bornholmer Straße) und der Helmut-Just-Brücke Reichsbahngelände, 12 Lauben, nicht ständig bewohnt
- Wollankstraße, Haus Nr. 23 und 101, 16 Familien /33 Personen
- Schulzestraße, (Hinterhäuser), Nr. 40 - 42, Schlosserwerkstatt
- Garage an der Lohmühlenstraße nördlich der Bahnüberführung zum Görlitzer Güterbahnhof, ca. 10 Kfz.
- Lauben südlich der Wredebrücke (am Eternitwerk), 5 Familien / 20 Personen
- Laubengelände 400 m südlich von Kanaldreieck, einschließlich Gelände der Baumschule, 5 Familien /18 Personen
- Lauben zwischen der Späth- und Kellerbrücke, 12 Familien / 40 Personen-
Haus Heinrich-Heine-Straße Ecke Sebastianstraße, 9 Familien / 17 Personen
<u>Insgesamt: 57 Familien / 147 Personen"</u>

Dabei allerdings blieb es nicht. In einer Liste, vorgelegt von der SED-Bezirksleitung und vom NVR auf seiner 16. Sitzung am 20. September 1963 beschlossen, fanden sich zusätzlich 255 (davon 130 im Bezirk Potsdam) Wohnhäuser, Werkstätten, Tankstellen, Fabrikgebäude oder Gärtnereien, die unter Mitwirkung der Kampfgruppen abgerissen und deren Bewohner zwangsumgesiedelt wurden. Die Geheime Kommandosache B 54/61 sah vor:

„1. Die Durchführung dieser Maßnahme ist bis zum 31. Dezember 1964 abzuschließen. Eine Ausnahme bis 31. Dezember 1965 bilden:
- die Ladestraße Berlin-Nordbahnhof
- ARW Pankow
II. Teilabschnitt VEB Bergmann Borsig.
2. Im Grenzgebiet der Hauptstadt der Deutschen Demokratischen Republik, Berlin:
(1) Der Abriß von leerstehenden Gebäuden = 134
(2) Die Räumung, der Teilabriß und Abriß von Lauben
Schuppen sowie sonstigen Anlagen und Einrichtungen = 92
(3) Die Räumung mit anschließendem Abriß von Wohngebäuden mit vier Familien - 56 Personen = 5
(4) Die Räumung mit anschließendem Abriß von Wohngebäuden mit 74 Familien - 259 Personen = 48
(5) Die Durchführung von Teilabrissen in 5 Betrieben = 22
(6) Der Abriß von 5 und die Verlegung von 24 Produktionsstätten und Betrieben

3. Im Grenzgebiet des Bezirkes Potsdam:
(1) Der Abriß von leerstehenden Gebäuden = 46
(2) Die Räumung, der Teilabriß und Abriß von Lauben, Schuppen sowie sonstigen Anlagen und Einrichtungen = 84
(3) Die Räumung mit anschließendem Abriß von Wohngebäuden mit 66 Familien - 220 Personen = 47
(4) Der Abriß von 7 und die Verlegung von 5 Betrieben."

Auch die Beteiligung an der Vertreibung von vielen Menschen aus ihrer angestammten Heimat, allein um bessere Schußmöglichkeiten für die Grenztruppen zu schaffen und „Grenzdurchbrüche" von vornherein zum Scheitern zu bringen, ist ein Teil der Geschichte der Kampfgruppen der Arbeiterklasse.

„Aktion ‚Rose' Staatsgrenze West"

Wenn die Kampfgruppen überhaupt je eine „Bewährungsprobe" bestanden hatten, dann stand diese nicht im Zusammenhang mit dem direkten Mauerbau und den hierfür erforderlichen Sicherungsmaßnahmen, sondern beruhte in erster Linie in der Unterstützung von Maßnahmen zur Zwangumsiedlung von Menschen aus den Grenzgebieten. Dieses galt auch für die „Aktion ‚Rose' Staatsgrenze West", die später unter dem Begriff „Aktion Festigung" bekannt wurde. Die SED hatte es stets vermieden, die Aktion, die sich hinter diesen beiden geheimnisvollen Begriffen verbarg, öffentlich zu erwähnen, geschweige denn, die Rolle der Kampfgruppen dabei zu würdigen. Kein Wort davon in den Toasts oder Ansprachen, mit denen die SED-Führung anläßlich der Jahrestage der Kampfgruppen im übrigen nicht zurückhielt. Denn diese Begriffe standen für nichts anderes als für eine - nach 1952 - zweite Zwangsaussiedlungswelle, um die Grenzgebiete zu Westdeutschland und zu West-Berlin gründlich und endgültig von „unzuverlässigen Elementen" zu säubern. Am 22. August 1961 waren im MfS die entsprechenden Pläne besprochen worden, wenige Tage später, am 8. September, hatte das Präsidium des Ministerrates die Liste derer festgelegt, die unter tatkräftigem Mitwirken der Kampfgruppen aus ihrer Heimat zu vertreiben waren, nämlich: „feindliche Elemente, die eine Gefahr für die Sicherheit im Grenzgebiet bedeuten, z.B. ehemalige Ortsbauernführer, SS-Angehörige", aber auch „Erstzuziehende aus Westdeutschland und Westberlin, Rückkehrer aus Westdeutschland oder Westberlin, die bisher noch nicht durch gute Arbeitsleistungen ihre Verbundenheit zur DDR unter Beweis gestellt haben, Personen, die als Grenzgänger angefallen sind oder die Arbeit der Deutschen Grenzpolizei erschwerten oder behinderten - darunter arbeitsscheue und asoziale Elemente -, Ausländer und Staatenlose". Die „in enger Gemeinschaft lebenden Angehörigen" waren gleichfalls umzusiedeln. Insgesamt 3.175 Menschen waren von den Vertreibungsmaßnahmen betroffen, darunter 1.049 Kinder.

Anders als beim Mauerbau, hatten die Kampfgruppen bei dieser Vertreibungsaktion tatsächlich entscheidende Aufgaben zu lösen, und dieses Mal waren sie zur Stelle. Sie mußten zum einen aktiv z.B. an der Verladung von Hausrat der Vertriebenen mitwirken, wichtiger aber noch: Sie hatten Zwangsmaßnahmen in den Einsatzorten durchzuführen bzw. zu sichern, den Transport in die neuen Bestimmungsorte zu unterstützen und notfalls mit Gewalt Demonstrationen in den Einsatzorten zu verhindern oder niederzuschlagen. Der „Plan der Operation zur Durchführung der Maßnahmen zur Aussiedlung negativer Personen aus dem Sperrgebiet des Kreises Ludwigslust" vom 23. September 1961 weist exemplarisch aus, welche Bedeutung den Kampfgruppen im Rahmen der „Aktion Festigung" beigemessen wurde:

„6. Durch den Stab des VPKA sind alle Einsatzkräfte, wie Volkspolizei, FH der Volkspolizei und Kampfgruppen, zu alarmieren ... Alle Kampfgruppenangehörigen, die alarmiert wurden, begeben sich sofort in Zivil, außer den Kämpfern der 62. und 63. HS, welche in Uniform erscheinen, zum Rat des Kreises. Beim Rat des Kreises werden alle Kräfte in ihre Aufgaben eingewiesen. Nach Einweisung der Kräfte werden sie laut Transportplan in Sicherungsgruppen und Verladekommandos zusammengestellt und auf die Fahrzeuge, für die sie bestimmt sind, befohlen. Der Leiter jeder Sicherungsgruppe erhält einen Auftrag zur Durchführung des Wohnungswechsels.

7. ... Durch den Genossen Ob-Lt. L. sind den Sicherungsgruppen von Nr. 1 - 92 die Marschbefehle lfd. zu übergeben. Gleichzeitig ist ihnen der Befehl zu erteilen, welche Anzahl Kämpfer als Verladekommando und welche Mitarbeiter des Rates des Kreises mitzunehmen sind. Der mit der Sicherung beauftragte Volkspolizist nimmt die zugeteilten Kämpfer im Goldenen Saal und die zugeteilten staatlichen Beauftragten im Vorzimmer des Vorsitzenden in Empfang. Er begibt sich dann auf dem schnellsten Weg mit den zugeteilten Kräften an den Ablaufpunkt. ...

13. Kampfgruppen.
Die Hundertschaftskommandeure haben lt. Befehl des Stabes der Einsatzleitung folgende Anzahl Kämpfer abrufbereit zu halten und auf Befehl zum Einsatzort zu bringen:
56.   HS - 30 Kämpfer
58.   HS - 50 Kämpfer
57.   HS - 60 Kämpfer

59. HS - 30 Kämpfer
60. HS - 50 Kämpfer
61. HS - 50 Kämpfer
62. HS - 20 Kämpfer
101. HS - 40 Kämpfer
63. HS - 20 Kämpfer in Uniform
64. HS - 20 Kämpfer in Uniform
Der Transport der Kämpfer hat in Abstimmung mit dem Transportplan durch die Hundertschaften und deren Trägerbetriebe zu erfolgen. Die hierzu benutzten Fahrzeuge verbleiben im Bestand der Reserve der Einsatzleitung.
14. Die Einweisung der Angehörigen der Kampfgruppe hat unter der Verantwortung des Genossen B. zu erfolgen. Zur Unterstützung dieser Aufgaben wird der Offizier für Kampfgruppen dem Genossen B. zugeteilt."

In fast allen Grenzkreisen der DDR waren „Kämpfer" in den bis zu zwölf Mann starken „Verladegruppen" zu finden, die die Wohnungen der zu Vertreibenden ausräumten, die bereitstehenden Lastwagen beluden und auch vor „Zwangsräumungen" bei Widerstand der Betroffenen nicht zurückschreckten. Ironie der Geschichte: In Boizenburg im Bezirk Schwerin wurde unter den 1.349 beteiligten „Kämpfern" ein auszusiedelnder „Kämpfer" als Kraftfahrer eingesetzt, ein weiterer gar als Kampfgruppenzugführer. Dieser mußte auf der Fahrt zu seinem Einsatz miterleben, daß vor seinem Haus bereits ein Lastwagen mit seinen Möbeln stand. Seine „gesellschaftliche Tätigkeit" hatte auch ihn nicht vor der Zwangsaussiedlung bewahrt.[6] Eine „Ruhmestat" war die Beteiligung der Kampfgruppen an der „Aktion Festigung" kaum, eine „Bewährung" im Sinne der SED allemal, auch wenn darüber nicht gesprochen werden durfte.

88.000 „Kämpfer als fester Kern"

Insgesamt hatten die Kampfgruppen im ersten Halbjahr 1961 - mit Einschränkungen - eine Einsatzbereitschaft erreicht, die sie von der Zahl ihrer Angehörigen, von Bewaffnung und Ausrüstung her zu einer ernstzunehmenden militärischen Kraft hätte machen können oder gar müssen. In einer „Einschätzung des Ausbildungsstandes" wurde der NVR auf seiner 8. Sitzung am 29. November 1961 (Geheime Kommandosache B 76/61) darüber informiert, daß die Beteiligung an der Ausbildung von 66,8 % im ersten Quartal 1961 auf dann 78,9 %

---

[6] Siehe auch: Bennewitz/Potratz: Zwangsaussiedlungen an der innerdeutschen Grenze

im Verlauf der ersten drei Quartale des Jahres angestiegen sei, ganz gewiß eine direkte Folge des Mauerbaues und der damit verstärkten „Selbstverpflichtungswelle" in den Betrieben. Die Anzahl der „Kämpfer", die nicht ein einziges Mal zur Ausbildung erschienen waren, sei im selben Zeitraum von 24,4 auf 9 % zurückgegangen, betrug aber immer noch 10.334 „Kämpfer". Hervorgehoben wurden die Kampfgruppen im Bezirk Halle, die eine Ausbildungsbeteiligung von 89,8 % erreicht hatten, sowie die der Reichsbahn, die es auf 89,2 % brachten. Parat hatte der NVR hierfür diese Erklärung:

„Diese guten Ergebnisse wurden besonders dadurch erreicht, daß die leitenden Parteiorgane und auch besonders die Betriebsparteiorganisationen einen ständigen politischen Einfluß auf die gesamte Arbeit mit den Kampfgruppen der Arbeiterklasse nahmen. Auch die von den Bezirksleitungen der Partei vorbereiteten und durchgeführten Kampfgruppen-Konferenzen trugen erheblich zur Verbesserung der Arbeit mit den Kampfgruppen und zur Erhöhung der Alarm- und Einsatzbereitschaft der Kampfgruppen bei."

Anders sah es da schon im Bezirk Neubrandenburg aus. Bei gerade einmal 68,3 % lag hier die Quote an der Ausbildungsbeteiligung, noch niedriger gar bei der Ausbildung der Kampfgruppen-Bataillone (mot.) mit 67,9 %. Die besten Ergebnisse in der Teilnahme an der Ausbildung dieser Gruppe hatte hier der Bezirk Halle mit 95,5 % aufweisen können. Daß die Mehrzahl der „Kämpfer" in den Betrieben der DDR nach Feierabend besseres zu tun hatte, als sich in den Kampfgruppen zu schinden, machen schließlich diese Zahlen deutlich:

„Bei einer Iststärke von 198.474 Kämpfern und Kommandeuren haben 88.784, also ca. 44,7 % an allen 72 Ausbildungsstunden regelmäßig teilgenommen. Dieser Prozentsatz ist ein wesentlicher Maßstab zur Beurteilung des festen Kerns der Kampfgruppen."

Im Hinblick auf die Erfahrungen des Einsatzes um den 13. August beschloß der NVR eine Reihe von Maßnahmen, die zur „Vervollkommnung und Spezialisierung der Kampfgruppen der Arbeiterklasse" führen sollten. Genannt wurde u.a. die verstärkte Ausbildung der Kommandeure aller Stufen. Außer den ohnehin festgelegten Ausbildungsthemen, „die das Ziel haben, die Kampfgruppen zu befähigen, selbständig als auch im Zusammenwirken mit anderen Kräften in kürzester Zeit Luftlandetruppen und Rangertruppen des Gegners außerhalb bzw. am Rande der Städte zu liquidieren", sollte - und dieses ist besonders aufschlußreich, die Ausbildung auf das

„Räumen und Sperren durch Einheiten der Kampfgruppen der Arbeiterklasse. Verhinderung der Bildung von Ansammlungen, Auflösung von Ansammlungen" ausgedehnt werden. Dieser Befehl ist sofern entlarvend, als die immer wieder beschworenen gegnerischen Luftlandetruppen oder Gegner sich kaum zu „Ansammlungen" zusammengefunden hätten und nicht gemeint gewesen sein dürften. Angesprochen war damit allein die Bevölkerung der DDR. In einer entsprechenden Direktive, ebenfalls am 29. November 1961 verabschiedet, wurde der NVR noch deutlicher:

„In Auswertung der Erfahrungen des Ausbildungsjahres 1961 und des Einsatzes bei der Durchführung der Schutzmaßnahmen der Regierung der Deutschen Demokratischen Republik vom 13.08.1961 ergeben sich für die Vervollkommnung und Spezialisierung der Ausbildung der Kampfgruppen der Arbeiterklasse folgende Aufgaben:
- (...) Sperren, Räumen und Sichern von Straßen, Plätzen und Abschnitten (in und außerhalb von Ortschaften), Verhinderung und Auflösung von Menschenansammlungen volksfeindlichen Charakters, Liquidierung gegnerischer Kräfte."

Sorgen bereiteten dem NVR immer wieder Kaderfragen. Ein hoher Prozentsatz von „Kämpfern" hatte ein Alter erreicht, in dem sie eigentlich den Kampfgruppen nicht mehr angehören sollten. Lediglich 22.459 „Kämpfer", also 11,5 %, waren in einem Alter unter 25 Jahren. Dazu hatten zwischen dem 1. Januar und dem 13. August 1961 insgesamt 430 „Kämpfer" die DDR durch Flucht in den Westen verlassen, unter ihnen immerhin vierzehn, die Funktionen in Hundertschaftsleitungen bekleidet hatten, sowie 27 Zug- und Gruppenführer

„Unzuverlässige Elemente herauslösen!"

Dem NVR war die Zahl der geflohenen „Kämpfer" Anlaß zu harscher Kritik:

„Neben diesen untragbaren Erscheinungen gibt es eine große Anzahl weiterer Beispiele, die beweisen, daß sich in den Reihen der Kampfgruppen der Arbeiterklasse immer noch eine große Anzahl von Personen befinden, die weder politisch noch moralisch oder aus sonstigen Gründen für die Kampfgruppen der Arbeiterklasse tragbar sind.
Auch unter besonderer Berücksichtigung der während des letzten Einsatzes gesammelten Erfahrungen, sollten Maßnahmen getroffen werden, die zum Ziele haben, politisch unzuverlässige Elemente aus den Reihen der Kampfgruppen der Arbeiterklasse herauszulösen. Andererseits muß für diejenigen Werktätigen, die ihre Verbundenheit und Treue zur Arbeiter-und-Bauern-Macht offen unter Beweis gestellt haben und sich nach der Periode des Einsatzes um Aufnahme in die Kampfgruppen bewerben, ein Weg gefunden werden, sie an den Aufgaben zur Erhaltung des Friedens und der Verteidigung der Errungenschaften der DDR mit der Waffe in der Hand teilnehmen zu lassen."

200.000 Waffen im Bestand

Die Kampfgruppen der Arbeiterklasse neben der NVA, der Deutschen Grenzpolizei und der Bereitschaftspolizei als eine weitere Armee in der DDR zu bezeichnen, war 1961 zulässig, zumindest, wenn man die Betrachtung auf einen Blick in die damaligen Waffenarsenale reduziert. Mit Ausnahme der LPAG 40 mm, von denen bis zu diesem Zeitpunkt lediglich neun Prozent des Solls geliefert waren, war die vorgesehene Bewaffnung der Kampfgruppen-Bataillone (mot.) mit schweren Infanteriewaffen, Pak 45 mm, sMG „Maxim", Granatwerfer 82 mm und Fla-MG 12,7 mm - zu 100 % abgeschlossen. Bis Ende des III. Quartals 1961 hatten die Kampfgruppen 165.695 Karabiner sowie 32.087 Maschinenpistolen erhalten. Dieser Bestand ermöglichte es zwar, jeden „Kämpfer" mit Karabiner oder Maschinenpistole auszustatten, dennoch aber wurde die Ausstattung mit Maschinenwaffen weiterhin als unzureichend betrachtet:

„Zur Ausstattung des Personalbestandes entsprechend der gegenwärtigen Iststärke fehlen ca. 48.800 Maschinenpistolen. Für das Jahr 1961 ist die Zulieferung von weiteren 2.000 und im Jahre 1962 von ca. 39.000 Maschinenpistolen vorgesehen, so daß selbst zur Ausstattung entsprechend der gegenwärtigen Iststärke im Jahre 1963 noch 7.800 Maschinenpistolen fehlen würden. Der Fehlbestand entsprechend der durch Beschluß des Politbüros vom 22.11.60 festgelegten Sollstärke würde zum gleichen Zeitpunkt um ca. 30.000 Maschinenpistolen höher liegen. Von den insgesamt erforderlichen 8.187 leichten Maschinengewehren sind bisher keine vorhanden. Die nächsten Lieferungen sind erst ab 1962 in einer Höhe von ca. 2.800 lMG vorgesehen. Demnach würden selbst 1963 noch ca. 2/3 des Bestandes an lMG fehlen."

Um die bestehenden Mängel zu kompensieren, stellte der NVR den Bezirks- und Kreisleitungen der SED sowie den Betriebsparteiorganisationen und dabei besonders den 1. Sekretären u.a. folgende Aufgaben: Die Auswahl „politisch zuverlässiger, aktiver und körperlich geeigneter Kämpfer" war ebenso zu forcieren wie „die Erziehung der Kämpfer zur regelmäßigen Teilnahme am Ausbildungsdienst und am Einsatz". Vor allem aber galt es, wie auch in der Nationalen Volksarmee, die Menschen zum Haß als treibender Kraft zu erziehen.
In der Direktive hieß es dazu:

„Die politisch ideologische Arbeit der leitenden Parteiorgane, Betriebsparteiorganisationen und aller Kommandeure muß darauf gerichtet sein, alle Angehörigen der Kampfgruppen der Arbeiterklasse zu bewußten, opferbereiten Kämpfern für die Sache des Sozialismus, zur Liebe und Verbundenheit zur Sozialistischen Einheitspartei Deutschlands und zu unserem Arbeiter-und-Bauern-Staat, zu aufrechten Patrioten und zum sozialistischen Internationalismus, zum Haß gegen den westdeutschen Imperialismus und Militarismus und alle sonstigen Feinde zu erziehen."

Daß die „ideologische Stärkung" keine Garantie für den weiteren Aufbau und die Erhöhung der Einsatzbereitschaft der Kampfgruppen bedeutete, war dem NVR klar. Befohlen wurde deshalb eine Umstrukturierung mit dem Ziel, „die Geschlossenheit und schnellere Beweglichkeit räumlich weit zersplitterter Kampfgruppen-Einheiten in ländlichen Betrieben" dadurch sicherzustellen, daß dort selbständige Züge anstelle zersplitterter Hundertschaften aufzustellen waren. Neben den Kampfgruppen-Bataillonen (mot.) waren zudem in Grenz- und sonstigen Schwerpunktkreisen Hundertschaften (mot.) zu formieren.

Der Abschnitt „Ausbildungsziele" der Direktive verdient es, ausführlicher dargestellt zu werden, wird aus ihm doch ersichtlich, daß die Kampfgruppen gewissermaßen als „Universal-Truppe" Aufgaben erfüllen sollten, die sowohl gegen die eigene Bevölkerung gerichtet, teils im Bereich der Zivilverteidigung angesiedelt waren und teils einen ausgesprochenen militärischen Charakter besaßen:

„1. Ausbildungsziele des 1. Ausbildungsabschnittes
Die Einheiten aller Ausbildungsgruppen sind so auszubilden, daß sie auch unter den Bedingungen eines Krieges durch schnelle und entschlossene aktive Handlungen in der Lage sind
- gegnerische Gruppen zu liquidieren und im Zusammenhang damit Straßen, Plätze und Abschnitte (in und außerhalb von Ortschaften) zu sperren, räumen und sichern;
- selbständig als auch im Zusammenwirken mit anderen Einheiten Menschenansammlungen mit volksfeindlichem Charakter zu verhindern bzw. aufzulösen;
- selbständig als auch im Zusammenwirken mit anderen Einheiten Aufgaben zur Beseitigung von Schäden, die durch Luftangriffe entstanden sind, sowie bei der Evakuierung, Absperrung und Sicherung bestimmter Räume zu lösen.
2. Ausbildungsziele des 2. Ausbildungsabschnittes
a. Ausbildungsgruppe I:
Lösung von taktischen Aufgaben zur Vernichtung stärkerer gegnerischer Gruppen, auch unter den Bedingungen eines Krieges, durch
- eine Operation gegen stärkere gegnerische Kräfte mit der Methode der Suche im nicht-blockierten Raum und den Elementen des Angriffs, der Verteidigung und des Einsatzes von Posten und Einsatzgruppen.
b. Ausbildungsgruppe II und III:
Lösung von taktischen Aufgaben, auch unter den Bedingungen eines Krieges durch
- aktive Handlungen zur schnellen Liquidierung gegnerischer Gruppen in Ortschaften und Waldmassiven;

- Freikämpfen von Objekten, Verkehrsknotenpunkten und sonstigen Anlagen, die zeitweilig vom Gegner besetzt wurden;
- Handlungen zur Sicherung wichtiger Objekte und Stützpunkte in Ortschaften und im Gelände;
- Einsatz von Posten und Einsatzgruppen zur Sicherung der Bewegung anderer Einheiten."

„Die Kriegsbrandstifter zügeln und bändigen"
Es versteht sich von selbst, daß ungeachtet aller internen Erkenntnisse über die Schwächen der Kampfgruppen, diese erstens nicht in die Öffentlichkeit getragen wurden und daß zweitens gewissermaßen als „Motivationsschub" den „Kämpfern" immer wieder gesagt wurde, welche Leistungen sie doch vollbracht hätten und welch große Aufgaben noch vor ihn stünden. Exemplarisch hierfür ist u.a. eine Rede, die der 1. Sekretär der Berliner SED-Bezirksleitung, Paul Verner, am 9. Februar 1962 auf der Aktivtagung der Berliner Kampfgruppen gehalten hatte, „um gemeinsam darüber zu beraten, wie wir, gestützt auf die Erfahrungen des 13. August und danach, die Ausbildung der Kampfgruppen 1962/63 verbessern können". Da die Kommandeure und „Kämpfer" ihre Aufgaben natürlich nur dann wirklich gut verwirklichen könnten, wenn sie sich „völlig klar sind über die gegenwärtige politische Lage", hielt Verner es für angebracht, darauf hinzuweisen, daß „dank der Existenz der Sowjetunion und des ganzen sozialistischen Lagers (...) die Kräfte des Friedens heute über alle politischen, ökonomischen, militärischen und moralischen Mittel (verfügen), um die Kriegsbrandstifter zu zügeln, sie zu bändigen und der Menschheit den Frieden zu erhalten". Die Erfahrung habe gezeigt, daß man das nicht mit schönen Worten erreiche, „auch nicht durch fromme Wünsche, sondern, so wie die Dinge nun einmal liegen, ist es für die Sicherung des Friedens notwendig, daß der Frieden bewaffnet ist". Gerade in Berlin, der Hauptstadt der DDR, sei doch am 13. August und in der Woche danach anschaulich bewiesen worden,

„[...] daß solche unverbesserlichen Militaristen wie die Bonner und Schöneberger Ultras nur dann zur Räson gebracht werden können und die gegebenen Tatsachen respektieren, wenn die Arbeiter-und-Bauern-Macht bewaffnet ist und sie verstehen lernen, daß jeder Versuch der Unterminierung und des Angriffs gegen die DDR vergebens ist".

Dank des hervorragenden Einsatzes der bewaffneten Organe der DDR einschließlich der Berliner Kampfgruppen am Brandenburger Tor sei daher der Frieden gerettet worden. Der Frieden war für Verner zwar erst einmal gerettet, aber noch keineswegs sicher, und auch das demonstrierte er eindrucksvoll:

„Die Ergebnisse der letzten Tage unterstreichen, daß es für die Sicherung des Friedens notwendig ist, die Wachsamkeit zu verstärken und alle Anstrengungen zu unternehmen, die Einsatzbereitschaft und Kampfkraft der bewaffneten Organe einschließlich der Kampfgruppen zu erhöhen. Nichts unterstreicht das deutlicher, als der verbrecherische Versuch Westberliner Provokateure, die vom Brandt-Senat gedeckt und von der Westberliner Polizei geschützt wurden und werden, durch den Tunnel in der Wollankstraße in das Gebiet der Hauptstadt der Republik einzudringen. Allein dieses Beispiel macht klar, daß die Bonner und Schöneberger Ultras vor nichts haltmachen, wenn es darum geht, die Spannungen zu verschärfen und die im Interesse des Friedens notwendigen Verhandlungen über den Abschluß eines deutschen Friedensvertrages und die friedliche Lösung der Westberlin-Frage zu sabotieren."

„Eine Sache der Arbeiterehre"

Verdienst der Berliner Kampfgruppen sei es, daß sie gemeinsam mit den Genossen der Volkspolizei „den Westberliner Agenten- und Spionagesumpf zuverlässig abgeriegelt und einen festen antifaschistischen Schutzwall" errichtet hätten, lobte Verner die „Kämpfer" und ließ nicht von ungefähr die Tatsache aus, daß dieses „Verdienst" wohl eher der Grenzpolizei bzw. der Nationalen Volksarmee zuzuschreiben war, hatten die Kampfgruppen, die Ereignisse in der Nacht zum 13. August doch mehr oder weniger verschlafen. Ohne Rücksicht auf den Wahrheitsgehalt überschüttete Verner die anwesenden „Kämpfer" mit Lobeshymnen:

„Wir können ohne zu übertreiben sagen, daß die Tage des 13. August und danach für alle Kämpfer und Kommandeure der Berliner Kampfgruppen eine große Bewährungsprobe im Klassenkampf und eine außerordentlich gute Schule für die Lösung ihrer militärischen Aufgaben waren. Der geschichtliche Erfolg, den wir am 13. August und danach errungen haben, wurde durch das bewusste und disziplinierte Handeln der Kampfgruppen, ihre Entschlossenheit und hohe Kampfmoral mitgeschmiedet. In diesen Tatsachen liegt auch eine der Ursachen dafür, weshalb gerade seit dem 13. August die Verbundenheit zwischen der Berliner Bevölkerung und den Kampfgruppen enger und herzlicher geworden ist und weshalb es mehr als je zuvor eine Sache der Arbeiterehre ist, Angehöriger der Kampfgruppen der Arbeiterklasse zu sein.
Aus welchem Holz die Mitglieder unserer Kampfgruppen geschnitzt sind, die in der Produktion einen hervorragenden Platz einnehmen und sich gleichzeitig vor-

behaltlos für den Schutz unserer sozialistischen Sache einsetzen, sei an einem Beispiel klargemacht. Allein von den Mitgliedern der Leitungen der motorisierten Bataillone sind 22 Genossen als Aktivisten, 9 Genossen als mehrfache Aktivisten und 23 Genossen mit der Medaille für ausgezeichnete Leistungen ausgezeichnet worden. Für hervorragende Leistungen in den Tagen des 13. August konnten 35 Genossen der Berliner mit hohen staatlichen Auszeichnungen geehrt werden."

Wenngleich Verner um den Wert dieser Auszeichnungen ebenso wußte, wie darum, daß kaum eines seiner Worte stimmte, führte er in bekannter Manier die wesentliche Ursache für die vermeintlichen Leistungen auf: die beständige politisch-ideologische Erziehungsarbeit der Partei. Sonnten sich zu diesem Zeitpunkt der Rede womöglich noch einige der „Kämpfer" im Glanze des Vernerschen Lobes, ließ der Referent im zweiten Teil seiner Rede die vorherigen Aussagen mehr oder weniger hinfällig werden, nunmehr hagelte es Kritik. Der Einsatz der Kampfgruppen am 13. August habe vor allem deshalb ein reales Bild über den tatsächlichen Ausbildungsstand vermittelt, als er unter komplizierten Bedingungen und, im Interesse der Geheimhaltung, ohne besondere Vorbereitung der Kampfgruppeneinheiten habe erfolgen müssen. Aus diesem Grunde wolle er „auf einige der wichtigsten Schwächen offen, und ohne eine Blatt vor den Mund zu nehmen, eingehen". So müsse als eine ernste Erscheinung der niedrige Kampfwert der Berliner Einheiten bezeichnet werden. 60 Prozent aller „Kämpfer" verfügten über keine vollständige Ausbildung. Verantwortlich für dieses „Grundübel" seien in erster Linie die Parteileitungen in den Betrieben, die ihrer Verantwortung für die Ausbildung nicht gerecht würden, und denen es egal sei,

„[...] ob und wieviel Genossen an der Ausbildung teilnehmen oder nicht. Wer denn sonst, wenn nicht die Parteileitung des Betriebes, soll denn mit säumigen Kämpfern das Gespräch führen und sie an ihre Ehrenpflicht erinnern und wer, wenn nicht die Parteileitung, hat die Pflicht, dafür zu sorgen, daß in den Reihen der Kampfgruppen nur solche Menschen stehen, auf die man sich in jeder Situation verlassen kann?"

Darüber hinaus lasse die Qualifikation der Kommandeure erheblich zu wünschen übrig. Von 23 Kommandeuren z.B., die zu einem Lehrgang in Schmerwitz hatten antreten sollen, seien nur sechzehn erschienen. Solche Versäumnisse dürften nicht länger geduldet werden. Und was für die Kommandeure gelte, habe eine noch größere Bedeutung bei Zug- und Gruppenführern, von denen ein großer Teil ungenügende militärische Kenntnisse besitze, um ihre Einheiten in einem modernen Gefecht zu führen. Außerdem lasse die Einsatzbereitschaft mancher Parteimitglieder in den Kampfgruppen zu wünschen übrig, die schließlich Vorbild zu sein hätten. Aber nicht überall sei in den Einheiten an Hand der Leistung und Haltung erkennbar, wer Mitglied der Partei sei und wer nicht.

„Das scharfe Schwert der Arbeiterklasse"

Unabhängig von diesen Erkenntnissen, mit denen Verner die Realität wohl getroffen haben dürfte, verabschiedete er die Teilnehmer der Aktivtagung mit einem flammenden Aufruf, den wohl weder er noch die „Kämpfer" selbst ernst genommen haben dürften:

„Genossen Kämpfer!
Genossen Kommandeure!
Die Kampfgruppen sind ein scharfes Schwert der Arbeiterklasse der Deutschen Demokratischen Republik zur Sicherung des Friedens. Von der Mehrheit der Bevölkerung unserer Republik geachtet und geliebt, von den Feinden des Friedens und des Sozialismus gehaßt und gefürchtet, stehen die Genossen der Kampfgruppen unbeirrbar für unsere Arbeiter-und-Bauern-Macht, für die Sache des Sozialismus ein.
Diesem Ziel und dieser Verantwortung verpflichtet, ringen sie in ihren Einheiten um eine bewußte Disziplin, ringen sie in ihren Einheiten für den Schutz der sozialistischen Errungenschaften unseres Volkes. Wir sind davon überzeugt, daß der Schwung und die Begeisterung der Kampfgruppen der Hauptstadt, die sie bei der Durchführung der Schutz- und Sicherungsmaßnahmen seit dem 13. August beseelt haben, auch zur Lösung der Aufgaben beitragen wird, die das Ausbildungsprogramm dieses Jahres stellt."

Zu wenig Waffen - Fahrzeuge veraltert - Funkgeräte störanfällig

Der 13. August 1961 hatte, wie schon beschrieben, der SED-Führung die Stärken, vor allem aber die Schwächen der Kampfgruppen in aller Deutlichkeit aufgezeigt. Nicht nur an kämpferischer Moral hatte es gemangelt, auch in der „materiell-technischen Sicherstellung" waren Schwachpunkte offenkundig geworden, die es abzustellen galt. Mit Schreiben vom 21. Mai 1962 übersandte der Leiter der Abteilung Kampfgruppen im MdI, Oberst Mellmann, der Abteilung für Sicherheitsfragen im ZK einen Bericht, der nun diese Defizite aufzeigte und die Forderungen für die künftige Bewaffnung und Ausrüstung formulierte. Im Zusammenhang mit dem Einsatz vom 13. August 1961 seien zahlreiche Unzulänglichkeiten festgestellt worden, schrieb Mellmann, zu denen insbesondere gehörten:

- unzureichende Ausstattung mit Maschinenpistolen,
- völliges Fehlen von leichten Maschinengewehren,
- Überalterung eines großen Teils der eingesetzten Fahrzeuge,
- Überalterung und zu hohe Störanfälligkeit von Funkgeräten.

Negativ habe sich im Einsatz das Vorhandensein verschiedener Systeme deutscher und sowjetischer Waffen bemerkbar gemacht. Außerdem sei die ordnungsgemäße medizinische Betreuung der „Kämpfer" durch eine unvollständige Ausstattung mit Sanitätsmaterialien erschwert worden. Die gesamte medizinische Betreuung während des August-Einsatzes sei daher fast ausschließlich der Initiative der Kampfgruppen-Kommandeure überlassen geblieben. Ähnlich sah es mit der gesamten Versorgung der Kampfgruppen-Einheiten während des Einsatzes aus, so daß unterschiedliche Versorgungs-Normen in den einzelnen Einheiten erreicht wurden. Zu welchen Fehlleistungen die Planwirtschaft der DDR fähig war, bestätigt dieses Beispiel: Zwar verfügten die Kampfgruppen über 150.000 Schutzmasken, mit denen 75 Prozent der „Kämpfer" ausgerüstet werden konnten, aber es standen gerade einmal 19.950 Übungsfilter zur Verfügung. Eine Ausbildung war somit mehr oder weniger unmöglich. Dennoch, die SED wandte gerade auf Grund der Erfahrungen aus dem 13. August verstärkt Millionenbeträge auf, um die Kampfgruppen-Ausrüstung zu verbessern. Handfeuerwaffen, Pistolen und Karabiner sowjetischer Herkunft, waren im ersten Halbjahr 1962 ebenso angeschafft worden wie leichte Maschinengewehre und Funkgeräte. Bis zum Jahresende sollte jedes Kampfgruppen-Bataillon (mot.) mit Pioniermitteln ausgerüstet sein, und auch das äußere Erscheinungsbild der „Kämpfer" änderte sich: Der markante Stahlhelm der NVA, eine Entwicklung der Wehrmacht übrigens, fand Einzug in die Kampfgruppen.

„Die Isolierung von Reisenden gewährleisten"

Welche Bedeutung den Kampfgruppen beim Ausbau der Inner-Berliner Grenzanlagen und bei der Schaffung von „Sicherheit und Ordnung" wie sie denn die SED verstand, beigemessen wurde, zeigt sich an einer Direktive des Ministers des Innern, die am 8. April 1962 auf der 10. NVR-Sitzung (Geheime Kommandosache B 14/62) behandelt worden war. Bereits der Titel der Direktive gibt Aufschluß darüber, daß den Kampfgruppen durchaus keine lediglich zweitrangige Funktion im Gesamtsystem der „Grenzsicherung" zugedacht war: „Aufgabe der bewaffneten Organe des Ministeriums des Innern und der Kampfgruppen der Arbeiterklasse zur Gewährleistung der Unantastbarkeit der Staatsgrenze zwischen der Deutschen Demokratischen Republik und Westberlin". In der Konzeption des Gegners, des Westens also, so befand der NVR, sei West-Berlin „die Rolle eines vorgeschobenen militärischen Brückenkopfes zugedacht", und die Stadt diene „als Basis der Spionage, Diversion und psychologischen Kriegsführung" gegen die DDR.

„In Verwirklichung seiner Pläne ist zu erwarten, daß der Gegner unter Ausnutzung revanchistischer Kräfte und bewaffneter Banden versucht, Grenzkonflikte an der Staatsgrenze nach Westberlin auszulösen mit dem Ziel, die Lage weiter zu verschärfen und ein Eingreifen der in Westberlin stationierten Polizei und Besatzungstruppen zu rechtfertigen. Entsprechend der Handlungen des Gegners ist damit zu rechnen, daß solche Grenzkonflikte direkt durch die westberliner Besatzungskräfte insziniert und gedeckt werden. Die Hauptrichtungen der gegnerischen Handlungen sind auf die dicht besiedelten Teile der Staatsgrenze um Westberlin zu erwarten. Von der Standhaftigkeit der militärischen Sicherung der Staatsgrenze und der schnellen Liquidierung aller Versuche des Gegners, Grenzkonflikte zu schaffen, hängt in entscheidendem Maße die Sicherheit und Ordnung im Innern der Deutschen Demokratischen Republik und die Erhaltung des Friedens ab."

Grenzverletzungen seien deshalb unbedingt zu verhindern, Diversionsgruppen, bewaffnete Banden und reguläre Truppen im Falle der Verletzung der Staatsgrenze durch aktive Handlungen zu vernichten bzw. gefangenzunehmen. Unter Führung der Bezirkseinsatzleitungen Berlin und Potsdam sollten dabei Kampfgruppen zusammen mit den Grenzbrigaden (B), zusätzlich durch Bereitschaftspolizei unterstützt, eingesetzt werden. So befahl Minister Maron auf der Grundlage der entsprechenden Beschlüsse des NVR die Verstärkung der 1. Grenzbrigade mit zwei Abteilungen der Bereitschaftspolizei und mit Hundertschaften der Kampfgruppen der Arbeiterklasse. Den Kampfgruppen wies er dabei die „Sicherung von Objekten in der Sicherungszone", die im bebauten Gelände eine Tiefe von 100 m und im unbebauten Gelände von bis zu 500 m erreichte, in den Grenzabschnitten Tegeler Fliess und Kürassierstraße (Schönefeld) zu. Die „Kräfte und Mittel der Bezirkseinsatzleitung", zu denen die Kampfgruppen gehörten, erhielten zudem die Aufgabe, „den unrechtmäßigen Aufenthalt, Zusammenrottungen und Menschenansammlungen nicht zuzulassen und Rädelsführer und Panikmacher festzunehmen". Zufahrtswege nach Berlin (West) waren verstärkt zu kontrollieren, dazu im Raum Friesack und Gölsdorf Maßnahmen vorzubereiten, „die bei Schließung der Kontrollpassierpunkte die zeitweilige Isolierung von Reisenden von Westdeutschland nach Westberlin gewährleisten". Als befände sich die DDR bereits im Kriegszustand, befahl Innenminister und Generalleutnant Maron, Allgemeine Reserven für den Raum Berlin bereitzuhalten. Neben einer Abteilung der Bereitschaftspolizei, die im Zentralen Klub der Jugend und Sportler in der Karl-Marx-Allee Stellung bezog, waren es vor allem Kampfgruppen, die auf die Einsatzbefehle des Innenministers zu warten hatten:

1. Kampfgruppen-Bataillon Berlin, konzentriert im Dynamosportforum Hohenschönhausen,
6. Kampfgruppen-Bataillon, konzentriert im Erich-Weinert-Klubhaus Köpenick
1. Kampfgruppen-Bataillon Potsdam, konzentriert im Potsdamer Stadtgebiet.
Pionierreserven waren darüber hinaus von der Bereitschaftspolizei zu stellen.

Kampfgruppen als Instrument der Grenzsicherung

In dem Bemühen, die Grenzen zu Berlin und dem übrigen Bundesgebiet vollends abzuriegeln, beschloß die Parteiführung der SED in den Jahren 1961 und 1962 für Teile der Kampfgruppen eine wichtige Aufgabenverlagerung. In Berlin und in den Grenzkreisen baute sie die Kampfgruppen massiv aus, um sie als weiteres Instrument der sozialistischen Grenzsicherung einsetzen zu können. Innerhalb der Grenztruppen der DDR hielt sich die Zustimmung zu diesem Schritt durchweg in Grenzen, denn nur in Ausnahmefällen sollten die „Kämpfer" dem Kommando der Grenztruppen unterstellt werden. Zuständig für Ausbildung, Einsatz und Alarmierung blieben die „leitenden Parteiorgane", die Mitte 1962 in den Grenzkreisen über eine Ist-Stärke von 46.551 „Kämpfern" mit folgender Dislozierung befehlen konnten:

Berlin	10.273
Potsdam	4.991
Rostock	10.221
Schwerin	4.057
Magdeburg	5.368
Erfurt	4.379
Suhl	4.758

Gera 1.121
Karl-Marx-Stadt 1.383

Allein in Berlin verfügte die SED über neun KG-Bataillone (mot.), 11 Allgemeine Bataillone, 28 Allgemeine Hundertschaften sowie 23 selbständige Züge. In den Grenzkreisen des Bezirkes Potsdam und in den Bezirken an der „Staatsgrenze West" standen zum selben Zeitpunkt 17 Bataillone (mot.), 18 Allgemeine Bataillone, 289 Allgemeine Hundertschaften sowie 29 selbständige Züge bereit - zumindest auf dem Papier -, um die Befehle der Partei zu erfüllen. Der bloße Hinweis auf die Zahl der Einheiten in den Bezirken allein jedoch ist noch wenig aussagekräftig. Denn in den Bezirken selbst gab es eine massive Häufung von Kampfgruppen in direkter Nähe der Grenze zur Bundesrepublik, an der Ostseeküste und natürlich in Ost-Berlin sowie am Außenring von West-Berlin.

In der Aufzählung der Aufgaben standen diejenigen an erster Stelle, die mit einem potentiellen Gegner aus dem Westen nun überhaupt nichts zu tun hatten, um so mehr dagegen mit der Jagd auf „Republikflüchtlinge und Grenzverletzer" oder mit dem Vorgehen gegen Demonstranten und andere Unruhestifter auf eigenem Gebiet:

„Durch schnelle und entschlossene aktive Handlungen (selbständig als auch im Zusammenwirken mit anderen Kräften),
- Sichern, Sperren und Räumen von Abschnitten und Plätzen innerhalb der 1. und 2. Grenzbrigade[7] und der an der Staatsgrenze West eingesetzten Grenztruppen;
- Einsatz als Posten und Einsatzgruppen einschließlich Verstärkung der Grenzposten und Grenzstreifen;
- Mitwirkung bei der Lösung taktischer Aufgaben zur Vernichtung starker gegnerischer Gruppen im Rahmen einer Operation in der Tiefe des Grenzgebietes mit der Methode der Suche im blockierten und nichtblockierten Raum und den Elementen des Angriffs, der Verteidigung und des Einsatzes von Posten und Einsatzgruppen;
- Sicherung wichtiger Objekte und Stützpunkte innerhalb oder in der Tiefe des Einsatzraumes der 1. und 2. Grenzbrigade und an der Staatsgrenze West;
- Einsatz als Posten und Einsatzgruppen zur Sicherung der Bewegung anderer Einheiten."

Es ist geradezu absurd anzunehmen, die Kampfgruppen seien zu dieser Zeit in der Lage gewesen, die aufgeführten militärischen Aufgaben auch nur annähernd zu erfüllen. Selbst aus der dem Politbüro

---

[7] Die 1. und 2. Grenzbrigade waren an den Berliner Außen- bzw. innerstädtischen Grenzen eingesetzt.

vorgelegten „Einschätzung der Stärke, Alarm- und Einsatzbereitschaft der Kampfgruppen der Arbeiterklasse in Berlin und den Grenzkreisen" geht dieses hervor, wenngleich es für die Parteiführung keineswegs einen Anlaß darstellte, die Aufgabenstellung auf das für die Kampfgruppen Machbare zu reduzieren. Bei allen Übungen und in erster Linie bei der großen „Bewährungsprobe" am 13. August hatten die Kampfgruppen unter Beweis gestellt, daß das Alarmierungssystem schlecht funktionierte und nicht den Anforderungen entsprach. Massiv hatte die SED-Spitze von daher Verbesserungen speziell in diesem Bereich gefordert, doch augenscheinlich ohne wesentlichen Erfolg. Zwar wurde in der „Einschätzung" erneut davon gesprochen, Alarmbereitschaft und Kampfwert hätten sich positiv entwickelt, doch sei eine weitere Verkürzung der Alarmierungszeiten nicht nur möglich, sondern vor allem notwendig. Mit Stand vom 25. Juni 1962 hätten sich für Alarmübungen, die als Vollalarm zur Nachtzeit ausgelöst worden seien, diese Ergebnisse gezeigt:

„- Bei einer Ist-Stärke von 46.551 Kämpfern in Berlin und der Grenzkreise wurde die Gefechtsbereitschaft bis spätestens 60 Minuten für 7.041 Kommandeure und Kämpfer hergestellt (15,1%).
- die Anzahl der Kämpfer, die nach 120 Minuten die Gefechtsbereitschaft erreichten, beläuft sich auf 16.964 (36,4%).
- Von den insgesamt 424 Kampfgruppen-Einheiten in Berlin und den Grenzkreisen erreichten 65 Einheiten (15,1%) die Herstellung der Gefechtsbereitschaft für mindestens 75 % der Ist-Stärke in spätestens 120 Minuten.
- Weitere 85 Kampfgruppen-Einheiten stellten die Gefechtsbereitschaft für mindestens 75 % der Ist-Stärke in spätestens 180 Minuten her.
- Weitere 6 Kampfgruppen-Einheiten erreichten bis zur Beendigung des Alarms zwar die Herstellung der Gefechtsbereitschaft für mindestens 75 %, benötigten dazu aber noch mehr als 180 Minuten.
- 258 Kampfgruppen-Einheiten haben bis zur Beendigung des Alarms die Herstellung der Gefechtsbereitschaft für mindestens 75 % nicht erreicht."

Erwähnt wurde schließlich noch, daß 122 Einheiten nach spätestens drei Stunden nicht einmal ihre 50prozentige Einsatzbereitschaft melden konnten. Angesichts der Tatsache, daß es sich bei den Kampfgruppen in den Grenzkreisen eigentlich um „Elite-Einheiten" mit speziellen Aufgaben im Rahmen der Grenzsicherung hätte handeln müssen, waren die Übungsergebnisse für die SED-Führung mehr als niederschmetternd und lassen ahnen, wie die Ergebnisse in den übrigen Landesteilen aussahen.

Für die „Kämpfer" führte die Auswertung der Übungen in erster Linie zu einer Reihe von ganz persönlichen Unannehmlichkeiten, und zwar in ihrer Freizeit. Die leitenden Kader der Bataillone, die Kommandeure auf den verschiedenen Ebenen ebenso wie die Zug- und Gruppenführer waren auf Lehrgängen ideologisch zu festigen. Daneben wurde ein „systematisches Alarmtraining" außerhalb der Arbeitszeit all den Einheiten verordnet, die es bisher nicht geschafft hatten, bei Übungen nach spätestens zwei Stunden für drei Viertel ihrer Angehörigen die Gefechtsbereitschaft zu melden, und das waren immerhin 359 von 424.

Für Uniformen „differenzierte Tragezeiten"

Am 16. November 1965, um an dieser Stelle einen zeitlichen Sprung vorzunehmen, sollte die Schlagkraft der Kampfgruppen-Einheiten in den Grenzbezirken übrigens durch eine weitere Maßnahme erhöht werden. In den Grenzkreisen sowie „in den Kreisen mit Verbindungslinien zwischen Westberlin und Westdeutschland", d.h. entlang der Transitautobahnen, waren verstärkt selbständige Hundertschaften (mot.) aufzustellen, die sich zumindest in der Theorie durch eine größere Beweglichkeit auszeichnen sollten. Gleiches galt für „Kreise mit wichtigen politischen und ökonomischen Zentren". Die Frage, ob sämtliche neu aufzustellenden Hundertschaften (mot.) ausnahmslos den Bezirkseinsatzleitungen als operative Reserven unterstellt werden sollten, ließ die Abteilung für Sicherheitsfragen in ihrem Vorschlag an Honecker offen. Sie sollte in Übereinstimmung mit den operativen Plänen zur Landesverteidigung, also mit dem Minister für Nationale Verteidigung, geklärt werden. In derselben Vorlage finden sich im übrigen auch einige bemerkenswerte Aussagen zur beabsichtigten künftigen Ausrüstung der Kämpfer. Offensichtlich aus finanziellen Gründen erteilte der Leiter der Abteilung, Generalleutnant Borning, dem Vorschlag, die „Kämpfer" mit einer zweiten Uniform auszustatten, eine Absage. Stattdessen sollten „differenzierte Tragezeiten" festgelegt und dabei „die bei verschiedenen Kämpfern durch die Bedienung der Technik (Kfz., schwere Waffen usw.) sich ergebende stärkere Abnutzung und Verschmutzung" berücksichtigt werden. Vorgeschlagen wurde demgegenüber von Borning, den Kampfgruppen endlich einen militärischeren äußeren Anstrich zu geben. Geprüft werden sollte, „inwieweit es zweckmäßig ist, den Schnitt der Kampfgruppenuniform dem Kampfanzug der Nationalen Volksarmee anzugleichen". Ebenso sollten nunmehr - nach vorhergehender Abstimmung mit dem

Volkswirtschaftsrat bzw. mit der Staatlichen Plankommission - die Kampfgruppen Halbschaftstiefel erhalten, wobei zu berücksichtigen war, „daß eine Anzahl Betriebe ihren Kämpfern bereits Stiefel zur Verfügung gestellt haben". Schließlich noch sollte die „Kämpfer"-Ausrüstung mit Handschuhen, Schals und Kopfschützern vervollständigt werden.

„Gewisse Stagnation" in Berlin

Ausgerechnet, und dieses war für die SED-Führung sicherlich besonders schmerzlich, fielen gerade die Berliner Kampfgruppen immer wieder durch einen ungenügend ausgeprägten „politisch-moralischen Zustand" auf. Hatte sich nach Erkenntnissen des MdI 1962 der Anteil der „Kämpfer", die regelmäßig an der Ausbildung teilnahmen, republikweit von 54 auf 62 Prozent erhöht, kam es doch nicht umhin, für die Entwicklung der Berliner Kampfgruppen „eine gewisse Stagnation" zu konstatieren. Den Mechanismen der Partei entsprechend, entsandte das ZK eine Brigade der SED in den Berliner Bezirk mit den schlechtesten Ergebnissen, nach Friedrichshain, und wurde dort selbstredend „fündig": Die Kreisparteiorganisation war ihren Aufgaben nicht gerecht geworden, ermittelte die Brigade, sie sei nicht der Initiator der Kampfgruppenarbeit gewesen, sondern hätte „daneben gestanden". Die Unklarheiten hätten besonders darin bestanden, „daß die Aufgaben der Einsatzleitung und die Aufgaben des Büros nicht auseinander gehalten wurden". Dieses habe zur Anwendung falscher Methoden des Administrierens und Kommandierens gegenüber den Betriebsparteiorganisationen geführt, wobei diese Schwächen natürlich auch auf die Bezirksleitung der SED und deren mangelhafte Anleitung und Einflußnahme zurückzuführen seien. Die Genossen der Kreisleitung hätten jedoch sehr schnell ihre bisherigen Schwächen erkannt und behoben. Besonders die „politisch-ideologische Arbeit" hätten sie verbessert, so daß sich schon nach wenigen Wochen erste Erfolge gezeigt hätten: „Bei der z.B. kurz darauf stattgefundenen Ausbildung des mot-Bataillons beteiligten sich fast doppelt so viel Kämpfer als bisher." Dieses Ergebnis ermunterte die Bezirksleitung Berlin, nun in die übrigen Kreise und ins Präsidium der Volkspolizei Brigaden zu entsenden, um dort für mehr „Disziplin", sprich: häufigere Anwesenheit, unter den Kämpfern zu sorgen.

„Ehemalige Nazis wieder willkommen"
187.359 „Kämpfer" waren am 30. Juni 1962 in 81 Bataillonen (mot), 103 allgemeinen Bataillonen, 1.465 allgemeinen Hundertschaften und 283 selbständigen Zügen zumindest nach der Ist-Stärke in den Listen der SED geführt worden. Nur ein Vierteljahr später hatte sich die Zahl der „Kämpfer" - sehr zum Mißfallen der Partei - um 10.475 reduziert, und zwar auf Grund einer mehr als buchstabengetreuen Erfüllung der Beschlüsse des Nationalen Verteidigungsrates. Denn dieser hatte mehrfach festgelegt, zuletzt am 29. November 1961, „Kämpfer" könne nur sein, wer „seine Verbundenheit zur Partei zur Arbeiterklasse und zum Arbeiter-und-Bauernstaat unter Beweis gestellt hat und unter strenger Wahrung des Prinzips der Freiwilligkeit sowie unter Berücksichtigung seiner Aufgabe im politischen und wirtschaftlichen Leben bereit und in der Lage ist, unter allen Bedingungen am Einsatz und auch an der Ausbildung regelmäßig teilzunehmen". Eine Reihe von Bezirks- und Kreisleitungen der SED hatte diese Beschlüsse wortwörtlich genommen und sie, wie ihnen nun vorgeworfen, wurde allzu „eng bzw. sektiererisch" angewandt. Es verblüfft schon, wenn die SED-Führung diesen Bezirken und Kreisen jetzt vorhielt, sie hätten „ehemalige Angehörige von nazistischen Organisationen, Rückkehrer aus Westdeutschland oder Erstzuziehende, die schon mehrere Jahre Mitglied der Kampfgruppen, inzwischen Mitglied der Partei und zum Teil Aktivisten sind, und die auch von ihren Parteiorganisationen sehr positiv eingeschätzt werden", voreilig aus den Kampfgruppen ausgeschlossen:

„Die betroffenen Genossen verstehen das nicht. Wir sind ebenfalls der Meinung, daß man solch wichtige Entscheidungen nicht treffen kann, ohne den Menschen, seine Entwicklung und seinen jetzigen Stand des Bewußtseins zu berücksichtigen. Formale und sektiererische Entscheidungen schaden uns und haben mit einer richtigen Arbeit mit den Menschen nichts zu tun."

Mit dieser Kritik stieß die SED sämtliche bisherigen Prinzipien über Bord, nach denen Angehörige ehemaliger Nazi-Organisationen - bzw. von Organisationen, die die SED für sich als solche eingestuft hatte - der völligen gesellschaftlichen Ächtung anheimzufallen hatten und auch gegenüber Rückkehrern und Erstzuziehenden größtes Mißtrauen angebracht war. Ein Fehler, so räumte die Partei ein, sei offensichtlich in früheren Jahren bei der Aufnahme dieser Personen gemacht worden, nun aber, „nachdem sich diese Menschen in der Produktion, als Kämpfer und Mitglieder der Partei bewährt haben, fügt man durch formale Entscheidungen auf Streichung diesem Fehler einen zweiten hinzu, hemmt dadurch ihre positive Entwicklung zu einem sozialistischen Menschen". Zur völligen Irritation in den Bezirks- und Kreisleitungen dürfte der Vorwurf gezählt haben, noch immer gehörten den Kampfgruppen zu viele Werkleiter, Parteisekretäre oder Lehrer an. Diese seien in ihren politischen und wirtschaftlichen Funktionen unabkömmlich und dürften „nicht Mitglied der Kampfgruppen sein bzw. müssen herausgenommen werden", beschied die Parteiführung. Den Hauptkritikpunkt aber stellte die immer wieder monierte Diskrepanz zwischen Ist-Stärke und tatsächlicher Beteiligung an der Ausbildung dar. Trotz einiger Fortschritte könne der Entwicklungsstand keineswegs befriedigen, hieß es. In einigen Kreisen hätte ein Fünftel der „Kämpfer" in Hundertschaften oder sogar Bataillonen noch nicht eine einzige Ausbildungsstunde absolviert. Besonders negativ aufgefallen seien hier die Bezirke Erfurt, Neubrandenburg und Rostock, wo die Beteiligung an der Ausbildung jeweils unter vierzig Prozent gelegen habe.

Eine „Geister-Armee" wird reduziert

Die SED kam nicht umhin, eine gründliche Neuorganisation der Kampfgruppen in allen Bezirken vorzunehmen, die vor allem eine Reihe von Zusammenlegungen von Einheiten, die Auflösung von Bataillonen und eine Reduzierung der Zahl der Hundertschaften zur Folge hatte. Straffung hieß die Devise, unter der Erich Honecker am 16. Februar 1963 den Vorsitzenden der Bezirksleitungen entsprechende Briefe schrieb und zugleich eine generell stärkere Beteiligung an der Ausbildung anmahnte. Zuvor waren die Bezirksleitungen der SED aufgefordert worden, entsprechende Vorschläge zur Umstrukturierung einzureichen, die allerdings in der vorgelegten Form, wie Borning am 9. Februar 1963 an Honecker geschrieben hatte, nicht ohne weiteres übernommen werden sollten. Denn die Durchsicht der Veränderungsvorschläge hatte ergeben, daß durch sie wesentliche Schwächen weiterhin nicht ausgemerzt würden. So wies Borning darauf hin, daß

„[...] sich einige Bataillone (mot) nach wie vor entgegen den in den Beschlüssen festgelegten Bestimmungen aus einer Vielzahl von Betrieben zusammensetzen (würden). Zum Beispiel setzt sich das Bataillon (mot) im Kreis Prenzlau, Bezirk Neubrandenburg, auch nach der vorgeschlagenen Veränderung immer noch aus mehr als 50 Betrieben zusammen. Im letzten Ausbildungsabschnitt haben von dem ganzen Bataillon nur 75 Kämpfer regelmäßig an der Ausbildung teilgenommen".

Vier Punkte vor allem müßten bei der beabsichtigten Umstrukturierung beachtet werden:
- die Geschlossenheit der Einheiten, „d.h. ein Bataillon muß ein volles Bataillon sein, eine Hundertschaft eine volle Hundertschaft und nicht wie das noch vielfach der Fall ist, halbe oder dreiviertel Einheiten",
- die Einheitlichkeit der Strukturen, „außer der beschlossenen Struktur darf es keine zusätzlichen Varianten geben",
- die operativ-taktischen Erwägungen,
- die Möglichkeit, die neuzubildenden Einheiten mit Waffen und Ausrüstung zu versehen.

Eine Reorganisation der Kampfgruppen-Struktur und Standortverteilung war überfällig. Zu gern operierten vor allem die SED-Bezirksleitungen mit der absoluten Zahl von Bataillonen oder Hundertschaften, die häufig aber mehr oder weniger eher auf dem Papier standen als real existierten. Berichte „nach oben" wurden kräftig geschönt und sollten der Parteiführung eine „Geister-Armee" vorgaukeln, die es in dieser Form gar nicht gab. Von daher war die Straffung der Kampfgruppen-Struktur ein wichtiger Schritt, um wenigstens die Einsatzpläne auf einer halbwegs gesicherten Basis aufstellen zu können. Konsequenterweise korrigierte die Abteilung für Sicherheitsfragen im ZK der SED auf Vorschlag der Abteilung Kampfgruppen des MdI die Sollstärke der Kampfgruppen von den bisher fiktiven 262.923 „Kämpfern" auf künftig 200.000. Die Notwendigkeit, nunmehr formal nicht einsatzfähige Hundertschaften oder gar Bataillone auflösen zu müssen, hätte bei den Verantwortlichen zu der Erkenntnis führen können, daß die „Arbeiterklasse" weiterhin nur ein begrenztes Interesse daran zeigte, als „Kämpfer die sozialistischen Errungenschaften" zu verteidigen. Diese Tatsache hätte der SED-Spitze um so eher zu denken geben müssen, als die Straffung in einer Zeit vorgenommen wurde, da die massive Schürung von Kriegsängsten (nach dem 13. August 1961) erklärte Politik der SED war, dennoch aber bei den Werktätigen ganz augenscheinlich kaum auf fruchtbaren Boden fiel. Das „Schwert der Arbeiterklasse" zeigte sich als ausgesprochen stumpf.

Ordensflut für die „Kämpfer"

Ungeachtet der Tatsache, daß das „Schwert der Arbeiterklasse" letztlich wenig bewirken konnte, SED-Bezirksleitungen, und möglicherweise einige „Kämpfer", vermißten schmerzlich die Möglichkeit, auch nach außen hin ihre (kaum vorhandene) Bedeutung im Rahmen der sozialistischen Landesverteidigung zu dokumentieren, und zwar in Form von Medaillen und Auszeichnungen. Zwar war bereits unmittelbar nach dem Mauerbau im August 1961 die Verdienstmedaille der Kampfgruppen der Arbeiterklasse gestiftet worden, doch beklagte die SED-Bezirksleitung Gera am 28. September 1963 in einem Schreiben an das ZK der SED, mit dieser Medaille könnten jährlich nur drei Prozent der „Kämpfer" bedacht werden, und das sei einfach zu wenig. Vor allem vor dem Hintergrund des zehnjährigen Bestehens der Kampfgruppen, das 1964 begangen werden sollte[8], müsse geprüft werden, ob es nicht möglich sei, „alle Kämpfer mit der Verdienstmedaille auszuzeichnen, welche 1964 10 Jahre Angehörige der Kampfgruppen sind". Als Alternative hätten Kommandeure und 1. Stellvertreter angeregt, wie bei der Volkspolizei, eine Medaille für treue Dienste für fünf oder zehn Jahre zu schaffen. Die Bitte wurde prompt und positiv aufgegriffen, wenngleich nicht ganz so schnell umgesetzt, wie es sich die Geraer Genossen erhofft hatten. Dennoch: Am 7. Oktober 1966, dem 17. Jahrestag der Gründung der DDR, konnten gleich zwei neue Medaillen den „Kämpfern" an die Uniformen geheftet werden: die „für treue Dienste in den Kampfgruppen der Arbeiterklasse" und gewissermaßen als Zugabe noch die „für ausgezeichnete Leistungen in den Kampfgruppen der Arbeiterklasse". In der gemeinsam vom Ministerium des Innern und der Abteilung für Sicherheitsfragen beim ZK der SED erarbeiteten Begründung hieß es u.a.:

„Seit Bestehen der Kampfgruppen der Arbeiterklasse in der Deutschen Demokratischen Republik haben die Kämpfer und Kommandeure durch ihren unermüdlichen Einsatz in jahrelanger Tätigkeit und treuer Pflichterfüllung unter Führung der Sozialistischen Einheitspartei Deutschlands große Leistungen bei der Entwicklung und Festigung der Einheiten, der Erhöhung der Einsatzbereitschaft sowie bei der Ausbildung und bei Einsätzen vollbracht. Durch die unermüdliche Arbeit der Kämpfer und Kommandeure sind die Kampfgruppen der Arbeiterklasse zu einer bedeutenden Kraft zum Schutze und zur Verteidigung unserer sozialistischen Errungenschaften geworden.

---

[8] Tatsächlich feierte die SED den 24. September 1953 als offizielles Gründungsdatum der Kampfgruppen

Die Verdienste der Kampfgruppen fanden bereits ihre Würdigung in der im Jahre 1961 gestifteten ‚Verdienstmedaille der Kampfgruppen der Arbeiterklasse', welche die höchste Kampfgruppen-Auszeichnung darstellt.
In Würdigung der bisherigen Verdienste und zum weiteren Ansporn der verantwortungsvollen Tätigkeit der Kommandeure und zur weiteren Erhöhung der Einsatzbereitschaft aller Kämpfer und Kollektive bzw. Einheiten wird vorgeschlagen, die ‚Medaille für ausgezeichnete Leistungen in den Kampfgruppen der Arbeiterklasse' zu stiften.
In Anerkennung der langjährigen Zugehörigkeit, der hohen Einsatzbereitschaft und Aktivität in der Teilnahme an der Ausbildung wird ferner vorgeschlagen, die ‚Medaille für treue Dienste in den Kampfgruppen der Arbeiterklasse' in 3 Stufen zu stiften.

Stufe 1 in Bronze   für 10-jährige
Stufe 2 in Silber   für 15-jährige
Stufe 3 in Gold   für 20-jährige

treue Dienste in den Kampfgruppen der Arbeiterklasse."

Die Medaillen, die für treue Dienste zeigte „im Hintergrund ein Industrieprofil, davor einen Angehörigen der Kampfgruppen der Arbeiterklasse" und die für ausgezeichnete Leistungen „das Kampfgruppen-Emblem, eine Hand, welche ein Gewehr mit einer roten Fahne hält", wurden in der Regel anläßlich des 1. Mai als dem „Internationalen Kampftag der Werktätigen" sowie am 7. Oktober zum Gründungstag der DDR vergeben. Auch hier kam es schon sehr schnell - offensichtlich symptomatisch für jedes diktatorische System - zu einer wahren Auszeichnungsflut. Davon, daß jährlich „nur" drei Prozent der „Kämpfer" mit einer Medaille bedacht werden konnten, war bald nicht mehr die Rede. Das Füllhorn ergoß sich in einer Weise über die „Kämpfer", daß jeder einzelne von ihnen damit rechnen konnte, spätestens alle fünf Jahre seiner Medaille eine weitere hinzufügen zu können.

Der Parteiapparat in Uniform

Wie bereits an anderer Stelle erwähnt, steckten in den Uniformen der Kampfgruppen der Arbeiterklasse beileibe nicht nur die, die man in der DDR unter „Werktätigen" zu verstehen hatte. Bei den Kampfgruppen handelte es sich durchaus um eine Einrichtung, die in gewisser Weise - und mit Einschränkungen natürlich - als „Tarnorganisation" bezeichnet werden kann. Statt der „Werktätigen" wurden eher politisch-zuverlässige „Intelligenzler" in den Einsatz geschickt, und hier vor allem die Kader des Parteiapparates selbst, die Lehrkörper und Studierenden der Parteischulen sowie des Instituts für Gesellschaftswissenschaften beim Zentralkomitee der SED. 1962 hatte das ZK die Bildung von Kampfgruppen-Einheiten in diesen Instituten verfügt und am 25. August 1964 einen Bericht über die Lage der Einheiten nach nunmehr zwei abgeschlossenen Ausbildungsjahren erhalten. An der Parteihochschule „Karl Marx" waren danach fünf Hundertschaften mit 456 „Kämpfern" gebildet worden, am Institut für Gesellschaftswissenschaften zwei Hundertschaften mit 170 „Kämpfern", zu je einem Kampfgruppen-Bataillonen zusammengefaßt. Wer allerdings glaubte, die „Kämpfer" dieser Institute hätten sich durch besonders positive Ergebnisse ausgezeichnet, handelte es sich doch bei ihnen um die Partei-Elite, sah sich getäuscht. Mängel und Schwächen hätten sich, wie es in dem Bericht heißt, sowohl „im ungenügenden Beherrschen der taktischen Prinzipien" ausgedrückt wie vor allem in dem „vollkommen unzureichenden Stand der Beherrschung und Anwendung der strukturmäßigen Waffen". Kommandeure und Unterführer beherrschten ihre Sachgebiete kaum und könnten dementsprechend ihre ohnehin mangelhaften Kenntnisse nur lückenhaft weitergeben. Beschlossen wurde deshalb ein Ausbildungsprogramm, mit dem die Angehörigen der Kampfgruppen dieser Partei-Institute befähigt würden,

„- die Probleme der Kampfgruppen, ihre Rolle, Bedeutung, Struktur und Einsatzmöglichkeiten allumfassend zu erkennen;
- militärische Führungsprobleme im Zusammenhang mit den Prinzipien der operativen Kampftätigkeit richtig zu verstehen und einzuschätzen,
- als geschlossene Einheit bei Sicherungseinsätzen eingesetzt zu werden;
- alle in der Einheit vorhandenen Waffen, einschließlich lMG - D, zu beherrschen und diese in jeder Lage sowohl bei Tage und in der Nacht treffsicher anzuwenden;
- die Nahkampf- sowie Schutzausbildung und die Militärtopographie als wichtige Bestandteile der gesamten Ausbildung richtig zu erkennen und durch das eigene Beispiel zu unterstützen".

Jährlich neun Ausbildungstage hatten die „Kämpfer" der Partei-Institute sowie zusätzlich der LPG-Hochschule Meißen fortan zu absolvieren, die sich folgendermaßen aufschlüsselten:

- Drei Tage für Probleme der Kommandeursausbildung
  - Rolle und Aufgaben der Kampfgruppen,
  - Fragen der operativen Kampftätigkeit
  - praktische Arbeit des Kommandeurs anhand von Kurzlagen
- Vier Tage Waffen- und Schießausbildung an
  - Karabiner

- MPi - K
- lMG - D
- Pz.-Büchse 40 mm
- Pistole - M
- Zwei Tage Exerziersausbildung
- Nahkampfausbildung und Sport (Kampf mit dem Bajonett, dem Gewehr ohne Bajonett, Abwehr von Schlägen, Kampf mit dem Feldspaten und der Handgranate - Kampfspiel und Überwinden natürlicher Hindernisse)
- Schutzausbildung
- Militärtopographie.

Die gesamte Ausbildung erstreckte sich über drei Jahre und hatte darin zu bestehen,

„[...] den Studenten die Beschlüsse und Dokumente in bezug auf Kampfgruppen zu erläutern, sie mit Formen und Methoden der politischen und militärischen Führung und den Aufgaben aller verantwortlichen Organe, die sich aus den Beschlüssen für die Arbeit mit den Kampfgruppen ergeben, vertraut zu machen, sie zu befähigen, die Arbeit mit den Kampfgruppen in der Praxis zu unterstützen, ihnen Kenntnisse in der Rolle, den Aufgaben und Einsatzmöglichkeiten der Kampfgruppen zu vermitteln und sie mit einigen Grundsätzen der Militärpolitik und den Aufgaben der bewaffneten Kräfte der Deutschen Demokratischen Republik vertraut zu machen".

„Den Gegner in kürzester Frist liquidieren!"

Der 28. Oktober 1960 sollte für die Kampfgruppen ein ganz besonderer Tag werden - und wurde es dann auch, wenngleich anders als ursprünglich geplant. In einer vom Vorsitzenden des Nationalen Verteidigungsrates Ulbricht befohlenen Übung hatten die „Kämpfer" gemeinsam mit den bewaffneten Kräften des Ministeriums des Innern in den Bezirken Erfurt, Gera und Suhl ihre Einsatzbereitschaft demonstrieren sollen, doch der Tag, der morgens um 03.00 Uhr mit der Alarmierung begonnen hatte, endete letztlich in einem Fiasko. „Kämpfer" und Volkspolizisten zeigten sich, so geht es aus dem Protokoll der 4. Sitzung des NVR vom 20. Januar 1961 (Geheime Verschlußsache B/28/61) hervor, nicht in der Lage, „den angenommenen Gegner in kürzester Zeit außerhalb bzw. am Rande der Städte zu liquidieren", wie es eigentlich hätte geschehen sollen. Dabei standen den über 15.000 alarmierten „Kämpfern" und VP-Angehörigen gerade einmal 1.225 „Gegner" gegenüber.

Doch weder die Anwesenheit des Mitgliedes des Politbüro-Kandidaten und Sekretärs des NVR, Erich Honecker, des NVR-Mitgliedes und Stasi-Chefs Mielke, des Stellvertreters des Ministers für Nationale Verteidigung, Generalmajor Kurt Wagner, noch die der hochkarätigen Hauptschiedsrichter Generalmajor Grünstein, Oberst Ende und Generalmajor Winkelmann vermochten die Leistungen der „Kämpfer" im Sinne der SED derart zu steigern, daß von einem Übungserfolg auch nur annähernd die Rede hätte sein können.

Die Bedeutung der Übung wird nicht nur daraus ersichtlich, daß Ulbricht sie persönlich angeordnet hatte, daß die wichtigsten Mitglieder des Nationalen Verteidigungsrates sie beobachteten, sondern sie ergibt sich vor allem aus der großen Anzahl von Beteiligten und nicht zuletzt aus dem Datum. Denn sie konnte als wichtiger „Testlauf" für die Teilnahme der Kampfgruppen an „Maßnahmen zum Schutz der DDR" gelten, wie sie dann im darauffolgenden Jahr am 13. August umgesetzt wurden.

Eingebunden in die „aktiven Kampfhandlungen" waren

im Bezirk Erfurt
Bereitschaftspolizei   334 (367)[1]
Kampfgruppen-Bataillone   759 (819)

---

[1] In Klammern die Zahl der alarmierten Kräfte

Allgemeine Hundertschaften der Kampfgruppen	2.850	(2.850)
(Eisenach, Heiligenstadt, Nordhausen)		
Deutsche Volkspolizei	1.447	(3.296)
im Bezirk Gera		
Bereitschaftspolizei	352	(352)
Kampfgruppen-Bataillone	1.068	(1.068)
Allgemeine Hundertschaften	1.155	(1.155)
(Pößneck, Schleiz)		
Deutsche Volkspolizei	689	(2.590)
im Bezirk Suhl		
Bereitschaftspolizei	---	(276)
Kampfgruppen-Bataillone	644	(644)
Allgemeine Hundertschaften	1.505	(1.505)
(Meiningen, Sonneberg)		
Deutsche Volkspolizei	1.293	(1.990)

Außerdem gehörten die Stäbe der 3. und 4. Grenzbrigade mit den schweren Grenzabteilungen, die Stäbe der 1. bis 5. und 11. Grenzbereitschaft mit ihren Reserve-Grenzabteilungen sowie die Truppenteile der 4. Motorisierten Schützendivision, die in den betroffenen Bezirken stationiert waren, zu den Übungsteilnehmern. Als Lage war vorgegeben, daß in den drei Bezirken Erfurt, Gera und Suhl je 150 feindliche Kräfte aus der Luft abgesetzt worden seien. Dazu hätten zehn „Rangergruppen" in einer Stärke von 25 bis 50 Mann gleichzeitig ihre feindlichen Handlungen aufgenommen.

Lob nur für den „Gegner"

Um das Bemerkenswerteste des Übungsverlaufes vorwegzunehmen: Volles Lob zollten die insgesamt 180 als Schiedsrichter eingesetzten Offiziere ausschließlich dem „Gegner", während Volkspolizisten und „Kämpfer" sich massive Kritik gefallen lassen mußten. In der Tat war es teilweise recht abenteuerlich, was sich die „Kämpfer" hatten einfallen lassen, um den „Gegner zu liquidieren". Abgesehen von Phrasen, nach denen sich die „Einsatzleitungen noch nicht darüber im klaren waren, daß von der schnellen Liquidierung des Gegners im Innern die Sicherheit des Friedens abhängt" und sie nicht erkannt hätten, daß „die Lage den Plänen und Absichten des Bonner Generalstabes entsprach", ist der Kritik des NVR der Vorwurf zu entnehmen, die VP-Angehörigen und „Kämpfer" hätten eine Reihe „handwerklicher"

Fehler begangen. Bereits die Alarmierung und Herstellung der Einsatzbereitschaft hatten zahlreiche Wünsche offen gelassen. So wurde zum Beispiel der Vorsitzende des Rates des Bezirkes Suhl erst nach einigen Stunden alarmiert, die Vertreter der NVA in den Einsatzleitungen der Bezirke trafen mit mehrstündiger Verspätung ein, und in einigen Kreisen erreichte der Alarm die Einsatzleitungen erst gar nicht. In Weimar hatte die Einsatzleitung vier Stunden nach Alarmauslösung die Arbeit aufgenommen, in Rudolstadt nach viereinhalb, in Eisenach nach zwei und in Zeulenroda immerhin schon nach eindreiviertel Stunden. Kasernierte Einheiten der Bereitschaftspolizei und Bezirksschulen - so in Meiningen und Rudolstadt - wurden erst gegen 5 Uhr geweckt, mit dem Ergebnis, daß beispielsweise die 7. Bereitschaft der Bereitschaftspolizei Rudolstadt um 9.35 Uhr im befohlenen Raum eintraf, zu spät, um überhaupt noch in das Geschehen eingreifen zu können.

Militärische Prinzipien seien in den meisten Fällen gröblichst vernachlässigt worden, monierten die Schiedsrichter und führten als Beispiel das V. Kampfgruppen-Bataillon Ronneburg an, das um 6.40 Uhr den Befehl erhalten hatte, sich um 6.45 Uhr (!) beim Leiter der Bezirksschule in Dürenebersdorf zu melden: „Im Kampfbefehl wurden keine Angaben über den Gegner gemacht, so daß der Kommandeur mit seinem Bataillon in den Gegner hineinfuhr. Das Unreale an diesem Befehl war, daß man in 5 Minuten mit einem Bataillon einen Raum, der 22 km entfernt lag, erreichen sollte." Es habe zahlreiche Beispiele dafür gegeben, „daß die nur zögernd zum Einsatz gelangten Einheiten ins Leere stießen, da der Gegner sich bereits in anderen Räumen befand. So wurde die I/Abteilung der 7. Bereitschaft der Bereitschaftspolizei im Raum Groß-Farner Höhen, Bezirk Erfurt, zur Liquidierung des Gegners eingesetzt, obwohl der Gegner zum Beginn des Einsatzes sich im Stadtgebiet von Erfurt befand". Selbst die Leistungen der an der Übung beteiligten Stäbe und Einheiten der Deutschen Grenzpolizei hatten in den Augen der Schiedsrichter keinen Bestand. Vor allem habe sich „die zentrale Führung des Bezirkes" häufig negativ bemerkbar gemacht. Zur „Liquidierung von 50 bis 70 Banditen" seien „losgelöst voneinander eingesetzt (worden): Teile des Aufklärungs-Bataillons der 4. MSD, Teile der Bereitschaftspolizei und ein Zug der 3. schweren Grenzabteilung". Demgegenüber hätten die als „Gegner" handelnden Einheiten der Bereitschaftspolizei ihre Aufgaben zur vollen Zufriedenheit erfüllt. Sie hätten „teilweise durch

Anstrengungen in Fußmärschen bei Überwindung von gebirgigem Gelände große Leistungen vollbracht und diszipliniert gehandelt. Das taktische Verhalten dieser Einheiten bei den durchgeführten Kampfhandlungen ist als gut einzuschätzen".

„Von der schnellen Liquidierung hängt der Frieden ab"

Für die Kampfgruppen hatte das schlechte Abschneiden im Urteil der Schiedsrichter - und dann vor allem des Politbüros und des NVR - einschneidende Folgen. Am 22. November 1960, kurz nach der Übung mit den so unbefriedigenden Ergebnissen, war das Politbüro zusammengetreten, um die Konsequenzen aus den gewonnenen Erfahrungen zu ziehen und zum wiederholten Male einen Versuch zur „Verbesserung der Arbeit mit den Kampfgruppen der Arbeiterklasse" und zur „weiteren Erhöhung der Einsatzbereitschaft" zu unternehmen. Ideologisch sollte demnach geklärt werden, „daß von der schnellen Liquidierung der eingeschleusten konterrevolutionären Banden in hohem Maße die Sicherung des Friedens abhängt". Ein ganzes Maßnahmen-Bündel beschloß das Politbüro, zu dem in erster Linie die „weitere Entwicklung der militärischen Kader" gehörte, was u.a. bedeutete, bis Ende 1961 die Planstellen der Stabschefs der Einsatzleitungen der Bezirke mit militärisch ausgebildeten und qualifizierten Offizieren sowie die Offiziersplanstellen in den Stäben der Einsatzleitungen der Bezirke und Kreise „mit geeigneten, entwicklungsfähigen Kadern" zu besetzen. Daneben sollten neue Schulungsgruppen beim Minister des Innern, beim Chef des Stabes des MdI, der Kommandeure der bewaffneten Kräfte der Bezirke, der Stabschefs der Bezirke und schließlich für Offiziere der Stäbe gebildet werden. Die Anzahl der Alarmübungen für die Kampfgruppen und die taktischen Einheiten der Volkspolizei war zu vergrößern, und zwar unter Bedingungen, „die dem kompliziertesten Einsatz entsprechen". Noch enger als bisher waren die bewaffneten Organe der DDR miteinander zu verzahnen, so z.B. dadurch, daß das Politbüro verstärkt gemeinsame Übungen der Kampfgruppen mit der Volkspolizei, der Bereitschaftspolizei und der Grenzpolizei befahl und zugleich anordnete, die Bataillone der Bezirksreserven müßten konsequent zu Übungen von Einheiten bzw. Verbänden der Nationalen Volksarmee herangezogen werden.

Um die Kampfgruppen noch straffer führen zu können, beschloß das Politbüro zudem die Schaffung einer selbständigen, dem Stellvertreter des MdI für bewaffnete Organe direkt unterstellten „Abteilung Kampfgruppen", die - ausgenommen der Fragen des Einsatzes und der operativen Planung - für alle im Zusammenhang mit den Kampfgruppen stehenden Probleme die Zuständigkeit erhielt.

Wie letztlich während der gesamten Zeit ihres Bestehens wichen auch 1960 die Ist-Stärken der Kampfgruppen von den Gesamt-Sollzahlen erheblich ab. 255.081 „Kämpfer" hätten zu dieser Zeit ihren Dienst tun sollen, tatsächlich aber betrug die Stärke der Partei-Armee nur 197.526 Mann, von denen wiederum sich ein großer Teil durch eher mangelnde Beteiligung an der Ausbildung auszeichnete. Konkret lauteten die Zahlen zum 30. Juni 1960:

Bezirk	Kämpfer	Soll-Zahl
Rostock	10.057	12.715
Schwerin	7.259	9.954
Neubrandenburg	6.609	10.096
Potsdam	10.559	14.048
Frankfurt/Oder	6.081	9.236
Cottbus	8.160	12.008
Magdeburg	17.688	21.227
Halle	25.548	31.618
Erfurt	11.620	15.456
Gera	6.259	8.334
Suhl	7.666	9.621
Dresden	16.163	22.904
Leipzig	17.685	22.334
Karl-Marx-Stadt	22.604	27.166
Wismut	5.905	6.917
Berlin	12.475	15.253
Reichsbahn	5.188	6.194
DDR-insgesamt	197.526	255.081

Ausgerüstet waren die Kampfgruppen zum selben Zeitpunkt mit
- 157.081 Karabinern,
- 31.927 Maschinenpistolen sowie
- 9.094 Pistolen.

Hundertprozentig abgeschlossen war die Bewaffnung mit schweren Infanteriewaffen, zu denen 243 Pak 45 mm und 552 sMG 7,62 mm gehörten. Des weiteren befanden sich in den Beständen der Kampfgruppen 186 Granatwerfer 82 mm (70 Prozent des Solls), 60 Fla-MG

12,7 mm (37 Prozent) sowie 57 IPAG 40 mm (8 Prozent). Die beschleunigte Auffüllung der Arsenale gerade mit panzerbrechenden Waffen war bei der NVA beantragt worden und sollte bis Ende 1963 beendet sein. Zudem entsprach die Bewaffnung - so befand der Nationale Verteidigungsrat wenig später - nicht den Anforderungen an die Kampfgruppen, so daß weitere 78.320 Maschinenpistolen und 8.383 leichte Maschinengewehre beschafft werden sollte. Die bis zur Zulieferung bestehende Lücke in der Bewaffnung sollte zum Teil dadurch ausgeglichen werden, „daß die lMG-Schützen und MPi-Schützen" sich vorerst mit Karabinern zu bescheiden hatten.

Wenig Interesse in Beeskow

Auf seiner 5. Sitzung, am 3. Mai 1961, befaßte sich der NVR erneut mit den Kampfgruppen. Die NVR-Mitglieder nahmen dabei eine „gründliche Einschätzung der militär-politischen Situation nach der Moskauer Konferenz der kommunistischen und Arbeiterparteien und des 11. Plenums des ZK der SED" vor, wiederum mit dem Ziel, „bei allen Kadern und Kämpfern Klarheit darüber zu schaffen, daß von der schnellen Liquidierung konterrevolutionärer Banden in hohem Maße die Sicherung des Friedens abhängt". Wichtigste Voraussetzung, um bei den „Kämpfern" eben diese gewünschte „Klarheit" zu schaffen, war aus der Sicht der SED die unabdingbare „Verbesserung der politisch-ideologischen Arbeit mit den Kampfgruppen". Angesichts der Tatsache, daß die „Kämpfer" in den Bezirken der DDR „äußerst unterschiedliche Aktivität und Wirksamkeit" entwickelten, galt es, den politisch-ideologischen Einfluß „durch die Organe der Partei" vor allem auf die Bezirke Halle, Karl-Marx-Stadt sowie auf die „Kampfgruppen auf dem Gebiet der Reichsbahn und der Transportpolizei" zu konzentrieren. Bezirks- und Kreiskonferenzen sollten dazu führen, daß die Ergebnisse, wie sie z.B. der Bezirk Halle gemeldet hatte, „republikweit" erreicht würden:

„So sind beispielsweise auf dem Territorium der Reichsbahn in Halle bei einer Stärke von 841 Kämpfern 648 Kämpfer Mitglieder sozialistischer Brigaden und Arbeitsgemeinschaften, 598 Kämpfer beteiligen sich an Neuerermethoden, 62 Kämpfer arbeiten in der Rationalisatoren- und Erfinderbewegung. Bisher wurden 107 Verbesserungsvorschläge von Kämpfern eingereicht, die einen vorläufigen ökonomischen Nutzen von 248.259,- DM brachten."

Doch trotz dieser im SED-Sinne positiven Daten mußte der NVR etliche Schwächen beim Aufbau der Kampfgruppen zur Kenntnis nehmen. Besonders in den Bezirken Schwerin, Frankfurt und Neubrandenburg nämlich ließ das Engagement der „Kämpfer" erheblich zu wünschen übrig. An der Ausbildung in den Bataillonen der Bezirksreserven hatten sich in Schwerin lediglich 40,6 Prozent, in Frankfurt 58,7 Prozent und in Neubrandenburg 61,4 Prozent der potentiellen „Kämpfer" beteiligt. Der Kreis Beeskow bildete gar das Schlußlicht, denn dort hatten sich gerade einmal zwischen 16 und 35 Prozent der „Kämpfer" bereitgefunden, sich der Mühen der Ausbildung zu unterziehen. Bei einer Übung in der Nacht vom 21. zum 22. Februar 1961 waren im Kreis Beeskow von 349 „Kämpfern" 80 erschienen. Die 91. Hundertschaft, die mit einer Iststärke von 112 „Kämpfern" geführt wurde, trat bei dieser Übung mit ganzen sechs „Kämpfern" an. Heftige Vorwürfe mußte sich deshalb der „Genosse Scheunemann" anhören, der das VEG Beeskow leitete und damit für acht „Kämpfer" die Verantwortung trug. In dem Bericht heißt es dazu: „Durch die Abteilung Kampfgruppen des Ministeriums des Innern wurde festgestellt, daß alle 8 Kämpfer in den vergangenen 2 Jahren nicht ein einziges Mal an der Ausbildung teilgenommen hatten." Die Begründung, daß die ökonomische Struktur dieser Bezirke zu diesen schlechten Ergebnissen geführt hätten, ließ der NVR nicht gelten: Selbst die Allgemeinen Hundertschaften in den Agrarkreisen Querfurt und Hohenmöllern im Bezirk Halle hätten eine Beteiligung an der Ausbildung von 87,5 bzw. 89,4 Prozent erreicht. Um die Einsatzbereitschaft der Kampfgruppen zu erhöhen, sei die „Verstärkung des politisch-ideologischen Einflusses durch die Organe der Partei als entscheidende Voraussetzung zur Verbesserung der Arbeit" zu erhöhen, befand der NVR.

Nicht nur an Moral und Begeisterung mangelte es, auch Bekleidung und persönliche Ausrüstung ließen zu wünschen übrig. Zur Vervollständigung der Bekleidung und Ausrüstung der bisher nicht voll ausgestatteten Kampfgruppen-Einheiten und zur Teilausstattung derjenigen Einheiten, die aus Angehörigen der Reserve der NVA zu bilden waren, standen zwar 18.400 Sommeruniformen, 20.100 Skimützen und 24.300 Watteanzüge zur Verfügung, doch Zulieferungen aus der Produktion waren für 1961 nicht vorgesehen. Erst 1962 sollten weitere 50.000 Bekleidungssätze geliefert und damit bis zum Ende des Jahres eine Gesamtauslieferung von 270.000 Uniformen erreicht werden.

Den Vorgaben des Politbüros entsprechend, begann 1961 eine umfassende Umstrukturierung der Kampfgruppen, die zur Bildung von insgesamt 120 Allgemeinen Bataillonen führen sollte. Allein die zahlenmäßige Verteilung macht deutlich, daß zu dieser Zeit den Grenzkreisen und -bezirken der DDR besondere Aufmerksamkeit gewidmet wurde. So war für den Bezirk Suhl die Aufstellung von sechs Allgemeinen Bataillonen vorgesehen, für Berlin die von 23. Für Halle waren 22 Allgemeine Bataillone geplant, für Leipzig zehn, für Dresden und Rostock je sechs. Im Bezirk Neubrandenburg war an die Aufstellung entsprechender Kampfgruppen-Einheiten vorerst nicht gedacht. Eine Umstrukturierung der Bataillone der Bezirksreserven war nicht zuletzt deshalb erforderlich, weil ihre Zusammenstellung einer zuverlässigen Alarm- und Einsatzbereitschaft geradezu widersprach. So bestand beispielsweise das Kampfgruppen-Bataillon der Bezirksreserve Güstrow im Bezirk Schwerin aus Angehörigen 38 verschiedener Betriebe, die sich zudem noch über zwei Kreise verteilten.

Einig war der NVR sich schließlich darüber, Hundertschaften zu bilden, die ausschließlich aus „Kämpfern" bestehen sollten, die als Angehörige der Reserve der NVA bereits über eine abgeschlossene militärische Ausbildung verfügten. Zwar sollten diese Hundertschaften sich nicht durch eine besondere Benennung von den ohnehin bereits bestehenden unterscheiden, doch waren für sie unterschiedliche Ausbildungsprogramme und nunmehr drei Ausbildungsgruppen einzuführen:

Ausbildungsgruppe I:
Angehörige der Bataillone der Bezirksreserven
Ausbildungsgruppe II:
Angehörige der Allgemeinen Bataillone und Hundertschaften
Ausbildungsgruppe III:
Angehörige der Hundertschaften, die bereits über eine abgeschlossene Ausbildung verfügen, wie Angehörige der Reserve der NVA und ehemalige Angehörige der KVP, DGP, BP (mit Ausnahme der haupt- und ehrenamtlichen Funktionäre der GST)

Vom US-Sergeant zum DDR-Kämpfer

Daß viele der „Kämpfer" zu diesem Zeitpunkt im Sinne der SED alles andere als verläßlich waren, wird daran deutlich, daß der NVR allen Grund hatte, die Sorglosigkeit in der Werbung für die Kampfgruppen zu bemängeln. Hier seien, so wurde festgestellt, die Ursachen für eine Reihe von „Republikfluchten und anderen bedeutsamen Vorkommnissen" zu finden:

„So wurde zum Beispiel für die technische Wartung der Kraftfahrzeuge der schweren Hundertschaft des Kampfgruppen-Bataillons Erfurt der Kämpfer K. als Verantwortlicher eingesetzt. K. ist Baltendeutscher, er war von 1945 bis 1955 in Westdeutschland und zuletzt Sergeant der US-Armee in Eschwege. In dem Kampfgruppen-Bataillon Erfurt kam es am 22.01.1961 zum vollständigen Ausfall der Sonderkraftfahrzeuge durch falsche Ventileinstellungen am Motor, am 13.03.1961 zum Ausfall aller Zugmittel für die Pak durch die gleichen technischen Ursachen. Der Vorgang wird zur Zeit von der Bezirksdienststelle des MfS Erfurt bearbeitet.

Im Jahre 1960 waren 461 Republikfluchten von Angehörigen der Kampfgruppen gemeldet. Nach unvollständigen Meldungen wurden im I. Quartal 1961 mehr als 70 Angehörige der Kampfgruppen republikflüchtig. Der Untersuchung der Ursachen der Republikflucht von Angehörigen der Kampfgruppen wurde in der Vergangenheit ungenügende Beachtung geschenkt. Wie dringend notwendig jedoch die gründliche Untersuchung ist und sich u.a. auch Schlußfolgerungen für die politisch-ideologische Erziehungsarbeit aber auch für die Auswahl der Kämpfer ergeben, zeigen zahlreiche Beispiele.

Der seit Januar 1961 flüchtige ehemalige Angehörige der Kampfgruppen Wolfgang B., vom Fernmeldewerk Leipzig, war zu 25 Jahren Arbeitslager verurteilt. Er wurde nach 7 Jahren begnadigt. Außerdem hat er später 2 Monate Gefängnis wegen Widerstandes gegen die Staatsgewalt verbüßt.

Bei den seit Februar 1961 flüchtigen ehemaligen Angehörigen der Kampfgruppen Rudolf O., vom VEB Nehma, Kreis Reichenbach und Rudolf W., vom VEB (K) Bau Ückermünde handelt es sich um Bürger, die ohne Familie aus Westdeutschland übersiedelten.

Der flüchtige ehemalige Angehörige der Kampfgruppen H. H., vom HO-Warenhaus Leipzig war seit 1955 bereits zweimal illegal nach Westdeutschland verzogen."

Die Konsequenzen, die nach Überzeugung des NVR aus solchen Vorfällen gezogen werden mußten, lagen auf der Hand:

„Sorglosigkeit dieser Art beeinträchtigen erheblich die personelle Einsatzbereitschaft der Kampfgruppen der Arbeiterklasse. Der Einfluß der Feindtätigkeit in der Arbeit mit den Kampfgruppen muß besser erforscht und analysiert werden.
Die politisch-ideologische Erziehungsarbeit muß sich mit darauf konzentrieren, Argumente des Gegners zu zerschlagen und die politisch-moralische Einheit zu festigen."

Staatsgefährdende Äußerungen nach Mitternacht
Wurden die Kampfgruppen in der Öffentlichkeit und in Kampfappellen auch immer wieder als die wahren Verteidiger der Interessen der Werktätigen dargestellt, mit der sogenannten „politisch-ideologischen Erziehungsarbeit" war es keinesfalls zum besten bestellt. „Verstöße gegen die Grundsätze des Einsatzes von Kampfgruppen der Arbeiterklasse und gegen Befehle, Weisungen und Dienstvorschriften" gab es allenthalben und in allen Bereichen: Fahrlässigkeiten im Umgang mit Munition mit teilweise schweren Unfällen gehörten hierzu ebenso wie Auseinandersetzungen mit der Bevölkerung oder schwere Verkehrsunfälle. Exemplarisch sollen einige wenige Fälle dargestellt werden, die auch die SED-Führung beschäftigten, weil sie die Arbeit mit den Kampfgruppen zurückwarfen, deren Ansehen in der Öffentlichkeit erheblich schädigten und die Schwächen der „Kämpfer" schonungslos aufzeigten, die sich eben in ihrer Masse nicht zu Soldaten formen ließen, sondern Zivilisten blieben.

Alkohol spielte häufig eine Rolle bei diesen besonderen Vorkommnissen, die in vielerlei Hinsicht aufschlußreich sind. Denn wenn alkoholisierte „Kämpfer" mit alkoholisierten Normalbürgern zusammentrafen, dann mußten sie erfahren, daß sie beileibe nicht überall als Stütze des friedlichen Aufbaus des Sozialismus bewundert wurden, verwickelten sich in Schlägereien, bei denen sich manch Kampfgruppen-Kommandeur nichts anderes einfallen lassen mochte, als seine Männer mit aufgepflanztem Bajonett aufmarschieren zu lassen. So auch am 8. Februar 1964.

Die 2. Kampfgruppen-Hundertschaft Lichtenberg hatte an diesem Tag auf dem Schießplatz Seddin geübt und sollte am darauffolgenden in Taktik geschult werden. Im Sporthaus des VEB Hochbau sollten die „Kämpfer" übernachten, doch der Zufall wollte es, daß am selben Abend im Kulturhaus des VEB Hochbau, das sich ebenfalls auf dem Betriebsgelände befand, etwa 200 Jugendliche einen Faschingsball feierten. Wohl künftige Ereignisse vorausahnend, hatten Kommandeur und Parteileitung den „Kämpfern" die Weisung erteilt, sich auf diesem Ball nicht sehen zu lassen. Als diese jedoch kurz vor Mitternacht vom Schießplatz anrückten, mochten sie es bei den beiden Kästen Bier und dem Tee mit Rum, mit denen sie sich mittlerweile versorgt hatten, nicht belassen, sondern einige von ihnen zogen in das Kulturhaus, um den Abend „gemütlich" ausklingen zu lassen. Kommandeur Manthey, der um die Einsatzfähigkeit seiner Männer am nächsten Morgen fürchtete, entschloß sich um 1.45 Uhr mit einem weiteren Genossen zu einem Kontrollgang durch den Ballsaal, und nun kam es zu dem besonderen Vorkommnis, das dann Staatsanwaltschaft, Staatssicherheit und das Ministerium des Innern gleichermaßen beschäftigte. Denn die feiernden Jugendlichen fanden es durchaus nicht in Ordnung, daß der „Genosse Kommandeur" in Uniform nächtens den Ball störte. Was weiter geschah, liest sich in einem Bericht des Präsidiums der Berliner Volkspolizei so:

„Das Erscheinen des Kommandeurs als Kontrollierender löste bei den anwesenden Jugendlichen Mißfallen aus und gipfelte in Pfeifen. Ob hier bereits staatsgefährdende Äußerungen fielen, ist zur Zeit noch nicht ermittelt. ... Durch Zeugenaussagen wurde bekannt, daß der Kämpfer Pikut (dieser hatte als Vertreter der Betriebs-Gewerkschaftsleitung den Verlauf der Veranstaltung in Zivil überwachen sollen, d. Verf.) in einen Wortwechsel mit dem Beschuldigten Horst F. hineingezogen wurde. Hierbei äußerte F., daß die Kampfgruppe nicht das Recht hat, öffentliche Veranstaltungen zu kontrollieren. Er forderte den Genossen P. auf, die Diskussion draußen fortzusetzen, worauf der Genosse P. einging. Als sie aus der Tür traten, wurde Genosse P. von F. unverhofft zweimal ins Gesicht geschlagen. In der Zwischenzeit erschienen weitere Kämpfer und Gäste vor der Tür. Es ergab sich eine größere Schlägerei, in der F. von unseren Kämpfern zu Boden geschlagen und verprügelt wurde. Es ist noch nicht ermittelt, ob erst jetzt von F. und anderen solche Äußerungen wie:
‚Nazis, Schweine, Nazischweine, Arbeiterverräter, Mit Euch rechnen wir noch ab' usw.
gebraucht wurden oder bereits vor der Schlägerei. Der Kommandeur Manthey kam indessen hinzu und ließ durch einen Sanitäter die Einheit alarmieren. Bei den Kämpfern kam der Befehl so an, daß sie mit ihren Waffen - Bajonett aufgepflanzt - am Ereignisort erschienen und die wichtigsten Zauneingänge besetzten. Dem Befehl des Kommandeurs zum Antreten der Einheiten kamen die in die Schlägerei verwickelten Kämpfer nur sehr zögernd nach und mußten zum Teil gewaltsam vom Ereignisort weggeholt werden."

Der Parteiführung war klar, daß es zu der Eskalation vor allem durch das „politisch falsche" Verhalten des Kommandeurs, der übrigens selbst, wenn auch in einem Nebenraum, mitgezecht hatte, gekommen und daß insbesondere ein kaum wiedergutzumachender politischer Schaden entstanden war. Immerhin war es dem VEB Hochbau erstmals überhaupt gelungen, derart viele Jugendliche aus dem benachbarten Wohngebiet für eine Veranstaltung zu gewinnen, die sich nun auf längere Zeit kaum mehr blicken lassen würden. Fazit des MdI:

„Dieses Vorkommnis hat erneut gezeigt, daß Disziplinlosigkeit, Nichtdurchführung von Weisungen und Befehlen die Ursache für diese oder ähnliche Erscheinungen sind. Deshalb muß immer wieder mit allem Nachdruck auf die konsequente Einhaltung und Durchführung bestehender Befehle, Weisungen und Dienstvorschriften eingewirkt werden ... Es muß endgültig überwunden werden, daß während der Ausbildung Alkohol getrunken wird."

Fehlende Disziplin und Verstöße gegen Vorschriften hatten auch zu einem schweren Unfall am 3. November 1963 geführt, bei dem einem „Kämpfer" die Hand abgerissen wurde und anschließend ein Unterarm amputiert werden mußte. Der Kommandeur der 5. selbständigen Hundertschaft im Bezirk Berlin-Mitte war der Auffassung gewesen, er brauche für die Übungen mit den Kampfgruppen ausreichend Nebelkerzen, sog. Imitationsmittel, um das Kampfgeschehen so realitätsnah wie möglich darzustellen. Da nun aber der Kommandeur Heinz Karl L. solche Imitationsmittel nicht in für ihn ausreichendem Maße erhalten hatte, beschaffte er sie sich anderswo und vor allem illegal. Schwierigkeiten bereitete ihm das kaum, denn immerhin war er leitender Mitarbeiter im Büro des Ministerrates. Vom Hauskommandanten der Wacheinheit erhielt er mehrfach solche Nebelkerzen, die er bei seinen Übungen einsetzte. Als er am 3. November 1963 auf dem Übungsgelände in Wernsdorf (Paschenfeld) eine Nebelwand legen wollte, hielt sein Zugführer N. die Nebelkerze zu lange in der Hand, sie explodierte und riß mehrere Finger der rechten Hand weg. Im Krankenhaus Friedrichshain mußte N. der rechte Unterarm amputiert werden. Fest stand: Der Kommandeur hatte sich die Nebelkerzen gegen alle Vorschriften besorgt, entsprechend leitete die Militärstaatsanwaltschaft ein Ermittlungsverfahren gegen ihn ein.

Fünf Tote - und als erstes die Parteidokumente geborgen

Fünf Todesopfer und drei Schwerverletzte hatte ein Verkehrsunfall gefordert, zu dem es am 3. Mai 1964 auf der Straße von Ahrensdorf nach Struveshof gekommen war. In dem verunglückten Fahrzeug, einem P 3 des Industriewerkes Ludwigsfelde, hatten sich Kommandeure der Kampfgruppen befunden, die in Brieselang bei Nauen an einer Stabsschulung teilgenommen hatten und sich nun auf der Heimfahrt befanden. Kurz vor dem Ziel kam das Fahrzeug von der Fahrbahn ab, durchbrach das Geländer einer Eisenbahnbrücke und stürzte auf die Schienen der Bahnstrecke Berlin - Werder. Fünf Insassen waren auf der Stelle tot, drei wurden schwer verletzt ins Krankenhaus Ludwigsfelde gebracht. Unfallursache schien zu hohe Geschwindigkeit bei regnerischem und trüben Wetter gewesen zu sein. So schrecklich dieser Unfall auch war, bemerkenswert sind vor allem die Umstände der Unfalluntersuchung und dann der weiteren Behandlung des Geschehens. Denn nachdem der zufällig vorbeifahrende 1. Sekretär der SED-Kreisleitung Zossen das Unglück bemerkt hatte, informierte er zwar auch „weitere Funktionäre der Kreisleitung und des Staatsapparates", nahm aber als erstes „die Parteidokumente der Verletzten und Toten an sich", die offensichtlich keinem imaginären Gegner in die Hände fallen sollten. Aus einem Bericht der Bezirksbehörde Potsdam der DVP geht hervor, daß sich dann am Unfallort einfanden: Von der SED Kreisleitung Zossen der 1. Sekretär sowie der Sekretär Org.-Kader, der Leiter und ein Mitarbeiter der Abteilung für Sicherheitsfragen der Bezirksleitung Potsdam, ein Mitarbeiter der Abteilung für Sicherheitsfragen beim ZK der SED usw. usw. Erst am Ende der langen Liste finden sich dann tatsächlich zwei Namen von Personen, die wirklich am Unfallort gebraucht wurden, der eines Angehörigen des Verkehrsunfalldienstes Zossen sowie der eines Arztes der Poliklinik Ludwigsfelde.

Es hat den Anschein, als sei es der SED bei der Aufklärung des Unfalles weniger um die Toten und die Verletzten gegangen als um möglicherweise unangenehme Nebenfolgen für die Partei. So wurden zwar „vom 1. Kreissekretär des Kreises Zossen, der Genossin Schmidt, in Absprache mit Vertretern der Bezirksleitung und der Betriebe Genossen eingesetzt, die mit den Ehefrauen die ersten Aussprachen führten", doch dabei standen Mitgefühl und Trost eher im Hintergrund. Denn:

„Beim Gen. Kommandeur Heinz B. aus dem Funkwerk Dabendorf haben wir zur Betreuung der Ehefrau den Genossen Willi Berner - Mitglied der Parteileitung des Funkwerkes Dabendorf - eingesetzt. Frau B. war die einzige, die bei der Übermittlung der Nachricht sich abfällig äußerte. Durch die Parteileitung wird sichergestellt, daß Frau B. eine besondere Betreuung erhält [...]",

und wie die auszusehen hatte, liegt auf der Hand, betrachtet man die folgenden Maßnahmen: Für den 4. November wurde eine Parteileitungssitzung einberufen mit dem Ziel, eine Argumentation zu erarbeiten, „um eine offensive politische Aufklärungsarbeit zu leisten, um von vornherein negative Diskussionen zurückzudrängen". Zugleich wurden vom Leiter des Volkspolizeikreisamtes im Bereich Zossen Spitzel in Marsch gesetzt, „um eine zielgerichtete, operative Aufklärung über Stimmungen und Meinungen sicherzustellen". Abgesprochen war der Einsatz der IM selbstverständlich sowohl mit der SED-

Kreisleitung wie auch mit der Kreisdienststelle des MfS. Die „abfälligen Äußerungen" der Frau B. und mögliche negative Stimmungen in der Bevölkerung beschäftigten die SED-Funktionäre weitaus mehr als das Leid der Angehörigen oder das Schicksal der Schwerverletzten.

Katastrophe bei Königshütte

Gleich sechs Offiziere bedachte der inzwischen zum Generalleutnant avancierte Innenminister Dickel in dem Befehl 4/64 vom 15. Februar 1964 (Vertrauliche Verschlußsache B 3/1 - 6/64) mit einem strengen Verweis, weil sie wider alle Vorschriften gehandelt hatten. „Mehrere besondere Vorkommnisse der letzten Zeit, insbesondere auch schwere Verkehrsunfälle unter Beteiligung von Angehörigen der bewaffneten Organe des Ministeriums des Innern und der Kampfgruppen der Arbeiterklasse", hätten gezeigt, kritisierte der Minister, „daß Befehle, Weisungen und Dienstvorschriften sowie Beschlüsse nicht immer mit der notwendigen Konsequenz durchgesetzt und die Forderungen der Dienstvorschriften verletzt werden. Dazu gehört neben dem Einsatz von Kraftfahrern und Kraftfahrzeugen der bewaffneten Organe des Ministeriums des Innern und der Kampfgruppen der Arbeiterklasse, daß auch Kampfgruppen der Arbeiterklasse zu Aufgaben herangezogen werden, die eine Verletzung der für die Ausbildung und den Einsatz der Kampfgruppen der Arbeiterklasse vorliegenden Beschlüsse, Befehle und Weisungen bedeuten". Anlaß für den konkreten Unmut hatte Dickel dabei im Volkspolizeikreisamt Wernigerode und bei dortigen Kampfgruppen gefunden. Kämpfer waren nicht nur für artfremde Aufgaben eingesetzt worden, es war auch dort zu einem außerordentlich schweren Verkehrsfall gekommen.

„Am 18. 10.1963 wurde durch den seinerzeit amtierenden Chef der Bezirksbehörde Deutsche Volkspolizei Magdeburg, Oberst der VP Weidemann, ein Befehl zum Einsatz von Kampfgruppen zur verstärkten Sicherung der Staatsgrenze West erlassen, ohne daß für eine derartige Aufgabenstellung ein Beschluß zum Einsatz von Angehörigen der Kampfgruppen der Arbeiterklasse vorlag. Im Zusammenhang mit diesem unzulässigen Einsatz von Kampfgruppen der Arbeiterklasse ereignete sich am 03.12.1963 am unbeschrankten Bahnübergang Königshütte, Kreis Wernigerode, Bezirk Magdeburg, ein Verkehrsunfall mit Katastrophencharakter, bei dem sechs Kämpfer des Kampfgruppen-Bataillons (mot) Wernigerode getötet und weitere neun Kämpfer zum Teil schwer verletzt wurden.

Die Untersuchungen haben ergeben, daß außer der Überschreitung der Befugnisse beim Einsatz von Kampfgruppen-Angehörigen auch verantwortliche Angehörige des VPKA Wernigerode grob fahrlässig gegen bestehende Befehle, Weisungen und Vorschriften sowie gegen die Straßenverkehrsordnung verstoßen haben. Als Kraftfahrer wurde der Stellvertreter für Versorgung des Kampfgruppen-Bataillons (mot) Wernigerode eingesetzt, ohne im Besitz einer gültigen Fahrerlaubnis und einer Personenbeförderungsgenehmigung zu sein. Den Befehl zur Übernahme und zum Fahren des Fahrzeuges erteilte der Arbeitsgruppenleiter Kampfgruppen des Kreises Wernigerode. Eine Überprüfung, ob die entsprechende Fahrerlaubnis mit Personenbeförderungsgenehmigung vorliegt, wurde jedoch nicht nicht vorgenommen. Die Vertrauensseligkeit verantwortlicher Offiziere des VPKA Wernigerode gegenüber dem Stellvertreter für Versorgung des Kampfgruppen-Bataillons (mot) hatte bereits dazu geführt, daß ihm in letzter Zeit wiederholt VP-Fahrzeuge auch zur Beförderung von Kämpfern anvertraut wurden und die Offiziere auch selbst mitgefahren sind.

Die Untersuchungen ergaben weiterhin, daß vom Leiter des VPKA Wernigerode die Forderungen der vorläufigen Dienstvorschrift VI/1 des Ministeriums des Innern nicht mit der notwendigen Konsequenz durchgesetzt wurden. Seine Kontrolle auf diesem Gebiet erstreckte sich im wesentlichen nur auf die Durchführung der gestellten Aufgaben bei größeren Übungen, anstatt auch konkrete Befehle zur grundsätzlichen Sicherstellung der Transporte der Kampfgruppen zu erteilen.

Vom Stabschef des VPKA Wernigerode wurde für die den Angehörigen des Kampfgruppen-Bataillons (mot.) vom 02. bis 04.12. 1963 gestellten Aufgaben kein Plan der materiellen Sicherstellung gefordert; in den mündlich getroffenen Festlegungen fehlte die Präzisierung der Verantwortlichkeit.

Der Kfz.-Offizier des VPKA Wernigerode verletzte gröblichst seine Dienstaufsichtspflicht zur Sicherstellung und Durchführung der Transporte der Kampfgruppen. Von ihm wurden keine lückenlose Nachweise über die Erlaubnis zum Führen von VP-Kraftfahrzeugen und über gültige Personenbeförderungsgenehmigungen gefordert.

Die genannten Verletzungen bestehender Beschlüsse, Befehle, Weisungen und Dienstvorschriften sowie die Verletzung der Dienstaufsichtspflicht durch verantwortliche Offiziere des VPKA Wernigerode haben dazu beigetragen, daß einem Angehörigen der Kampfgruppen der Arbeiterklassse ein Fahrzeug zum Führen anvertraut wurde, ohne die Voraussetzungen hierfür zu erfüllen.

Gegen den Stellvertreter für Versorgung des Kampfgruppen-Bataillons (mot.) Wernigerode wurde ein Strafverfahren wegen fahrlässiger Tötung und Transportgefährdung eingeleitet."

Rund zwei Jahre später übrigens hatte dieser schwere Verkehrsunfall Konsequenzen, die im Grunde längst überfällig gewesen waren: die Verbesserung der materiellen Versorgung der Kampfgruppen-Angehörigen, die im Dienst verunglückt waren, und ihrer Hinterbliebenen.

Ausgelöst hatten diese Diskussion der FDGB-Bezirksvorstand Magdeburg wie auch die Parteileitung des Elmo-Werkes Wernigerode, in dem einige der getöteten Kampfgruppen-Angehörigen gearbeitet hatten. In einer Besprechung, an der u.a. Vertreter des FDGB-Bundesvorstandes sowie des Ministeriums des Innern teilgenommen hatten, war am 16. Juni 1965 darauf aufmerksam gemacht worden, daß den Witwen der bei Königshütte Getöteten ab 1966 nur noch eine Hinterbliebenen-Rente in Höhe von 20 Prozent des Jahresarbeitsverdienstes ihrer Ehemänner gezahlt werden würde. Dieser unbefriedigende Zustand solle im FDGB-Bundesvorstand beraten und dann der zuständigen Abteilung im ZK der SED unterbreitet werden. Nicht vergessen dürfe dabei der Aspekt, „daß tödliche Unfälle in den Kampfgruppen Einzelerscheinungen darstellen, zum anderen eine generelle Zuschlagsregelung die Frage der Einbeziehung anderer Kräfte (Freiwillige Helfer der Deutschen Volkspolizei, der Grenztruppen usw." aufwerfe. Falls eine generelle Regelung nicht für erforderlich gehalten werde, solle doch zumindest geprüft werden, wie künftig besondere Härtefälle zu behandeln seien.

Die Abteilung Gewerkschaften und Sozialpolitik sowie die Abteilung für Sicherheitsfragen des ZK der SED reagierten erstaunlich schnell. Schon am am 5. August 1965 schlugen sie gemeinsam dem Sekretariat des ZK vor, nicht nur Kampfgruppen-Angehörigen, die in der Ausbildung oder beim Einsatz einen Unfall erlitten hatten, im Falle der Arbeitsunfähigkeit als Lohnausgleich die Differenz zwischen Krankengeld und durchschnittlichem Nettoverdienst zu zahlen, sondern im Falle ihres Todes den Witwen eine Witwen-Unfallrente zu gewähren, unabhängig davon, ob sie selbst arbeitsfähig waren oder nicht. Mit der Neuregelung hatte u.a. die Konsequenz aus einem Beschluß des ZK-Sekretariats vom 22. Mai 1963 gezogen werden sollen, nach dem Kampfgruppen-Angehörigen durch ihre Tätigkeit keinerlei Nachteile entstehen dürften. Die bisherige Praxis hatte anders ausgesehen, wie in der Begründung zu lesen war. Aufgeführt wurde u.a. der Fall eines „Kämpfers", der durch eine siebenmonatige Arbeitsunfähigkeit einen erheblichen Verdienstausfall hatte hinnehmen müssen. In ähnlicher Weise wirkten sich daneben auch die allgemeinen gesetzlichen Bestimmungen auf die Versorgung von Witwen aus. Nach dem Tod eines Kampfgruppen-Angehörigen infolge eines Unfalles während der Ausbildung bzw. im Einsatz erhielten diese die volle Witwen-Unfallrente nur dann, wenn sie selbst arbeitsunfähig waren. Lediglich als Ausnahme von den gesetzlichen Bestimmungen hatten die Witwen der bei Königshütte getöteten Kampfgruppen-Angehörigen für einen auf zwei Jahre begrenzten Zeitraum die volle Witwenrente bezogen, die nun, so heißt es in dem Papier, zum Ende des Jahres 1965 auf die vorgesehene gesetzliche Höhe reduziert werden sollte, konkret von 300 auf 120 Mark monatlich. Dieses habe erhebliche negative Auswirkungen und werde nicht nur von den unmittelbar Betroffenen als ungerechtfertigt und unbillige Härte empfunden, waren sich die Verfasser der Vorlage einig. Neben dem Hinweis, daß die Zahl der tödlichen Unfälle in den Kampfgruppen sehr gering sei und sich von daher eine Mittelberechnung erübrige, vergaßen sie auch nicht darauf aufmerksam zu machen, daß eine kulantere gesetzliche Regelung zur „Vermeidung negativer politischer Diskussionen" führen werde. Augenscheinlich trieb die ZK-Abteilungen wiederum weniger die Sorge um verunglückte „Kämpfer" oder deren Hinterbliebene als vielmehr die Furcht vor regime-kritischen Stimmungen um. Die finanziellen Auswirkungen sollten im Rahmen der finanziellen Mittel der Betriebe und der Sozialversicherung aufgebracht werden.

Protest gegen Einsatz als Agitatoren

Verstöße gegen die Vorschriften fanden sich nicht nur bei der Beschaffung von Munition oder im Straßenverkehr, „Kämpfer" wurden zunehmend für Aufgaben eingesetzt, die mit ihrem eigentlichen Auftrag rein gar nichts zu tun hatten. In diesem Zusammenhang muß der Kommandeur des IX. Kampfgruppen-Bataillons (mot.), Gaumnitz, genannt werden, dessen Einheit sich aus Mitgliedern der Bezirksparteiorganisation des Berliner Stadtbezirks Prenzlauer Berg zusammensetzte und der mit einem Brief mehr als nur einen Stein ins Rollen brachte. Denn Kommandeur Gaumnitz konnte nicht einsehen und sich nicht damit einverstanden erklären, daß seine „Kämpfer" bei den Vorbereitungen zur Volkskammerwahl am 20. Oktober 1963 oder in „Aufklärungslokalen der Nationalen Front als Agitatoren" eingesetzt wurden. Gaumnitz machte etwas ganz und gar unübliches und schrieb einen geharnischten Protestbrief, nicht etwa an die Parteileitung, sondern an seine „Kämpfer" direkt und löste damit erhebliche Unruhe aus, hatte er es doch gewagt, den Weisungen der Partei zu widersprechen:

„Werte Genossen!
Eigentlich müßte ich diese Zeilen an die Kreisleitung bzw. die Bezirksleitung der Partei richten. Da es sich aber um eine grundsätzliche Frage handelt und ich Euch aufzeigen möchte, welches Ansinnen manches Mal an die Kampfgruppen

gestellt wird, wende ich mich direkt an Euch, teils zur Information und zur Klarstellung.
Am 9. Oktober 1963 trat der Sicherheitsbeauftragte der Kreisleitung an mich heran mit der Bitte, ich möchte doch zur Unterstützung der Wahlvorbereitung (Einsichtnahme in die Wählerlisten) am 10. und 11. Oktober 1963 je 50 Kämpfer für die Wohnbezirke Hufelandstraße und Winzstraße zur Verfügung stellen.
Grundsätzlich bin ich gegen solche Anliegen, weil nach meiner Meinung die Wahlvorbereitung entsprechend dem System der politisch-ideologischen Arbeit in den städtischen Wohngebieten (Beschluß des Politbüros vom 6. August 1963) durchzuführen ist und die Genossen Kämpfer entweder durch ihre BPO oder die WPO eingesetzt sind. Weiterhin entspricht es nicht der führenden Rolle der Partei, wenn zum Beispiel der Kdr. des Stabszuges seine Genossen Kämpfer in die Wahlvorbereitung einschaltet, da diese Genossen Kämpfer drei verschiedenen Grundorganisationen angehören. Dies trifft auch zu auf die KGH (mot.) und die schwere Hundertschaft, wo von drei bis vier BPO die Kämpfer gestellt werden. Darüber hinaus entspricht es nicht der Rolle und den Aufgaben der Kampfgruppen, die Schwächen und Mängel, die in der Wahlvorbereitung auftreten, auf diese Weise helfen zu beseitigen.
Am meisten widerstrebt mir, Aufgaben, die durch beharrliche Überzeugungsarbeit gelöst werden müssen, auf dem Befehlswege zu lösen, indem Genossen Kämpfer den Befehl erhalten, sich im Aufklärungslokal der Nationalen Front zu melden und dann als Agitatoren eingesetzt werden.
Werte Genossen!
Diese Zeilen schrieb ich Euch, um Klarheit zu schaffen. Meine Meinung habe ich dargelegt. Grundsätzlich bin ich der Meinung, alle Genossen und parteilose Kämpfer und Kdr. gehören an die Spitze des Wahlkampfes. Eingesetzt müssen sie aber werden von den BGLn ihrer Betriebe bzw. durch die WPO aber nicht von den Kdr. ihrer Einheiten. Dankbar wäre ich Euch, wenn Ihr mir Eure Meinung mitteilen würdet.
Zu mir selber: Ich bin Kdr. des IX. KGB (mot.). Dieses Batl. setzt sich aus Gen. Kämpfern der BPO aus dem Stadtbezirk Prenzlauer Berg zusammen. Tätig bin ich beim Sekretariat des Zentralausschusses der Volkssolidarität. Kdr. des Batl. bin ich seit 1959."

Immerhin, obgleich das Schreiben des Kommandeurs fast schon an Befehlsverweigerung grenzte und ein erhebliches Maß an Zivilcourage verlangte, hatte es doch völlig unerwartete Ergebnisse. Durch den Brief aufgeschreckt, verlangte die Abteilung für Sicherheitsfragen beim ZK der SED vom Präsidium der Volkspolizei Berlin, Abteilung Kampfgruppen, eine Aufstellung über Sondereinsätze, zu denen die Kampfgruppen in der Zeit vom 1. September bis zum 2. November 1963 herangezogen worden waren. In der Tat ergab sich eine vielfältige Palette von Einsätzen, für die die Kampfgruppen in Anspruch genommen worden waren: für Planierungsarbeiten an den Grenzen ebenso wie für die Sicherung von Wahllokalen oder als „Kordonkräfte beim Staatsbesuch der Kosmonauten"[2]. Am 13. November wurde dem „Genossen Honecker" die Übersicht vorgelegt und dabei noch einmal ausdrücklich Bezug auf das Schreiben des Kommandeur Gaumnitz genommen, der die Untersuchung ausgelöst hatte. Für den genannten Zeitraum führte die Abteilung für Sicherheitsfragen danach folgende Sondereinsätze der Kampfgruppen allein in Berlin auf:

„Kreis Friedrichshain
2210 Stunden in der Wahlvorbereitung im Streifendienst. Am Wahltag waren 90 Kämpfer in Zivil in Bereitschaft. Diese unternahmen im Auftrag der Kreisleitung am Vormittag Demonstrationsfahrten mit dem LKW durch den Stadtbezirk und wurden nachmittags als Schlepper eingesetzt.
1020 Stunden anläßlich des Staatsbesuchs der Kosmonauten.
Kreis Pankow
7895 Stunden für Streifendienst während der Vorbereitung der Wahlen, zum Absperrdienst während des Staatsbesuchs der Kosmonauten und zu Planierungsarbeiten an der Staatsgrenze.
Kreis Prenzlauer Berg
250 Kämpfer 1450 Stunden fast ausschließlich für die Vorbereitung der Wahlen für folgende Aufgaben: Austragen der Wählerkarten, Schlepperdienst am Wahltag und Sicherung der Wahllokale.
Kreis Mitte
2000 Kämpfer in der Wahlvorbereitung je 4 Stunden zur Sicherung des Stadtbezirkes als Streifenposten (Hierfür hätten freiwillige VP-Helfer eingesetzt werden können).
1000 Kämpfer an 2 Tagen 7 Stunden als Kordonkräfte für den Staatsbesuch der Kosmonauten.
2 500 Kämpfer für Planierungsarbeiten an der Staatsgrenze je 4 Stunden.
Kreis Treptow
4 900 Stunden Einsatz der Kämpfer in Vorbereitung und Durchführung der Wahlen für Streifenposten in den VP-Revierbereichen und Sicherung der Wahllokale am Wahltag.
400 Stunden zur Verstärkung des Betriebsschutzes einiger Betriebe vor der Wahl.
Kreis Köpenick
72 Kämpfer 576 Stunden zum Streifendienst in den VP-Revierbereichen in der Zeit vom 17.10. - 20.10.1963.
Am 2.11. 1963   120 Kämpfer zu je 6 Stunden für Planierungsarbeiten an der Staatsgrenze.
Kreis Lichtenberg
284 Stunden Streifendienst in den VP-Revierbereichen in Vorbereitung der Wahlen. Jedes VP-Revier war zusätzlich mit 8-9 Kämpfern besetzt.
Am Wahltag waren 31 Wahllokale des Stadtbezirkes mit je 3 Kämpfern in Zivil besetzt.

---

[2] Gemeint ist hier der Besuch der sowjetischen Kosmonauten Juri Gagarin und Walentina Tereschkowa in Ost-Berlin

Kreis Weißensee
78 Kämpfer je 4 Stunden als Streifenposten in den VP-Revierbereichen, 20 Kämpfer am Wahltag in Bereitschaft, 200 Stunden für Planierungsarbeiten an der Staatsgrenze."

Grenzeinsatz mit bloßen Händen

Abgesehen davon, daß alleine schon der massive Einsatz der „Kämpfer" vor und am Tag der Volkskammerwahlen zeigte, wie wenig die SED ihrem „Volk" trauen mochte, hatte sich gezeigt, daß bereits das ganze Jahr über die Kampfgruppen für derartige ungerechtfertigte Einsätze herangezogen worden waren und somit durch „die nicht mehr zu vertretende Überbelastung der Kämpfer in ihrer Freizeit" letzten Endes eine kontinuierliche und qualifizierte Ausbildung gefährdet wurde. Besonders die Einsätze an der „Staatsgrenze" zu Berlin (West) hatten dabei den Unwillen der „Kämpfer" auf sich gezogen, denn sie waren nach Erkenntnis der Abteilung für Sicherheitsfragen „ungenügend organisiert und vorbereitet" worden. Als nur ein Beispiel von vielen nannte der Leiter der Abteilung, Generalleutnant Borning, die Tatsache, daß „z.B. der Einsatz einer einzigen Planierraupe die Arbeit von 100 Kämpfern eingespart" hätte.

Aber nicht alles, was Hauptmann Hoffmann von der Abteilung Kampfgruppen im PdVP, ihm an Wahrheiten berichtet hatte, mochte Borning an Honecker weiterleiten. So hatte er ihm wohlbewußt folgende „Besonderheiten" verschwiegen, die die Angehörigen der Kampfgruppen aufgebracht hatten, waren sie doch Ausdruck größten Mißtrauens der SED-Führung gegenüber ihrer eigenen Partei-Armee. Bei einem Einsatz am 2. November an den „Staatsgrenze" nämlich wurde ihnen überaus deutlich gemacht, daß die Grenztruppen den „Kämpfern" nicht über den Weg trauten und jeden Fluchtversuch vereiteln würden. So hatte Hauptmann Hoffmann zu Papier gebracht:

„Die Kämpfer waren eingesetzt zu Planierungsarbeiten. Während dieses Einsatzes kam es entlang der Staatsgrenze zu einem unerklärlich hohen Einsatz an Diensthundeführern (mit Hunden) der Grenzbrigade.
In den einzelnen Arbeitsabschnitten befanden sich ca. alle 50 m 2 Diensthundeführer.
Ein Offizier der Grenzbrigade äußerte zu Beginn des Einsatzes vor den Kämpfern:
‚Die Diensthunde haben Sie gesehen, die sind zu Ihrem Schutz eingesetzt!'
Diese Bemerkung wurde von den Kämpfern als sehr unangebracht aufgenommen.

Der große Einsatz von Diensthundeführern führte zu einer starken Verärgerung bei unseren Kämpfern.
Hinzu kam, daß der gesamte Arbeitseinsatz schlecht vorbereitet war und die entsprechenden Werkzeuge und Materialien fehlten. Die Kämpfer waren gezwungen, Stein- und Schutthaufen mit bloßen Händen wegzuräumen.
Diese primitive Arbeitsweise und der große Einsatz von kläffenden Diensthunden fanden die Kämpfer entwürdigend.
Zum Beispiel waren in Pankow, wegen Mangel an entsprechenden Geräten, die Kämpfer gezwungen teergetränkte Masten zu tragen, so daß die Uniformen der Kämpfer vollkommen verschmutzt wurden und kaum noch zu reinigen sind.
Unsere Kämpfer äußerten sich, daß, wenn die Vielzahl der Wachposten und Diensthundeführer, die zusätzlich zum Schutz der Staatsgrenze in den Arbeitsabschnitten eingesetzt waren, manuell gearbeitet hätten, ziemlich das gleiche ohne den Einsatz der Kampfgruppen geschafft worden wäre".

Man müsse berücksichtigen, so Hauptmann Hoffmann abschließend, daß es sich bei den „Kämpfern um den besten und fortschrittlichsten Teil der Arbeiterklasse handelt, die auch im Wirtschafts- und Staatsapparat verantwortliche Funktionen ausüben und in der Lage sind, einen solchen Arbeitseinsatz einzuschätzen" - ganz anders offensichtlich, als die Kreisleitungen der SED oder die Grenztruppen. Die bisherigen Ergebnisse, so Borning in seinem Schreiben an Honecker weiter, machten es notwendig, jeden unnötigen und unberechtigten Einsatz der Kampfgruppen, der nicht den in den Parteibeschlüssen festgelegten Aufgaben entspreche, unbedingt zu vermeiden. Sondereinsätze sollten daher in Zukunft von der Genehmigung durch die 1. Sekretäre der Bezirksleitungen abhängig gemacht werden. Der Einsatz von Kampfgruppen zu sachfremden Aufgaben hatte sich allerdings durchaus nicht auf Berlin beschränkt, sondern war republikweit praktizierte Gewohnheit, wobei sich der Bezirk Magdeburg in besonderer Weise negativ hervortat. In seiner Dissertation bemerkte Roland Grau 1989 dazu:

„Wenn zum Beispiel Kampfgruppen der Wismut in Zwickau bei Aufräumungsarbeiten nach einer schweren Gasexplosion eingesetzt wurden, dann verstanden das die Kämpfer. Sie verstanden jedoch nicht, daß sie zu Sondereinsätzen befohlen wurden, die Angelegenheit anderer Einrichtungen oder Organisationen war."

Auch wenn Honecker nicht über das volle Ausmaß des Unmutes unter den „Kämpfern" informiert wurde. Nach mehreren schweren Verkehrsunfällen mit zahlreichen Todesopfern in nur kurzer Zeit, nach immerwiederkehrenden Verletzungen von Sicherheitsbestimmungen und permanentem Einsatz der Kampfgruppen zu sachfremden Aufgaben, schrieb er am 10. Januar 1964 den 1. Sekretären aller Bezirksleitungen einen geharnischten Brief, der diesen eingerissenen Mißständen ein Ende bereiten sollte. Den „werten Genossen" brachte er in Erinnerung, daß es in fast allen Bezirken noch immer Kreise gebe, in denen die Ausbildung unzulässigerweise während der Arbeitszeit durchgeführt werde. Zudem seien „wiederholt Kämpfer und ganze Kampfgruppeneinheiten zum Sicherungsdienst und zu Planierungs- oder Aufräumungsarbeiten an der Staatsgrenze, zum Streifendienst in verschiedenen Volkspolizei-Revierbereichen und in der Wahlperiode im Oktober 1963 in einigen Fällen sogar zum Austragen von Wählerkarten, Schlepperdienst u.ä. eingesetzt" worden. Als noch ernster müßten die „vorgekommenen Verletzungen der Ordnung, der Sicherheitsbestimmungen und die Verletzung der Kontrollpflicht eingeschätzt werden", die u.a. zu dem schweren Unfall bei Königshütte geführt hätten. Dieses alles gebe Veranlassung, „mit allem Nachdruck auf eine konsequente Durchsetzung der Befehle und Weisungen und die strengste Einhaltung der Ordnung und der Sicherheitsbestimmungen durch die Genossen der Deutschen Volkspolizei und die Kommandeure der Kampfgruppen zu dringen".

Mit Spartakiaden den Wehrwillen gestärkt

Der SED war stets daran gelegen, die Kampfgruppen - wie auch die übrigen bewaffneten Organe - zu popularisieren und sie der Bevölkerung nahezubringen. Ideenreichtum kann man ihr dabei keinesfalls absprechen, es sei denn, man berücksichtigt, daß die SED vieles lediglich von ihrer direkten Vorgängerdiktatur übernommen und für die eigenen Zwecke mit ausgetauschten Inhalten erfüllte. Die „Spartakiadebewegung" mag hierfür als ein besonders gutes Beispiel gelten. Entstanden war sie auf der Grundlage eines Beschlusses des Sekretariats des ZK der SED vom 19. Mai 1965 und hatte „die Verstärkung der sozialistischen Wehrerziehung" zum Inhalt. Den Kampfgruppen war in diesem Zusammenhang aufgegeben, ihre „Öffentlichkeitsarbeit" wesentlich zu verstärken. Als Instrument hierfür entsannen sich die Kampfgruppen-Verantwortlichen der Spartakiaden, von denen es die erste auf Kreisebene bereits 1959 in Berlin-Köpenick gegeben hatte, die in den Folgejahren jedoch nur sporadisch in einzelnen Bezirken, durchgeführt worden waren. Nicht um Sportveranstaltungen hatte es sich dabei gehandelt, sondern ausdrücklich um „wehrsportliche Wettbewerbe", die Wehrwillen und Wehrfähigkeit der Massen steigern sollten. Entsprechend sah das Programm dieser Spartakiaden aus. Auf dem Programm standen militärischer Vierkampf, 10-km-Orientierungsmärsche, 10 x 200 m Vielseitigkeitsstaffel, eine Vielseitigkeitsstaffel der motorisierten Einheiten, 6 x 200 m Hindernisstaffel sowie Schießwettkämpfe mit Pistole, Maschinenpistole und Panzerbüchse. In der Tat gelang es der SED, diese Spartakiaden recht bald für ihre Zwecke zu nutzen. In Leipzig fanden seit 1964 alle zwei Jahre Bezirksspartakiaden statt, in Frankfurt/Oder ab 1966. Es folgten Berlin, Suhl, Schwerin, Rostock, Cottbus, Karl-Marx-Stadt und das Wismutgebiet mit jeweils eigenen Bezirksspartakiaden. Die 1. Berliner Bezirksspartakiade am 24. September 1967 machte deutlich, daß diese verdeckte Form der Wehrerziehung in der Bevölkerung durchaus Anklang fand. Über 100.000 Zuschauer sahen im „Ernst-Thälmann-Park" den 3.000 aktiven „Kämpfern" beim Ringen um Medaillen und Auszeichnungen zu. Da traten „Kämpfer" der Bezirksverwaltung gegen die des MfS an, Gästemannschaften kamen von der Volkspolizei, der GST, der Feuerwehr, der Zollverwaltung, dem DRK und nicht zuletzt von der Gruppe der in Deutschland stationierten sowjetischen Streitkräfte. Es bleibt offen, wem die Zuschauer bei der 2. Bezirksspartakiade Frankfurt/Oder in Eberswalde, die nicht von ungefähr auf den 17. Juni 1967 terminiert worden waren, eher die Daumen drückten: Den sowjetischen Soldaten, die letztlich den Sieg errangen, oder der Bezirksverwaltung des MfS, die sich mit einem zweiten Platz zufrieden geben mußten. Daß es der SED bei den Spartakiaden nicht um Sport, viel mehr dagegen um Politik und Indoktrination ging, zeigen diese Sätze:

„Die Wettkampfleistungen und die Vorführungen von Spezialeinheiten der Kampfgruppen demonstrierten eindrucksvoll den gewachsenen Ausbildungsstand und unterstrichen den Willen der Kämpfer, auch mit der Waffe in der Hand den sozialistischen Aufbau zu schützen. Die Spartakiade gestaltete sich zu einem echten Volksfest, das sichtbar die enge Verbindung von Kampfgruppen und Bevölkerung widerspiegelte. Die Teilnahme einer Mannschaft der zeitweilig in der DDR stationierten sowjetischen Streitkräfte - sie belegte hinter dem Wachregiment Berlin bei den Gästemannschaften den zweiten Platz vor der Mannschaft des Präsidiums der Volkspolizei Berlin - war ebenso Ausdruck der deutsch-sowjetischen Freundschaft, wie die abschließende Parade von 700 Musikern dieser Streitkräfte, die Höhepunkt der Spartakiade wurde. In einer Nachbetrachtung schrieb Werner Hübner über die Bezirksspartakiade (am 24. Sept. 1967 in Berlin, d. Verf.): ‚Die 1. Bezirksspartakiade der Kampfgruppen in Berlin demonstrierte die feste Einheit und Entschlossenheit derer, die gewillt sind, vor jedem Feind zu schützen, was ihre eigenen Hirne und Hände geschaffen haben. ... Die Kampfgruppen sind geschaffen, um im engeren Bereich ihrer Heimat Betriebe und wichtige Einrichtungen vor feindlichen Anschlägen zu schützen, mit der Waffe!'"[3]

"Frühlingssonne" ging nicht auf
Obwohl die SED die Schwächen innerhalb der Kampfgruppen erkannte und immer neue Anstrengungen unternahm, sie zu beheben, gelingen wollte es ihr trotz massiven, auch finanziellen Einsatzes nur in begrenztem Maße. So sollte im Rahmen der Übung „Frühlingssonne" im Bereich der Bezirkseinsatzleitung Potsdam im Jahr 1968 die „Sicherstellung der Einheiten der Kampfgruppen der Arbeiterklasse mit Kraftfahrzeugen zur Erfüllung der Aufgaben während der Ausbildung, bei überraschenden Alarm- und Einsatzübungen sowie in Vorbereitung auf den Verteidigungszustand" überprüft werden. Am 9. August 1968 schickte Erich Honecker als Sekretär des NVR dem Minister für Nationale Verteidigung den entsprechenden Bericht der Kontrollgruppe des NVR, der katastrophale Mängel dokumentierte. Zwar waren die alarmierten Einheiten in ausreichender Stärke in der vorgebenen Zeit an den vorgesehenen Sammelpunkten erschienen - ein wesentlicher Fortschritt gegenüber vorangegangenen Übungen -, doch dieses Mal fehlte es an Fahrzeugen, um anschließend überhaupt an die festgelegten Einsatzorte gebracht zu werden. In dem Bericht der Kontrollgruppe vom 5. August (Geheime Verschlußsache 181/68) hieß es dazu:

„Im Ergebnis der durchgeführten Übung „Frühlingssonne" zeigte sich im Bereich der Bezirkseinsatzleitung Potsdam, daß teilweise die für die Einheiten der Kampfgruppen entsprechend der Idee der Übung vorgesehenen Aufgaben zeitlich nicht erfüllt werden konnten, weil die infrage kommenden Einheiten zwar im geplanten Normzeitraum die personelle Einsatzbereitschaft herstellten, ein Transport der Kräfte und Mittel aus den Sammelräumen zum Waffenempfang im Volkspolizeikreisamt und von dort zu den zu sichernden Objekten infolge des Fehlens von geeigneten Transportfahrzeugen jedoch nicht, oder erst nach einem längerem Zeitraum möglich war."

Ähnliches habe sich - so die Kontrollgruppe - bereits bei überraschenden Alarm- und Einsatzübungen in anderen Bezirken gezeigt. Am

---
[3] Grau, Dissertation (B), Berlin (Ost), 1989; Bei dem von Grau lobend zitierten Werner Hübner handelte es sich um Generalmajor Dr. Werner Hübner vom Institut für Marxismus-Leninismus beim ZK der SED, der die von Grau vorgelegte Dissertation zu begutachten hatte!

Beispiel der Kreise Zossen und Oranienburg, in denen je ein Kampfgruppen-Bataillon (mot) bestand, zeigte die Kontrollgruppe auf, wenngleich sie dieses auch nicht so deutlich formulierte, daß die Kampfgruppen insbesondere vom Ministerium für Nationale Verteidigung letztlich nicht ganz ernst genommen wurden und dementsprechende Nachteile hinzunehmen hatten. So hatten zwar aufgrund einer Vereinbarung zwischen dem MdI und dem MfNV die Wehrkreiskommandos den Kampfgruppen Fahrzeuge zur Verfügung zu stellen, doch statt der vorgegebenen W 50, H 3a oder S 4000 mußten die „Kämpfer" in der Regel mit den kleineren Granit, Garant oder Phänomen vorlieb nehmen: „Das erhöht zwangsläufig die Anzahl der bereitzustellenden Fahrzeuge, da entsprechend dem Mannschaftsbestand in der Regel anstelle eines W 50 oder H 3a zwei Fahrzeuge geringerer Tonnage eingesetzt werden müssen." Zudem hätten die Kampfgruppen nicht nur auf Fahrzeuge aus dem volkseigenen und genossenschaftlichen Bereich zurückgreifen, sondern zusätzlich auch Fahrzeuge aus dem Privatbereich „requirieren" müssen, um halbwegs mobil zu sein. Das wiederum aber war nach dem Verteidigungsgesetz, nach dem bei Mob-Übungen nur der volkseigene „VE-Sektor" in Anspruch genommen werden durfte, nicht erlaubt. Die Konsequenz: „Es besteht gegenwärtig keine Möglichkeit, im Rahmen von Übungen die Realität der Mob-Planung für die Kampfgruppeneinheiten (mot) mit zu überprüfen."

Erschwert wurden die Bedingungen für den Einsatz der Kampfgruppen zusätzlich dadurch, daß diese - trotz des unzureichenden Fahrzeugparks - gleichwohl erhebliche Strecken zurückzulegen hatten, allein schon, um überhaupt nur an ihre Waffen zu kommen. Die Kontrollgruppe dazu:

„Bei der Durchführung von überraschenden Alarm- und Einsatzübungen bestehen in beiden Kreisen Schwierigkeiten bezüglich der Gestellung von Kfz., insbesondere für die zu Objektsicherungsaufgaben vorgesehenen Kampfgruppeneinheiten. Ein großer Teil der Kämpfer dieser Einheiten muß nach der Herstellung der personellen Einsatzbereitschaft in den Sammelräumen sowohl einen Kfz-Marsch in der Regel zum Volkspolizeikreisamt in der Kreisstadt zum Waffenempfang durchführen, als auch von der Kreisstadt zu den zu sichernden Objekten. Hierbei ergeben sich Entfernungen zwischen 20 - 45 km.
Während im Kreis Zossen gegenwärtig keine Vorstellungen für die Lösung dieses Problems vorhanden sind, wurde diese Frage im Kreis Oranienburg teilweise so geregelt, daß in dem Vertrag mit dem VEB Kraftverkehr neben der langfristigen Anforderung von Kfz für Ausbildungszwecke, auch Festlegungen über die sofortige planmäßige Zurverfügungstellung von Kfz nach dem Stichwort ‚FERN-

FAHRT' enthalten sind. Hierdurch wird gewährleistet, daß der Betrieb innerhalb von 60 - 120 Minuten den für das Bataillon erforderlichen Transportraum zur Verfügung stellt."

Das Dilemma, in dem sich die Kampfgruppen dadurch sahen, daß zwar von ihnen eine Aufgabenerfüllung verlangt wurde, sie andererseits aber nicht über ausreichend Transportmöglichkeiten verfügten, machte die Kontrollgruppe mit dieser Aufstellung deutlich:

	Entfernung vom Sammelraum zum Bewaffnungsort	Entfernung bis zum Sicherungsobjekt	insgesamt
Kreis Zossen:			
1. KG-Hundertschaft Großbeeren	23 km	14 - 19 km	37 - 42 km
KG-Zug Sperenberg	12 km	12 km	24 km
Kreis Oranienburg:			
3. KG-Hundertschaft Velten	5 km	16 - 22 km	21 - 27 km
KG-Zug Eichstedt	9 km	2 - 12 km	11 - 21 km
KG-Zug Löwenberg	12 km	16 km	28 km

Im Ernstfall Flucht per pedes

Daß die Kampfgruppen angesichts einer solchen Transportsituation die „sozialistischen Errungenschaften" kaum würden verteidigen können, war dem NVR bewußt. Doch die Lösungsvorschläge fielen eher halbherzig aus. Die Zahl der in den Kreisen bestehenden Verträge zur Sicherstellung von Transportraum für die Ausbildung sollte erhöht und um Festlegungen über die alarmmäßige Bereitstellung von Kraftfahrzeugen erweitert werden. Bei überraschenden Alarm- und Einsatzübungen sollten die Fahrer dieser Fahrzeuge alarmiert werden und zur Durchführung von Transportaufgaben zur Verfügung stehen.

Gleich mehrere „Pferdefüße" beinhalteten die dem NVR vorgelegten Vorschläge:

„Auf Grund der angespannten Kfz-Lage (ist) davon auszugehen, daß die Fahrzeuge nicht bei den objektsichernden Einheiten ständig verbleiben, sondern den Kreiseinsatzleitungen auch zur Lösung anderer Aufgaben im Rahmen der Übung zur Verfügung stehen."

Mit anderen Worten: Bei einem überlegenen Gegner hätten sich die Kampfgruppen nicht geordnet zurückziehen können, sondern sich per pedes aus dem Staub machen müssen. Und noch eines wird ihnen wenig gefallen haben. Es sollte die Möglichkeit untersucht werden, „die in den Bezirken und Kreisen ständig zur Aussonderung anfallenden LKW der Typen S 4000 und H 3a, die teilweise noch weiterhin verwendbar sind, als strukturmäßige Transportmittel für die motorisierten Einheiten der Kampfgruppen zu nutzen". Die Erwartung, „bei Beschreitung eines solchen Weges wäre das Transportproblem für die motorisierten Einheiten sowohl für die Ausbildung, bei Übungen und auch für den Verteidigungszustand gelöst", dürfte wohl mehr oder weniger illusorisch gewesen sein.

Neue Uniformen und neues Emblem

Wenn die „Kämpfer" sich schon mit zur Aussonderung anstehenden Fahrzeugen oder mit dem öffentlichen Busverkehr behelfen mußten, sollten sie doch auf Beschluß des Politbüros vom April 1970 wenigstens verbesserte Uniformen erhalten und desgleichen ein neues Emblem. Vorgeschlagen hatte dieses am 3. April 1970 die Abteilung für Sicherheitsfragen des ZK sowie das Ministerium des Innern und die Notwendigkeit der Neuanschaffung mit „höheren Gebrauchswerteigenschaften" begründet. Die bisherigen Uniformen entsprächen nicht mehr „den erhöhten Anforderungen in Bezug auf bekleidungsphysiologische Eigenschaften und Gebrauchstüchtigkeit". Daneben aber stelle die Einführung einer neuen Uniform „einen sichtbaren Ausdruck der Anerkennung und Würdigung der bisherigen Bewährung und Einsatzbereitschaft der Angehörigen der Kampfgruppen der Arbeiterklasse dar, die ihren Klassenauftrag als Kommandeure, Unterführer oder Kämpfer in aufopferungsvoller Arbeit außerhalb der Arbeitszeit freiwillig und ehrenamtlich vorbildlich erfüllen". Es dürfte wohl unumstritten sein, daß es ZK und Politbüro bei der Beschaffung neuer Uniformen weniger um eine „Würdigung" ging, als vielmehr darum, die Kampfgruppen noch mehr als bisher für mögliche militärische Einsätze auszustatten und sie in der äußeren Erscheinungsform der NVA anzugleichen. So verwundert kaum, daß die neuen Uniformen in Form und Ausführung den Felddienstanzügen der Nationalen Volksarmee angepaßt wurden. Dennoch gab es einige wenige, eher unbedeutende Unterschiede:

„Die Materialzusammensetzung entspricht der des Feldanzuges der NVA. Bei der Kampfgruppenuniform entfällt jedoch der Tarndruck. Durch die neue Materialzusammensetzung tritt eine geringe Farbtonveränderung gegenüber der bisherigen Kampfgruppenuniform ein. Die Farbaufnahme erfolgt überwiegend durch die Baumwollfaser, während von den synthetischen Faserstoffen lediglich die Polyesterfaser geringe Farbsubstanzen aufnimmt."

Verbesserte Haltbar- und Festigkeit, eine erhöhte Reiß- und Scheuerfestigkeit, geringere Knitteranfälligkeit und eine gute Flexibilität wurden neben Farb- und Waschechtheit als Vorzüge der neuen Uniformen gepriesen. Zudem wurde das neue Gewebe nicht mehr schwefel-, sondern indanthrengefärbt. Schließlich wurde versprochen, die neuen Uniformen nähmen Feuchtigkeit nicht mehr auf, sondern ließen Wasser als Perlen abtropfen und verhinderten durch die Luft- und Wasserdampfdurchlässigkeit eine erhöhte Transpiration. Bei Regen versagte allerdings auch die neue Bekleidung, hier blieben Zeltplanen als zusätzlicher Schutz weiterhin unerläßlich.

Gleichzeitig mit der beabsichtigten Neueinführung der Uniformen, wollte sich die SED auch von einem weiteren Stück schwarz-rot-goldener Identität verabschieden. Die bisherigen Ärmelembleme hätten sich als unzweckmäßig erwiesen, da ihre Farbe, im Siebdruck aufgetragen, nach jeder Reinigung brüchig geworden und abgeblättert sei. Bei den künftigen Uniformen sollten daher diese Embleme in Maschinenstickerei ausgeführt werden. Da aber die alten Embleme mit schwarz-rot-goldener Umrandung vor der Einführung des Staatswappens geschaffen worden seien, sollte die Chance genutzt werden, das Emblem in wesentlichen Teilen zu verändern. An die Stelle der schwarz-rot-goldenen Umrandung sollte eine rote treten, ein Vorschlag, der vom Politbüro auch prompt akzeptiert wurde. Weiter wurde den „Kämpfern" eine neue Mützenkokarde mit dem Staatswappen der DDR verordnet, die ihre Einbindung in das Gesamtsystem der „bewaffneten Organe" zum Ausdruck bringen „und dem Charakter der Kampfgruppen als unmittelbar bewaffnetes Organ der Arbeiterklasse der Deutschen Demokratischen Republik in jeder Hinsicht Rechnung tragen" sollte.

Stattliche 5,83 Millionen Mark mußte das Politbüro für die Erstausstattung der Kampfgruppen mit ihrer neuen Uniform bewilligen, hatte doch „die Einführung der verbesserten Kampfgruppenuniform insbesondere durch das neue Gewebe folgende finanzielle Auswirkungen:

- Kampfgruppenuniform	60,10 M	(bisher	38,50 M)
- Skimütze	9,00 M	(bisher	6,00 M)
- Feldmütze	5,40 M	(bisher	3,65 M)
- Ärmelemblem	0,70 M	(bisher	0,44 M)
Insgesamt	75,20 M	(bisher	48,69 M)

Da - wohl typisch für eine Planwirtschaft - noch 1969/70 insgesamt 100.000 Kampfgruppen-Uniformen alter Ausführung bestellt und auch ausgeliefert wurden, entschied das Politbüro, diese einfärben und auftragen zu lassen. Am 1. Januar 1971 sollte dann, zuerst bei den Kampfgruppen-Einheiten (mot.), mit der Auslieferung der neuen begonnen werden, am 30. Juni 1974 dann der letzte „Kämpfer" sich dem NVA-Soldaten zum Verwechseln ähnlich präsentieren können.

Die weitere Militarisierung der Kampfgruppen

Am 30. September 1971 war in Strausberg der Nationale Verteidigungsrat zusammengetreten, um einen von Armeegeneral Hoffmann vorgelegten und von seinem Stellvertreter Generaloberst Keßler erarbeiteten Bericht (Geheime Verschlußsache A 149410) über die Entwicklung der Kampfgruppen bis 1980 zur Kenntnis zu nehmen und zu beschließen. Neben Willi Stoph als Vorsitzendem des Ministerrates stimmten der Vorlage Stasi-Chef Mielke, Generaloberst Dickel und Generalleutnant Borning zu, wenn auch der Bericht mehr Schatten als Licht enthielt. Zwar waren die NVR-Mitglieder zum wiederholten Male und erwartungsgemäß der Überzeugung, die „führende Rolle der Partei" in den Kampfgruppen habe sich weiter gefestigt und „Kampfwert und die Einsatzbereitschaft" hätten weiterentwickelt werden können. Zudem hätten die „Kämpfer" den „gestellten Klassenauftrag in fester Waffenbrüderschaft mit den Angehörigen der bewaffneten Organe der DDR und der Sowjetarmee" erfüllt, gleichzeitig aber wurden eine Reihe von Schwachstellen innerhalb der Kampfgruppen aufgeführt. „Die Präzisierung des Führungssystems der Kampfgruppen der Arbeiterklasse, um die operative Führung der Kampf- und Sicherungseinheiten auf der Bezirks- und Kreisebene noch wirkungsvoller zu gestalten", sei ebenso zweckmäßig, wie eine Überarbeitung der Organisationsstrukturen. Vor allem aber gehe „die gegenwärtige Planung von einem relativ kurzen Einsatzzeitraum der Kampfgruppen aus. Sie berücksichtigt nicht die Notwendigkeit der ausschließlichen

Erfüllung von militärischen Aufgaben durch einen Teil der Kampfgruppen bei gleichzeitiger Aufrechterhaltung der staatlichen Führung und Produktion. Die Abstimmung der Kämpfer hinsichtlich des Produktionsprofiles im Verteidigungszustand sowie der Erfüllung staatlicher Aufgaben" sei bisher noch nicht vorgenommen worden.

Der Hinweis auf die „ausschließliche Erfüllung von militärischen Aufgaben" ist insofern von besonderer Bedeutung, als die Kampfgruppen in den 80er Jahren tatsächlich zu einer vorrangig militärischen Einrichtung umgestaltet werden sollten. Offenbar hielt die DDR-Führung zu diesem Zeitpunkt - zehn Jahre nach dem Mauerbau - die Lage im Innern des Landes für derart stabil, daß der ursprüngliche und eigentliche Zweck der Kampfgruppen, nämlich für „Ruhe und Ordnung" gegenüber der eigenen Bevölkerung zu sorgen, zumindest zeitweise in den Hintergrund treten konnte. Aus den Kampfgruppen sollte neben der NVA und den Grenztruppen eine Armee werden, die jedoch bei den internationalen Abrüstungsverhandlungen nicht in Anrechnung zu bringen war.

190.000 „Kämpfer" standen zu diesem Zeitpunkt in den Diensten der SED, davon 37.000 (21 %) in den Bezirkskampfkräften, 90.000 (50 %) in den Kreiskampfkräften sowie schließlich 53.000 (29 %) als Sicherungskräfte.

„Die neuen im Verteidigungszustand zu erfüllenden Aufgaben" stellten „wachsende Anforderungen an die Mobilität und Feuerkraft dieser Einheiten", die sich explizit in den vom NVR beschlossenen Grundsätzen „für die Hauptrichtung der Entwicklung der Kampfgruppen der Arbeiterklasse im System der Landesverteidigung der Deutschen Demokratischen Republik bis 1990" niederschlugen.

Danach waren die Kampfgruppen „Bestandteil der bewaffneten Kräfte der DDR und werden zur Erfüllung militärischer Aufgaben im territorialen Bereich der Landesverteidigung eingesetzt. ... Sie sind nach militärischen Prinzipien ausgebildete und geführte, kampfstarke und mit der erforderlichen Bewaffnung und Technik ausgerüstete Einheiten, die in kurzer Zeit ihre Einsatzbereitschaft herstellen". In Spannungsperioden und „zur Erfüllung von Kampfaufgaben und zur Sicherung der Ausweichführungsstellen der Einsatzleitungen" war der Einsatz von 80.000 Kämpfern vorgesehen, 100.000 „Kämpfer sollten den Sicherungskräften (einschließlich der Flak-Batterien) angehören, wobei 60.000 von ihnen die Sicherung und Verteidigung militärischer und für die Landesverteidigung wichtiger zentraler Objekte zu übernehmen hatten und 40.000 für die „Erfüllung zusätzlicher Kampf- und Sicherungsaufgaben" eingeplant waren.

Bemerkenswert ist die Beschreibung der Hauptaufgaben, die die Kampfgruppen der Arbeiterklasse im Zusammenwirken mit anderen bewaffneten Kräften auszuführen hatten.

„Kampfkräfte
a) kompromißlose Vernichtung bzw. Zerschlagung von
- Luft- und Seelandeeinheiten
- durchgebrochenen Einheiten
- Aufklärungs- und Diversionsgruppen der Streitkräfte
- bewaffneten zivilen Banden sowie
- Diversions- und Sabotagetrupps der Geheimdienste
des Gegners.
b) Unterstützung der Grenztruppen der Nationalen Volksarmee bei der gefechtsmäßigen Sicherung der Staatsgrenze
c) Unterstützung von Maßnahmen zur Gewährleistung der öffentlichen Ordnung und Sicherheit
d) Sicherung und Verteidigung der Ausweichführungsstellen der Einsatzleitungen.
(2) Sicherungskräfte
Zuverlässige Sicherung und Verteidigung von Objekten, die für die Landesverteidigung von besonderer Bedeutung sind, durch
a) Überwachung des Objektvorfeldes und Sicherung der unmittelbaren Zugänge zum Sicherungsobjekt
b) Abwehr von Angriffen gegnerischer Kräfte sowie hartnäckige Verteidigung der Sicherungsobjekte bei Angriffen stärkerer Kräfte des Gegners
c) die Organisation und Durchführung einer begrenzten beweglichen Raumsicherung."

Für die Flak-Batterien hatte der NVR neben der Bekämpfung tieffliegender Luftziele auch die Vernichtung gegnerischer Erdziele vorgesehen, während Sicherungskräfte, sofern sie nicht sofort zum Einsatz kamen, weiterhin Produktionsaufgaben zu erfüllen hatten.

Wichtig für die sich dramatisch verändernde Einordnung der Kampfgruppen in das System der Landesverteidigung der DDR, die auch in den „Grundsätzen für die Hauptrichtung der Entwicklung der Kampfgruppen der Arbeiterklasse im System der Landesverteidigung der DDR bis 1980" im April 1972 vom NVR bestätigt wurde (GVS A 148850), war vor allem die Darstellung der operativen Führung, die verdeutlichte, daß sie, obwohl weiterhin eine reine Partei-Armee, verstärkt militärischen Charakter annehmen sollte:

„8. (1) Die Gesamtführung der Kampfgruppen verwirklicht das Zentralkomitee der Sozialistischen Einheitspartei Deutschlands über den Nationalen Verteidigungsrat der Deutschen Demokratischen Republik.
(2) Auf der Bezirks- und Kreisebene werden die Kampfgruppen durch die Bezirks- und Kreiseinsatzleitungen geführt.
(3) Die Kampfgruppen der Deutschen Reichsbahn werden durch die Bezirkseinsatzleitungen und die Kampfgruppen der WISMUT durch die Abschnittskoordinierungsgruppen geführt.
10. (1) Bis zum Abschluß der Umgliederung der Kampfgruppeneinheiten (Ende 1975) verändert sich die Verantwortlichkeit für die operative Führung und die rückwärtige Sicherstellung auch in Spannungsperioden und im Verteidigungszustand nicht.
(2) Ab 1976 werden in Spannungsperioden und im Verteidigungszustand operativ geführt
a) die Kampfkräfte der Bezirke und Kreise durch die Einsatzleitungen über die Wehrkommandos der Nationalen Volksarmee
b) die Sicherungskräfte
- der Kreise durch die Kreiseinsatzleitungen über die Volkspolizeikreisämter
- der Deutschen Reichsbahn durch die Bezirkseinsatzleitungen über die Bezirksbehörden der DVP
- der WISMUT durch die Abschnittskoordinierungsgruppen über die BS-Kommandos der Deutschen Volkspolizei
(3) Ab diesem Zeitpunkt übernehmen die Wehrkommandos der Nationalen Volksarmee die rückwärtige Sicherstellung der Kampfkräfte in Spannungsperioden und im Verteidigungszustand."

Daß die Kampfgruppen auf den Weg zu einer versteckten zusätzlichen Armee geführt werden sollten, zeigt sich auch in Punkt IV des NVR-Beschlusses, in dem die Ausbildungskriterien festgeschrieben wurden. Danach ging es vorrangig darum, die Kampfgruppen auszubilden in

„- der Organisation und Führung von Angriffshandlungen gegen gegnerische Kräfte in Gruppen- bis Bataillonsstärke aus der Bewegung bzw. mit kurzer Vorbereitung
- der Organisation und Führung einer standhaften Verteidigung gegen stärkere Kräfte des Gegners und zur Sicherung und Verteidigung zentraler Objekte gegen den Erd- und Luftgegner
- der frontalen und parallelen Verfolgung zurückweichender gegnerischer Kräfte
- der Einkreisung einer gegnerischen Gruppierung und ihrer Vernichtung nach Teilen
- der allseitigen Sicherstellung der Gefechtshandlungen, insbesondere der Aufklärung".

Daneben sollten die „Kämpfer" für den Nahkampf gerüstet werden, „vorrangig zur Durchführung von Gefechtshandlungen nachts und in Ortschaften" sowie zum „Kampf in Großstädten", wobei die „zweckmäßigsten Mittel und Methoden des Einsatzes spezieller Kräfte

(Pioniere, Flammenwerfereinheiten, Scharfschützen)" noch untersucht werden sollten.

Schützenpanzer für die Grenzbezirke

Auf der „Grundlage der neuesten Erkenntnisse der modernen Kriegführung" waren die Organisationsstrukturen der Kampfgruppen zu präzisieren, wozu u.a. die Umgliederung je einer Hundertschaft jedes Kampfgruppen-Bataillons (m) in eine SPW-Hundertschaft befohlen wurde. Zu beginnen war mit der Aufstellung der SPW-Hundertschaften nach dem Willen des NVR ab 1976 „in den Grenzbezirken zu Westdeutschland und zur selbständigen politischen Einheit WEST-BERLIN". Schon ab 1974 hatten die infrage kommenden Bataillone mit je einem Schützenpanzerwagen „als Lehrgefechtsfahrzeug zur systematischen Ausbildung der Kämpfer" ausgestattet werden müssen. Gleichzeitig mußte die NVA eine Reihe von SPW-152 an die Zentralschule für Kampfgruppen „Ernst Thälmann" abgeben, um Kommandeure, Zug- und Gruppenführer mit den auf sie zukommenden Aufgaben vertraut zu machen.

Für die Betriebe der DDR brachten die Vorgaben des NVR erhebliche weitere Belastungen finanzieller Art mit sich. Denn befohlen war u.a. die Einsetzung von zwei hauptamtlichen Funktionären je Kampfgruppenbataillon (m), die für die Wartung und Instandsetzung der Bewaffnung und Ausrüstung verantwortlich waren. Die Kostenfrage löste der NVR unter Punkt 33: „Die Standortbetriebe der jeweiligen Kampfgruppenbataillone (m) haben die Planstellen in ihren Stellenplan aufzunehmen und die Entlohnung zu übernehmen." Und unter „VII. Realisierung der vorgenannten Grundsätze" sagte der NVR auch gleich, mit welchen zusätzlichen Kosten die betroffenen Betriebe zu rechnen hatten: Mit jährlich etwa 1 Million Mark Lohnkosten.

„Günstigere Bedingungen in der internationalen Arena"

Es ist immer wieder viel über den militärischen Wert der Kampfgruppen gerätselt worden. Nicht zuletzt zu ihrer Überschätzung beigetragen haben dürften die Reden und offiziellen Verlautbarungen der SED-Führungsriege, die einerseits sicherlich zur Motivationssteigerung bei den „Kämpfern" selbst beitragen, zum anderen aber ebenso zur Irritation des westlichen „Gegners" führen sollten. Nicht völlig ausgeschlossen ist zudem, daß die SED-Spitze, realitätsfern, wie sie denn häufig war, sich selbst etwas über die tatsächliche Kampfkraft vormachte bzw. nur allzu gern etwas vormachen ließ. Die Grußadresse, die Erich Honecker am 29. September 1973 anläßlich des 20jährigen Bestehens der Kampfgruppen an die „Kämpfer" gerichtet hatte, läßt zumindest die genannten Schlußfolgerungen zu. Im Namen des Zentralkomitees der SED hatte er - man mag es kaum noch hören - den „lieben Genossinnen und Genossen" bestätigt, die Kampfgruppen, geführt von der Sozialistischen Einheitspartei Deutschlands, hätten sich „in den zurückliegenden Jahren ... zu einem schlagkräftigen Instrument für den Schutz und die Verteidigung der Macht der Arbeiter und Bauern in der DDR und der sozialistischen Errungenschaften unseres Volkes entwickelt". Der von der Partei übertragene Klassenauftrag sei in Ehren erfüllt worden. Honecker pathetisch weiter:

„Ihr, liebe Genossinnen und Genossen, habt Eure unerschütterliche Treue zur Partei der Arbeiterklasse und zu unserer sozialistischen Deutschen Demokratischen Republik ständig unter Beweis gestellt. Durchdrungen vom Geist des proletarischen Internationalismus habt Ihr die Aufgaben beim zuverlässigen Schutz des Sozialismus hervorragend gelöst und in allen Situationen hohe Gefechtsbereitschaft, entschlossene Haltung gegenüber den imperialistischen Feinden und revolutionäre Wachsamkeit gezeigt. Durch Eure hervorragenden Leistungen in der Produktion und vorbildlichen Ergebnisse in der Gefechtsbereitschaft trugt Ihr wesentlich dazu bei, die Beschlüsse des VII. Parteitages der SED zu verwirklichen und unsere Arbeiter-und-Bauern-Macht weiter zu festigen."

Dennoch aber natürlich sah Honecker die Sache des Sozialismus weiter bedroht, wenngleich sich durch das vom XXIV. Parteitag der KPdSU beschlossene Friedensprogramm „günstigere Bedingungen in der internationalen Arena" entwickelt hätten, mit denen der Ausbau des Sozialismus noch besser vorangehen werde. Aber:

„Das erfordert, daß die Angehörigen der Arbeiterklasse ihre Gefechtsbereitschaft und den Kampfwert jeder Einheit planmäßig erhöhen, stets wachsam und bereit bleiben, gemeinsam mit den anderen bewaffneten Organen der DDR jeglichen Anschlägen der aggressiven und reaktionären Kreise des Imperialismus eine vernichtende Abfuhr zu erteilen."

„Den Früchten der revolutionären Tätigkeit Bestand verleihen"

Eines der wichtigsten Dokumente, das Aufschluß über die Kampfgruppen gibt, datiert vom 27. Juni 1975. An diesem Tag hatte Honekker die „Ordnung über den Dienst in den Kampfgruppen der Arbeiterklasse", kurz „Dienstordnung Kampfgruppen" (Vertrauliche Dienstsache KG 40/75), unterzeichnet, die dann zum Jahresbeginn 1976 in Kraft trat. Von den sozialistischen Beziehungen der „Kämpfer" untereinander, über die Verhaltensweisen, die Bedeutung der Kampfgruppenfahne bis hin zum Ablauf militärischer Zeremonielle inklusive der „Marschordnung zu Grabstätten", vor allem aber bis hin zum Schußwaffengebrauch im Alltag war in dieser Dienstordnung auf 141 Seiten einschließlich der Anlagen alles niedergelegt, was einem Kampfgruppen-Angehörigen in Theorie und Praxis je widerfahren konnte. In den „Kämpfern", für die diese Dienstordnung galt, mußte zwangsläufig das Empfinden entstehen oder verstärkt werden, sie seien eine der wesentlichen militärischen Stützen der DDR, ohne sie sei der Sozialismus zum Scheitern verurteilt. Besonders aber mußten sie sich als „vollwertige" Soldaten ernstgenommen fühlen. Im Wortlaut zitiert werden soll nachstehend lediglich die Einführung zur Dienstordnung. Im übrigen gibt eine Straffung und Beschränkung auf die wesentlichen Bestimmungen ein ausreichendes Bild über die Vorstellungen der SED zur Rolle und Aufgaben der Kampfgruppen in den siebziger Jahren wieder, unabhängig davon, daß die Kampfgruppen diesen Fiktionen stets nur unzureichend gerecht wurden.

„I. Charakter, Aufgaben und gesellschaftliche Stellung der Kampfgruppen

Der sichere militärische Schutz des sozialistischen Staates ist eine allgemeingültige Gesetzmäßigkeit des sozialistischen Aufbaus und souveränes Recht des Volkes der Deutschen Demokratischen Republik.
Der Charakter der Kampfgruppen wird bestimmt von der führenden Rolle der Arbeiterklasse und ihrer marxistisch-leninistischen Partei und der sozialistischen Staats- und Gesellschaftsordnung in der Deutschen Demokratischen Republik.
Die Kampfgruppen sind das unmittelbar bewaffnete Organ der Arbeiterklasse. Sie verkörpern auf besondere Weise, daß die produzierende und machtausübende Arbeiterklasse ihre Macht auch militärisch organisiert und so den Früchten ihrer revolutionären Tätigkeit Bestand verleiht. Die Kampfgruppen werden unmittelbar durch die Sozialistische Einheitspartei Deutschlands geführt. Die Kampfgruppen sind fester Bestandteil der Landesverteidigung der Deutschen Demokratischen Republik. Sie haben die Aufgabe, eine hohe Kampfkraft und Gefechtsbereitschaft zu sichern, um sowohl selbständig als auch im Zusammenwirken mit anderen bewaffneten Kräften das Territorium der Bezirke und Kreise zuverlässig zu schützen und zu verteidigen.
(1) Als unmittelbar bewaffnetes Organ der Arbeiterklasse in den Betrieben, in den landwirtschaftlichen Produktionsgenossenschaften sowie in den staatlichen Verwaltungen und Institutionen dienen sie dem Schutz der sozialistischen Errungenschaften der Deutschen Demokratischen Republik.

(2) Der Dienst in den Kampfgruppen beruht auf dem Prinzip der Freiwilligkeit und ist eine auf die Sicherheit und den Schutz der Deutschen Demokratischen Republik gerichtete ehrenvolle und bedeutsame gesellschaftliche Tätigkeit.
(3) Mit der bei der Aufnahme in die Kampfgruppen durch das Gelöbnis abgegebenen feierlichen Verpflichtung legt der Angehörige der Kampfgruppen in besonderer Form sein Treuebekenntnis zur Partei der Arbeiterklasse und zu unserem sozialistischen Staat ab. Er verpflichtet sich, auf der Grundlage der Beschlüsse der Partei seinen Dienst in den Kampfgruppen gewissenhaft und diszipliniert zu versehen."

Es ist schon bemerkenswert, in welcher Weise die SED es verstand, den „Kämpfern" das Gefühl der eigenen Wichtigkeit zu vermitteln, nicht zuletzt durch die Darstellung einer permanenten Bedrohung durch den Gegner von außen, aber auch und vor allem von innen. Widerspruchslos und initiativreich hatten auf der „Basis des sozialistischen Klassenbewußtseins" die Kampfgruppen-Angehörigen die Beschlüsse der SED auszuführen, bewußt und bedingungslos das Gelöbnis zu erfüllen und sich natürlich zu „hoher Klassenwachsamkeit und strikter Wahrung der militärischen Geheimhaltung" zu verpflichten. Grundlage allen Denkens und Handelns hatten zu sein:

„- die marxistisch-leninistische Weltanschauung,
- der sozialistische Patriotismus und proletarische Internationalismus,
- die Erkenntnisse der sozialistischen Militärwissenschaft,
- die Normen der sozialistischen Ethik und Moral,
- die fortschrittlichen militärischen Traditionen der deutschen Arbeiterklasse,
- die sozialistischen Klassenbeziehungen zwischen Vorgesetzten und Unterstellten".

Die Verbundenheit zu den Werktätigen war unablässig zu festigen, und als „Internationalisten" hatten die SED-Kämpfer „die enge Freundschaft zur Sowjetunion, den anderen Ländern der sozialistischen Staatengemeinschaft und der gesamten internationalen Arbeiterklasse zu pflegen und die Waffenbrüderschaft mit der Sowjetarmee und den anderen bewaffneten Kräften der sozialistischen Staatengemeinschaft ständig zu festigen". Besonderen Wert legte die SED zudem darauf, daß ihre Partei-Armee „den Kampf gegen die bürgerliche Ideologie immer und überall offensiv" führte, eine Aufgabe, bei der es sich kaum um eine handeln konnte, die den erwarteten Gegner aus dem Westen betraf, sondern nur um „Aufweichungserscheinungen" in der DDR selbst.

Als geradezu abwegig zeigt sich die Liste der „Rechte", die den Kampfgruppen-Angehörigen eingeräumt wurde, war doch jedem „Kämpfer" bewußt, daß es sich bei diesen „Rechten" wohl eher um

„Pflichten" handelte, die im ureigenen persönlichen Interesse besser erfüllt wurden. So hatten sie das „Recht":

„- aktiv an der Gestaltung des Dienstes in den Einheiten teilzunehmen und Vorschläge zur Erhöhung der Wirksamkeit der politisch-ideologischen Arbeit und militärischen Ausbildung zu unterbreiten;
- aktiv am sozialistischen Wettbewerb, der Bestenbewegung und der Neuererbewegung teilzunehmen;
- die Uniform der Kampfgruppen sowie die für die jeweilige Funktion festgelegten Dienststellungsabzeichen und Dienstlaufbahnabzeichen zu tragen,
- die ihnen laut Ausstattungsnorm zustehende Bekleidung, Ausrüstung und Verpflegung zu empfangen;
- die ihnen anvertraute Bewaffnung und Ausrüstung auf der Grundlage der Beschlüsse, Gesetze und Weisungen im Interesse der Gewährleistung des zuverlässigen Schutzes des sozialistischen Vaterlandes anzuwenden;
- sich entsprechend ihrer Dienststellung zu qualifizieren und dazu Lehrgänge an den Kampfgruppen-Schulen und an Schulen der bewaffneten Organe zu besuchen;
- staatliche und gesellschaftliche Auszeichnungen entsprechend der geltenden Ordnung an der Kampfgruppenuniform zu tragen".

Neben dem Hinweis auf die Notwendigkeit von „parteilicher Kritik und Selbstkritik" fehlte nicht die Bemerkung, die Gemeinsamkeit der „Kämpfer" bewähre „sich vor allem in der gegenseitigen Erziehung zu sozialistischen Kämpferpersönlichkeiten, bei der Überwindung von Schwierigkeiten, bei hohen Belastungen, Entbehrungen und in der Gefahr". Im gesamten Leben in der DDR wurde der Frage der Geheimhaltung besondere Wichtigkeit beigemessen, die Kampfgruppen machten hierbei keine Ausnahme, gehörten doch Geheimhaltung und „revolutionäre Wachsamkeit" zu den ihnen aufgegebenen „vorrangigen Klassenpflichten". Entsprechend war den „Kämpfern" strikt untersagt, „private Aufzeichnungen oder Schriften (z.B. Tagebücher u.a.) zu führen, ohne Genehmigung außerhalb der festgelegten Objekte oder Räume dienstliche Unterlagen zu benutzen bzw. aufzubewahren" oder gar Presseveröffentlichungen herauszugeben. Die absolute Dominanz der Partei zeigte sich nicht zuletzt im Komplex 8.4 „Erweisen der Ehrenbezeigung". Wie es sich für eine militärische Einrichtung gehört, hatten die „Kämpfer" natürlich einander selbst zu grüßen, die Unterstellten zuerst die Dienststellungshöheren, die jüngeren erst die älteren. Kommt die Aufzählung der zu Grüßenden bei den „Kämpfern" selbst jedoch mit drei Aufzählungen von a - c aus, braucht es bei den zu grüßenden SED-Funktionären bereits erheblich mehr Buchstaben des Alphabetes, nämlich von a bis i. Denn Ehrenbezeigungen waren zu erweisen:

„a) dem Ersten Sekretär des ZK der SED und Vorsitzenden des NVR der DDR;
b) den Mitgliedern und Kandidaten des Politbüros des ZK der SED;
c) den Mitgliedern des ZK der SED;
d) den Mitgliedern des NVR der DDR;
e) dem 1. Sekretär der Bezirksleitung der SED;
f) dem 1. Sekretär der Kreisleitung der SED;
g) dem Leiter der Abteilung für Sicherheitsfragen der Bezirksleitung der SED;
h) dem Mitarbeiter für Sicherheitsfragen beim 1. Sekretär der Kreisleitung der SED;
i) dem Sekretär der für die Kampfgruppen-Einheit zuständigen Parteiorganisation der SED."

Ausnahmen gab es natürlich auch hierbei. Preußisch exakt waren diese Fälle aufgeführt. So entfielen Ehrenbezeigungen bei Demonstrationszügen und beim Gesang von Arbeiterkampfliedern, und auf Toiletten und in anderen sanitären Anlagen hatte selbst der Erste Sekretär des ZK keinen Anspruch darauf, gemäß der Exerzierordnung gegrüßt zu werden. Glückwünsche und Belobigungen hatten die „Kämpfer" nicht etwa mit einem ordinären Dank entgegenzunehmen, sondern mit einem markigen: „Ich diene der Deutschen Demokratischen Republik!" zu beantworten.

Selbstdarstellung und Drohgebärde

Einen außerordentlich hohen Stellenwert räumte die SED den militärischen Zeremoniellen in den Kampfgruppen ein, durchaus kein ungewöhnlicher Vorgang in diktatorischen Systemen. Sie sollten das Selbstwertgefühl der „Kämpfer" ebenso steigern wie Ausdruck der (All-)Macht der Partei und Drohgebärde gegenüber der eigenen Bevölkerung sein. Aufmärsche hatte es unter Hitler ebenso gegeben wie unter Ulbricht und dann Honecker, und letztlich verfolgten sie ein und dasselbe Ziel, nämlich, „das Klassen- und Staatsbewußtsein weiter" zu festigen.

Nicht von ungefähr wurden in den „Kämpfern" die Erinnerung an Preußens Gloria geweckt, wenn sie aufmarschieren durften zu Gelöbnissen, Kampfappellen, Kampfdemonstrationen, Meetings und Paraden, zu Ehrenwachen und zur Fahnenverleihung, zur Verleihung von Ehrennamen und staatlichen Auszeichnungen und schließlich zu Kranzniederlegungen. Die Tatsache muß kaum kommentiert werden, daß die Vorschriften zu derartigen militärischen Zeremoniellen über ein Drittel des Gesamtumfanges der Dienstordnung für die Kampfgruppen ausmachte. Anders als etwa die Bundeswehr, die sich eher vor der Öffentlichkeit versteckt, legte die SED ausgesprochenen Wert darauf, die Kampfgruppen zu präsentieren. Gelöbnisse hatten demnach „in der Regel in der Öffentlichkeit, besonders unter Einbeziehung der Werktätigen der Betriebe, in denen die Kämpfer arbeiten" durchgeführt werden sollen. „Bedeutsame Feiertage, gesellschaftliche Höhepunkte des jeweiligen Territoriums bzw. des Betriebes und besondere Höhepunkte in der Ausbildung der Kampfgruppen-Einheiten" waren die Gelegenheiten, bei denen die „Kämpfer" sich gegenüber der zuständigen Kreisleitung der SED zur Partei bekennen sollten. Zur Vorbereitung gehörten „Maßnahmen der Popularisierung in der Öffentlichkeit" wie die Einladung von Vertretern der anderen bewaffneten Organen und vor allem der sowjetischen Armee und nicht zuletzt die „politische und militärische" Vorbereitung der „Kämpfer" selbst. Orden und Medaillen waren am Band zu tragen, Musikkorps intonierten den Marsch des Yorkschen Korps, Ehreneinheiten waren mit Maschinenpistolen angetreten. „Funktionäre der Partei der Arbeiterklasse, Arbeiterveteranen oder verdienstvolle Kämpfer" hatten den frischgebackenen „Kämpfern" ihre Dienstausweise zu übergeben, bevor die angetretenen Einheiten unter den Klängen von Arbeiterkampfliedern wieder abmarschierten.

Besonders beliebt waren, zumindest bei der Parteiführung, die sog. Kampfappelle und Kampfdemonstrationen, bei denen Macht und Stärke demonstriert oder doch wenigstens vorgetäuscht werden konnten. Die Kampfappelle mit Tausenden von marschierenden „Kämpfern" nach dem Mauerbau dürften noch manchen Berlinern in nachhaltiger Erinnerung sein. In der Regel jedoch befahlen die zuständigen Parteiorgane derartige Spektakel zu Beginn bzw. zum Abschluß von Ausbildungsabschnitten oder als besondere Höhepunkte nach Übungen oder Überprüfungen. Doch egal zu welchem Anlaß: Entscheidendes Kriterium war stets der „wirksame massenpolitische Charakter", der diese Appelle auszuzeichnen hatte. Bei weitem nicht diese Bedeutung hatten die Meetings, vor allem zu Staatsfeiertagen, Jahrestagen oder anläßlich der Überreichung staatlicher Auszeichnungen.

Auf fast zehn Seiten wurden in der Dienstordnung sämtliche Einzelheiten zur Vorbereitung und Durchführung von Paraden beschrieben, die als höchste Form der militärischen Ehrenbezeigung galten und nur auf Beschluß der zuständigen leitenden Parteiorgane stattfinden durften. In der Tat gelang es der SED, diese Paraden derart zu organisieren, daß sie ein respektables Bild boten und - durchaus verständlich - die Gefühle der Teilnehmer ansprachen:

„(1) Die an der Parade teilnehmenden Einheiten sind so zu gliedern und aufzustellen, daß sie ein eindrucksvolles Bild abgeben.
(2) Die Paradeaufstellung erfolgt in der Reihenfolge
a) Kampfgruppen-Einheiten zu Fuß,
b) mot. Einheiten.
(3) Die Marschblöcke der zu Fuß paradierenden Einheiten sind mit einheitlichen Waffen auszurüsten.
(4) Die mot. Einheiten führen nur die Gefechtstechnik mit, die ein geschlossenes Bild gewährleistet.
(5) Rückstoßfreie Geschütze und Granatwerfer sind auf den Kraftfahrzeugen sichtbar auf einem Podest aufzustellen, der auf dem vorderen Teil der Ladefläche angebracht ist. Die Geräte befinden sich in Marschlage, die Optik ist abgebaut.
8. (1) Die an der Parade teilnehmenden Marschblöcke haben die Kampfgruppenfahne, das Ehrenbanner oder die Traditionsfahne der Kampfgruppen-Einheit mitzuführen, aus deren Bestand der Marschblock gebildet wurde bzw. die die Mehrzahl der Kämpfer im Marschblock stellt.
(2) Vor jeder Marschformation oder vor jedem Marschblock ist nur jeweils eine Fahne mitzuführen.
(3) Auf Beschluß der leitenden Parteiorgane können die Fahnen auch in einem besonderen Fahnenblock an der Spitze der Paradeeinheiten marschieren.
14. (1) An der Spitze der paradierenden Einheiten marschieren die Spielleute und Musikkorps und intonieren Marschmusik oder Arbeiterkampflieder."

Feldparaden gehörten zum weiteren Instrumentarium ebenso wie Trauerparaden, bei denen wiederum zwischen solchen bei Erdbestattungen und anderen bei Feuerbestattungen detailliert unterschieden wurde. Ehreneinheiten und Ehrenwachen waren Teil der militärischen Zeremonielle wie aber in ganz besonderer Weise die Zeremonien der Fahnenverleihung bzw. der Verleihung von Ehrennamen. Neben den Fahnen neueren Datums, die jede selbständige Kampfgruppen-Einheit erhielt, gehörte zur Traditionspflege aus SED-Verständnis auch die Verleihung historischer Fahnen, wobei sie hierbei bisweilen auf den zaghaften Widerspruch des Instituts für Marxismus-Leninismus stieß, das diese Originalfahnen lieber geschützt in Museen gesehen hätte. Dieses geht u.a. aus einem Schreiben des Direktors des Institutes, Prof. Dr. Lothar Berthold, hervor, das dieser bereits am 26. August 1964 an die Abteilung für Sicherheitsfragen beim ZK geschickt hatte. Dem „werten Genossen Wansierski" hatte Bertold damals geschrieben, es sei in letzter Zeit festgestellt worden, „daß über die Jahre des Hitlerfaschismus erhalten gebliebene Fahnen von Ortsgruppen des RFB von Bezirks- und Kreisleitungen der Partei, so zum Beispiel in

Halle, Leipzig, Gotha, vorbildlichen Einheiten der Kampfgruppen übergeben worden sind". Selbstverständlich unterstütze sein Institut „diese Form der Anerkennung hervorragender Leistungen der Kämpfer. Angesichts der Tatsache, daß solche Fahnen sehr selten sind, schlagen wir jedoch vor, daß einige solcher Fahnen dem Museum für Deutsche Geschichte in Berlin zur Verfügung gestellt werden". Auf jedem Fall jedoch werde dringend empfohlen, daß der Direktor des Museums, Prof. Dr. Nimtz, von der Sicherheitsabteilung eine Liste erhalte, aus der ersichtlich werde, über welche Fahnen die Kampfgruppen verfügten. Tatsächlich war die Sorge um die Traditionsfahnen begründet, befanden sich doch viele von diesen zumindest geschichtlich wertvollen Traditionsfahnen - meistens wenig sachkundig gelagert - bei den Kampfgruppen, wie Museumsdirektor Nimtz am 5. Februar 1965 einer Aufstellung, die ihm Abteilungsleiter Borning hatte zukommen lassen, entnehmen mußte:

<u>Zusammenstellung über vorhandene Traditionsfahnen in den Kampfgruppen</u>

Bez. Rostock	1 RFB-Fahne (original)	allg. KGH Greifswald
Bez. Schwerin	1 RFB-Fahne (original)	III. KG-Bataillon (mot.) Güstrow
Bez. Potsdam	1 RFB-Fahne (original)	Kreis Königs Wusterhausen
	1 RFB-Fahne (original)	Kreis Oranienburg
	1 RFB-Fahne (original)	Kreis Zossen
	1 Kuba-Fahne (original)	Kreis Neuruppin
Bez. Magdeburg	1 „Ernst-Thälmann"-Fahne	Kreis Stendal
	1 „Hans-Beimler"-Fahne	Kreis Stendal
Bezirk Gera	2 RFB-Fahnen (original)	Arbeitermuseum Gera
	(Davon wurde je 1 Kopie gestickt und den Kampfgruppen der Kreise Pößneck und Rudolstadt übergeben.)	
Bezirk Suhl	1 RFB-Fahne (original)	Wohnparteiorganisation Gaswerk Lauscha
	1 RFB-Transparent (original)	Schule Lauscha, Kreis Neuhaus
	1 RFB-Fahne (Kopie) von Frankenhain	selbst. KG-Hundertschaft (mot.) Meiningen
Bezirk Dresden	1 RFB-Fahne (original)	Hundertschaft der KG Löbau
	1 „Smolensker Banner" (orig.)	KG-Bataillon Dresden

1 „Kurt-Schlosser-Banner" (original)	KG-Hundertschaft Dresden
1 „Ernst-Thälmann-Banner" (Kopie)	selbständiger Zug Sebnitz

Das Gebiet Wismut verfügte über keine Traditionsfahnen, die übrigen Bezirke hatten erst gar keine Meldung an das ZK abgegeben, wohl weil sie um ihre Fahnen fürchteten.

Wie in der Dienstordnung festgelegt, spielten militärische Zeremonielle auch bei der Verleihung von Ehrennamen an Kampfgruppen-Einheiten eine wichtige Rolle. Namenspaten hatten dabei in der Regel ehemalige Mitglieder der Zentralkomitees der KPD wie auch der Nachfolgeorganisation SED zu sein. Das ZK der SED selbst behielt es sich vor, die entsprechenden Vorschläge zu prüfen und die Entscheidungen zu treffen.

Schußwaffengebrauch auch in Friedenszeiten

Wichtiger allerdings, um wieder auf die Dienstordnung für die Kampfgruppen zurückzukommen, waren jene Vorschriften, die sich mit dem Einsatz der Kampfgruppen, und hier insbesondere mit den Bestimmungen zur vorläufigen Festnahme von Verdächtigen oder zum Schußwaffengebrauch befaßten. Denn den Kampfgruppen-Angehörigen waren weitgehende Rechte eingeräumt, und zwar nicht nur in Spannungs- oder Kriegszeiten, sondern ausdrücklich auch in Fällen, in denen es „zur Gewährleistung der öffentlichen oder militärischen Ordnung und Sicherheit unumgänglich" war. Zwar enthielt die Dienstordnung gerade zum Punkt der vorläufigen Festnahme vordergründig eine Reihe von Beschränkungen, doch wurden diese sämtlich hinfällig durch die *Verpflichtung,* zur Festnahme bei einem Täter, der

„a) der Flucht verdächtig ist oder
b) ... wenn sich die Tat den Umständen nach als
- Verbrechen gegen die Deutsche Demokratische Republik,
- eine Verletzung der Staatsgrenze der Deutschen Demokratischen Republik,
- Verrat militärischer Geheimnisse,
- eine Straftat gegen das Leben und die Gesundheit von Menschen oder
- ein Angriff gegen fremdes Eigentum darstellt".

Insbesondere mit dem Hinweis auf Taten, die sich „den Umständen nach als Verbrechen gegen die DDR" darstellten, war der Willkür Tür und Tor geöffnet. Denn als Verbrechen gegen die DDR galt letztlich alles, was nur im Entferntesten nicht mit der Politik der SED zu vereinbaren war - von „zersetzender" Kritik am Staat bis hin zu „hetzerischen" Schmähreden gegen Parteifunktionäre.

Ausführlich regelte die Dienstordnung den Schußwaffengebrauch, wobei zu bemerken ist, daß es sich hierbei um Bestimmungen gewissermaßen für den Alltag handelte. Erst im letzten Satz der Bestimmungen überhaupt wurde darauf hingewiesen, daß „bei Einsätzen zum Schutze der Deutschen Demokratischen Republik" - im Spannungs- oder Kriegsfall also - „der Gebrauch der Schußwaffe besonders befohlen wird". Die „Kämpfer", obwohl weder Soldaten noch Polizisten, sondern nur als treue Anhänger der Partei ausgewiesen, durften demnach, sofern „die körperliche Einwirkung ohne oder mit Hilfsmitteln erfolglos blieb oder offensichtlich keinen Erfolg" versprach, von der Schußwaffe Gebrauch machen,

„a) um die unmittelbar bevorstehende Ausführung oder Fortsetzung einer Straftat zu verhindern, die sich den Umständen nach als ein
- Verbrechen gegen die Souveränität der Deutschen Demokratischen Republik, den Frieden, die Menschlichkeit und die Menschenrechte,
- Verbrechen gegen die Deutsche Demokratische Republik, gegen die allgemeine Sicherheit oder die staatliche Ordnung,
- Verbrechen gegen die Persönlichkeit,
- anderes Verbrechen, das insbesondere unter Anwendung von Schußwaffen oder Sprengmitteln begangen werden soll oder ausgeführt wird, darstellt".

Des weiteren durften „Kämpfer" schießen,

„b) zur Verhinderung der Flucht oder zur Wiederergreifung von Personen:
- die eines Verbrechens dringend verdächtig sind oder wegen eines Verbrechens festgenommen wurden,
- die anderer Straftaten verdächtig sind bzw. deswegen festgenommen oder zu einer Strafe mit Freiheitsentzug verurteilt wurden, wenn Anhaltspunkte dafür vorliegen, daß von Schußwaffen oder Sprengmitteln Gebrauch gemacht oder in anderer Weise die Flucht mittels Gewalt oder tätlichen Angriffs gegen die mit der Durchführung der Festnahme, Bewachung oder Beaufsichtigung Beauftragten durchgeführt oder daß die Flucht gemeinschaftlich begangen wird;
c) gegen Personen, die wegen einer Straftat Festgenommene oder zu einer Strafe mit Freiheitsentzug Verurteilte mit Gewalt zu befreien versuchen oder dabei behilflich sind;
d) wenn andere Mittel nicht mehr ausreichen, um einen unmittelbar drohenden oder gegenwärtigen Angriff auf Anlagen der bewaffneten Organe oder andere staatliche, gesellschaftliche oder wirtschaftliche Einrichtungen, auf sich selbst

oder andere Personen erfolgreich zu verhindern bzw. abzuwenden (gemäß §§ 17 bis 19 des StGB)[4],
e) zur Brechung bewaffneten Widerstandes".

Nach dem Anruf „Halt! - Stehenbleiben oder ich schieße!" war ein Warnschuß abzugeben, blieb auch diese Warnung erfolglos, war gezielt zu schießen. „Nach Möglichkeit" sollte das Leben von Personen geschont werden, und ebenfalls lediglich „nach Möglichkeit" sollte auf Jugendliche und Frauen nicht geschossen werden. Verletzten war „unter Beachtung der notwendigen Sicherheitsmaßnahmen Erste Hilfe zu erweisen, sofern es die Durchsetzung dringender und keinen Auf-

---

[4] StGB der DDR vom 12. Januar 1968 in der Fassung vom 19. Dezember 1974:
§ 17 **Notwehr** (1) Wer einen gegenwärtigen rechtswidrigen Angriff gegen sich oder einen anderen oder gegen die sozialistische Staats- und Gesellschaftsordnung in einer der Gefährlichkeit des Angriffs angemessenen Weise abwehrt, handelt im Interesse der sozialistischen Gesellschaft und ihrer Gesetzlichkeit und begeht keine Straftat.
(2) Bei Überschreitung der Notwehr ist von Maßnahmen der strafrechtlichen Verantwortlichkeit abzusehen, wenn der Handelnde in begründete hochgradige Erregung versetzt wurde und deshalb über die Grenzen der Notwehr hinausging.
§ 18 **Nötigung oder Notstand** (1) Wer Rechte oder Interessen Dritter beeinträchtigt, um eine ihm oder einem anderen oder der sozialistischen Staats- und Gesellschaftsordnung gegenwärtig drohende, anders nicht zu beseitigende Gefahr abzuwenden, begeht keine Straftat, wenn seine Handlungen zur Art und zum Ausmaß der Gefahr in angemessenem Verhältnis steht.
(2) Die strafrechtliche Verantwortung ist gemindert, wenn der Handelnde unverschuldet durch eine ihm oder anderen gegenwärtig drohende, anders nicht zu beseitigende Gefahr für Leben oder Gesundheit in heftige Erregung oder große Verzweiflung versetzt wird und diese Gefahr durch einen Angriff auf Leben oder Gesundheit anderer Menschen abzuwenden versucht. Die Strafe kann entsprechend der Größe der Gefahrenlage, der psychischen Zwangslage des Täters und der Schwere der begangenen Tat nach den Grundsätzen über die außergewöhnliche Strafmilderung herabgesetzt werden. In außergewöhnlichen Fällen einer solchen Gefahrenlage kann von Maßnahmen der strafrechtlichen Verantwortlichkeit abgesehen werden.
§ 19 (1) Wer von einem anderen durch unwiderstehliche Gewalt oder durch Drohung mit einer gegenwärtigen, nicht anders zu beseitigenden Gefahr für Leben oder Gesundheit des Täters oder eines anderen zur Begehung der Tat gezwungen wird, begeht keine Straftat. Der sich für andere Personen oder für die Gesellschaft daraus ergebende Schaden darf nicht außer Verhältnis zu der drohenden Gefahr stehen. Das Leben anderer Menschen darf nicht angegriffen werden.
(2) Wer die Grenzen des Nötigungszustandes überschreitet, ist strafrechtlich verantwortlich. Die Strafe kann nach den Grundsätzen über die außergewöhnliche Strafmilderung herabgesetzt werden, wenn der Täter durch die Nötigung in eine schwere psychische Zwangslage versetzt wurde.

schub duldender Aufgaben zuläßt", Formulierungen, wie sich sich z.B. auch in den Schußwaffenanwendungsbestimmungen der Grenztruppen der DDR wiederfinden. Dieses gilt auch für die Vorschriften, nach denen nicht oder nicht mehr geschossen werden sollte, nämlich, wenn

„a) das Leben und die Gesundheit Unbeteiligter gefährdet werden kann (stark belebte Straßen, besetzte Gaststätten, öffentliche Verkehrsmittel u.a.),
b) die Personen sich dem äußeren Eindruck nach im Kindesalter befinden (bis 14 Jahre),
c) die Umstände, die die Anwendung der Schußwaffe rechtfertigen, nicht mehr vorliegen".

Wurden Personen verletzt oder getötet, waren diese Fälle als „besondere Vorkommnisse" zu behandeln.

„OVE" - Der Volkssturm der SED

Im Westen ohnehin nicht bekannt und im übrigen weitgehend vergessen ist, daß die SED als Konsequenz aus dem ungarischen Volksaufstand von 1956 nicht nur den Ausbau der Kampfgruppen forcierte, sondern sich als Parallel-Organisation einen eigenen „Volkssturm" schuf: die Objektverteidigungs-Einheiten. Kranke und Behinderte, die selbst für die Kampfgruppen nicht mehr tauglich waren, sollten in diesem „Volkssturm" militärisch ausgebildet werden, die Kampfgruppen entlasten und ihnen als Reserve dienen. Die Idee, körperlich nicht voll Taugliche für den „Schutz des Sozialismus und seiner Errungenschaft" einzusetzen, war so neu nicht. Schon im Befehl 40/55 des Chefs der DVP vom 23. Juli 1955 waren zumindest „ältere kampferfahrene Genossen" berücksichtigt und erfaßt worden, um die Kampfgruppen zu verstärken. Damals allerdings hatte sich die SED noch darauf beschränkt, für diese „Genossen" eine leichtere Ausbildung zu organisieren und sie in gesonderten Zügen zusammenzufassen, die über die sonst üblichen drei Züge zu einer Hundertschaft gehören sollten. Das allerdings reichte der Berliner SED-Bezirksleitung im Herbst 1956 nicht mehr.

„In Auswertung der Ungarn-Ereignisse am Ende des Jahres 1956 und zur Erhöhung der Verteidigungsbereitschaft in Berlin" hatte der 1. Sekretär der SED-Bezirksleitung Berlin, Alfred Neumann, die weitergehende Idee gehabt, „in den Betrieben und Verwaltungen Genossen und fortschrittliche Kollegen, die durch Körperbehinderung nicht in den Kampfgruppen ausgebildet wurden, zu erfassen", eine Vorstellung, die bereits Anfang 1957 in die Tat umgesetzt wurde und keinesfalls überall auf ungeteilte Zustimmung stieß.

„Bei den Hinweisen über die Objektverteidigung wurde", so heißt es in einem ersten Erfahrungsbericht der SED-Bezirksleitung Berlin vom 12. November 1957, „Schwergewicht darauf gelegt, vielen fortschrittlichen Menschen waffentechnische Kenntnisse zu übermitteln und gleichzeitig bestimmte Reserven für die Kampfgruppen zu schaffen. Nach Ablauf von 11 Monaten muß gesagt werden, daß die Kreis- und Parteileitungen den gestellten Anforderungen nicht gerecht wurden und die Objektverteidigung nicht die Entwicklung nahm, die sie aufgrund der politischen Situation hätte nehmen müssen."

Dabei waren bei der Aufstellung der OVE in Berlin beachtliche Aktivitäten entfaltet worden. Bis August 1957 zählte diese Neuauflage des Volkssturmes in Berlin bereits knapp 8.000 Angehörige, die sich folgendermaßen verteilten:

Bezirk	männlich	weiblich
Friedrichshain	393	-
Köpenick	276	17
Lichtenberg	627	234
Mitte	5.117	62
Pankow	189	46
Prenzlauer Berg	339	21
Treptow	303	17
Weißensee	236	51
Insgesamt	7.480	448

„Unterschlupf für Drückeberger"

Welchen anfänglichen Aufschwung die OVE nahmen, zeigt sich daran, daß es z. B. im Lichtenberger VEB Wälzlager im Januar 1957 insgesamt 42 Angehörige der Kampfgruppen gegeben hatte, im Oktober dann 38 „Kämpfer", aber zusätzlich 25 Angehörige der OVE. Trotz dieser ersten Erfolge schien das Potential für die OVE noch längst nicht ausgeschöpft. Allein der Bezirk Mitte hatte 12.000 potentielle Angehörige der OVE gemeldet. Welcher Qualität diese Truppe allerdings war, macht dieser Hinweis deutlich: „So sind die verantwortlichen Genossen im VEB ‚7. Oktober' Berlin-Weißensee und im VEB Gießerei-Maschinenfabrik, Berlin-Lichtenberg, herzkrank und dürfen keine größeren Anstrengungen unternehmen." Geradezu fahrlässig erscheint in diesem Zusammenhang die Empfehlung der Bezirksleitung, auf eine ärztliche Untersuchung als Grundlage für die Aufnahme in die OVE zu verzichten. Ausschließliches Kriterium sollte „der Wille der Einsatzbereitschaft zur Verteidigung unserer Deutschen Demokratischen Republik" sein. Dennoch aber wurden sie am Karabiner K 98 ausgebildet sowie in den wichtigsten Grundsätzen der Taktik, insbesondere natürlich der Objektverteidigung, wobei hier schon die ersten Schwierigkeiten auftauchten. Angesichts der überstürzten Bildung der OVE hatte der Munitionsbedarf in den Planungen für 1957 nicht mehr berücksichtigt werden können, und die Hauptverwaltung Deutsche Volkspolizei dachte trotz mehrerer drängender Anfragen nicht daran, hier Abhilfe zu schaffen. Den OVE blieb nichts anderes übrig, als bei der GST um „Amtshilfe" zu bitten und sich bei Übungen auf Kleinkaliber-Gewehre zu beschränken. Dieses bereitete den OVE letztlich noch die geringsten Schwierigkeiten, die in ihrer Summe jedoch dann zu ihrer Auflösung führten. Denn vor allem die Führung der Kampfgruppen innerhalb des MdI war es, die die Konkurrenz, als die sich die OVE herausgestellt hatten, nur allzu gern scheitern lassen wollte. Ein Hauptgrund hierfür war, daß zwangsläufig das Ausbildungsprogramm für die Kranken und körperlich Behinderten moderater ausfallen mußte, als das für die übrigen „Kämpfer". Das wenig erstaunliche Ergebnis war, daß sich immer mehr bisherige „Kämpfer" als behindert betrachteten, Krankheiten an sich entdeckten und den Dienst in den OVE bevorzugten, ohne dadurch die in der DDR obligatorische Übernahme einer „gesellschaftlichen Aufgabe" abzulehnen. In einer Stellungnahme des Sektor Ministerium des Innern der Abteilung Sicherheitsfragen der SED vom 28. Januar 1958 wurde denn auch unverblümt eingeräumt:

„Nach unserer Erfahrung haben alle Bezirke damit zu kämpfen, daß die Genossen sich an der Kampfgruppenausbildung ständig beteiligen. Viele versuchen Krankheit und andere Hinderungsgründe anzuführen. Da in den Objektverteidigungseinheiten wenig z.T. keine Ausbildung gemacht wird, ist das für Drückeberger ein willkommener Unterschlupf."

Aber das war nicht das einzige Argument, das das MdI gegen die Objektverteidigungs-Einheiten vorzubringen hatte.

„1. Mit der Aufstellung von OVE wird die einheitliche Verteidigungskraft unserer Betriebe zersplittert.
2. Die organisatorische Form zwingt zur Bildung neuer und selbständiger Stäbe und Leitungen - eine Bedingung, die rein personell auf Dauer nicht gehalten werden kann.
3. Im Hinblick darauf, daß in den OVE nur körperlich und gesundheitlich nicht voll einsatzfähige Genossen erfaßt werden sollten, wäre es notwendig, ein völlig neues Ausbildungsprogramm auszuarbeiten. Von der Hauptverwaltung Deutsche Volkspolizei müssen zusätzlich Ausbildungskräfte bereitgestellt werden.
Bestehen in ein und demselben Betrieb neben Kampfgruppen mit ihrem exakten militärischen Ausbildungsprogramm OVE, ist von vornherein mit einer Tendenz zu rechnen, dass das leichtere Ausbildungsprogramm eine grössere Anziehungskraft ausübt."

Das werde zwar von der Bezirksleitung Groß-Berlin noch bestritten, habe sich jedoch in der Praxis bereits bewiesen.

Trotz dieser durchaus begründeten und nachvollziehbaren Kritik an den OVE, die de facto zu einer Schwächung der Kampfgruppen führten, gaben die Verfechter der Idee nicht auf. Auf Honeckers Initiative befaßte sich am 7. Februar 1958 das Politbüro mit dem Thema und kam - trotz aller festgestellten Mängel - zu dem Ergebnis, die Objektverteidigungs-Einheiten müßten nach wie vor gestärkt werden. Diese Notwendigkeit ergebe sich aus der politischen Lage und nicht zuletzt aus dem in allen Kreisen vorhandenen Interesse. Für die Zukunft seien allerdings zentrale Weisungen und klare Aufgabenstellungen für die Bezirke ebenso notwendig wie die Festlegung eines offiziellen Ausbildungsprogrammes für das Jahr 1958. Außerdem sei eine enge Verbindung der Kampfgruppen und der Objektverteidigungs-Einheiten unabdingbar. Schließlich verfügten die OVE noch nicht über die notwendigen Kombinationen, „eine Beschaffung wäre notwendig, wobei die Uniformen für Frauen beachtet werden müssen".

„Objektverteidigungseinheiten sind ein Mischmasch"

In einem Bericht der Hauptabteilung Ausbildung und Schulung - Abteilung Kampfgruppen - vom 17. Februar 1958 wurde zwar noch vom weiteren Fortbestehen der OVE ausgegangen, doch das Aus kam bereits eine Woche später durch die Abteilung für Sicherheitsfragen des ZK. Am 25. Februar 1958 verfaßte sie eine Stellungnahme, die in der Empfehlung gipfelte:

„Die in Berlin gebildeten Objektverteidigungseinheiten sind aufzulösen. Die Erfahrungen mit ihnen hat gezeigt, dass sie unsere Verteidigungskraft eher zersplittern als stärken. Sie haben sich nicht als lebensfähig erwiesen."

Vielfältige Gründe waren für diesen Auflösungsvorschlag maßgebend. Immerhin hatte die Gesamtstärke der OVE im August 1957 7.928 Angehörige betragen, doch die wirkliche, aktuelle Stärke hatte nicht festgestellt werden können. Als geradezu chaotisch stellte sich daneben die Organisationsform der OVE dar. Denn nach der Konzeption der Berliner Bezirksleitung wurden sie einerseits nicht in der Stärke der Kampfgruppen erfaßt und fungierten von daher als selbständige Einheiten, andererseits aber wurde die Ausbildung durch die Hundertschaftsleitungen der Kampfgruppen durchgeführt, was den OVE einen unselbständigen Charakter verlieh. Fazit der Sicherheitsabteilung:

„Dieser Umstand hat dazu geführt, dass die Objektverteidigungseinheiten organisatorisch ein Mischmasch sind, das kein festes Gefüge hat. Unsere Verteidigungskraft wird nicht durch eine Vielzahl registrierter Mitglieder in den Kampfgruppen oder Objektverteidigungseinheiten gehoben, sondern durch festgefügte Einheiten, die politisch zuverlässig und militärisch gut ausgebildet sind."

Vor allem aber schwächten die OVE die eigentlichen Kampfgruppen. Überall dort, wo OVE gebildet worden seien, sei die Zahl der Kampfgruppen-Angehörigen zurückgegangen. Es gebe eine Reihe von Genossen, die sich in den OVE hätten registrieren lassen, obwohl sie gesundheitlich durchaus in der Lage seien, in den Kampfgruppen Dienst zu leisten. Die Kreisleitung Berlin-Mitte habe daraus schon die Folgerungen gezogen:

„Sie sind bereits dabei die einzelnen Einheiten zu durchkämmen, die gesündesten Genossen in die Kampfgruppen einzureihen und die anderen in vier Zügen zusammenzufassen und den Hundertschaften der Kampfgruppen einzugliedern."

Im VEB Industrie-Bau Berlin-Mitte sei der Begriff Objektverteidigungs-Einheiten völlig unbekannt, und die nicht voll einsatzfähigen Genossen gehörten unter der Bezeichnung „Reserve" ohnehin zu den Kampfgruppen.

Aus all diesem könne nur die Forderung resultieren, die OVE aufzulösen. Die Kreisleitungen sollten überprüfen, wer aus den OVE körperlich und gesundheitlich in der Lage sei, als vollwertiger „Kämpfer" in die Kampfgruppen eingereiht zu werden. Mit dieser Empfehlung war das Ende der Objektverteidigungs-Einheiten besiegelt. Auf die Dienste der Kranken und Behinderten aber mochte die SED dennoch nicht verzichten. Sie wurden zu „4. Zügen" zusammengefaßt und den Hundertschaften der Kampfgruppen angegliedert. Entsprechend ihres körperlichen Zustandes sollten sie künftig Verwendung finden, im übrigen aber keinerlei Sonderstellung mehr genießen.

Sonderrolle für das Wismut-Sperrgebiet

Stacheldraht, Schützengräben, Feuerpunkte und Postenpilze
Innerhalb der DDR und in den Beschlüssen der SED-Führung zur Tätigkeit der Kampfgruppen spielte eine Region stets eine besondere Rolle: das Wismut-Sperrgebiet. Mit seinen Uranvorkommen, die zu den wichtigsten in Europa gehörten, hatte es weniger für die DDR als vielmehr für die Sowjetunion einen ungeheuren wirtschaftlichen, in erster Linie aber militärischen Wert. Die dort gewonnene Pechblende stellte eine der wesentlichen Grundlagen für die sowjetische Atomindustrie überhaupt dar und war deshalb für den „großen Bruder" unverzichtbar. Rigoros beutete daher die von der sowjetischen Besatzungsmacht gegründete Sowjetisch-deutsche Aktiengesellschaft - SDAG -, die im übrigen bis zur deutschen Wiedervereinigung Bestand haben sollte, in der zum Sperrgebiet erklärten Region Uranvorkommen aus und verursachte und hinterließ, das sei am Rande bemerkt, Umweltschäden, mit deren Beseitigung die Bundesrepublik Deutschland noch bis weit ins nächste Jahrtausend zu tun haben wird. Von der tschechoslowakischen Grenze bei Steindöbra bis nach Muldenberg, weiter über Beerheide - Rautenkranz - Griesbach - Hartenstein und ostwärts über Grünhain bis zurück zur tschechoslowakischen Grenze bei Tellerhäuser reichte das Sperrgebiet, für das in den fünfziger Jahren in vielem ähnliche Restriktionen galten, wie für die Grenzgebiete zur Bundesrepublik. Zudem war nordöstlich von Plauen mit Zobes als Zentrum und mit den Orten Siebenhitz, Burg und Altmannsgrün auf Beschluß des Präsidiums des DDR-Ministerrates ein weiteres, kleineres Sperrgebiet geschaffen worden.

Nur mit speziellen Ausweisen, für deren Ausstellung zahlreiche Bedingungen erfüllt werden mußten, war der Zugang in diese Gebiete möglich. Mit Befehl 53/4 vom 8. Juli 1954 hatte Minister des Innern Stoph eine „Neuregelung der Bewachung und zur Regelung der Ein- und Ausreise sowie des Aufenthalts im Wismut-Sperrgebiet" erlassen, die die Bewohner von der übrigen DDR praktisch abschnitt und Besuchern das Betreten des Sperrgebietes und den Besuch von Freunden oder Verwandten nahezu unmöglich machte. Die Kontrolle am sog. „Außenring" hatte die Deutsche Grenzpolizei zu übernehmen, bei der es sich jedoch, wie aus einem später zitierten Brief von Ulbricht hervorgeht, längst nicht mehr um eine Polizeitruppe, sondern um militärische Einheiten handelte. Zur Sicherung dieses „äußeren Ringes" ließ Stoph an den Straßen dreißig Kontrollpassier- und Kontrollposten einrichten, an den Eisenbahnstrecken weitere sieben. Ständige Streifen der Grenzpolizei hatten - mitten im Inneren der DDR! - die Außengrenzen des Sperrgebietes zu sichern, während sowjetische Truppen für die Bewachung der eigentlichen Produktionsanlagen zuständig waren. Natürlich sollten nach Möglichkeit vor allem Personen aus West-Berlin bzw. Westdeutschland ferngehalten oder doch zumindest überwacht werden, wie insbesondere die Dienstanweisung Nr. 1 vom 14. Juli 1954 zum Befehl 76/54 des MdI festschrieb. Die Abschnittsbevollmächtigten hatten unverzüglich über die „Einreisen von Bürgern aus Westdeutschland oder Westberlin" verständigt werden müssen, um eine lückenlose Überwachung sicherzustellen. Selbst für DDR-Bewohner war es außerordentlich schwierig, „Passierscheine zur mehrmaligen Ein- und Ausreise" zu erhalten. Ausgestellt werden konnten sie nur nach Beantragung durch die betreffenden Betriebe und Institutionen und „nachdem die polizeilichen Unterlagen eingesehen wurden und wenn gegen die Person, für die ein Passierschein beantragt wurde, keine polizeilichen Bedenken" bestanden.

War die Grenzpolizei in erster Linie für die Abriegelung des Wismut-Sperrgebietes gegenüber den übrigen Teilen der DDR zuständig, war im Sperrgebiet selbst - nach den sowjetischen Truppen - weitgehend dem Ministerium des Innern die Verantwortung für die Sicherungsaufgaben übertragen worden. Sowohl die für Wismut zuständigen Einheiten der Volkspolizei wie zu dieser Zeit auch die Grenzpolizei standen unter dem ausdrücklichen Befehl des Staatssekretariats für Staatssicherheit. Daß tatsächlich weder von Volks- noch von Grenz*polizei* gesprochen werden konnte, beweist im übrigen ein Schreiben, das der Erste Sekretär des ZK der SED, Ulbricht, am 11. Juli 1955 an den sowjetische Botschafter in Ost-Berlin, G. M. Puschkin, gerichtet hatte. In ihm informierte er den sowjetischen Statthalter über einen Beschluß der geheimen Sicherheitskommission vom 29. Juni 1955[1] zur Bildung der „Inneren Truppen". Gleichzeitig machte er deutlich, daß der Begriff „Polizei" allenfalls zur Tarnung diene, es sich aber tatsächlich um militärische Organisationen handele. In dem streng geheimen Schreiben hieß es u.a., die Inneren Truppen sollten nicht nur über eine eigene Offiziersschule und ein selbständiges Lehrregiment

---

[1] Wortlaut des Schreibens und des Beschlusses siehe Dokumentenanhang

für die Ausbildung der Unteroffiziere verfügen, sondern vor allem „über eine Bereitschaft für die Bewachung des Territoriums der Aktiengesellschaft ‚Wismut'". Die „Grenztruppen" sollten zwar zeitweilig noch den Namen „Grenzpolizei" behalten, aber eine militärische Organisation besitzen.

Weiterer Machtzuwachs für das MfS

Am 1. September 1956 wurde die Abschnürung des Wismut-Sperrgebietes durch den MdI-Befehl 24/56 teilweise aufgehoben, wenn natürlich die Sowjetunion auch weiterhin auf einer massiven Sicherung des Uranbergbaus und der Produktionsanlagen bestand. An die Stelle der Grenzpolizei hatten die dem Minister des Innern unterstellten bewaffneten Organe, hier in erster Linie die Bereitschaftspolizei, zu treten und dafür zu sorgen, „daß der Schutz dieses Gebietes und die Sicherheit der Betriebe der SDAG Wismut durch verstärkten operativen Einsatz und enge Verbindung mit den anderen Sicherheitsorganen weiterhin gewährleistet ist".

Das Sagen im Wismut-Gebiet, das nun formell wenigstens in seiner Gesamtheit kein „Sperrgebiet" mehr war, blieb bei den sowjetischen Stellen. So erlangte eine „Anordnung über die Bewachung, die Einlaßkontrolle und die innere Ordnung in den Objekten der SDAG ‚Wismut'" (GVS A/65/56), ausgearbeitet vom stellvertretenden Generaldirektor der SDAG „Wismut", Oberst Sisow und MfS-Generalmajor und Chef des Stabes Pech, erst Geltung, nachdem der sowjetische Wismut-Generaldirektor Bogatow seine Zustimmung erteilt hatte. Die herausragende Bedeutung des Wismut-Gebietes wird nicht zuletzt darin erkennbar, daß im Dezember 1956 auf Beschluß des Ministerrates der DDR nunmehr die Bewachung von Einheiten der eigentlich dem MdI unterstellten Bereitschaftspolizei übernommen wurde, allerdings die „allgemeine Stärke und Struktur der zur Bewachung von Anlagen der SDAG ‚Wismut' erforderlichen Einheiten ... durch Befehl des Ministers für Staatssicherheit" festzulegen waren. Dennoch handelte es sich bei den Vertretern der DDR zumindest im Wismut-Gebiet allenfalls um „Erfüllungsgehilfen" der Sowjets, denn sämtliche wichtigen oder unwichtigen Fragen wurden von einer „zwischenbehördlichen Kommission" entschieden, der unter Vorsitz eines Vertreters der Generaldirektion der SDAG „Wismut", Vertreter der Bereitschaftspolizei, der für das Objekt zuständigen Dienststelle des MfS sowie der Kommandeur der das jeweilige Objekt bewachende Einheit angehörten.

„Rundumverteidigung" wie im Kriegszustand
Organisiert war die Bewachung und Verteidigung, als ob zu jeder Tages- und Nachtzeit ein Angriff auf die Wismut-Anlagen unmittelbar bevorstünde. Neben dem Aufbau eines umfassenden Luftverteidigungssystems, mußte u.a. gewährleistet werden, „daß der Gegner nicht in die zu bewachenden Betriebe eindringen kann;
- daß der Gegner, der versucht, in einen Betrieb einzudringen, eingekreist, gefangengenommen oder vernichtet wird". Eine „Rundumverteidigung" war vorzubereiten. Reichten die Kräfte in der Anfangsphase einer kriegerischen Auseinandersetzung nicht, war „die Verteidigung nur für lebenswichtige Zentren oder in den Hauptrichtungen" zu organisieren. Das berühmte amerikanische Fort Knox konnte kaum besser gesichert gewesen sein als die Wismut-Anlagen. So wurden als technische Sicherungsmittel installiert:

„- die Umzäunung;
- die Einrichtung der Verbotszone,
- die Einrichtung der Postenbereiche;
- die Wachbeleuchtung;
- die Postennachrichtenverbindungen und Signalverbindung;
- Spezialsignalanlage".

Die Sicherungssysteme im Wismut-Gebiet ließen sich durchaus mit denen an den innerdeutschen Grenzen vergleichen. Um die Perfektion, mit der hier gearbeitet wurde, zu demonstrieren, sollen nachstehend einige Punkte der Anordnung zitiert werden:

„27. An der Innenseite der Umzäunung wird eine Verbotszone von 5 m Breite angelegt, die von einem Zaun (3 Draht) mit einer Reihe von Pfählen mit einer Höhe von 70 cm eingezäunt wird. Der Draht verläuft an einem Pfahl. Die Verbotszone muß von Strauchwerk gesäubert werden, in ihr dürfen sich keine Bauten und Gegenstände befinden, die die Sicherung des Objektes behindern. Dort, wo es das Gelände nicht gestattet, werden keine Verbotszonen angelegt, sondern die Umzäunung wird durch einen inneren Drahtzaun mit einer Höhe von 2,5 m verstärkt. Die Einrichtung der Verbotszone besteht aus ihrer Umzäunung, den Hinweisschildern und den Verteidigungsanlagen. Zur Kennzeichnung der Grenze der Verbotszone und zur Warnung unbefugter Personen über das Durchgangsverbot und das Verbot des Aufenthaltes in der Verbotszone werden entlang der ganzen Verbotszone in Abständen von 30 m Hinweisschilder mit der Aufschrift ‚Verbotszone - Durchgang verboten' aufgestellt.

28. Zur Abwehr eines bewaffneten Überfalls werden auf jedem Postenbereich 1 - 2 Feuerpunkte in der Art von Schützengräben für einen Mann ausgebaut. Abhängig vom Gelände können die Gräben ausgehoben bzw. Deckungen auf der Erdoberfläche angelegt werden.
29. Zur besseren Beobachtung der Zugangsstellen zum bewachten Gebiet werden an der Umzäunung Postentürme aufgestellt. In den Postenbereichen ohne Postentürme werden Postenpilze oder Postenhäuschen gebaut, die zur Aufbewahrung der Postenkleidung und der Telefone dienen. Der Postenweg muß dem Posten eine gute Bewegung gewährleisten und wird an der Innenseite der Verbotszone angelegt.
30. Entlang der Umzäunung wird ein Postenpfad mit einer Breite bis zu einem Meter angelegt, der von Gestrüpp gesäubert und eingeebnet wird. Zum Überwinden von Sumpfstellen, Schluchten und anderen Hindernissen werden Stege mit Geländer angelegt. ...
32. Zur Verstärkung der Bewachung der Betriebe werden Wachhunde als Blockposten oder Kettenpflockposten eingesetzt. Die Zahl der Hundeposten, ihre Lage und die Einrichtung für jeden einzelnen Betrieb wird von der zwischenbehördlichen Kommission bestimmt. ...
34. Kontrolldurchfahrtspunkte für den Kfz.-Verkehr werden mit Schlagbäumen oder Toren, Postenhäuschen oder Postenpilzen, Telefonen, transportablen Lampen und, wo es nötig ist, mit geophysikalischen Spezialgeräten ausgerüstet.
Zum Passieren von Güterzügen werden Kontrollposten eingerichtet. Die Einfahrten in den Betrieb werden mit Toren versehen. ...
35. An der Umzäunung der Betriebe und an den KPP wird die Wachbeleuchtung eingerichtet. Die Träger der Beleuchtungspunkte an der Umzäunung mit Drahtzaun müssen mit den Reflektoren parallel zum Zaun auf die äußere Seite zeigen mit der Berechnung, daß die Zugänge zum Posten von der Außenseite beleuchtet sind. Bei Holzumzäunung müssen sie senkrecht zum Zaun sein. Die Birnen müssen mindestens 100 Watt stark und in Abständen von höchstens 50 m angebracht sein. Eine schattenlose Beleuchtung der Außenseite der Umzäunung ist zu gewährleisten."

„Den Reiseverkehr auf ein Minimum beschränken"

Gut ein Jahr, nachdem diese Regelungen, die sehr stark an die Überwachung und Abschnürung der „Staatsgrenze" der DDR erinnern, in Kraft getreten waren, kam es zu einer wichtigen Veränderung im Sicherungssystems des Wismut-Gebietes. Die Bereitschaftspolizei wurde von ihren bisherigen Aufgaben entbunden und hatte diese mit Befehl 10/57 des MdI vom 1. März 1957 schrittweise an die Hauptverwaltung Deutsche Volkspolizei, Hauptabteilung Betriebsschutz, zu übergeben. Begründet wurde diese Veränderung mit der Notwendigkeit, die Schlagkraft und Einsatzfähigkeit der Bereitschaftspolizei erhöhen und sie daher von allen Bewachungsaufgaben mit Ausnahme der eigenen Objekte befreien zu müssen. Hinzuweisen ist in diesem Zusammenhang auf die Besonderheit, nach der innerhalb der BDVP Karl-Marx-Stadt mit der BDVP (BS) Wismut eine weitere, bezirksübergreifende Dienststelle eingerichtet wurde, der die Kompetenzen einer Bezirksdienststelle eingeräumt wurde und die insofern eine Ausnahme innerhalb der gesamten DDR darstellte. Noch strikter als ohnehin üblich, waren die Angehörigen der VP im Gebiet Wismut auf ihre politische Zuverlässigkeit zu überprüfen, wie Durchführungsanweisungen zum MdI-Befehl 45/58 vom 25. September 1958 zu entnehmen ist. Damit jedoch nicht genug: Die politische Moral der Volkspolizisten hatte nach Überzeugung der SED erheblich zu wünschen übrig gelassen. Angeordnet wurde deshalb in einer weiteren Durchführungs-Anweisung die „Verbesserung der politischen und fachlichen Schulung und Ausbildung der VP-Angehörigen der BDVP (BS) Wismut", bei der es insbesondere gehen sollte um Probleme

„a) der Bedeutung und Perspektiven der SDAG Wismut,
b) der Bekämpfung strafbarer Handlungen im Zusammenhang mit dem innerdeutschen Reiseverkehr;
c) die sich aus dem Schutz und der Sicherheit der Schächte, Betriebe und Anlagen ergeben".

Zwar ging es - nunmehr der Volkspolizei - nach dem Befehl des MdI Nr. 45/58 vom 26. September 1958 auch darum, „zu verhindern, daß feindliche Elemente, verdächtige und unbefugte Personen in das Schachtgelände, in die Betriebe und Anlagen eindringen können" sowie „vorbeugend und strafverfolgend tätig zu sein und besonders gegen die Schädigung des Volkseigentums zu kämpfen", doch im Vordergrund standen die Bespitzelung der Wismut-Arbeiter und eine drastische Einschränkung jeglichen Reiseverkehrs. „Wenn ein Arbeiter oder Angestellter im Verdacht stand, „eine Republikflucht vorzubereiten", hatte in jedem Fall das BS-Amt Wismut Ermittlungsverfahren einzuleiten und die zuständige Dienststelle des MfS zu informieren. In den Kreisen Aue, Schwarzenberg, Auerbach, Plauen (nur das Gebiet um Zobes, Bergen), Gera, Greiz und Freital war der „innerdeutsche und ausländische Reiseverkehr auf ein Minimum zu beschränken. Die eingereisten Personen sind zu überwachen. Eine Zusammenarbeit mit den Dienststellen des MfS in allen betreffenden Fragen muß gewährleistet sein".

Kampfgruppen mit enttäuschenden Leistungen

Angesichts der Bedeutung der Uran-Vorkommen für die sowjetische Militärmaschinerie verstand es sich von selbst, daß den Kampfgruppen innerhalb des Wismut-Gebietes besondere Beachtung geschenkt wurde. Sogar diese Tatsache änderte nichts daran, daß selbst dort vom „Schwert der Arbeiterklasse" kaum die Rede sein konnte, wie eine Brigade der Abteilung Kampfgruppen des Ministeriums des Innern bei einer Überprüfung in der Zeit vom 6. bis 11. Januar 1964 hatte feststellen müssen. Zurückzuführen war dieses auf den fast schon obligatorisch zu nennenden mangelhaften „politisch-moralischen Zustand" der „Kämpfer", wie auch auf eine Reihe völlig ungelöster organisatorischer Fragen. „Unter die Lupe" genommen hatte die MdI-Brigade die Instrukteurgruppe Kampfgruppen des Gebietskommandos (BS) Wismut, die BS-Ämter Wismut, Gera, Crossen und Aue, die Kampfgruppen-Bataillone Ronneburg und Aue sowie die Allgemeinen Hundertschaften Ronneburg, Crossen, Aue und Zobes. Gegenüber den Kampfgruppen-Einheiten in den übrigen Teilen der DDR wies die Arbeit mit denen im Gebiet Wismut eine Reihe von Besonderheiten auf. Bedingt durch den Schichtbetrieb in den Bergwerken richtete sich die Aufstellung der Bataillone weniger nach Betrieben als nach Schichten, wurden die „Kämpfer" in der Mehrzahl nicht zu monatlichen Schulungen befohlen, sondern hatten sich pro Quartal, dann jeweils für vier bis fünf Tage, zur internatsmäßig strukturierten Ausbildung einzufinden. Wenngleich allein durch die zusätzlichen Unterbringungs- und Verpflegungskosten ein finanzieller Mehraufwand erforderlich war, wurde dennoch davon abgeraten, auch im Wismut-Gebiet zu der ansonsten üblichen monatlichen Ausbildung überzugehen. Sie werde sich nachteilig auf die Produktion auswirken und negative Folgen im Unfallschutz mit sich bringen, war die Befürchtung.

Es erübrigt sich fast von selbst, festzuhalten, daß auf den ersten Seiten des Prüfberichtes zu lesen ist, die Kampfgruppen-Arbeit im Gebiet Wismut habe sich besonders im Verlauf des I. Ausbildungsquartals 1963/64 wesentlich verbessert. Ehrliche Sätze sind erst ab Seite 3 des Papieres zu finden. Denn die Begeisterung der „Kämpfer" für die sozialistische Sache ließ auch im Gebiet Wismut zu wünschen übrig. 459 „Kämpfer" hatten im ersten Ausbildungsquartal 1963/64 völlig auf eine Teilnahme verzichtet, im Vergleichszeitraum des Vorjahres waren es - noch ganz unter dem Eindruck der Propaganda um den Mauerbau - gerade einmal 28 Säumige gewesen. Desgleichen hatten sich die Schießergebnisse erheblich verschlechtert.

Die Schwierigkeiten, mit denen die Verantwortlichen der Kampfgruppen - übrigens nicht nur im Wismut-Gebiet - fertigzuwerden hatten, werden klar, wenn allein folgende Tatsachen berücksichtigt werden: 300 „Kämpfer" des V. Kampfgruppen-Bataillons (mot.) Ronneburg lebten in der Nahzone bis zu 30 km vom Bataillonsstandort, etwa 100 in der Mittelzone bis zu 45 km entfernt und in der Fernzone, bis zu 60 km, weitere 60. Überhaupt nicht alarmierbar waren 40 „Kämpfer" weil sie in kleinen und kleinsten Orten verstreut lebten. Angesichts des in der DDR kaum ausgebauten Telefonnetzes und des geringen Motorisierungsgrades, erstaunt es geradezu, daß bei einem Übungsalarm nach vollen vier Stunden dennoch dreiviertel der „Kämpfer" zur Stelle gewesen waren.

Während der gesamten Zeit der Existenz der Kampfgruppen war das Problem der Alarmierung mehr oder weniger ungelöst geblieben, wenn man von den Großstädten einmal absieht. Daß dieses geradezu so sein mußte, leuchtet im Hinblick auf die von der MdI-Brigade für die Kampfgruppen-Hundertschaft bzw. zwei selbständige Züge des Objektes Zobes ermittelten Daten ein. Von 146 „Kämpfern" wohnten in Plauen 53, in Oelsnitz 10, in Auerbach 29 und in Falkenstein sowie Treuen je zwölf. In sieben Orten fanden sich jeweils gerade ein „Kämpfer", in anderen zwei oder drei. Erschwerend kam hinzu, daß für das Heranschaffen der „Kämpfer" zu den Sammelpunkten Schicht-Omnibusse bzw. Fahrzeuge der Kampfgruppen eingesetzt werden mußten, „weil meist öffentliche Verkehrsmittel nicht zur Verfügung" standen. Das allerdings kostete Geld, das - erstaunlich genug - selbst der SED schwerfiel, aufzubringen:

„Für die Durchführung von 2 Übungsalarmen je Einheit des gesamten Gebietes Wismut sind im Ausbildungsjahr ca. 120.000,- DM notwendig. Dabei handelt es sich nur um die entstehenden Transportkosten. Von der Instrukteurgruppe Kampfgruppen des Gebietskommandos Wismut wird deshalb vorgeschlagen, für die Kampfgruppen-Einheiten des Gebietes Wismut nur einen Vollalarm im Jahr und den zweiten Übungsalarm ohne Alarmierung der in der ‚Fernzone' (zum Teil bis zu 70 km) wohnenden Kämpfer, als Teilalarm durchzuführen."

Doch nicht allein die räumliche Distanz der „Kämpfer" zu den Sammelorten ließen manchen Alarm zur Farce werden. Die spezielle Tätigkeit der Wismut-Beschäftigten trug das Ihre dazu bei:

„Zu bemerken ist noch, daß auch die Alarmierung der Einheiten während der Arbeitszeiten mit Schwierigkeiten verbunden und kaum unter 120 Minuten möglich ist, weil besonders die Kämpfer, die Untertage arbeiten, auf verschiedene Schächte und Sohlen verteilt sind und längere Wege bis zum Sammelpunkt zurückzulegen haben."

Änderungen im System waren kaum möglich, im Wismut-Gebiet blieb trotz der aufgedeckten Schwachstellen alles beim alten, obschon bereits 1964 die Schlagkraft, zumindest durch eine veränderte Bewaffnung, verbessert werden sollte. Die Abteilung für Sicherheitsfragen nämlich hatte mit Schreiben vom 17. März 1964 vorgeschlagen, auf Grund der geländemäßigen Bedingungen in den südlichen Bezirken der DDR, zu denen auch das Wismut-Sperrgebiet zählte, auf 76 mm-Kanonen zu verzichten, zumal es weder in dem Sperrgebiet noch in den Bezirken Erfurt, Suhl, Gera und Karl-Marx-Stadt Schießplätze gegeben hatte, die für das Scharfschießen mit der 76 mm-Kanone im direkten Richten freigegeben waren. Für Schießübungen zu den nächstgelegenen in Frage kommenden Schießplätzen - Klietz in der Nähe Brandenburgs und Nochten bei Weißwasser - waren bis zu 350 km Anfahrtswege zurückzulegen, was bei der begrenzten zeitlichen Ausbildung neben einem hohen Zeitverlust den zusätzlichen Ausfall von Arbeitstagen, einen hohen finanziellen und materiellen Aufwand und nicht zuletzt einen immensen Materialverschleiß zur Folge hatte. Stattdessen wurden die motorisierten Kampfgruppen-Bataillone in den genannten Bezirken in der Form umstrukturiert, daß in ihnen nunmehr je eine Granatwerfer-Hundertschaft mit zwei Granatwerferzügen zu je drei Werfern 82 mm, ein Zug Rückstoßfreie Geschütze RG-B10 (82 mm) mit zwei Geräten sowie ein Zug mit zwei Fla-MG, 14,5 mm (Zwilling) aufgestellt wurden.

Bis zum Ende der DDR war das Wismut-Gebiet neben den Sperrzonen an der innerdeutschen Grenze das intensivst überwachteste innerhalb der „Republik" überhaupt. Denn erst mit Befehl 103/90 verfügte der Minister für Innere Angelegenheit am 8. Februar 1990 die Auflösung des Gebietskommandos der DVP (Betriebsschutz) Wismut und seiner nachgeordneten Dienststellen, die am 31. Dezember desselben Jahres in Kraft treten sollte. Schutz- und Sicherungsmaßnahmen sollten danach durch die Betriebe und Einrichtungen der SDAG selbst übernommen werden. Staatliche Stellen der DDR hatten die SDAG nunmehr lediglich zu unterstützen. Gebäude und sonstige Einrichtungen, die bislang von der Volkspolizei in Anspruch genommen worden waren, waren an die SDAG zu übergeben, Technik, Bewaffnung und Ausrüstung dagegen an die BDVP Karl-Marx-Stadt. Für den 15. Januar 1991 war der Termin angesetzt, zu dem der Kommandeur des Gebietskommandos der DVP (Betriebsschutz) dem Minister für Innere Angelegenheiten einen Abschlußbericht vorlegen sollte - aber da gab es diesen Minister nicht mehr und auch nicht den Kommandeur.

Zentralschule für Kampfgruppen: Kaderschmiede zur Verteidigung der Republik

Eine der schwierigsten Aufgaben für die politische Führung der Kampfgruppen bestand zweifellos in der ständigen Motivierung der „Kämpfer". Ähnlich wie für die Angehörigen der Deutschen Grenzpolizei bzw. später dann der Grenztruppen, die gleichfalls vergeblich auf den Gegner warteten, mußten Feindbilder geschaffen und künstlich am Leben erhalten werden. Die „finsteren imperialistischen Kräfte" hatten hierfür ebenso herzuhalten wie - als rettendes Gegenstück - die Beschwörung der friedenserhaltenden Kräfte von Kommunismus und Sozialismus. Kein noch so kleiner Konflikt, egal in welchem Teil der Erde er sich ereignete, wäre unbedeutend genug gewesen, um nicht zur Begründung für die Notwendigkeit des weiteren Ausbaues der Kampfgruppen herhalten zu müssen. Die Botschaft hatte ebenso einfach wie unmißverständlich zu sein: Nur mit starken Kampfgruppen der Arbeiterklasse kann der Frieden bewahrt, können die „sozialistischen Errungenschaften" verteidigt werden. Daß diese Kampfgruppen speziell in den fünfziger und sechziger Jahren und dann wieder zu ihrem Ende in erster Linie für die Aufgabe vorgesehen waren, Demonstrationen und Unruhen im eigenen Land zu unterdrücken, durfte natürlich nicht in dieser Form gesagt werden. Der Feind, so die offizielle Diktion, wäre selbstverständlich ausschließlich aus dem Ausland, und hier aus dem kapitalistisch-imperialistischen, gekommen. Um die Kampfgruppen dennoch auf den Einsatz gegen die eigene Bevölkerung vorzubereiten und dafür auszubilden, mußten die Unzufriedenen und die Gegner des Regimes im Land verbal zu eingeschleusten bewaffneten Diversanten, Spionage- und Banditen- oder aus der Luft abgesetzten Rangergruppen umfunktioniert werden. Die tatsächliche Zielrichtung der Kampfgruppen konnte damit notdürftig verschleiert werden, ohne die wirklichen Ausbildungsziele aus dem Auge zu verlieren.

Besonders gefordert waren in diesen Fragen zwangsläufig die Ausbilder an der Zentralen Schule der Volkspolizei in Schmerwitz (Kreis Belzig), die aus der Sonderschule der SED für die Funktionäre der KPD hervorgegangen war. Mit Wirkung vom 1. März 1957 hatte das ZK der SED diese Sonderschule dem Ministerium des Innern, Wirtschaftsverwaltung, zur Nutzung als „Zentrales Ausbildungsobjekt zur Schulung von Kampfgruppen-Kommandeuren der Partei" übergeben. In einer entsprechenden Vereinbarung unter dem Aktenzeichen 10.41.58 war festgelegt, daß die Nutzung vorerst auf ein Jahr befristet sein sollte, das vorhandene Wirtschaftspersonal im Angestelltenverhältnis der Partei bleibe und „eine körperliche Übergabe bzw. Übernahme des Objektes .... deshalb nicht erforderlich" sei. Das Ministerium des Innern hatte die effektiven Personalkosten, die allgemeinen Wirtschaftsausgaben sowie die jährlichen Amortisationen in Höhe von zwei Prozent zu übernehmen.

Diese Zentrale Schule der Volkspolizei und spätere Zentralschule für Kampfgruppen hatte am 17. Mai 1957 unter ihrem ersten Leiter, Oberstleutnant Erhard Ziegler, die Arbeit aufgenommen, um die Kommandeure militärisch zu unterweisen, noch mehr aber, um sie politisch-ideologisch auszurichten. Schon zum ersten Zentralen Lehrgang - damals noch nach Lehrplänen der Volkspolizei - waren 239 „Kämpfer" aus allen Bezirken der DDR nach Schmerwitz geschickt worden, um sich in 585 Lehrgangsstunden zu Hundertschaftskommandeuren ausbilden zu lassen. Welch düsteres Bild der damaligen Gegenwart gemalt wurde, zeigt eindrucksvoll ein Vortrag, 1958 an der ZSdVP gehalten, nach dem es in der DDR von ausländischen Gegnern des Friedens und des Glückes nur so wimmelte, Arbeiter und Bauern im vereinten Bemühen es allerdings doch schafften, dem Guten zum Sieg zu verhelfen. Den genannten finsteren Kräften der imperialistischen Reaktion, den kapitalistischen Monopolen, die am Wettrüsten und an Aggressionskriegen interessiert seien, stünden die Staaten und Völker gegenüber, die sich die „edle Aufgabe" zu eigen gemacht hätten, die Organisatoren von Kriegsabenteuern zu zügeln und die Menschheit vor neuen unzähligen Opfern und Zerstörungen zu bewahren. Dank des geschlossenen Lagers des Sozialismus, das die Sympathie und Unterstützung der kommunistischen und Arbeiterparteien der ganzen Welt besitze, sei es den imperialistischen Aggressoren nicht mehr möglich, durch einen provokatorischen Terrorakt einen dritten Weltkrieg zu entfesseln. Diese Feststellung hätten die imperialistischen Kräfte zwar schon am 17. Juni 1953 in der DDR machen können, wurden die angehenden Kampfgruppen-Kommandeure belehrt, „doch diese Herrschaften sind unbelehrbar". Nachdem die „alten Methoden der offenen Aggression" nicht mehr funktionierten, versuchten es die westlichen Kriegstreiber mit neuen, wie beim „Putschversuch in Ungarn".

Spionageorganisationen spielten in der Darstellung gegenüber den „Kämpfern" die entscheidende Rolle beim Versuch, die „Volksdemokratien" aufzuweichen, und hier nun sei die DDR in höchstem Maße gefährdet und als „westlichster Staat des Sozialismus" in besonderer Weise zur Zielscheibe westlicher Geheimdienste geworden:

„Die Macht der Arbeiter und Bauern, die dem gesamten deutschen Volk die schönen Perspektiven eines Lebens in Glück und Wohlstand, ohne Krieg und Krisen gibt, soll durch Spionage, Sabotage, Diversion, Boykott und Hetze zersetzt und aufgeweicht werden. Die vielen bisherigen Prozesse gegen Spione, Saboteure und andere Handlungen der Imperialisten bewiesen, daß hinter der Zersetzung und Aufweichung die gewaltsame Eroberung der DDR, also der Krieg, steht."

Erschwerend für die Bewahrung des Friedens wirkten sich zudem das Bestehen von „Westberlin" und die Tatsache aus, „dass eine Grenze durch Deutschland geht", die „den Agentenzentralen der Imperialisten ihre feindliche Tätigkeit gegen die DDR und ihr sozialistisches Aufbauwerk" erleichtere. Nach dieser eher allgemein gehaltenen „Zustandsbeschreibung" erfuhren die Kampfgruppen-Kommandeure Konkretes über die

„Handlungsarten und Methoden der Agenten imperialistischer Staaten auf dem Gebiet der DDR.

Es ist bekannt, dass gezüchtet von den reaktionären Kräften Westdeutschlands, mit Unterstützung der westimperialistischen Staaten, auf dem Territorium der Bundesrepublik eine Anzahl von Agenten- und Spionageorganisationen sowie Militärverbände bestehen. (Militär- und alte militaristische Traditionsverbände über 100. Agentorg. Ostbüros der Partei! Bund freiheitlicher Juristen, KGU, Gehlen (staatlich) CIC - über 80 Filialen)

Die Hauptaufgabe richtet sich neben der Unterdrückung der fortschrittlichen Kräfte in Westdeutschland insbesondere gegen die DDR und die anderen volksdemokratischen Ländern.

Weil der Gegner immer mehr an Einfluß verliert, versucht er von außen her Einfluß zu gewinnen und eine systematische Störtätigkeit zu organisieren. Gegenwärtig sind die NATO-Organe insbesondere mit Hilfe ihrer Agentenzentrale, bemüht,
- durch Abzug von Arbeitskräften (Abwerbung - München)
- Diebstahl von Neuentwicklungen und Konstruktionen
- Schädlingstätigkeit im Wirtschaftsapparat (Organisierung von Disproportionen) unsere wirtschaftliche Entwicklung zu stören.

Gleichzeitig bereiten die gegnerischen Agenturen Sabotageakte und sogar den Einsatz von Banditengruppen vor. Für ihre Sabotage und Diversionstätigkeit entsenden sie einzelne Saboteure und Diversanten und ganze Gruppen in das Gebiet der DDR. Darüber hinaus ist es möglich, dass sich solche feindlichen Gruppen auch auf dem Gebiet der DDR bilden."

Bemerkenswert ist, daß die Bildung derartiger Oppositionsgruppen auf DDR-Gebiet eingeräumt wurde, wenngleich wenige Zeilen später die Klarstellung folgte, um welch Kategorie von Menschen es sich dabei handelte: „Der Gegner nützt gern die oft noch vorhandene rückständige Denkweise und bestimmte Gewohnheiten der Menschen für seine verbrecherischen Zwecke aus." Weil also überall Gefahren für den Sozialismus lauerten, sei es die „Aufgabe der Volkspolizei und der Kampfgruppen, bewaffnete und unbewaffnete Gruppen des Gegners, die im Gebiet der DDR handeln, aufzuspüren, gefangenzunehmen oder zu vernichten". Spätestens jetzt mußte es jedem aufmerksamen Kommandeur klar geworden sein, daß derartige „gegnerische Gruppen", bestehend aus DDR-Einwohnern mit „rückständiger Denkweise" unschädlich zu machen, notfalls zu „vernichten" waren.

„Agenten und Diversanten tragen Zivil"

Um das Gefühl der Bedrohung zu verstärken und in jedem einzelnen „Kämpfer" zu verinnerlichen, konnten sich die Ausbilder der ZSdVP nicht damit begnügen, ein allgemeines Gefahrenszenario zu entwerfen. Sie mußten in jedem „Kämpfer" das Bewußtsein entwickeln, er selbst sei ganz persönlich Tag für Tag an Leib und Leben gefährdet, buchstäblich jeder, dem er begegnete, könne ein potentieller Feind nicht nur des Sozialismus, sondern auch seiner Person sein, denn: „Agenten, Diversanten usw. unterscheiden sich in der Mehrzahl nicht von der Bevölkerung, sie tragen Zivil und keine äußeren Merkmale, die sie als Banditen kennzeichnen, sind vorhanden". Generelles Mißtrauen also war angesagt und gefordert, wie auf Grund der Erfahrungswerte auf dem Gebiet der DDR untermauert wurde:

„1. Der Gegner ist äußerst beweglich, jede sich bietende Situation wird von ihm entschlossen ausgenutzt. Bei der Durchführung von Aufträgen wendet er brutalste Gewalt an und scheut keine Menschenopfer, um sein Ziel zu erreichen. Charakteristisch ist, dass der Gegner bei seiner Entdeckung bemüht ist, sich zu trennen, um unsere Kräfte zu zersplittern und die Verfolgung zu erschweren. Diese Taktik des Gegners baut sich auf der Mentalität der Agenten auf. Agenten sind solche Menschen, die für Geld diese schmutzige Arbeit leisten. Und weil sie nicht wissen, für welche Interessen, für wen sie ihre Freiheit, ihr Leben aufs Spiel setzen, versuchen sie mit allen Mitteln, wenn sie entdeckt worden sind, ihre Haut zu retten. ... Eine weitere Methode des Gegners ist, dass sie sich als Pärchen, bzw. als Mann und Frau bewegen. Nur nach dem sie erkannt wurden, handeln sie entschlossen, wenden rücksichtslos die Waffe an, um sich der Festnahme zu entziehen."

Nach einer derartigen „Charakterisierung" von Agenten und anderen Feinden des Sozialismus, und nach der bahnbrechenden „Erkenntnis", daß diese „keine äußeren Merkmale tragen, die sie als Banditen kennzeichnen", galt es nun, den potentiellen Kampfgruppen-Kommandeuren an Einzelbeispielen die unablässig drohenden Gefahren aufzuzeigen, wobei der Einfachheit halber nicht etwa differenziert wurde zwischen gestellten „Republikflüchtlingen" und tatsächlichen Kriminellen, sondern alle Gruppen unter dem Begriff der zu vernichtenden „Banditen" subsumiert wurden:

„Eine Gruppe von 5 bewaffneten Banditen überschritt in der Nacht, (5./6. Oktober 1953) aus der CSR kommend, die Staatsgrenze mit dem Ziel, das Territorium der DDR zu durchqueren, um nach Westberlin zu gelangen. 4 Tage später wurde eine Einsatzgruppe der VP zum Bahnhof U. gesandt, um die Banditen zu stellen. Die Banditen, die die Anwesenheit der Einsatzgruppe feststellten, verließen den Zug in Richtung Bahnhofshalle. In der Bahnhofshalle wurden sie durch 3 VP aufgefordert, die Hände zu heben.

Die Banditen nutzten den Umstand, dass keiner der Volkspolizisten zur Feuereröffnung bereit war, aus, und einer der Banditen wandte sich um und verließ im Laufschritt die Bahnhofshalle. Dadurch wurde die Aufmerksamkeit unserer Kräfte auf den einen fliehenden Banditen gelenkt. Die restlichen 4 Banditen zogen in diesem Moment die Pistolen und schossen auf die Volkspolizisten. Durch das Feuer wurde der VP-Kom. G. getötet, der VP-U.Kom. S. schwer verletzt. Die Banditen entfernten sich in zwei Richtungen.[1]

Im Bezirk Karl-Marx-Stadt wurde (17.10.1954) in der Ortschaft C. durch den VP-WM. G. eine Ausweiskontrolle durchgeführt. Bei dieser Kontrolle wurden ein Mann und eine Frau aufgefordert, sich auszuweisen, die, wie sich später herausstellte, Agenten eines imperialistischen Staates waren. Da die Gefahr des Erkanntwerdens bestand, zog der Agent seine Pistole und ermordete den kontrollierenden VP-Wm. G. durch zwei Pistolenschüsse."

Sorge bereitete anscheinend immer wieder die Tatsache, daß die „Banditen" im Land Unterstützung fanden, denn schließlich waren sie „gezwungen, Verbindung zur Bevölkerung aufzunehmen, um sich zu verpflegen, zu orientieren usw. Sie sind bestrebt, Ortsbewohner, Betriebsangehörige usw. nach Möglichkeit anzusprechen, aufzusuchen,

---

[1] Am 10. Oktober 1953 hatte in Uckro die bis dahin größte Fahndungsaktion in der DDR begonnen, an der rund 10.000 Volkspolizisten teilnahmen und ein Gebiet von 400 km² abriegelten. Gesucht wurden fünf Tschechen, die in ihrer Heimat wegen Mordes und Brandstiftung angeklagt waren, sich selbst jedoch als Widerstandskämpfer bezeichneten. Zwei von ihnen wurden gefaßt, dreien gelang die Flucht nach Westdeutschland. Im Verlauf der Fahndung, die bis zum 30. Oktober dauerte, wurden je vier Polizisten, Stasi-Angehörige und Soldaten der sowjetischen Truppen getötet.

wobei sie sich natürlich nicht als Banditen zu erkennen geben". Immerhin, so mußte eingeräumt werden, hatte das „Agentenpaar" im Bezirk Karl-Marx-Stadt noch drei Tage nach seiner Entdeckung „in der Ortschaft H. Wertsachen (silbernes Etui, Armbanduhr)" verkaufen können, um Geld für Fahrkarten zu erhalten.

Glücklicherweise aber, so der Vortragende an der ZSdVP, gab es aber doch inzwischen auch DDR-Einwohner, die die „Arbeit der Schutzorgane" aktiv unterstützten. Und in solchen Fällen hätten die Agenten und Banditen natürlich Ortschaften zu meiden, Deckung in Wäldern zu suchen und könnten sich „nur nachts auf Nebenstraßen oder parallel auf Autobahnen oder Eisenbahnstrecken" bewegen. Am angeführten Beispiel der „Banditen aus der CSR" wurde auch dieses Verhaltensmuster dargestellt, wobei bemerkenswert ist, daß es den Sicherheitskräften offensichtlich nicht gelingen wollte, der „Banditen" tatsächlich habhaft zu werden. Möglicherweise war die Unterstützung durch Bevölkerung doch größer, als es die Partei wahrhaben wollte:

„Im Verlauf der Operation zum Aufspüren und zur Festnahme bzw. Vernichtung der 5 Banditen wurde festgestellt, dass sie die Tageszeit zur Ruhe ausnutzten und sich nur nachts bewegten.
Das Agentenpaar aus Karl-Marx-Stadt benutzte die Autobahn bzw. die Eisenbahnlinie als Richtungsweiser und bewegte sich nachts rechts bzw. links davon.
Als Lager und Übernachtungsstätten benutzten die Banditen in der Regel Feldscheunen, Heu- und Strohschober und teilweise Walddickicht. Die Jahreszeit spielte hierbei eine große Rolle.
Die Banditengruppe aus der CSR befand sich 6 Tage nach der Flucht vom Bahnhof U. in einer Scheune bei dem Ort R. 6 Tage später wurde ihr Aufenthalt in einer Feldscheune der Gemeinde R. bemerkt. 2 Tage später wurde eine Lagerstätte in einem Strohschober in der Nähe von Schl. gefunden."

Diese Darstellungen sind in mehrfacher Hinsicht beachtlich: Abgesehen von einer gewissen Schlichtheit des Denkens, wird - wohl eher ungewollt - eingestanden, daß die sog. „Banditen" sehr wohl auf die Unterstützung der Bevölkerung rechnen konnten. Denn wie anders wäre es möglich gewesen, daß eine Gruppe von fünf Personen, nachdem sie Volkspolizisten erschossen, bzw. schwer verletzt hatte, sich noch mindestens zwei Wochen quasi in „Feindesland" versteckt halten konnte? Wer sich das System der „Staatsfahndung" in der früheren DDR, mit Straßensperren, einem dichten Netz von Kontrollen, mit dem Überwachungssystem durch Polizei und vor allem durch das MfS und in diesem Fall auch durch die sowjetischen Truppen in Erinnerung ruft, wird zu der Überzeugung kommen müssen, daß die

„Banditen" ohne Hilfe aus der Bevölkerung nicht einen einzigen Tag nach der Schießerei in der Bahnhofshalle von Uckro noch in Freiheit hätten bleiben können. Unabhängig davon, ob die angehenden Kampfgruppen-Kommandeure diese Betrachtungsweise teilten, die Botschaft werden sie schon verstanden haben: Niemandem, egal wie harmlos er erscheinen mag, ist zu trauen, in jedem steckt ein potentieller „Bandit", und da ist es schon besser, als erster zu schießen. Und falls Skrupel bei den „Kämpfern" entstehen sollten, konnten sie ihr Gewissen mit den Worten des „Genossen Otto Grotewohl" vom 11. Februar 1957 in der Parteiversammlung der Berliner Akademie der Wissenschaften beruhigen, die ihnen gleich mit auf den Weg gegeben wurden:

„In unserer gegenwärtigen Situation hat unsere Staatsmacht eine Reihe von Aufgaben zu erfüllen, deren wichtigste sind:
Die wirksamste Zerschlagung aller feindlichen Anschläge auf die Errungenschaften der Arbeiter und Bauern, auf die sozialistischen Grundpfeiler unserer demokratischen Ordnung. Der wütende Angriff der Reaktion aus den Gebieten Westdeutschlands und Westberlins erfordert zur Erfüllung dieser Aufgabe besondere Anstrengungen unserer Schutzorgane, die unter aktivster Mithilfe der breiten Volksmassen gelöst werden können. Ein Absterben der Funktion des Staates würde dem Absterben des Sozialismus gleichkommen."

Entsprechend dieser politischen Vorgabe waren die Kampfgruppen dazu bestimmt, gemeinsam mit der Volkspolizei
- bei einem bewaffneten Überfall auf die DDR zusammen mit der Nationalen Volksarmee die Heimat zu verteidigen;
- Provokationen und konterrevolutionäre Bestrebungen im Innern der DDR zu verhindern bzw. zu zerschlagen;
- den Kampf gegen bewaffnete Gruppen und Banden des Gegners zu führen.

Aus den aufgeführten „Hauptaufgaben" wird ersichtlich, daß „die Bekämpfung und Vernichtung von bewaffneten Banden, die vom Gegner in das Gebiet der DDR eingeschleust wurden" allenfalls einen Alibi-Charakter besaßen. Vielmehr ging es um,

„1.**Die Bekämpfung und Vernichtung von bewaffneten Banden, die sich aus volksfeindlichen Elementen gebildet haben.**
2. Die Bekämpfung und Vernichtung feindlicher Fallschirmgruppen, die durch imperialistische Staaten zum Zwecke der Diversion und Aufklärung über dem Gebiet der DDR abgesetzt werden.
3. **Provokationen und Handlungen bewaffneter und unbewaffneter reaktionärer Kräfte zu verhindern bzw. zu zerschlagen.**

4. Gemeinsam mit der Deutschen Grenzpolizei im Falle größerer Grenzdurchbrüche die eingedrungenen Kräfte gefangenzunehmen bzw. zu vernichten.
5. Die Aufrechterhaltung der öffentlichen Sicherheit und Ordnung."[2]

Zur Erfüllung dieser „operativen Kampfaufgaben" waren Untereinheiten zu bilden, die „gegen zahlenmäßig geringeren und schwach bewaffneten Gegner" einzusetzen waren. Auch die Definition des potentiellen Gegners dieser Untereinheiten läßt eher auf „reaktionäre Kräfte" in der eigenen Bevölkerung schließen, als auf Bundeswehr oder andere NATO-Truppen.

Die unterschiedlichen Einsatzgruppen hatten folgende Aufgaben zu erfüllen:

„1. <u>Aufklärungs- und Suchgruppe</u> (ASG)
ASG wird dort eingesetzt, wenn die Schlupfwinkel des Gegners nicht genau bekannt sind. Sie haben die Aufgabe, den Gegner aufzuspüren, gefangenzunehmen oder zu vernichten.
2. <u>Der Hinterhalt</u>
a) Wird in den Fällen angewandt, wenn die Marschroute des Gegners genau bekannt ist. Ziel des Hinterhaltes ist es, den Gegner gefangenzunehmen oder zu vernichten.
b) Wo sich vermutlich einzelne Banditen oder kleinere Gruppen des Gegners bewegen, mit dem Ziel, Aufklärungsangaben zu erhalten. Auch hier besteht die Aufgabe darin, den Gegner gefangenzunehmen oder zu vernichten.
3. <u>Die Patrouille</u> (Streife)
Die Aufgabe der Patrouille besteht in der Aufrechterhaltung der Sicherheit und Ordnung in der Überprüfung der Einhaltung der Ordnungsmaßnahmen, in der Sicherung des erreichten Erfolges, sowie in der Kontrolle bzw. Festnahme von verdächtigen Personen.
4. <u>Der Beobachtungsposten</u>
Kann von allen handelnden Einheiten aufgestellt werden. Die Aufgabe besteht im Beobachten von bestimmten Geländeabschnitten und Objekten.
5. <u>Der Kontrollpassierposten</u>
Wird bei der Durchführung von Operationen in bewohnten Gebieten eingerichtet. Die Aufgabe des KPP besteht in der Kontrolle von Personen und Transportgütern mit dem Ziel, gesuchte Personen oder Gegenstände aufzufinden und, wenn notwendig, sie festzunehmen oder sicherzustellen.
6. <u>Die Begleitung</u> (Eskortierung)
Wird zur Überführung Festgenommener oder Gefangener und zur Begleitung von wertvollen Gütern von einem Ort zu einem anderen oder innerhalb eines Ortes eingesetzt. (Geldtransporte, Waffentransporte usw.)"

---

[2] Hervorhebungen durch den Verfasser.

Politarbeit auch während der Operationen
So wichtig die militärische Ausbildung der Kampfgruppen zur Bewältigung der beschriebenen Aufgaben auch war, noch wichtiger erschien den Lehrkräften der ZSdVP die „parteipolitische Sicherstellung der Handlungen der Volkspolizei und Kampfgruppen zur Bekämpfung bewaffneter Gruppen des Gegners", denn Erfolge waren für sie „unlösbar mit der politischen Erziehung und den hohen moralischen Eigenschaften des Personalbestandes verbunden". Der erfolgreiche Verlauf von Handlungen der Volkspolizei und der Kampfgruppen hänge „nicht nur vom militärischen Können und den Fähigkeiten der Kommandeure bei der Führung ihrer Einheiten ab, sondern auch von einer gründlichen politischen Arbeit". Das hätten „überzeugend die Ereignisse während der konterrevolutionären Umtriebe in Ungarn" gelehrt. Ziel der parteipolischen Arbeit müsse es daher sein, „Mannschaften, Unterführer und Offiziere der Volkspolizei und der Kampfgruppen zum unbeugsamen Willen und zum entschlossenen Handeln zur Gefangennahme und zur Vernichtung des Gegners" zu erziehen.

Nicht allein dem Kommandeur der Kampfgruppen-Einheiten wurde deshalb die uneingeschränkte Befehlsgewalt eingeräumt, sondern auch sein Politstellvertreter erhielt erhebliche Rechte. Denn dieser hatte vor Einsätzen bei der Auswahl des Personalbestandes mitzubestimmen, und er mußte „dafür sorgen, daß die Parteimitglieder richtig auf die Gruppen verteilt sind. Mit den Wachtmeistern und Kämpfern der Einsatzgruppe führt er persönliche Gespräche und legt ihnen ihre Pflichten und Aufgaben dar". Selbst im Verlauf vom „Operationen zur Gefangennahme oder Vernichtung bewaffneter Gruppen des Gegners" durfte die parteipolitische Arbeit ausdrücklich nicht unterbrochen werden, denn wesentlich war, „die richtige Verteilung der Mitglieder der Partei und des Jugendverbandes während der Operation aufrechtzuerhalten". An den schwierigsten Stellen sollten „die bewußtesten Parteimitglieder eingesetzt werden" und durch ihr Vorbild „den Willen zum Sieg stärken und den Personalbestand befähigen, mit Schwierigkeiten fertig zu werden". Die „Popularisierung von Erfolgen aus vergangenen Einsätzen und guten Erfolge" schließlich sollten genutzt werden, um die Einsatzbereitschaft und Siegeszuversicht zu stärken.

„Faschistische Elemente und ehemalige Großbauern"
Außerordentlich aufschlußreich sind die Aufgabestellungen aus dem Fachgebiet Taktik der ZSdVP insbesondere hinsichtlich der dargestellten Ausgangslagen. Demnach wimmelte es in der DDR nur so von abgesetzten „bewaffneten Elementen westlicher Geheimdienste", die auch noch Unterstützung bei der DDR-Bevölkerung gefunden hatten, wenngleich es sich dabei jeweils „um reaktionäre Kräfte" handelte, an erster Stelle um noch verbliebene „bourgeoise Großbauern". Ganz nebenbei konnten auf eine perfide Weise damit zugleich die wenigen noch halbwegs freien Bauern zum Feindbild aufgebaut und die Notwendigkeit letzter Enteignungen von Grund und Boden begründet werden. Zumindest einige der „Taktischen Lagen" sollen nachstehend im Wortlaut wiedergegeben werden, da sie Musterbeispiele für eine geradezu unerträgliche Indoktrination der Kampfgruppen-Kommandeure darstellen und einen tiefen Einblick in das abstruse Denken der SED, die ja die Kampfgruppen führte, zulassen und zu erkennen geben, daß die SED-Spitze noch immer unter dem Eindruck - eher dem Schock - des Volksaufstandes vom 17. Juni 1953 stand. Vor allem aber ist den „Taktischen Lagen" zu entnehmen, daß sich die SED der Zustimmung durch die Bevölkerung keineswegs sicher sein konnte, gehen die angenommenen Situationen doch immer davon aus, daß zwar „Elemente" aus dem Westen Unruhen ausgelöst hätten, diese aber Unterstützung in der DDR selbst fanden.

Schmerwitz O.U., den 3.5.1959
T a k t i s c h e   L a g e
In den vergangenen Tagen wurden von bewaffneten Elementen der westlichen Geheimdienste in den Randgebieten von Berlin und im angrenzenden Bezirk Potsdam Provokationen durchgeführt. Die gegnerischen Elemente forderten die Bevölkerung auf zum aktiven Widerstand gegen unseren Arbeiter-und-Bauernstaat. Sie verteilten Flugblätter mit gleichem Inhalt.
Besonderes Augenmerk legte er im Zuge seiner konterrevolutionären Handlungen auf die Versorgungspunkte des Kreises Belzig, da der Gegner sich hier von Groß- und Mittelbauern Unterstützung erhoffte, zumal er verstärkt Einfluß nehmen konnte durch den Luftkorridor Westdeutschland - Westberlin. Es gelang ihm seine zahlenmäßige Stärke zu erhöhen, durch uns feindlich gesinnte Elemente (durch DDR-Bewohner, d.Verf.). Dadurch besetzte er wichtige Betriebe sowie einige wichtige Versorgungspunkte im Kreis Belzig. So konnte er in den Ortschaften Medwitz und Reetz zeitweilig offen in Erscheinung treten.
Die Einsatzleitung des Kreises Belzig alarmierte die Kampfgruppen des Kreisgebietes, die in diesen Orten zum Einsatz kamen und teilweise die Provokationen zerschlagen haben. Die Ruhe und Ordnung und die offensichtliche Sicherheit

konnten in den Orten wieder hergestellt werden, bis auf die Ortschaft Wiesenburg, wo sich der Gegner im Versorgungszentrum der VDGB und der MTS zur Verteidigung eingerichtet hat. Er verfolgt dabei das Ziel, Unruhe unter der Bevölkerung hervorzurufen, und die Versorgung im Kreis lahmzulegen. Zur Zerschlagung dieser Provokation in der Ortschaft Wiesenburg kommt die 4. Hundertschaft des Kreises Belzig zum Einsatz."

Ohnehin mußte Wiesenburg häufiger herhalten, um die Gefahren, die der DDR drohten, aufzuzeigen. So auch bei der „Taktischen Idee" vom 30. Mai 1959, bei der es um das Thema „Der Zug bei der Organisierung und Führung der Verteidigung im Straßen- und Häuserkampf" ging. In diesem Fall aber waren nicht etwa gegnerische Kräfte aus dem Westen eingedrungen, sondern letzte „faschistische Elemente" in der DDR mußten bekämpft werden:

29 Kämpfer gegen die „Diversionsgruppe Rabe"

„Im Laufe der letzten Monate verstärkte sich die Tätigkeit des Klassengegners auf dem Gebiet der DDR bedeutend.
Im Bezirk Potsdam handelt eine Diversionsgruppe unter Leitung des Hauptagenten Rabe. Durch Diversionsakte in einigen wichtigen Industrieobjekten, Zentrallagern der Bauindustrie, der VdgB (BHG) und der MTS soll unserer Volkswirtschaft erheblicher Schaden zugefügt werden, mit dem Ziel, besonders die sozialistische Entwicklung auf dem Lande zu hemmen.
Im Bestand der Bande befinden sich durchweg alte faschistische Elemente, denen es im Laufe der Nachkriegsjahre gelungen ist, in derartigen Betrieben zu arbeiten und sich mit der Struktur vertraut zu machen.
Ausgerüstet ist die 20 - 30 Mann starke Bande mit Pistolen, MPi, Karabinern und Sprengmitteln aller Art. Der Hauptagent Rabe hat durch Funk Verbindung mit Westberlin.
Die bisherigen Ermittlungen des MfS und der Abteilung K ergaben, daß sie sich in den Wäldern des Kreises Belzig treffen, von wo aus die Diversionsakte gestartet werden. Diese Ermittlungen wurden durch die Aussage eines Gefangenen bestätigt. Desweiteren sagte er uns, daß die Diversionsgruppe, auf Grund der bisher erreichten Teilerfolge in ihrer Tätigkeit beabsichtigt, durch offene Angriffshandlungen das zentrale Versorgungslager der VdgB (BHG) in Wiesenburg anzugreifen und zu zerstören.
1. Im Laufe der letzten Monate wurden von der im Bezirk handelnden Diversionsgruppe Rabe folgende Diversionsakte durchgeführt: Im Tonwerk Görzke wurde durch unterirdischen Kurzschluß die Produktion für mehrere Tage unterbrochen.
In den Sägewerken Neuehütten und Reetzerhütten wurden Flugblätter mit dem Aufruf zur Arbeitsniederlegung verteilt.

5 Agenten versuchten sich des Stellwerkes zu bemächtigen, um auf der Strecke Belzig - Halbe ein Zugunglück hervorzurufen. Durch Wachsamkeit des Personals wurde dieser Versuch vereitelt. Eine Verfolgung der Banditen blieb erfolglos.
Im Sägewerk Wiesenburg (Bahnhof) wurde eine Brandstiftung festgestellt.
<u>Beurteilung der Lage</u>
Gegner: Stärke 20 - 30 Mann mit MPi und Karabinern, sowie Sprengmitteln. Seine Handlungen tragen umstürzlerischen Charakter. Ehemalige faschistische Elemente unter Führung eines Hauptagenten „Rabe". Gegner macht sich ehemalige Großbauern sowie uns feindlich gesinnte Kräfte zu nutzen. Sein Aufenthaltsort ist in verschiedenen Orten des Kreises Belzig. Gegner ist nicht motorisiert, muß Wege im Fußmarsch zurücklegen. Kräfte sind aus Westdeutschland und Westberlin eingeschleust worden.
Eigene Kräfte. Mein Zug besteht aus 29 Kämpfern des Rates des Kreises.
Bewaffnung: 12 MPi 41 und 17 Karabiner.
Politisch-moralischer Zustand ist zufriedenstellend, 80 % sind Mitglieder der SED, davon haben 45 % die KPS besucht."

„Den Gegner im Kesselhaus liquidieren"

Bereits die aufgeführten Beispiele machen deutlich: So „konstruiert" waren die „Lagen", die als Unterrichtsstoff dienten, in Wirklichkeit nicht. Sie orientierten sich konkret an den Ereignissen des Volksaufstandes vom 17. Juni 1953 und an den zahlreichen Arbeitsniederlegungen, zu denen es 1956 in der DDR gekommen war. Zwar konnte dieses in dieser Form nicht in die Unterrichtsmaterialien aufgenommen werden - stattdessen brauchte man westliche Unruhestifter, die zu Streiks aufforderten, die Wirtschaft lähmen oder auch nur Flugblätter verteilen und so den sozialistischen Aufbau stören wollten -, der tatsächliche Hintergrund der Taktischen Lagen" dürfte jedoch jedem Lehrgangsteilnehmer bewußt gewesen sein, wie auch aus den folgenden Mustern hervorgeht:

Schmerwitz
3.6.1959
Taktische Lage
In den Randgebieten des Bezirkes Magdeburg wurden in zwei Tagen von bewaffneten Elementen westlicher Spionageorganisationen Provokationen durchgeführt. Die Provokateure forderten die Werktätigen zur Niederlegung der Arbeit und zum aktiven Widerstand gegen unsere Staatsmacht auf. Es wurden Hetzlosungen herausgegeben, die darauf gerichtet sind, Verwirrung unter der Bevölkerung zu schaffen, um die Betriebe der Schwerindustrie und einige Lager der Staatsreserve schneller in ihren Besitz zu bringen. Besonderen Wert legen die Banditen auf die Stillegung der Produktion und die Besetzung des Lagers der Staatsreserve im Kreis Zerbst.

Bei dieser Provokation stützen sie sich auf ehemalige faschistische Elemente. Ihre Stärke konnten sie dadurch zahlenmäßig erhöhen. Nach hartnäckigen Kämpfen besetzten sie einige staatliche Institutionen im Stadtzentrum der Stadt Zerbst. Ihr Hauptaugenmerk ist jedoch auf den südlichen Teil der Stadt gerichtet, wo sich das Industriezentrum und ein Lager der Staatsreserve befindet, um den Aufbau in unserer Republik zu stören und die dort lagernden Staatsreserven in ihren Besitz zu bringen. Durch den Einsatz der Hundertschaften des Kreises Zerbst konnte die Provokation im Stadtzentrum zerschlagen werden. Einigen Kräften des Gegners gelang es, sich der Gefangennahme zu entziehen. Sie zogen sich zurück und besetzten das Lager der Staatsreserve. Im Lager haben sie sich stützpunktartig zur Verteidigung eingerichtet. Sie haben sich gleichzeitig eine Außenverteidigung ausgebaut, die sich schwerpunktmäßig über das Gelände der Bau-Union erstreckt, Ihre Stärke im Stützpunkt beträgt circa 30 - 50 Mann.
Zur Zerschlagung dieses Provokationsherdes wird das Batl. der Bezirks-Reserve Magdeburg eingesetzt.
Das Batl. setzt sich zusammen aus: 2 mot. Schützen-HS und einer schweren Hundertschaft.
Stärke der 1. Hundertschaft 95 Mann
Stärke der zweiten Hundertschaft 95 Mann
Stärke der schweren Hundertschaft Pak   Zug 2 Geschütze   10 Mann
                                                                  GW   Zug 2 Werfer   10 Mann
                                                                  SMG Zug 2 Gewehre   6 Mann
Die Bewaffnung der mot.-Schützen-HS MPi und Karab.
Hundertschaftsleitung Pistole 08."

Förster Meyer plant den Umsturz

ZSfKG   Schmerwitz
7.12.1959
Taktische Aufgabe Nr. 1
Nach der Bildung des sogenannten Ausschusses für psychologische Kriegsführung verstärkten die westlichen Geheimdienste ihre Tätigkeit zur Störung des sozialistischen Aufbaus in der DDR erheblich. Sie gehen immer mehr dazu über, entsprechend der Konzeption des Planes DECO II, Spionage und Diversionsgruppen auf verschiedenen Wegen in das Gebiet der DDR einzuschleusen bzw. zu bilden, mit dem Ziel, Schaffung illegaler Gruppen zur Vorbereitung konterrevolutionärer Handlungen.
Im Bezirk Potsdam, besonders im Kreis Belzig, ist in den letzten 8 Wochen ein verstärkter Besucherverkehr aus Westdeutschland und Westberlin zu verzeichnen. Eine durchgeführte Kontrolle seitens der Sicherheitsorgane bei diesem Personenkreis auf dem Bahnhof Belzig ergab, daß ein Funkgerät amerikanischer Herkunft mitgeführt wurde. Das war der 2. Fall seit 4 Wochen.
Im gleichen Zeitraum stellte die deutsche Post fest, daß im Raum Wiesenburg eine illegale Funkstation besteht, welche täglich zu verschiedenen Zeiten Funkverbindung mit Westberlin unterhält. Die eingeleiteten Maßnahmen ergaben, daß

sich diese Station in der Revierförsterei ‚Alte Hölle', im Planquadrat 79 22, befindet und von dem dort wohnenden Förster Fritz Meyer betätigt wird.
Seit ca. 14 Tagen wurden alle abgehenden und ankommenden Funksprüche von der deutschen Post überwacht und registriert.
Dadurch war es möglich den Inhalt dieser Gespräche zu entschlüsseln und sich Klarheit über das Ziel der Funkverbindung zu verschaffen.
M. erhielt vom westlichen Geheimdienst die Weisung, in seinem Gebäude eine gute Unterbringungsmöglichkeit für Waffen, Gerät und Personen zu verschaffen. Am 09.12.1959 gegen 19.00 Uhr erhielt er durch Funk die Anweisung, daß am 10.12.1959 in den Morgenstunden eine Spionagegruppe durch ein Flugzeug im Raum ‚Alte Hölle', Mahlsdorf, Reetz und Reetzerhütten abgesetzt wird, welche sich dann bei ihm einfindet. Er hat diese Gruppe für 24 Stunden unterzubringen.
Die Einsatzleitung des Kreises Belzig entschloß sich, Maßnahmen einzuleiten, um diese Spionagegruppe gefangenzunehmen bzw. zu vernichten.
Zur Lösung dieser Aufgabe wurde die ZSfKG Schmerwitz, gegliedert als Bataillon der Bezirksreserve, der Einsatzleitung Belzig unterstellt.

Konterrevolution in Istadt

ZSfKG   Schmerwitz
11.11.1959
Abschlußprüfung Taktik
Kampfbefehl für das 1. Batl. von Istadt an der Nocke
Eingeschleusten Agenten gelang es, in Verbindung mit faschistischen Elementen, Provokationen, Sabotageakte und bewaffnete Überfälle auf lebenswichtige Institutionen in den Nachbarkreisen des Kreises Istadt durchzuführen.
Ihre Handlungen tragen konterrevolutionären Charakter und haben zum Ziel, durch Stillegung wichtiger Betriebe, Unruhe unter der Bevölkerung zu schaffen und die Versorgung zu stören.
Die Agentengruppen sind nach bisherigen Meldungen ca. 20 - 30 Mann stark. Ihre Bewaffnung besteht aus Pistolen und MPi.
Durch Ermittlung der Organe der Staatssicherheit ist bekannt, daß der Gegner seine Tätigkeit auch auf Istadt ausdehnen will. Mit dem Auftauchen des Gegners ist in der kommenden Nacht aus Richtung Osten zu rechnen.
Die Führung dieser Banditengruppen besteht aus besonders geschulten Agenten westlicher Geheimdienste.

Erhöhte Einsatzbereitschaft als Mittel der Motivation

Es versteht sich von selbst, daß es in all den aufgezeigten Situationen den Kampfgruppen der Arbeiterklasse gelang, die Agenten, Reaktionäre oder/und Großbauern zur Räson zu bringen und dem Sozialismus zum Sieg zu verhelfen. Aber selbstverständlich durfte die in den „Taktischen Lagen" beschriebene Bedrohung nicht theoretischer Natur bleiben, sie mußte in der Schule, die im Oktober 1959 in „Zentralschule für Kampfgruppen" umbenannt worden war, für die Stamm-Mannschaft ebenso „erlebbar" werden wie für die Lehrgangsteilnehmer. Probates Mittel hierfür waren vor allem die Befehle zur Herstellung einer erhöhten Einsatzbereitschaft, die zumindest suggerieren sollten, Angriffe gegen die Zentralschule und gegen die DDR stünden unmittelbar bevor. Sogenannte Wahlen in der DDR boten sich hierfür ebenso an wie der 1. Mai, aber auch der 17. Juni mit den damit verbundenen Veranstaltungen in Berlin (West). So befahl Major der Volkspolizei Kauers als Stellvertreter des Leiters der ZSfK Schmerwitz mit Befehl 3/60 am 15. Juni 1960 eben diese „erhöhte Einsatzbereitschaft" und begründete sie u.a. mit „Erkenntnissen", nach denen „revanchistische Kräfte beabsichtigen, am 17.6.1960 eine Hetzkundgebung durchzuführen. Bei dieser Kundgebung sollen der Westberliner Verwaltungschef Brandt und der Ministerpräsident von Schleswig-Holstein sprechen". Zwar wäre dieses für sich allein noch kein Anlaß zur Beunruhigung gewesen, aber die Leitung der ZSfK hielt es für möglich, „daß Agenten und Diversionsgruppen diesen Tag für ihre Schädlingstätigkeit benutzen". Angewiesen wurde daher, die Nachtschichten der Wache zu verstärken, Doppelstreifen der Lehrgangsteilnehmer einzurichten und die Streifenposten mit der MPi 41 und je 35 Schuß Munition auszurüsten. Zudem wurde eine Ausgangsverbot ausgesprochen. Galt dieser Befehl ursprünglich nur bis zum 18. Juni, wurde er tags zuvor verlängert. Denn es gebe Informationen, so erneut Major Kauers, „daß übers Wochenende weitere Hetzkundgebungen auf dem Territorium Westberlin, sowie an der Sektorengrenze und Staatsgrenze West von seiten der Landsmannschaften und anderer Revanchistengruppen durchgeführt werden". Ließe sich eine gewisse Besorgnis mit der Erinnerung an den gerade einmal sieben Jahre zurückliegenden Volksaufstand in der DDR selbst und an den in Ungarn von 1956 noch begründen, wird das „Kriegspielen" zu anderen Anlässen allerdings völlig unverständlich bzw. nur dadurch erklären, daß es den Verantwortlichen ausschließlich darum ging, ein subjektives „Bedrohungsempfinden" zu erzeugen. Beispielsweise zu den „Staatsfeiertagen am 1. und 8. Mai", bei denen, wie es in den entsprechenden Befehlen heißt, die Erfahrungen gezeigt hätten, „daß die Feinde der Deutschen Demokratischen Republik Staatsfeiertage besonders zum Anlaß nehmen, durch Hetze, Diversion, Schädlingstätigkeit usw. die Sicherheit und Ordnung zu stören". Daraus ergebe sich auch für die ZSfK die Aufgabe, „durch erhöhte Wachsamkeit und vorbildliche Dienstdurchführung, die Sicherheit und Ordnung an diesen Tagen zu gewährleisten". Einerseits seien deshalb die Wachen zu verstärken, zum anderen aber hätten sich „die nicht im Dienst befindlichen VP.-Angehörigen abrufbereit in ihrer Wohnung aufzuhalten". Sollte ein Angehöriger der Schule tatsächlich die Wohnung verlassen müssen, hatte er „noch anwesende Familienangehörige bzw. den O.v.D. der Dienststelle von dem Aufenthalt zu verständigen". Offensichtlich gab es in der DDR überhaupt keine Feiertage bzw. staatliche Ereignisse, die nicht zu besonderer Gefährdung geführt hätten. Zumindest schien Oberstleutnant der VP Ziegler, Leiter der ZSfK Schmerwitz, dieser Überzeugung zu sein. Als am 17. September 1961 „Wahlen" in der DDR anstanden, hieß es für Lehrkräfte und Lehrgangsteilnehmer der ZSfK erneut, im Objekt oder zumindest doch in den Wohnungen zu bleiben. Denn selbst hier galt es als ausgemacht, daß „Wahlen in unserem Arbeiter- und Bauernstaat ... von großer nationaler Bedeutung (sind) und gleichzeitig die Kräfte für den Abschluß eines Friedensvertrages in ganz Deutschland mobilisieren". Andererseits jedoch sei es ebenso bekannt, daß „die Bonner Ultras im verstärkten Maße" versuchten, „die Wahlen in der Vorbereitung und Durchführung unter allen Umständen zu verhindern". Es gelte deshalb, einen reibungslosen Ablauf der Wahlen „vom Standpunkt der Ordnung und Sicherheit mit allen zur Verfügung stehenden Mitteln zu gewährleisten". In welcher Weise allerdings eine erhöhte Sicherheitsstufe in der ZSfK einschließlich verstärkter Wachzüge zum ungestörten Ablauf der Wahlen beitragen sollte, läßt sich nur schwerlich nachvollziehen.

In der Tradition von Karl Marx und Walter Ulbricht

Wie die ZSfK Schmerwitz, Trägerin der „Verdienstmedaille für Kampfgruppen der Arbeiterklasse" sich selbst sah, zeigt die Haus- und Schulordnung, in der es in der Fassung vom 20. Juni 1962 u.a. hieß, ihr sei „die ehrenvolle Aufgabe gestellt worden, die Ausbildung und Erziehung sowie Qualifizierung von bewährten Genossen Kommandeuren vorzunehmen". Die Teilnahme an den Lehrgängen sei einerseits eine Auszeichnung durch die Partei für jeden Kommandeur, zugleich aber auch eine „Verpflichtung gegenüber der Partei, durch ständige Teilnahme an der Ausbildung und am Unterricht, durch kollektive Zusammenarbeit, Entfaltung einer gesunden schöpferischen Kritik und Selbstkritik, durch ein intensives Selbststudium und durch eine vorbildliche Disziplin, das Lehrgangsziel zu erreichen". Die Erziehung zur Liebe zur Heimat stehe neben der Entwicklung „zu einer allseitig entwickelten Persönlichkeit" im Vordergrund, wobei sich die Zentralschule von folgenden Prinzipien leiten lasse:

„Die Erziehung der Kommandeurskader zu dem Bewußtsein, daß sie die Söhne eines Volkes sind, aus deren Reihen solche guten Deutschen wie Karl Marx, Clara Zetkin, Karl Liebknecht, Ernst Thälmann, Wilhelm Pieck, Walter Ulbricht u.a. hervorgegangen sind, die unermüdlich und unter Aufopferung ihres Lebens für die Sache der Arbeiterklasse gekämpft haben.

Die Erziehung der Genossen Kommandeure zu Patrioten unserer Heimat und zu dem festen Willen, in den ersten Reihen der Erbauer und Beschützer unserer Errungenschaften zu stehen, als vorbildlicher Kämpfer für den Frieden und die Einheit unseres Vaterlandes die persönlichen Interessen den Interessen der Gesellschaft unterzuordnen.

Die Erziehung der Genossen Kommandeure zur Freundschaft zu allen friedliebenden Völkern, vor allem zu den Völkern der Sowjetunion und den Staaten des soz. Lagers sowie zu allen kommunistischen- und Arbeiterparteien.

Die Erziehung der Genossen Kommandeure zum Haß gegen alle Feinde unseres Volkes, insbesondere gegen die Bonner Ultras und alle Machenschaften der imperialistischen Kräfte.

Die Erziehung und Ausbildung von qualifizierten Kommandeuren der Kampfgruppen, die befähigt sind, die Aufgaben eines militärischen Kommandeurs politisch und fachlich als Einzelleiter zu lösen, um ihre Einheiten in kürzester Alarmierungszeit in den Kampf zu führen."

Entsprechend diesen Ansprüchen gestaltete sich der Alltag der „Genossen Kommandeure" in Schmerwitz rein militärisch. Alle Kursanten waren in der Schule untergebracht und in Lehrgänge, Züge und Gruppen eingeteilt. Ein „Offizier vom Dienst" aus den Reihen des Stammpersonals kontrollierte die Einhaltung des Dienstablaufes und war für die Sicherheit zuständig, ihm zur Seite standen ein Lehrgangsteilnehmer als „Diensthabender Kommandeur" bzw. ein „Läufer vom Dienst". Bereitschaftszüge, dazu zwei weitere Züge als Einsatzreserve hatten potentielle Gegner ebenso abzuwehren wie die Objektwachen, die sich gleichfalls aus Kursanten rekrutierten, die während der Lehrgangsteilnahme postalisch unter der Deckanschrift „Belzig/ Mark, Postschließfach 35" zu erreichen waren.

Um 6 Uhr - sonntags eine Stunde später - war das Wecken. Dem Frühsport und der Körperpflege folgten um 7.05 Uhr das Frühstück, das Revierreinigen sowie die unerläßliche Polit-Information. Zwischen 8 und 17 Uhr hatten Kursanten acht Unterrichtsstunden zu absolvieren, bevor dann um 18.10 Uhr das Abendessen anstand. Alle zwei Wochen wurde die Bettwäsche gewechselt, eine paritätisch zusammengesetzte Küchenkommission hatte „Beanstandungen der Mahlzeiten im Hinblick auf Gewicht, Zubereitung und Sauberkeit" zu überprüfen. Eine Reihe von Verboten bestimmte die Freizeit der „Kämpfer", bemerkenswerterweise auch das des Tanzens in allen Räumen der Zentralschule. Das Fotografieren oder Abmalen des Objektes von innen und außen war strikt untersagt, ebenso das Abstellen von privaten Kraftfahrzeugen auf dem Gelände, das Betreten der Unterkünfte durch weibliche Personen, aber auch sämtliche Glücksspiele und vor allem „das Singen im Objekt und in der unmittelbaren Umgebung im Verband in der Zeit von 20.00 Uhr bis 06.00 Uhr". Außerhalb der Schule galt gegenüber allen Zivilpersonen grundsätzliche Schweigepflicht über alle Belange der ZSfK. Bei Verstößen gegen die Hausordnung stand folgendes Disziplinarstraf-Instrumentarium zur Verfügung: Öffentlicher Tadel vor der Front des Lehrganges, vor der Front des Schulverbandes, vor der Front des Schulverbandes mit Verständigung der Parteiorganisation des Betriebes und Verweis von der Schule. Selbst in der Freizeit durften die „Genossen Kommandeure" den Ortsbereich Schmerwitz-Schlamau-Wiesenburg nicht verlassen, später wurde der Bereich um die Orte Neuehütten, Belzig, Borne Hagelberg, Glien, Lübnitz und Benken erweitert.

Ohnehin hatte sich in den achtziger Jahren der Alltag an der ZSfK geändert. Aus der „Schul- und Hausordnung" war eine „Objektordnung" geworden, und deren Festlegungen waren erheblich rigider. Zwar wurde nunmehr das Befahren des Schulgeländes mit eigenen Kraftfahrzeugen gestattet, aber dieser Freizügigkeit standen manch andere Restriktionen gegenüber. In den Zügen waren jetzt Funktionäre einzusetzen, vor Dienstbeginn mußte in Morgenappellen die Vollzähligkeit des Personalbestandes ebenso nachgewiesen werden wie die der Ausweisdokumente, die vorschriftsmäßige Bekleidung wie auch Bewaffnung und Ausrüstung. Für Ehrenbezeigungen galten die militärischen Bestimmungen, mehr oder weniger unentwegt hatten irgendwelchen Vorgesetzten Meldungen erstattet werden müssen. Neben dem Offizier vom Dienst gab es inzwischen den Gehilfen des OvD, den Kommandeur vom Dienst, den Gehilfen des KvD, den Fahrer vom Dienst und den Sanitäter vom Dienst. Außer dem Genuß von alkoholischen Getränken während der Dienstzeit war das Tragen von

Sportbekleidung „im Speiseraum, in der HO-Gaststätte und zu Filmveranstaltungen nicht gestattet", und zum Fotografier-Verbot war das von Tonbandaufzeichnungen hinzugekommen. Für die Sicherheit war mehr als ausreichend gesorgt, denn es gab den Kontroll- und den Streifenposten, den Sicherungs-, den Wach-, den Begleit- und schließlich noch den Bereitschaftsposten, die allesamt ständig auf der Hut zu sein hatten. Wachhabender und zivile Wachkräfte erhielten zur Erfüllung ihrer Aufgaben die Pistole „M" mit 16 Patronen. VP-Kräfte und Lehrgangsteilnehmer wurden in der Zeit von 6 bis 18 Uhr gleichermaßen ausgestattet, von 18 bis 6 Uhr dann allerdings mit der Maschinenpistole „KM" und 60 Patronen.

Obwohl die Schmerwitzer Schule objektiv keinerlei Angriffe von wem auch immer zu fürchten hatte und auch die DDR sich nicht mehr der internationalen Entspannungspolitik entziehen konnte, wurde in der „Objektordnung" noch im Jahr 1987 der Eindruck erweckt, als stünde ein Sturm auf das Objekt bevor. Denn beschrieben wurden die Aufgaben bei einem bewaffneten Überfall ebenso wie die der Luftraumbeobachtung. Posten und Streifen waren angehalten, bei Überfällen sofort „zur Verteidigung sowie Niederhaltung und Binden des Gegners" überzugehen, mußten Luftziele an Fallschirmen und Ballons über dem Objekt und dem Objektvorfeld" im Auge behalten und den Abwurf „von Hetzschriften oder anderer feindlicher Materialien und Gegenstände" feststellen und melden. Zusätzlich war „die Baumbeobachtung zur Feststellung gegnerischer Aufklärungskräfte" befohlen. Einigermaßen realistisch in diesem Szenario war lediglich der Punkt 4.6, in dem es um das Verhalten beim „Feststellen von Fahrzeugen westlicher Militärverbindungsmissionen (MvM)" ging. Denn sehr zum Leidwesen der DDR-Führung war es den Militärmissionen der USA, Großbritanniens und Frankreichs auf der Grundlage der alliierten Vorbehaltsrechte für Deutschland als Ganzes erlaubt, sich in der DDR - mit Ausnahme der Sperrgebiete - relativ frei zu bewegen. Das Auftauchen von Fahrzeugen der westlichen Alliierten löste entsprechend erhebliche Aktivitäten aus, im konkreten Fall der ZSfK das Feststellen der Fahrtrichtung, der Zahl der Insassen und ihrer Nationalität und vor allem die Frage nach etwaigen spionageverdächtigen Aktivitäten wie „Arbeiten mit Fernglas, Fotoapparat und Kartenmaterial, DDR-Bürger am Fahrzeug".

Schulung von Rostock bis Wolfen

Mehr oder weniger ähnlich hatten sich die Verhältnisse auch an den übrigen Schulen gestaltet, in denen „Kämpfer" zu Kommandeuren oder anderweitig ausgebildet wurden, wobei es sich neben der ZSfK Schmerwitz nur noch bei der Schule in Gera um eine reine Kampfgruppen-Schule gehandelt hatte. Unter der Anleitung der Abteilung Ausbildung/Schulung des MdI hatte sich Mitte der achtziger Jahre folgende Ausbildungsstruktur entwickelt:

ZSfK „Ernst Thälmann", Schmerwitz:
- Ausbildung der Kommandeure, Stellvertreter und Angehörige der Stäbe der Kampfkräfte und Sicherungskräfte - acht Wochen
- Weiterbildung der Kommandeure, Stellvertreter und Angehörigen der Stäbe der KK und SK - vier Wochen

Kampfgruppenschule „Ernst Schneller", Gera:
- Ausbildung der Kdr. und Stellv. der Artillerie- und Flak-Einheiten - acht Wochen
- Ausbildung der Zug- und Gruppenführer der KK und SK - vier Wochen
- Ausbildung der Zug-, Gruppen-, Geschütz- und Truppführer der Artl.- u. Flak-Einheiten - vier Wochen
- Weiterbildung der Kdr. u. Stellv. der Artl.- u. Flak-Einheiten - vier Wochen
- Weiterbildung der Zugführer der KK und SK - vier Wochen

VP Schule Rostock:
- Ausbildung der Zug- und Gruppenführer der KK und SK - vier Wochen
- Weiterbildung der Zugführer der KK und SK - vier Wochen

Schule der VD „Fritz Schmenkel", Bautzen:
- Ausbildung der StKV und StKTA der KGB (m) - acht Wochen
- Ausbildung der Gehilfen StKV u. StKTA, der Zugführer der Spezialeinheiten und der IdL der KK und SK - vier Wochen
- Ausbildung der Gruppen- und Truppführer der Spezialeinheiten der KK und SK - zwei Wochen
- Ausbildung der Waffen- und Geschützmeister und weiterer Kader in Spezialfunktionen - zwei Wochen

Spezialschule Medizinische Dienste Magdeburg:
- Ausbildung der Gruppenführer der Sanitätsgruppen - vier Wochen
- Weiterbildung Bataillons-Ärzte - eine Woche
- Gruppenführer der Sanitätsgruppen - zwei Wochen

Schule für ABV der DVP, Fachgebiet Nachrichten, Wolfen
- Ausbildung der Zugführer der Nachrichtenzüge der KGB (m) - vier Wochen
- Ausbildung der Kader der Nachrichtenkräfte der KK und SK - zwei Wochen
- Weiterbildung der Zugführer der Nachrichtenzüge der KGB (m) - zwei Wochen

Ergänzt wurde dieses System durch außerschulische Weiterbildungsmaßnahmen für Kommandeure und Stellvertreter der BKK/KKK und SK sowie für Zug-, Gruppen- und Truppführer.

Zum 30. Geburtstag den „Stern der Völkerfreundschaft" in Gold

In diesem Umfeld beschäftigten sich die „Genossen Kommandeure" mit der „Führung der Kampfgruppen durch die Partei", sahen den Film „Kampfgruppen sind wir Genossen" oder ließen sich über „Die Führung der Kampfgruppen durch die Kreisleitung und die Einflußnahme durch die BPO" unterrichten, um, wie der zuständige ZK-Sekretär Egon Krenz es anläßlich eines Besuches am 13. Mai 1987, formulierte, zu erleben, „wie konsequent und umsichtig unsere Partei die Leninsche Erkenntnis von der Verteidigung der sozialistischen Revolution verwirklichte". Das 30-jährige Bestehen der ZSfK war für Krenz Anlaß gewesen, nach Schmerwitz zu kommen und die Leistungen der Schule zu würdigen. Am 20. April 1959 habe Honecker den 7. Lehrgang für Kampfgruppenkommandeure eröffnet, erinnerte Krenz, und damals den Auftrag erteilt, „alles zu tun, damit sich die Kommandeure der Kampfgruppeneinheiten umfassende militärische und politische Kenntnisse aneignen, damit sie den Gegner, seine Methoden und Handlungen genau kennen und damit sie befähigt werden, mit ihren Kollektiven sowohl die Ausbildungsaufgaben als auch die komplizierten Anforderungen im Einsatz zu erfüllen".

36.000 Kommunisten hätten nun in drei Jahrzehnten die ZSfK besucht, „zwei Generationen von Arbeiterkommandeuren" hätten dort das notwendige Rüstzeug erhalten und ihr Bekenntnis zu den kommunistischen Idealen jederzeit als persönlichen Auftrag zum Handeln für die Stärkung des Sozialismus auf deutschem Boden verstanden. Da sich die ZSfK einen Ruf erworben habe, der weit über die nationalen Grenzen hinaus reiche, hatte Krenz auch gleich ein Geburtstagsgeschenk mitgebracht:

„Diese internationale Ausstrahlung unserer Zentralschule, ihr Beitrag für die Idee des proletarischen Internationalismus und der sozialistischen Solidarität ist unserer Partei, ihrem Zentralkomitee und dem Generalsekretär, Genossen Erich Honecker, Anlaß, der Schule zum 30jährigen Bestehen den Orden ‚Stern der Völkerfreundschaft' in Gold zu verleihen."

Stammpersonal und Lehrgangsteilnehmer der ZSfK können kaum geglaubt haben, daß Krenz wirklich von der DDR sprach, als er zu einer Lobeshymne anhob, von der es reicht, den Anfang zu zitieren:

„Das, was die Kampfgruppen der Arbeiterklasse seit Jahrzehnten zum Wohle unseres Volkes und zur Verteidigung seiner Errungenschaften leisten, ist Ausdruck Ihrer aktiven Mitverantwortung für unser gemeinsames Werk. Die politische Stabilität der DDR und ihre internationale Ausstrahlung wurzeln im Schöpfertum und im Fleiß unseres Volkes, das unter der Führung unserer marxistisch-leninistischen Partei erfolgreich die entwickelte sozialistische Gesellschaft gestaltet. Das eine ist vom anderen nicht zu trennen. Es gehört heute zur alltäglichen Erfahrung in unserem Land: Was die Partei der Arbeiterklasse im Interesse aller beschließt, wird durch die Initiative aller Wirklichkeit. Diese Erkenntnis ist einer der Gründe für die Autorität und Massenverbundenheit der Sozialistischen Einheitspartei Deutschlands. ...
Die politische Atmosphäre in der DDR und die praktischen Ergebnisse unserer Politik bestätigen, wie sehr der Sozialismus alle braucht und für alle da ist. Die Einheit der Interessenlage ergibt sich aus der Realität unserer Gesellschaft: Die Partei der Arbeiterklasse kommt aus dem Volk und sie dient dem Volk. ... Ob die Plandiskussionen, die Arbeit der Volksvertretungen, das verdienstvolle Mitwirken von Millionen von Bürgern in ehrenamtlichen Funktionen oder gerade auch die aufopferungsvolle Tätigkeit zehntausender Genossen in unseren Kampfgruppen - überall belegt der Alltag, wie in unserem Staat das Mitarbeiten, wie das Mitplanen und das Mitregieren aller fester Bestandteil unserer Politik sind.
...
Das, was wir miteinander erreicht haben, macht uns stolz. Hinter jeder Leistung stecken schöpferische Unrast, Beharrlichkeit und nicht selten der Mut zu kühnen, bisher noch nie erprobten Lösungen. Den Optimismus und die Kraft, die dafür nötig sind, gewinnen wir auch aus den Ergebnissen unserer Arbeit. Sie bestätigen, wie richtig der Kurs der SED ist. Das sagen wir nicht aus Selbstzufriedenheit oder Selbstgerechtigkeit. Das sagen wir, weil die Überzeugung von der Richtigkeit des Weges ein entscheidender Impuls ist, ihn mit noch kräftigeren Schritten fortzusetzen."

Wie derartige Schritte auszusehen hätten, gab Krenz dem Auditorium mit auf den Weg. In den Kampfgruppen vollziehe sich eine Entwicklung, neue „Kämpfer", darunter auch weibliche, nähmen die Plätze ausscheidender älterer ein. Sie brächten zwar Enthusiasmus und Elan mit, aber ihnen fehlten verständlicherweise die Erfahrungen, die nur in langen Jahren der Bewährung im Ausbildungsgelände und im Einsatz gewonnen werden könnten. Es komme jetzt darauf an, alle Einheiten zu kampfstarken, stets einsatzbereiten Formationen zu schmieden. Zugleich aber, und dieses war das eigentlich Wichtige am Krenz-Vortrag, sollten den Kampfgruppen neue Aufgaben zugewiesen werden. Sie sollten wieder verstärkt in die Lage versetzt werden, Unruhen im eigenen Land zu begegnen und sie zu unterdrücken:

„Der Rolle und den Aufgaben der Kampfgruppen entsprechend, ist die Ausbildung mehr denn je auf die Befähigung zur Teilnahme an Ordnungs- und Sicherungseinsätzen auszurichten. Damit nutzen wir noch besser die Kenntnisse der Kämpfer und ihre Bereitschaft, direkt auf die Ordnung und Sicherheit im heimatlichen Territorium Einfluß zu nehmen."

An die Stelle von Granatwerfern und Flugabwehr-Geschützen traten nun die Knüppel.

Schulung kongolesischer Miliz als „internationalistische Pflicht"

Mit Beginn der achtziger Jahre wies das ZK der SED der ZSfK eine neue Aufgabe zu. „Im Rahmen der internationalen Solidarität unserer jungen Republik gegenüber jungen Nationalstaaten" - so der Leiter der Schule in einem Bericht vom 10. Dezember 1980 - hatte die ZSfK Angehörige der Volksmiliz der Volksrepublik Kongo politisch und militärisch für ihre Tätigkeit auszubilden, wobei jeweils zwei sechsmonatige Lehrgänge pro Jahr vorgesehen waren.

Grundlage für diese Lehrgänge waren ein Beschluß des ZK der SED sowie eine entsprechende Festlegung des MdI. Darin hatte Minister des Innern Dickel angeordnet, vorerst über den Zeitraum von 1980 bis 1982 jährlich zwanzig Kongolesen in sechsmonatigen Lehrgängen derart zu befähigen,

„[...] daß sie nach Beendigung der Ausbildung als Kommandeur eines Bataillons bzw. Gleichgestellte eingesetzt werden können. Ihnen sind theoretische Grundlagen des Marxismus-Leninismus und deren Anwendung in der Praxis zu vermitteln sowie die Errungenschaften des sozialistischen Aufbaus in der DDR sichtbar zu machen. Sie sind über die revolutionären Traditionen der deutschen Arbeiterklasse zu informieren und erhalten einen Einblick in das nationale Kulturerbe".

Darüber hinaus waren die Volksmilizionäre mit der strukturmäßigen Bewaffnung, Technik und Ausrüstung eines KGB (m) sowie Taktik-, Schieß- und Spezialausbildung vertraut zu machen. Nach einem halben Jahr in Schmerwitz sollten sie die Nachrichtentechnik ebenso beherrschen wie die pionier- und rückwärtige Sicherstellung, die Grundelemente des Nahkampfes oder den Schutz vor Massenvernichtungsmitteln. 850 Ausbildungsstunden hatten die Lehrgänge zu umfassen, wobei ein Fünftel davon für die Unterweisung in Marxismus-Leninismus reserviert war. Durchgängig hatte das MdI zwei französisch sprechende Dolmetscher bereitzustellen. Zivilbekleidung wurden den Lehrgangsteilnehmern aus dem Kongo ebenso zur Verfügung gestellt wie - für den Unterricht und die Ausbildung - Kampfgruppenuniformen, diese allerdings ohne Embleme. Als jährliche Kosten zur Erfüllung dieser „internationalistischen Aufgabe" hatte das MdI 343.000 Mark errechnet, die sich, bezogen auf zwanzig Teilnehmer, folgendermaßen aufschlüsselten:

Monatliches Stipendium	24.000 M
Verpflegungskosten	29.000 M
Einmalige Ergänzungseinkleidung	30.000 M
Sprachmittler	11.000 M
Allgemeine Betreuung	7.000 M
Lehrpersonal	27.000 M
Flugkosten	200.000 M

Selbst den Speiseplan, der sich im 14-Tage Rhytmus wiederholte, hatte das Ministerium festgelegt, von dem exemplarisch zwei Tage herausgegriffen sein sollen:

„Montag:
1. Frühstück: Weißbrot 30 g Butter, 1 St. Kuchen, Brötchen, 1 T. Kaffee, Vollmilch, Honig, Schnittkäse 20 g, 1 Ei
2. Frühstück: 20 g Butter, Weißbrot, 30 g Kochschinken, ½ gek. Ei, Honig, Marmelade, Tee, Zitrone
Mittag: Soljanka, Rinderschnitte, Weißkohlrohkost, Kartoffeln, Reis, Weißbrot, Vollmilch, Obst, Tee, Zitrone, Wasser
Abendbrot: Rindergulasch, Reis, Teigwaren, Weißbrot, Gemüse, 20 g Butter, Vollmilch, Tee, Zitrone. ...
Sonntag:
1. Frühstück: Weißbrot, Kuchen, 30 g Butter, magerer Kochschinken, 1 gek. Ei, Honig, Marmelade, 1 T. Kaffee, Milch
2. Frühstück. 20 g Butter, Weißbrot, Rinderbraten (Aufschnitt), 20 g Schmelzkäse, Honig, Marmelade, Tee, Zitrone
Mittag: Rumpsteak, Ei und Käse, Pommes frittes, Rohkost, Weißbrot, Kompott, Vollmilch, Tee, Zitrone, Obst
Abendbrot: Kaßlerkotelett, Letscho, Reis, Weißbrot, 20 g Butter, Fleischsalat, Vollmilch, Tee, Zitrone, Obst."

„Aids-Untersuchung unverzüglich nach der Einreise"

Da die Speisepläne an den übrigen Tagen sich ebenfalls sehen lassen konnten, insbesondere unter Berücksichtigung der Versorgungslage in der übrigen DDR, konnten es sich die Kongolesen, soweit es ihr leibliches Wohl betraf, in Schmerwitz durchaus gutgehen lassen. Das traf auch auf einen anderen Bereich zu, nämlich den der medizinischen Versorgung. Liest man die Lehrgangsberichte, drängt sich fast der Eindruck auf, die kongolesischen Volksmilizionäre seien weniger wegen der Aneignung marxistisch-leninistischen Wissens in die DDR gekommen, als vielmehr, um hier Zahnprothesen zu erhalten, sich operieren oder sich anderweitig medizinisch behandeln zu lassen. Von zwanzig Kongolesen, die im ersten Halbjahr 1984 in Schmerwitz gewesen waren,

„[...] wurde bei 13 Genossen die Zahnsanierung erfolgreich abgeschlossen. Für 3 Genossen wurde Zahnersatz angefertigt. 5 Genossen der Studiengruppe mußten stationär medizinisch behandelt werden:
1 Genosse im VP-Krankenhaus Berlin (ca. 20 Tage)
   (eine Sicherheitskur wegen einer Lueserkrankung in der VR Kongo)
1 Genosse im Kreiskrankenhaus Belzig wegen unklarer Beschwerden im Schädelbereich
3 Genossen im Revier des Medizinischen Punktes
davon 1 Genosse mit Malariaanfällen
1 Genosse mit Furunkellose
1 Genosse mit einer Knieverletzung".

Noch aufwendiger waren die Behandlung für die Teilnehmer des Lehrganges des ersten Halbjahres 1987: Neun Kongolesen wurden in Krankenhäusern stationär behandelt, drei in der Augenklinik des Bezirkskrankenhauses Potsdam Augenoperationen unterzogen, 19 (von 20!) erhielten Brillen. Fast alle Volksmilizionäre genossen eine zahnmedizinische Behandlung, drei von ihnen allerdings wurden aus Krankheitsgründen in die VR Kongo zurückgeschickt. Die Rückbeorderung dürfte vor allem auf eine Weisung des Leiters der Verwaltung Medizinische Dienste des MdI, Generalmajor Kelch, zurückzuführen sein, der am 29. Juni 1987 „aus gegebener Veranlassung bei ausländischen Kadern aus nicht-europäischen Ländern die Untersuchung auf HIV-Antikörper unverzüglich nach ihrer Einreise in die DDR" angeordnet hatte. Als Folge dieser Weisung hatten dann Anfang 1988 bereits fünf Milizionäre die DDR verlassen und die Rückreise in den Kongo antreten müssen.

Doch unabhängig von dererlei Schwierigkeiten, mit denen die Leitung der ZSfK Schmerwitz ständig zu kämpfen hatte: Zielstellung der „internationalistischen Pflicht" war es, die Kongolesen zu Bataillons-Kommandeuren, und zwar revolutionären Geistes, zu formen. Um überhaupt zu wissen, mit wem sie es bei den kongolesischen Volksmilizionären zu tun hatten, war dem Lehrkörper ein „kurzer geschichtlicher Abriß" über die Volksrepublik Kongo an die Hand gegeben worden, der sich folgendermaßen las:

„- Mit dem Sturz des seit der Unabhängigkeit 1960 an der Macht befindlichen proimperialistischen Youlou-Regimes im August 1963 wurde in Kongo der Weg für eine national-demokratische Entwicklung frei.
- Die progressiven Kräfte in der Nationalen Revolutionsbewegung (MNR) schufen dann - ausgehend von der im Lande real entstandenen Situation und zur Forcierung des revolutionären Prozesses - am 31. Dezember 1969 die kongolesische Partei der Arbeit (PCT), an deren Spitze der Präsident der gleichzeitig ausgerufenen VR Kongo, Marien N'Gouabi trat.
- Die PCT war die erste revolutionärdemokratische Partei im subsaharischen Afrika, die sich in ihren Dokumenten und Statuten auf den Marxismus-Leninismus beruft.
- Die Entwicklung in der VR Kongo wurde mit der Ermordung von Marien N'Gouabi am 18. März 1977 durch Helfershelfer der inneren Reaktion sowie imperialistischer Kreise ein schwerer Schlag versetzt.
- Es folgte eine Periode rechter und linker Angriffe auf die Politik der Partei.
- Gemeinsamer Kampf der Revolutionäre und der Massenorganisationen gegen diese spalterischen Tendenzen in der Partei führte zur Ehrenrettung des ZK am 5. Februar 1979 und Einberufung des 3. außerordentlichen Kongresses unter Führung Denis Sassou-Nguessos.
- Der Kongreß leitete einen Prozeß der ideologischen Klärung im Sinne des wissenschaftlichen Sozialismus ein und beschloß die Grundzüge der künftigen Wirtschaftspolitik.
- Die führende Rolle der PCT war wiederhergestellt."

Angesichts dieser Situation war es geradezu zwingend, daß die SED ihrer sozialistischen Schwesterpartei PCT zur Seite stehen und deren Volksmiliz als Unterdrückungsinstrument stärken mußte. Allerdings stand bei den von Generaloberst Dickel bestätigten Ausbildungs-Grundsätzen an erster Stelle die Vermittlung der „theoretischen Grundlagen des Marxismus-Leninismus und deren Anwendung in der Praxis", die „Information über die revolutionären Traditionen der deutschen Arbeiterklasse" sowie schließlich die Präsentation der „Errungenschaften des sozialistischen Aufbaus in der DDR". Die Angehörigen der kongolesischen Volksmiliz wurden mit marxistisch-leninistischen Erkenntnissen und mit dem Wissen um die Rolle der Sowjetunion innerhalb des sozialistischen Weltsystems vollgestopft und ganz nebenbei auch noch mit Fragen der Truppenführung konfrontiert. Daß die kongolesischen Volksmilizionäre anfangs noch erhebliche Defizite in der marxistisch-leninistischen Theorie aufwiesen, machte der stellvertretende Schulleiter Oberstleutnant Matuschak in seinem Bericht zum Abschluß des ersten Sonderlehrganges am 15. Juli 1980 mit der Bemerkung deutlich, „zu Beginn aufgetretene Schwierigkeiten waren im Niveauunterschied im politischen und Allgemeinwissen begründet, der im Verlauf des Lehrgangs lehrstoffbezogen weitgehend ausgeglichen werden konnte". Die Zielstellung der folgende Lehrgänge lautete denn konsequenterweise,

„[...] den Teilnehmern wissenschaftliche Kenntnisse zu vermitteln, über Grundfragen des Marxismus-Leninismus und deren Anwendung beim Aufbau des Sozialismus und bei der weiteren Gestaltung der entwickelten sozialistischen Gesellschaft, zur Entwicklung des internationalen Kräfteverhältnisses und des revolutionären Weltprozesses, zu Fragen des zuverlässigen Schutzes des Sozialismus, zum aggressiven Wesen des Imperialismus und zu Fragen des Kampfes des Sozialismus und der friedliebenden Menschheit für die Sicherung des Friedens und für die Durchsetzung der friedlichen Koexistenz".

Besonderer Wert müsse zudem „auf die Herausarbeitung der Rolle der Sowjetunion und des sozialistischen Weltsystems sowie auf den Nachweis, daß die Quelle und Kraft der Stärke der sozialistischen Gesellschaft und ihrer bewaffneten Kräfte in der Führung durch die marxistisch-leninistischen Partei besteht" gelegt werden. Den Lehrgangsteilnehmern des Jahres 1983 wurde bedeutet, der Sozialismus sei die „einflußreichste und ausschlaggebende Kraft im revolutionären Weltprozeß", dem das „aggressive Wesen des Imperialismus, dessen revolutionärsten Kreise den friedensgefährdenden Kurs fortsetzen und eskalieren", gegenüberstehe. Sozialismus und Frieden seien weseneigen und der Imperialismus der Hauptfeind der Menschen. Fazit des Schulleiters: „Sie (die Volksmilizionäre, d. Verf.) zogen die notwendigen Schlußfolgerungen für die Führung einer sachbezogenen politischen Arbeit, für die Erziehung ihrer Unterstellten sowie für die Wahrnahme ihrer politischen Verantwortung als militärische Einzelleiter". Offen muß bleiben, in welcher Form die Volksmilizionäre tatsächlich ihr über den Marxismus-Leninismus erworbenes Wissen in der kongolesischen Praxis anwenden konnten. Eher dürfte dieses schon möglich gewesen sein bei Ausbildungskomplexen, die beispielsweise „die KGH (m) im Zusammenwirken mit anderen Einheiten im Angriff zur Vernichtung gegnerischer Kräfte" oder „die KGH

(m) im Zusammenwirken mit anderen Einheiten beim Sperren der Bewegungsrichtung gegnerischer Kräfte" zum Inhalt hatten, waren doch diese Themen - bezogen auf die Bürgerkriegs-Verhältnisse in Kongo - ausgesprochen „praxisnah".

„Unvermögen im abstrakten Denken"

Festzuhalten ist: Die Lehrkräfte der ZSfK schienen nicht ausgesprochen glücklich über die ihnen übertragene Aufgabe gewesen zu sein. Dies beweist vor allem einer der letzten Berichte, datiert vom 15. Juli 1988. Im einzelnen zeigte sich die Schulleitung unzufrieden über

- den großen Unterschied im Ausgangsniveau der Lehrgangsteilnehmer untereinander, das es notwendig gemacht hatte, „sehr differenziert mit ihnen zu arbeiten;
- „Schwierigkeiten bzw. Unvermögen im abstrakten Denken, im Erkennen und Darstellen von Zusammenhängen sowie beim Erkennen des Wesentlichen einer Erscheinung bei allen Genossen";
- das Unverständnis des „Kollektives" darüber, daß fünf HIV-infizierte Milizionäre in den Kongo zurückgeschickt wurden.

Auch im übrigen, das ergeben die Unterlagen, waren die Kongolesen in Schmerwitz eher ungeliebte Gäste. So sollte unbedingt ein allzu enger Kontakt zwischen den Volksmilizionären und dem Stamm- bzw. Lehrpersonal - und hier insbesondere mit dem weiblichen - unterbunden werden. Daß dieses nicht immer gelang, zeigte sich an einer Reihe von „Verhältnissen" zwischen weiblichem Schmerwitzer Schulpersonal und den Gästen aus dem Kongo. Mehr als einmal hatte sich die Leitung der Schule wie gleichfalls die Parteiorganisation damit zu befassen und machten den Widerspruch zwischen der vielbeschworenen internationalistischen Pflicht und dem wahren Empfinden gegenüber den Lehrgangsteilnehmern aus Schwarz-Afrika unübersehbar deutlich.

Ausreichend Geld nur für Orden und Medaillen

Milliardenbeträge hatte die DDR seit 1953 für die Kampfgruppen der Arbeiterklasse ausgegeben, ihre Höhe läßt sich heute auch nicht mehr annähernd schätzen. Aus zu vielen Finanztöpfen wurden die Kampfgruppen gespeist. Betriebe hatten einen wesentlichen finanziellen Anteil dadurch zu tragen, daß sie „Kämpfer" teilweise von der Arbeit freizustellen hatten, sie mit Uniformen oder doch wenigstens Uniformteilen ausstatteten, Fahrzeuge bereitstellten, Kosten für hauptamtliche Kampfgruppen-Funktionäre trugen, die für die Wartung und Pflege des Technikbestandes zuständig waren, usw. Mittel für Zusatzrenten wurden ebenso wenig aus dem eigentlichen Kampfgruppen-Etat beglichen wie für Unfall- oder Hinterbliebenenrenten. Zudem waren all jene Einrichtungen, die in irgendeiner Weise mit den Kampfgruppen zusammen- oder ihnen zuzuarbeiten hatten, in heute kaum noch nachvollziehbaren finanziellen Größenordnungen auch an deren Finanzierung - direkt oder indirekt - beteiligt. Das galt in den fünfziger Jahren für die GST, später für die Volks- und Transportpolizei und die Nationale Volksarmee, der es u.a. aufgegeben war, benötigte Ausbildungsbasen zur Verfügung zu stellen.

Die überlieferten Haushaltsplanvorschläge des Ministeriums des Innern, Hauptabteilung Kampfgruppen, Verwaltung Finanzen, können daher lediglich Anhaltspunkte für die Größenordnungen darstellen, die die DDR-Wirtschaft für die Kampfgruppen aufbringen mußte, doch auch diese sind schon beeindruckend genug. Aus einem Bericht des NVR aus dem Jahr 1989 (Geheime Kommandosache b 866-0005/89) geht hervor, daß allein 1988 die vom MdI ausgewiesenen Kosten für dieses „bewaffnete Organ", bei dem es sich ja lediglich um eine Partei-Armee gehandelt hatte, mit 201 Millionen Mark zu Buche schlugen. Davon entfiel der Hauptanteil mit 163 Millionen Mark auf den reinen materiell-technischen Jahresbedarf. Die Gesamtsumme der direkten Ausgaben für die Kampfgruppen hatte sich damit im Zeitraum zwischen 1981 und 1990 auf stattliche 1,3 Milliarden Mark erhöht. Ausdrücklich erwähnte der NVR-Bericht, daß in den genannten Zahlen „die Aufwendungen für die Unterbringung der Einheiten und ihrer Bewaffnung, Technik und Ausrüstung" noch nicht einmal enthalten waren. Den finanziellen Wert von Bewaffnung, Technik und Ausrüstung eines einzigen motorisierten Kampfgruppen-Bataillons bezifferte der NVR mit über 13 Millionen Mark, bei damals bestehenden 39 derartiger Bataillone also mit über einer halben Milliarde Mark. Die Sachwerte der Allgemeinen Bataillone wie der Hundertschaften sind in dieser Summe nicht berücksichtigt.

Zwar betrug der Kampfgruppen-Etat 1990 dann „nur" noch 43,5 Mio Mark (wiederum ohne die Kosten für Bewaffnung, Technik, Ausrüstung, Unterbringung etc.), doch das Bemerkenswerte daran ist vor allem die Aufschlüsselung der vorhandenen Mittel, gewissermaßen für „laufende Ausgaben". Mit 14,1 Mio Mark für Auszeichnungen sowie 10,8 Mio Mark für Prämien nahmen allein diese beiden Sachkonten mehr als die Hälfte des Gesamtetats des Ministeriums des Innern für die Kampfgruppen in Anspruch. Mit weitem Abstand folgten - wiederum bezogen auf das Jahr 1990 - die Ansätze für Verpflegung mit 8,7 Mio Mark und für Transportkosten mit 7,5 Mio Mark. Unter der Millionengrenze bewegten sich die Beträge für sämtliche anderen Sachkonten:

- Ausgleichsbeiträge an Angehörige : 40.000 Mark
- Politische Massenarbeit : 170.000 Mark
- Reinigungs- und Färbungskosten : 426.000 Mark
- Partnerschafts- und Waffenbrüder-
schaftsbeziehungen : 118.000 Mark

Für orthopädische Stiefel schließlich standen Jahr für Jahr unverändert je 25.000 Mark im Haushalt des MdI bereit.

Kaum Geld für Kontakte zum „großen Bruder"

Angesichts der Fixierung auf den „großen Bruder" Sowjetunion erscheinen die Ausgaben, die das MdI für die Pflege der Partnerschafts- und Waffenbrüderschaftsbeziehungen bereitgestellt hatte, als außergewöhnlich gering, wurde doch gerade der „Waffenbrüderschaft" in den offiziellen Reden immer wieder höchste Priorität beigemessen. Im Jahr 1982 beispielsweise hatten die 39 Kampfgruppen-Bataillone (mot.) hierfür bei einem Gesamtansatz von 118.000 Mark jeweils gerade einmal 200 Mark aufwenden können, die Hundertschaften 75 Mark, die Flakbatterien 50 Mark und die Kampfgruppen-Züge ganze 25 Mark. Auch die Leiter der Schulen in Schmerwitz, Gera, Neustrelitz und Bautzen konnten mit je 500 bewilligten Mark der „Waffenbrüderschaft" nicht unbedingt neue Impulse geben, ganz abgesehen von den

Schulen in Wolfen und Magdeburg, die mit jeweils 250 Mark pro Jahr auskommen mußten.

Am 19. August 1983 hatte Generalmajor Krapp, Leiter der Hauptabteilung Kampfgruppen im MdI, die „Kennziffern des Finanzbedarfes 1986 bis1990 für die Kampfgruppen der Arbeiterklasse" unterschrieben, die allein direkte Sachausgaben des Ministeriums des Innern für diesen Zeitraum in einer Höhe von über 203 Millionen Mark vorsahen. Das Auffallendste dabei: Das Anwachsen der Jahresetats von 36,4 Mio Mark im Jahr 1986 auf 43,5 Mio Mark 1990 war fast ausschließlich auf zwei von zwölf Posten zurückzuführen, nämlich auf die Ausgaben für Auszeichnungen und für Prämien an die „Kämpfer". Bei Prämien war eine Steigerung von knapp vier Millionen auf 10,6 Mio Mark und damit innerhalb eines Fünf-Jahres-Zeitraumes annähernd eine Verdreifachung vorgesehen. Mehr Geld noch aber waren für Auszeichnungen an die „Kämpfer" eingeplant. 1988, im Jahr des 35jährigen Bestehens der Kampfgruppen, waren bei einem „Rekordhaushalt" von insgesamt 47,4 Mio Mark für Auszeichnungen 21,6 Mio Mark vorgesehen, dazu noch einmal rund vier Millionen Mark für Prämien. Diese freizügige Verteilung von Orden und Medaillen ist geradezu symptomatisch für diktatorische Systeme, egal welcher Couleur. Die DDR machte dabei keine Ausnahme, und die Kampfgruppen sollten den übrigen bewaffneten Organen zumindest in diesem Punkt nicht nachstehen. Im endgültigen Haushaltsplan für das Jahr 1988 führte Generalmajor Krapp aus, was die „Kämpfer" zu erwarten hatten, wobei die Metallflut auf zwei Daten verteilt war:

1. Mai 1988
- Verdienstmedaille für Kampfgruppen der Arbeiterklasse
  in Gold   400 Stück à 750,- M
  Silber   1.350 Stück à 500,- M
  Bronze   1.750 Stück à 250,- M
  Gold f. 30j. Zugeh.   3.180 Stück à 750,- M
- Medaille für ausgezeichnete Leistungen in den Kampfgruppen der
  Arbeiterklasse   6.000 Stück à 200,- M
- Medaille für treue Dienste in den Kampfgruppen der Arbeiterklasse
  Stufe 3 f. 20j. Zugeh.   7.500 Stück à 300,- M
  Stufe 4 f. 25j. Zugeh.   4.940 Stück à 500,- M

<u>9.715,5 TM</u>

7. Oktober 1988
Anl. des 35jährigen Bestehens der Kampfgruppen der Arbeiterklasse
- Verdienstmedaille der Kampfgruppen der Arbeiterklasse
   in Gold   3.000 Stück à 750,- M
   Silber   6.000 Stück à 500,- M
   Bronze   6.000 Stück à 250,- M
Medaille für ausgezeichnete Leistungen in den Kampfgruppen der Arbeiterklasse   10.000 Stück à 200,- M

                                                                8.750,0 TM
Anerkennungsprämie für 35jährige Zugehörigkeit
               1.580 Stück à 1.000,- M   1.580,0 TM

Auszeichnungen insgesamt   20.047,5 TM

Auszeichnungen zur „wirkungsvollen Stimulierung der Kämpfer"

Auch im übrigen war der Haushalt 1988 stark von den „Geburtstagsfeiern" der Kampfgruppen geprägt. So finden sich zusätzliche 1,5 Millionen Mark allein für Eisenbahntransporte, um „Kämpfer" zu den Kampfappellen und anderen Jubiläumsveranstaltungen in Berlin sowie in den Bezirks- und Kreisstädten zu transportieren. Dieselbe Summe mußte aus eben diesem Grunde zusätzlich für Verpflegung aufgebracht werden. Dazu ließ sich das MdI die „wirkungsvolle Stimulierung vorbildlicher Leistungen der Angehörigen der Kampfgruppen im sozialistischen Wettbewerb" auf Anweisung der SED einiges kosten. 20 Mark pro Kämpfer und Jahr wurden hierfür vorgegeben.

Erwähnenswert sind die Kriterien, mit denen der „sozialistische Wettbewerb" angekurbelt werden sollte. Es war in der Tat kaum möglich, nicht den Titel „Bester" zu erhalten, denn „für die Auszeichnungen in der Bestenbewegung wurden für 25 % des Personalbestandes die Verleihung des Titels ‚Bester' und für 25 % der Kampfgruppen-Einheiten der Titel ‚Beste Einheit' pro Ausbildungsabschnitt für die Jahre 1987 und 1990 geplant". Leistung zu erbringen, war bei einem derartigen Vergabemodus kaum noch erforderlich, um sich mit einem Besten-Titel schmücken zu können.

Eine derart üppige Vergabe von Auszeichnungen hatte auch in den Kampfgruppen Tradition und stand immer wieder im krassen Mißverhältnis zu den Ausgaben, die für die Verpflegung der „Kämpfer" oder deren Ausrüstung bestimmt waren, es sei denn, solche Kosten wären im Zusammenhang mit Jubelfeiern der Kampfgruppen entstanden. In einem Aktenvermerk vom 17. Juli 1978 (Geheime Verschlußsache 03980) hatte der Leiter Hauptabteilung Kampfgruppen im MdI die „Aufstellung des Perspektivhaushaltsplanentwurfes für den Zeitraum 1981 bis 1985" zu Papier gebracht. Bei einer Planungsstärke von 207.000 „Kämpfern", davon 184.902 Angehörige der Kampfgruppen, 18.490 Angehörige der Reserve sowie weitere 3.608 Mitglieder „ehrenamtlicher" Kampfgruppen-Einheiten zum Stichtag 31.12.1977, waren allein 750. 000 Mark an „Transportkosten für durchzuführende Kampfappelle in den Bezirks- und Kreisstädten" eingeplant, dazu weitere 1,5 Millionen Mark an zusätzlichen Verpflegungskosten.

Breiten Raum nahm in der Etat-Planung für den Zeitraum 1981 bis 1985 das Thema der staatlichen Auszeichnungen für die Kampfgruppen-Angehörigen ein, hatte doch die Partei befohlen und über sie der Minister des Innern umzusetzen, daß „ab 1979 jährlich insgesamt 14.900 Auszeichnungen mit einer Finanzsumme von insgesamt 4.010,0 TM" zur Verfügung zu stehen hatten. Konsequenz dieser Anordnung der Abteilung für Sicherheitsfragen beim ZK der SED war, „daß rechnerisch nach ca. 14 Jahren jeder Angehörige der Kampfgruppen der Arbeiterklasse neben den Medaillen für treue Dienste eine weitere staatliche Auszeichnung der Kampfgruppen erhalten könnte". Dem Ministerium des Innern allerdings war dieses nicht genug. Es regte deshalb an: „Um diesen Zeitraum von 14 Jahren auf ca. 10 Jahre zu verkürzen, wird vorgeschlagen, die Anzahl der staatlichen Auszeichnungen von 14.900 auf 19.000 jährlich zu erhöhen, was einen finanziellen Mehrbedarf von 1.215,0 TM bedeutet". Damit aber nicht genug:

„Anläßlich des 30jährigen Bestehens der Kampfgruppen der Arbeiterklasse der Deutschen Demokratischen Republik im Jahr 1983 wird weiter vorgeschlagen, die neu zu schaffende ‚Medaille für treue Dienste in den Kampfgruppen der Arbeiterklasse' in Gold - Stufe 5 - für 30 Jahre mit einer Prämie zu verbinden. Gleichzeitig wird weiter vorgeschlagen, anläßlich dieses Höhepunktes im Leben der Kampfgruppen der Arbeiterklasse diese staatlichen Auszeichnungen (Verdienstmedaille und Medaille für ausgezeichnete Leistungen in den Kampfgruppen der Arbeiterklasse) um 12.500 Stück mit einem Finanzbetrag von insgesamt 5.150,0 TM gegenüber den anderen Jahren des Perspektivplanzeitraumes zu erhöhen."

Das Ergebnis dieser Auszeichnungs-Inflation war: Allein in den Jahren 1981 bis 1985 stellte das MdI 69,025 Millionen Mark für die „Stimulierung der Kämpfer" zur Verfügung. Dazu sollten die Prämienmittel je „Kämpfer" und Jahr, die in den Vorjahren bei 3,50 Mark gelegen hatten, um 1,50 auf 5,00 Mark angehoben werden, also jährlich bei über zehn Millionen Mark liegen.

Während auf der einen Seite Millionensummen für Orden und andere Auszeichnungen nicht gerade aus dem Fenster geworfen, aber doch den „Kämpfern" an die Brust geheftet wurden, fehlte an anderen Stellen das Geld, um auch nur wichtigste Vorhaben zu realisieren. Besonders die Trägerbetriebe der Kampfgruppen-Einheiten waren in den achtziger Jahren nicht mehr in der Lage, die baulichen Voraussetzungen für eine sichere Unterbringung von Waffen oder Fahrzeugen zu schaffen. Ihnen fehlten schlicht die materiellen und finanziellen Möglichkeiten, um den erforderlichen „Baubedarf sicherzustellen", wie die Mitglieder des NVR 1988 einem Bericht des Ministeriums des Innern hatten entnehmen müssen. Die SED-Führung focht das nicht an. Die „wirkungsvolle Stimulierung der Kämpfer" war ihr wichtiger als einsatzbereite Fahrzeuge oder die sichere Lagerung und der Schutz der immensen Waffenbestände, über die auch die Kampfgruppen verfügten.

Neue Marschrichtung für die Kampfgruppen

Als ein wichtiges Datum auf dem Weg der Kampfgruppen hin zu einer Armee muß der 21. November 1980 betrachtet werden. Vor dem NVR berichtete der Minister Hoffmann über die bereits am 20. Februar vom Sekretariat des ZK behandelte und nun zur Beschlußfassung anstehende Direktive (Geheime Verschlußsache I 039978) zum weiteren Ausbau der Kampfgruppen. Erstmals in der Geschichte der Partei-Armee sollte mit dieser Direktive für die Ausbildung ein Fünf-Jahres-Zeitraum festgelegt und damit eine Angleichung an die in der übrigen Gesellschaft der DDR üblichen Fünf-Jahres-Pläne erreicht werden. Aber dieses war nicht die einzige Neuerung, die die Direktive enthielt. Nach nahezu zwanzig Jahren wurde nun das „Räumen und Sperren" wieder in das Ausbildungsprogramm aufgenommen, obschon vorerst nur als Lehrstoff für die an die ZSfK Schmerwitz entsandten Kommandeure der Kampfgruppen. Die Richtung, in die die Kampfgruppen zu marschieren hatten, war damit vorgegeben. Sie sollten verstärkt in die Lage versetzt werden, gegen innere Unruhen vorgehen zu können, zugleich aber unter bestimmten Bedingungen auch in einer kriegerischen Auseinandersetzung eingesetzt werden. Denn die SED hatte am Horizont dunkle Wolken ausgemacht: „Entspannungsfeindliche Machenschaften der reaktionären Kreise, ihre verstärkte Kriegsrüstung sowie die Verschärfung der ideologischen Diversion" hatte sie entdeckt und befahl den „Kämpfern" daher erneut „unerschütterliches Vertrauen zur Partei und unversöhnlichen Haß auf den imperialistischen Klassengegner".

Einen Weg von vielen sah sie hierbei im Mißbrauch der Kunst, denn sie erteilte die Anweisung, „die Kampfgruppen stärker zum Gegenstand des künstlerischen Schaffens, einschließlich des künstlerischen Volksschaffens" werden zu lassen. Wichtiger als diese Anordnung und eine erhebliche Intensivierung der Ausbildung insbesondere mit schweren Waffen aber war eine entscheidende Änderung der Einsatzgrundsätze. Die zuständigen Parteiorganisationen in den Bezirken und Kreisen erhielten die Freiheit, den Einsatz von Kampfgruppen sowohl in Uniform wie auch in Zivil zu befehlen. Erinnert man sich daran, daß Honecker 1958 hatte prüfen lassen, ob Kampfgruppen unter den Schutz der Genfer Abkommen fielen und dieses von ZK-Abteilungsleiter Borning nur für den Fall bejaht wurde, daß „Kämpfer" Uniform trugen, dann ist zu folgern: Der den Bezirks- und Kreisleitungen freigestellte Einsatz von „Kämpfern" in Zivil kann ausschließlich die Bevölkerung der DDR zum Ziel gehabt haben. In allen anderen denkbaren Situationen hätten sie sich, Zivilkleidung tragend, keinesfalls auf einen irgendwie gearteten Kombattanten-Status berufen können. Diesen allerdings beanspruchte der NVR für die Kampfgruppen zumindest im Verteidigungzustand. Denn in diesem war „der Dienst in den Kampfgruppen der Arbeiterklasse dem Wehrdienst gleichgestellt und damit unter Beachtung der Festlegungen der Genfer Abkommen der staatsrechtliche und völkerrechtliche Status der Angehörigen der Kampfgruppen bestimmt". Zwar handelte es sich beim Dienst in den Kampfgruppen vordergründig weiterhin um eine „ehrenamtliche Tätigkeit von gesellschaftlich hoher Bedeutung", zwar blieben die „Kämpfer" Angehörige ihrer Betriebe und Einrichtungen, doch findet sich in der Direktive der neue und zugleich wichtige Hinweis, nach Erklärung der „Gefechtsbereitschaft bei Kriegsgefahr" bzw. „Volle Gefechtsbereitschaft" hätten die „Kämpfer" künftig nunmehr nicht mehr durch ihre Betriebe ihren Lohn zu bekommen, sondern die Sicherungskräfte durch die Deutsche Volkspolizei bzw. die Kampfkräfte durch die Wehrkommandos der Nationalen Volksarmee. Die zuständigen Betriebe und Einrichtungen sollten demgegenüber für die Versorgungsbeträge für Familienangehörige aufkommen.

Der Minister des Innern war nach der Direktive ausschließlich zuständig für die Ausbildung sowie für die rückwärtige und finanzielle Sicherstellung der Kampfgruppen. In Fragen der Struktur, Bewaffnung, Technik, Ausrüstung und Bevorratung hatte er sich mit dem Minister für Nationale Verteidigung abzustimmen, der über die eigentlichen Kompetenzen verfügte. Er besaß die Zuständigkeit für die Abstimmung der Kampfgruppen-Angehörigen ebenso wie für die Planung von Leistungen aus der Volkswirtschaft. Insbesondere natürlich lagen die operative Führung, die rückwärtige und die finanzielle Sicherstellung im Spannungszeiten und im Verteidigungszustand bei ihm. Der von der DDR mit dieser Konstruktion beabsichtigte Effekt lag auf der Hand: Die Kampfgruppen sollten auch weiterhin von den Verhandlungen zur konventionellen Abrüstung in Europa unberührt bleiben, hätten aber im Kriegsfall unter den Schutzbestimmungen der Genfer Abkommen eingesetzt werden sollen.

Knapp über 190.000 Mann stark waren die Kampfgruppen zum Zeitpunkt des Inkrafttretens der Direktive, wenngleich wiederum berücksichtigt werden muß, daß zwischen den genannten Daten und der tatsächlichen Zahl der „Kämpfer" erhebliche Differenzen bestanden:

Bezirk	Anzahl der Einheiten				
	KGB (m)	KGH (A)	KGH (m)	KGZ (A)	KGBttr
Rostock	3	1	23	5	4
Schwerin	2	1	19	4	--
Neubrandenburg	1	1	25	4	--
Potsdam	4	1	29	8	--
Frankfurt/Oder	2	1	20	7	1
Cottbus	1	1	30	3	--
Magdeburg	3	1	39	8	1
Halle	3	1	46	16	4
Erfurt	3	1	29	6	1
Gera	3	1	22	3	--
Suhl	2	1	18	1	--
Dresden	3	1	32	10	1
Leipzig	2	1	25	6	1
Karl-Marx-Stadt	3	1	46	7	--
Berlin	4	1	24	9	--
Bezirke gesamt:	39	15	427	97	13
Wismut	--	1	--	--	--

Bezirk	Personalstärke				
	Kampfkräfte	Sicherungskräfte[1]	Gesamt	Reserve	Insgesamt
Rostock	4.729	5.551	10.280	1.063	11.343
Schwerin	3.671	3.426	7.097	740	7.837
Neubrandenburg	3.860	4.271	8.131	834	8.965
Potsdam	6.121	5.866	11.987	1.229	13.215
Frankfurt/Oder	3.932	4.010	7.942	823	8.765
Cottbus	4.413	4.668	9.081	932	10.013
Magdeburg	6.790	7.548	14.338	1.473	15.811
Halle	8.006	17.359	25.365	2.590	27.955
Erfurt	5.496	8.195	13.691	1.415	15.105
Gera	4.515	4.396	8.911	916	9.827
Suhl	3.410	3.804	7.214	746	7.960
Dresden	6.044	10.809	16.853	1.741	18.594
Leipzig	4.485	10.502	14.987	1.529	16.516
Karl-Marx-Stadt	7.583	12.731	20.314	2.073	22.387
Berlin	5.568	5.112	10.680	1.088	11.769
Bezirke gesamt	77.623	108.248	186.871	19.192	206.063
Wismut	141	2.650	2.791	287	3.078
Zentrale Planungsreserve			2.000		2.000
DDR Gesamt	78.764	110.898	191.662	19.479	211.141

---

[1] Davon Deutsche Reichsbahn: 5.118

Nach der Diktion des NVR stellten die Kampfgruppen weiterhin einen „festen Bestandteil der sozialistischen Landesverteidigung" dar, doch die Aufgabe, Feinde im Innern des Landes zu bekämpfen, wurde keinesfalls vernachlässigt. Im Gegenteil: Kräfte des Gegners waren demnach „aufzuklären, zu vernichten bzw. gefangenzunehmen", wobei unter diesen Kräften „vorwiegend subversive Kräfte" sowie „Diversions- und Aufklärungsgruppen" verstanden wurden. Ebenso ließ die Aufgabenstellung, „Handlungen im Interesse der Aufrechterhaltung bzw. Wiederherstellung der öffentlichen Ordnung und Sicherheit durchzuführen", kaum darauf schließen, daß hiermit ein militärischer Gegner aus dem Westen gemeint sein konnte. Gerade den letztgenannten Punkt hatte überdies NVR-Vorsitzender Honecker im Protokoll der Sitzung mit einem kräftigen Strich als besonders wichtig gekennzeichnet

1983 - Jahr der der heroisierenden Selbstdarstellung

Als ein Jahr vor allem der Selbstdarstellung, aber auch weiterer Weichenstellungen bot sich das Jahr 1983 an. Begonnen hatte es für die Kampfgruppen am 5. Januar mit einer neuen Dienstvorschrift des MdI (Vertrauliche Dienstsache W-DV-101/84), die jedoch erst zum 1. Dezember 1985 in Kraft treten sollte. Die Reihenfolge der Aufgabenbeschreibungen ist aufschlußreich: An erster Stelle war die „Gewährleistung des Schutzes der sozialistischen Ordnung" genannt, erst dann die „Verteidigung des Territoriums der Bezirke und Kreise der DDR".

In dieser Dienstvorschrift nun beschrieb der Minister des Innern und Chef der Volkspolizei unmißverständlich, was er unter der wieder aktivierten Aufgabe des „Räumens und Sperrens von Straßen und Plätzen" verstand:

„200. Das Sperren und Räumen hat das Ziel, Störungen der öffentlichen Ordnung und Sicherheit zu verhindern oder zu beseitigen, ein festgelegtes Regime durchzusetzen, die Bevölkerung von Gefahrenherden zu entfernen, mit Rechtsverletzern durchsetzte Menschenansammlungen abzudrängen und die Rechtsverletzer zu lokalisieren, herauszulösen und festzunehmen."

Mit derartigen Formulierungen war für die Kampfgruppen die Grundlage geschaffen, mehr oder weniger gegen jede „Menschenansammlung" gewaltsam vorzugehen, aus der heraus auch nur ein einziges kritisches Wort gegen die SED-Diktatur gefallen wäre, denn schon offen geäußerte Kritik an der Partei und ihrer Politik war für das Regime eine Verletzung der sozialistischen Gesetzlichkeit. Da für die SED schon 1983 völlig klar war, daß von den 236 Punkten, die die neue Dienstordnung umfaßte, das „Räumen und Sperren" sich zur Hauptaufgabe der Kampfgruppen entwickeln würde, wurde das Vorgehen der „Kämpfer" in derartigen Fällen entsprechend konkret beschrieben und vorgegeben:

Mit Sperrkette und doppeltem Koppelgriff

„201. (1) Die zum Sperren eingesetzten Kräfte haben die Aufgabe:
a) das unberechtigte Überschreiten oder Überfahren des Sperrabschnittes zu verhindern,
b) alle Versuche, den abgesperrten Raum oder Abschnitt zu erweitern oder zu verengen, nicht zuzulassen,
c) die Handlungen anderer Einsatzkräfte zu unterstützen,
d) Rechtsverletzer, die versuchen die Sperrkette zu durchbrechen, festzunehmen.
(2) Die zum Räumen eingesetzten Kräfte haben die Aufgabe:
a) zügig und entschlossen Straßen, Wege und Plätze zu räumen, Menschenansammlungen abzudrängen,
b) das Durchbrechen der Räumkette nicht zuzulassen,
c) Rechtsverletzer sowie Personen, die während des Räumens Widerstand leisten, festzunehmen.
204. (1) Die Gefechtsordnung des Bataillons/der Hundertschaft besteht aus den Sperr- bzw. Räumkräften und der Reserve.
(2) Die Gefechtsordnung des Zuges/der Gruppe ist die Sperr- bzw. Räumkette.
(3) Den Kräften zum Sperren wird der Sperrabschnitt, den Kräften zum Räumen die Räumrichtung und der Ausgangsabschnitt befohlen.
203. (1) Beim Sperren und Räumen handeln die Einheiten selbständig oder im Zusammenwirken mit anderen bewaffneten Organen als
a) Sperrkette,
b) doppelte Sperrkette,
c) Räumkette,
d) doppelte Räumkette.
(2) Die Sperrkette kann stabilisiert werden durch:
a) das gegenseitige Unterhaken der Sperrkräfte,
b) den einfachen und doppelten Koppelgriff,
c) Seile.
(3) Die Breite des Sperrabschnittes bzw. die Räumbreite für den Zug beträgt:
a) für die Sperrkette/Räumkette bis 30 m,
b) für die doppelte Sperrkette/Räumkette bis 15 m.
204. Unter Beachtung der Ziffern 15 bis 18 hat der Kommandeur besonders die politische Situation zu beurteilen und zusätzlich festzulegen:
a) Maßnahmen zur Stabilisierung der Sperr-/Räumkette und die Bewaffnung und Ausrüstung,

b) die Ordnung und Herauslösung und Festnahme sowie Eskortierung von Rechtsverletzern."

Urlaubsreise auf der „Völkerfreundschaft"

Im Herbst 1983 feierte die SED das 30jährige Bestehen der Kampfgruppen mit all dem Pomp, zu dem ein diktatorisches System denn fähig ist. Mit der Einweihung eines Denkmals für die Kampfgruppen im Volkspark Prenzlauer Berg in Berlin erreichten die Feierlichkeiten am 15. September einen ersten Höhepunkt, wobei die Zeremonie gleich zum Anlaß genommen wurde, dreizehn Berliner Kampfgruppeneinheiten mit Ehrennamen antifaschistischer Widerstandskämpfer auszuzeichnen. Von dieser „Weihestätte", hieß es damals:

„Das in seiner Art einmalige, vom Berliner Künstler Gerhard Rommel geschaffene Ensemble beeindruckte zahlreiche Kampfgruppenangehörige besonders wegen der schöpferischen Gestaltung des Monuments sowie der ausdrucksvollen Gestaltung des Reliefs. Mit diesem Kampfgruppendenkmal entstand in einem traditionellen Berliner Arbeiterbezirk eine Stätte, an der Höhepunkte des Kampfgruppenlebens, Auszeichnungsakte, Appelle und die Verleihung von Traditionsnamen an Einheiten einen würdigen Rahmen erhielten."[2]

Am Vorabend des großen Kampfappells hatte Honecker im Staatsratsgebäude 37 Einheiten sowie 129 „Kämpfer" mit hohen staatlichen Auszeichnungen gewürdigt und abends im „Palast der Republik" einen Toast auf die Kampfgruppen und ihren Anteil am Aufbau des Sozialismus in der DDR ausgesprochen[3]. Mehr noch aber als über Orden und Auszeichnungen dürften sich „250 verdienstvolle Kämpfer" gefreut haben, die mit ihren Ehefrauen auf der MS „Völkerfreundschaft" eine Schiffsreise nach Leningrad und Riga antreten durften.

Richtig militärisch wurde es dann am 24. September. 86 Hundertschaften und sieben motorisierte Einheiten hatten sich wochenlang auf den zentralen Kampfappell vorbereitet. Wenn die offiziellen Zahlen stimmen, dann hatten 150.000 Berliner den Kampfappell auf der Karl-Marx-Allee zwischen Alexanderplatz und Strausberger Platz beobachtet und miterlebt, wie der Kommandierende des Appells, Manfred Semrau, zugleich Kommandeur des III. KGB (m) „Werner Seelenbinder", Meldung an den Generalsekretär des ZK der SED erstattete.

---
[2] Nicolaus, Dissertation (A), Berlin (Ost), 1989
[3] siehe Dokumentenanhang

Natürlich handelte es sich bei den Appellen, die in ähnlicher Weise in allen größeren Städten der DDR durchgeführt wurden, nicht um einen Selbstzweck. Macht und Selbstbewußtsein sollten demonstriert und aller Welt vor Augen geführt werden. Als Antwort auf die Dislozierung sowjetischer Mittelstreckenraketen vom Typ SS-20 in Mitteleuropa wurde im Westen heftigst die Nachrüstungsdebatte geführt und um die Stationierung amerikanischer Cruise missile oder Pershing II gestritten. Entsprechend nahmen die Warnungen der SED-Führung vor dem „kriegslüsternen, imperialistischen" Westen an Intensität zu und zugleich die Anstrengungen, die Zahl der ‚Kämpfer', wenn schon nicht zu erhöhen, so doch wenigstens zu stabilisieren. Ein Mittel dazu war es, verstärkt Frauen für die Kampfgruppen zu gewinnen, wobei auch dieses natürlich ideologisch verbrämt werden mußte. „Dem gewachsenen Vertrauen und dem Bestreben der Frauen, ihre volle Gleichberechtigung auch beim Schutz der sozialistischen Errungenschaften und der Sicherung eines friedlichen Lebens wahrzunehmen", hatte die SED, wie sie es ausdrückte, entgegenkommen wollen. Als Kronzeugin für eine derart „frauen-freundliche Politik" diente dabei die „Kämpferin" Ilona Sch. aus dem Mansfeldt-Kombinat, die ihren Entschluß, die Waffe in die Hand zu nehmen, so begründete:

„Die Frau kann im Sozialismus dank der vertrauensvollen Hilfe und Unterstützung durch unsere Partei- und Staatsführung Großes leisten. Ob nun als Generaldirektorin eines großen Kombinates, als Minister oder Kranführer, überall steht sie ‚ihren Mann', warum nicht auch dort, wo es gilt, die sozialistischen Errungenschaften mit der Waffe in der Hand zu verteidigen."[4]

Eine ähnliche Auffassung hatten offensichtlich auch andere Frauen in der DDR vertreten, denn ihre Zahl in den Kampfgruppen hatte sich seit 1982 von 375 auf nunmehr 1.830 erhöht.

Jagd auf „gegnerische Kräfte im heimatlichen Territorium"

Das Ende der DDR war längst eingeläutet, als ZK-Sekretär für Sicherheitsfragen, Egon Krenz, am 30. Januar 1988 vor die Kommandeure der Kampfgruppen im Bezirk Halle trat, um über die Verantwortung der Partei-Armee „in der gegenwärtigen Situation" zu sprechen. Die „aktive Suche und Verfolgung gegnerischer Kräfte in unterschiedlichen Bereichen des heimatlichen Territoriums" gehöre zur Aufgabe der Kampfgruppen, unterstrich er, wie die Grundfragen des

---

[4] Nicolaus, Dissertation (A)

polizeilichen Ordnungseinsatzes. Schon mit diesen einleitenden Worten hatte Krenz klargemacht, daß vor dem Hintergrund des internationalen Entspannungsprozesses, an dem selbst die DDR nicht vorbeikam, die Kampfgruppen es in Zukunft weniger mit einem imperialistischen Angriff zu tun haben könnten. Vielmehr würden sie gebraucht bei der Jagd auf „konterrevolutionäre Kräfte", die sich, ermuntert durch Glasnost und Perestroika, auch in der DDR zunehmend zu Wort meldeten. Als Referenz an die Hallenser lobte Krenz das Niveau der Kampfkraft und Einsatzbereitschaft der Kampfgruppen im Bezirk, das natürlich nur möglich geworden sei dank der „umsichtigen politischen Führung durch die Bezirksleitung Halle und die Kreisleitungen unserer Partei sowie der hilfreichen Anleitung und Unterstützung durch die Genossen der Volkspolizei".

Es verdient Beachtung, daß Krenz in seiner Rede sehr wohl zur Kenntnis nahm, daß auch in der DDR sich Stimmungen veränderten und die politische Opposition an Gewicht gewann. Zwar nur zwischen den Zeilen ist dieses lesbar, doch letztlich unübersehbar:

„Wir alle spüren in der täglichen Arbeit, wie das Interesse der Menschen für Kenntnisse um politische Zusammenhänge zunimmt. Das hängt mit der Friedensoffensive des Sozialismus, mit den vielschichtigen Problemen der internationalen Klassenauseinandersetzung, mit unserer inneren Entwicklung und der sich abzeichnenden Vielfalt im Sozialismus zusammen. Das stellt erhöhte Anforderungen an die politisch-ideologische Arbeit - zumal in einem Zeitabschnitt, wo nach und nach verdienstvolle ältere Kommunisten aus den Kampfgruppen verabschiedet werden. Mit ihnen geht ein wesentliches Stück vorgelebter politischer Haltung aus den Einheiten."

Es sei deshalb notwendig, so Krenz weiter, „die jungen Kämpfer so schnell wie möglich zu befähigen, sich die politischen Erfahrungen, die hohen moralischen Eigenschaften der erfahrenen Kämpfer anzueignen und das Waffenhandwerk zuverlässig zu erlernen". Als Propagandisten müßten nunmehr verstärkt die befähigsten Kommunisten eingesetzt werden. Politisch-ideologische Arbeit sei kein Selbstzweck, sondern aus den Fragen der Zeit sollten gemeinsam Antworten gefunden werden. „Wer so an die Dinge, die uns das Leben täglich beschert, herangeht, wird in den seltensten Fällen von Fragen überrascht sein, sondern ist gedanklich auf sie vorbereitet und kann im Sinn unserer Politik offensiv reagieren." Gerade die Angehörigen der Kampfgruppen würden täglich an ihrem Arbeitsplatz und in anderen Bereichen des gesellschaftlichen Lebens mit vielen Erscheinungen konfrontiert, sie stünden mitten im Leben. Da Politik immer in Bewegung sei und stets neue Fragen aufwerfe, werde das Gespräch unter politisch interessierten Menschen nie abreißen. Deshalb komme es darauf an, „die marxistisch-leninistische Weltanschauung bei allen Kampfgruppenangehörigen zu festigen und sie für die bedingungslose und politisch-ideologische Erfüllung des Klassenauftrages zu mobilisieren".

„Persönliche Entscheidung nicht dem Zufall überlassen"

Für die Erhaltung der Kampfkraft sei es im übrigen wichtig, den „notwendigen Parteianteil in den Kampfgruppen" zu sichern. In diesem Zusammenhang machte Krenz einige aufschlußreiche Bemerkungen. So verwies er auf „entsprechende Vereinbarungen mit den Wehrkreiskommandos, bevorzugt Mitglieder bzw. Kandidaten der SED für die Kampfgruppen freizustellen" und führte zugleich das viel beschworene Prinzip der strikten Freiwilligkeit erneut ad absurdum. Denn:

„Die persönliche Entscheidung eines Parteimitglieds, zu den Kampfgruppen zu gehen, wird nicht dem Zufall überlassen. Offen und mit der notwendigen Entschiedenheit wird darauf geachtet, daß sich jeder Kommunist, entsprechend dem Grundsatz der Übereinstimmung von Wort und Tat, eindeutig zur Verteidigungsbereitschaft bekennt. Die erforderlichen Aussprachen finden im Kollektiv der Parteigruppe, der Parteiorganisation und in den Leitungen der Grundorganisation statt. Auch das Sekretariat der Kreisleitung führt das direkte Gespräch mit Genossen."

Die Frage sei erlaubt, welcher potentielle „Kämpfer" sich nach derartigen „direkten Gesprächen" es sich noch hätte leisten können, sich nicht „freiwillig" den Kampfgruppen anzuschließen.

Erste Zeichen der Götterdämmerung

Den Hallenser Kommandeuren allerdings hatte Krenz den tatsächlichen Zustand der Kampfgruppen wohlweislich verschwiegen. Denn längst zeichneten sich Auflösungserscheinungen ab, die selbst eine sonst ausgesprochen ignorante SED-Führung nicht länger übersehen und übergehen konnte. Anders als die Hallenser wurden die Mitglieder und Kandidaten des Politbüros durch Krenz nur wenige Tage später, am 4. Februar 1988, ungeschminkt über „ausgewählte Ergebnisse der Entwicklung der Kampfgruppen der Arbeiterklasse im ersten Ausbildungsabschnitt (1986/87) der Periode 1986/90" informiert. Krenz konnte, im sozialistischen Ritual gefangen, nicht umhin, den Kampfgruppen zu bestätigen, ihre Entwicklung als „revolutionäres Machtinstrument" sei kontinuierlich weitergeführt worden, doch dann kam der ZK-Sekretär für Sicherheitsfragen zur Sache: Der „Feststellung", der politisch-moralische Zustand habe durch die „unablässige Stärkung der führenden Rolle der Partei" weiter gefestigt werden können, folgt unmittelbar anschließend der folgende Absatz:

„Im Jahre 1987 reisten ca. 16000 Angehörige der Kampfgruppen (8,4 % der Gesamtstärke) in dringenden Familienangelegenheiten in die BRD bzw. nach Berlin (West). Einen relativ hohen Anteil haben dabei die Bezirke Schwerin (13,7 %), Potsdam (12,2 %) und Magdeburg (10,3 %). Von derartigen Reisen kehrten 32 nicht zurück. 54 % dieser Nichtrückkehrer waren Mitglieder der SED. Wegen Antragstellung zur Übersiedlung wurden 1987 129 aus den Kampfgruppen ausgeschlossen. Diese Antragsteller konzentrieren sich vor allem auf die Bezirke Dresden, Karl-Marx-Stadt, Leipzig, Gera und die Hauptstadt."

Jeder zehnte „Kämpfer" zu Besuch beim „Klassenfeind"

Mit anderen Worten: Nahezu jeder zehnte „Kämpfer" war 1987 zum „Klassenfeind" gereist, hatte die Ausreise dorthin beantragt oder war gleich dort geblieben. Selbst die SED-Führung muß davon ausgegangen sein, daß die Zahl derer, die nur allzu gern in die Bundesrepublik gereist wären, dieses aus den unterschiedlichsten Gründen aber nicht beantragen durften, weitaus höher gewesen sein dürfte. Auf die Partei-Armee, nur dieses kann das Resumee der SED-Spitze gewesen sein, war kein Verlaß mehr. Daran konnte auch nichts mehr die Anweisung ändern, nach der es in der weiteren Arbeit mit den Kampfgruppen gelte, „noch wirksamer Anstrengungen zur Festigung des politisch-moralischen Zustandes in allen Einheiten zu unternehmen und die Auseinandersetzung mit der ideologischen Diversion und Kontaktpolitik des Gegners noch zielstrebiger zu führen". Diese weiteren Anstrengungen wären sicherlich notwendig gewesen, zumal dem Politbüro noch eine weitere unangenehme Zahl präsentiert wurde. 748 „Kämpfer" hatten im Jahr 1987, wegen „nicht klassenmäßigen Verhaltens" und aus disziplinaren Gründen, aus den Kampfgruppen ausgeschlossen werden müssen.

Verringert hatte sich im übrigen, wie Krenz weiter offenbaren mußte, der Parteianteil in den Kampfgruppen, der von 72,4 auf 71,8

Prozent zurückgegangen war und in den Bezirken Potsdam und Frankfurt/Oder mit 60 bzw. 62,5 Prozent am niedrigsten lag gegenüber dem „Spitzenreiter" Berlin mit 83,3 Prozent Parteimitgliedern in den Kampfgruppen. 63 Kampfgruppen-Einheiten gab es, in denen weniger als fünfzig Prozent der „Kämpfer" der SED angehörten und die sich vorwiegend auf die Bezirke Magdeburg (16 Einheiten), Potsdam (13), Rostock (9) und Neubrandenburg (7) konzentrierten. Die Kampfgruppen in den Kreisen Havelberg, Osterburg, Malchin und Bad Doberan erfüllten gleichfalls nicht das Soll der gewünschten SED-Mitglieder.

In diesem Zusammenhang ist ein Blick auf den Anteil von Mitgliedern der Blockparteien in den Kampfgruppen von Interesse, über die in dem Bericht an das Politbüro erstmals eine konkrete Aufstellung enthalten war. Mit 1,5 Prozent der Gesamtzahl der „Kämpfer" machten die Angehörigen der Blockparteien innerhalb der Kampfgruppen einen verschwindend geringen Anteil aus. Von diesen 2.739 „Kämpfern" aus den Blockparteien entfielen allein auf den DBD 1.920 (70,1 %), auf die LDPD 298 (10,9 %), die CDU 297 (10,8 %) und auf die NDPD 224 (8,2 %). Gegenüber dem Vorjahr waren diese Zahlen praktisch unverändert geblieben. Dieses galt nicht für die Zahl der Frauen, die sich 1987 in den Reihen der „Kämpfer" fanden. Zwar betrug ihr Anteil in den Kampfgruppen gerade einmal 2,5 Prozent, zeigte jedoch eine kontinuierliche Aufwärtsentwicklung gegenüber 1985. In einem Zeitraum von zwei Jahren hatte sich der Frauenanteil folgendermaßen gesteigert:

	1985	1987
Rostock	0,8	2,4
Schwerin	0,8	2,4
Neubrandenburg	5,0	4,4
Potsdam	1,1	1,6
Frankfurt/Oder	1,0	1,6
Cottbus	1,9	3,1
Magdeburg	1,6	2,6
Halle	1,9	3,5
Erfurt	0,2	1,4
Gera	2,4	2,9
Suhl	0,9	2,2
Dresden	0,8	2,6
Leipzig	1,9	2,4

Karl-Marx-Stadt	1,1	2,0
Berlin	2,0	2,1
Wismut	0,3	0,5
DDR	1,5	2,5

Ein „Ausrutscher" war lediglich im Bezirk Neubrandenburg zu registrieren, in dem die Zahl der Frauen in den Kampfgruppen von 5,0 auf 4,4 Prozent zurückgegangen war, der aber dennoch an der Spitze dieser Aufstellung blieb.

Es ist müßig, auf die Tabellen hinsichtlich der Ergebnisse in der Schießausbildung oder bei der Teilnahme an der Ausbildung oder an Übungsalarmen einzugehen, denn zum einen ist ihre Aussagekraft ohnehin begrenzt, zum anderen aber bahnte sich eine weitere Umorientierung in der Aufgabenstellung für die Kampfgruppen an.

„Vorrangig gegen subversive und konterrevolutionäre Handlungen"

Ungeachtet aller Erkenntnisse, nach denen die Kampfgruppen langsam zu zerbröckeln begannen, beschloß der Nationale Verteidigungsrat am 5. Februar 1988 (Geheime Kommandosache B 812 266) Umstrukturierungen, die zum wiederholten Male „zu besseren Voraussetzungen zur Stärkung der führenden Rolle der Partei in den Kampfgruppen der Arbeiterklasse unter allen Lagebedingungen sowohl im Frieden als auch im Verteidigungszustand" führen sollten. Als Stellvertreter des Ministers für Nationale Verteidigung hatte Generaloberst Streletz dem Gremium erläutert, worum es bei der geplanten Neuordnung der „operativen Führung" ging. Ziel sei es, das „bewährte Prinzip der Führung der Kampfkräfte und der Sicherungskräfte der Kampfgruppen durch die SED über das Ministerium des Innern auch nach Auslösung höherer Stufen der Gefechtsbereitschaft und im operativen Einsatz im Verteidigungszustand beizubehalten. Wenn nunmehr die operative Führung der Kampfgruppen, die im Friedenszustand ohnehin bereits beim MdI liege, vollends vom MfNV auf das MdI übergehe, dann würden „noch günstigere Möglichkeiten für den konzentrierten Einsatz der Kampfgruppen im Verteidigungszustand geschaffen und wesentliche Impulse für die weitere Erhöhung der Geschlossenheit und Gefechtsbereitschaft der Kampfgruppen gegeben". Die Überführung der Kampfkräfte - ca. 80.000 Mann, entsprechend

40 Prozent der Gesamtstärke aller Kampfgruppen[5] - würde somit „weniger störanfällig und eine Umunterstellung mit allen beeinträchtigenden Konsequenzen nicht erforderlich". Zugleich werde ein höherer Grad der Verfügbarkeit der Kampfgruppen erreicht und eine schnellere Reaktion auf plötzlich auftretende Lageveränderungen gewährleistet. Die Änderungen sollten nach Beschlußfassung durch den NVR in der Ausbildungsperiode 1991 bis 1995 realisiert werden. Im Klartext: Streletz hatte den NVR darüber informiert, daß die Kampfgruppen künftig nicht mehr für Aufgaben der Landesverteidigung gegen einen äußeren Gegner eingesetzt würden, sondern „zu den Wurzeln" zurückkehrten: zum Einsatz ausschließlich im Innern und gegen jene, die es wagten, den sozialistischen Frieden zu stören.

Letztendlich stimmte das Politbüro am 1. März 1988 der Übertragung der operativen Führung vom MfNV auf den MdI zu und bestimmte als Verantwortliche für Durchführung und Kontrolle Krenz, Keßler und Dickel. Noch deutlicher als der NVR brachte das Politbüro (Geheime Verschlußsache ZK 02 9/88 - 117) zum Ausdruck, wobei es bei der Neuregelung ging, sprach es doch davon, die Kampfgruppen würden verstärkt „insgesamt in die bewaffneten Kräfte eingeordnet werden", vor allem aber als „Organ der Arbeiterklasse für Handlungen im Interesse der jederzeitigen Gewährleistung des Schutzes der sozialistischen Errungenschaften der DDR, vorrangig gegen subversive und konterrevolutionäre Handlungen des Gegners" eingesetzt werden können. Für die Umsetzung des Beschlusses hatte das Politbüro den zuständigen Ministern konkrete Daten aufgegeben. Die Minister für Nationale Verteidigung und für Inneres hätten demnach bis Oktober 1990 die materiellen Mittel der Kampfkräfte von NVA- in MdI-Lager umschichten sollen. Zum selben Termin war die Übergabe der Kapazitäten zur Instandsetzung von Bewaffnung und Technik an das MdI festgelegt. Im November 1990 sollte Armeegeneral Dickel „die volle Bereitschaft zur Verwirklichung der operativen Führung der Kampfkräfte" durch sein Haus hergestellt haben, einen Monat später dann dem Generalsekretär des ZK der SED den Abschluß der Aktion melden.

---

[5] Das Politbüro ging zu dieser Zeit von folgenden Zahlen aus:
a) Kampfkräfte mit einer Sollstärke von 78.859 Angehörigen = 41,6 % der Gesamtstärke, gegliedert in 39 KGB (m), 16 KGH (A), 427 (KGH (m) und 99 KGZ (A);
b) Sicherungskräfte mit einer Sollstärke von 110.512 Angehörigen = 58,4 % der Gesamtstärke, gegliedert in 566 KGH, 862 KGZ und 13 KGBttr (F).

Ungeachtet der Neuregelung sollten beim Minister für Nationale Verteidigung auch weiterhin weitreichende Kompetenzen im Zusammenhang mit Kampfgruppen verbleiben. So blieb er zuständig für

„- die Abstimmung der Kampfgruppenangehörigen bei der Durchführung von Leistungen aus der Volkswirtschaft durch die Wehrkommandos
- die Unterstützung der Deutschen Volkspolizei bei der Durchführung von Ausbildungsmaßnahmen mit den Kampfgruppen sowie bei der Ausrüstung der Kampfgruppeneinheiten mit Technik und Bewaffnung
- die zur Verfügungstellung von Ausbildungsbasen für die zeitweilige Nutzung durch die Kampfgruppen
- die Präzisierung operativer Forderungen bezüglich des Einsatzes von Kampfkräften im Interesse der Streitkräfte und der Grenztruppen der DDR".

Durchhalteparolen zum 35. Geburtstag

Unbeeindruckt von Glasnost und Perestroika in der Sowjetunion, von den Veränderungen, die sich im Ost-West-Verhältnis anbahnten und zur Entspannungspolitik und schließlich zur Wiedervereinigung Deutschlands führten, griff Honecker anläßlich des 35. Jahrestages der Kampfgruppen am 24. September 1988 noch einmal tief in die sozialistische Klamottenkiste. Beim „Kampfappell" in Berlin mahnte er wiederum „ständige Einsatz- und Kampfbereitschaft" an, konnte aber nicht völlig umhin, auf die zunehmende Kritik am SED-Regime auch in der DDR einzugehen. „Im Gegensatz zu manchem verantwortungslosen Gerede von Leuten, die es besser wissen müßten", wolle er den „Kämpfern" sagen, „daß das Antlitz des Sozialismus noch nie so menschlich war wie heute". Beweis hierfür sei, daß in der DDR Wohnungen entstünden, bei deren Schlüsselübergabe den Menschen die Freude darüber anzusehen sei, daß sie nun in eine Wohnung ziehen könnten, - und jetzt mußte Honecker sehr weit in der Geschichte zurückgehen - „die sich zu Kaisers Zeiten nur Bürger gehobenen Standes leisten konnten". In der DDR existiere eine Gesellschaft, so schlug Honecker den Bogen zur aktuellen Situation, „die kein Tummelplatz (sei) für Leute, die uns in die alte Zeit zurückzerren wollen". Und holperig und unbeholfen schloß er mit dem wenig flammenden Aufruf:

„Genossen Kämpfer! Mit uns zieht die neue Zeit, und diese neue Zeit werden wir zu jeder Zeit mitgestalten, schützen und verteidigen, denn zu jeder Stunde schützen wir unsere Republik."

Statt Flugabwehrgeschütze Schlagstöcke und Schutzschilde
Von „Aufgabe" war auch in einer Direktive (Geheime Verschlußsache b 866-0005/89) noch keine Rede, die, nicht ahnend, daß die Entscheidungen ohnehin nicht mehr realisiert würden, Krenz und Armeegeneral Dickel im Jahr der Wende 1989 dem NVR auf einer seiner letzten Sitzungen vorgelegt hatten. Für deren Erarbeitung zeichneten neben dem Stellvertreter des MdI, Generalleutnant Schmalfuß, der Stellvertreter des MfNV, Generaloberst Streletz, sowie der Leiter der Abteilung für Sicherheitsfragen des ZK der SED, Herger, verantwortlich.

Die wohl wichtigste Aussagen dieser Direktive, die am 1. Januar 1991 hatte in Kraft treten sollen, waren:

1. Die mit Aufgaben der Flugabwehr betrauten Kampfgruppen-Batterien sollten bis zum Jahresende 1990 aufgelöst und zu Sicherungskräften umgebildet werden, zumal eine Einordnung der dreizehn Flak-Batterien in das System der Luftverteidigung „in keinem vertretbaren Verhältnis zu den Wirkungsmöglichkeiten" gestanden hätte.

2. Den Angehörigen der Kampfgruppen sollten Aufgaben und Befugnisse der Deutschen Volkspolizei übertragen werden, wobei allerdings „die Befugnisse der Kampfgruppen bei Einsätzen in Friedenszeiten zur Gewährleistung der inneren Sicherheit" noch nicht geklärt waren und dieses nachgeholt werden sollte.

Ohnehin ursprünglich zum Einsatz im Innern der DDR und gegen die eigene Bevölkerung gebildet, zwischenzeitlich zu einer militärischen Kraft ausgebaut, war es die Absicht, die Kampfgruppen jetzt wieder ausschließlich mit ihren ursprünglichen Aufgaben zu betrauen. Ausschlaggebend für eine derartige Richtungsänderung war wohl weniger eigene Erkenntnis als vielmehr die geänderte sowjetische Militärdoktrin, die mit einer erheblichen zeitlichen Verzögerung in der DDR umgesetzt werden sollte. Das „bewaffnete Organ" Kampfgruppen paßte nur noch bedingt in dieses veränderte Denken. Stattdessen sollten die „Kämpfer" verstärkt in die Lage versetzt werden, mit Schlagstöcken und Schutzschilden in den Städten der DDR „für Ordnung und Sicherheit" zu sorgen. Für einen Einsatz im Verteidigungszustand war die rechtliche Stellung der „Kämpfer" klar. Ihr Dienst sollte dann dem Wehrdienst gleichgestellt werden. Da jedoch der Fall eines militärischen Einsatzes selbst nach Einschätzung der Hardliner in ZK und NVR immer unwahrscheinlicher wurde, galt es, neue Formen der

Einsatzmöglichkeiten zu finden oder zu den früheren zurückzukehren. Angesichts der Demokratiebewegungen in den Nachbarländern Polen, Ungarn und in der Tschechoslowakei, die zu diesem Zeitpunkt bereits ernste Zweifel an der Vorstellung vom historisch bedingten Sieg des Sozialismus auch in der DDR-Führung hatte aufkommen lassen, entschied diese sich, die Kampfgruppen der Arbeiterklasse, wenn es denn erforderlich sein sollte, gegen eben diese Arbeiterklasse einzusetzen und sie zu einer Hilfstruppe der Volkspolizei umzuformieren. Statt auf tieffliegende Flugzeuge des Gegners zu warten, sollten sie die erlangten Kenntnisse einsetzen, um sich abzeichnenden Demokratieforderungen ein schnelles Ende zu setzen. Allerdings erkannte der NVR, daß „die Befugnisse der Kampfgruppen bei Einsätzen in Friedenszeiten zur Gewährleistung der inneren Sicherheit" durchaus nicht geklärt waren und empfahl daher als Lösung dieser Frage, „die Übertragung von Befugnissen gemäß dem Gesetz über die Aufgaben und Befugnisse der DVP'".

In dem mit der Direktive verbundenen „Bericht über die Realisierung der Grundsätze für die weitere Erhöhung der Kampfkraft und Gefechtsbereitschaft der Kampfgruppen der Arbeiterklasse im Zeitraum 1981 bis 1990" mochte die SED traditionell auf Selbsttäuschung nicht verzichten. „Mit beispielhafter Standhaftigkeit und Zuverlässigkeit sowie vorbildlicher Einsatzbereitschaft" hätten die „Kämpfer hohe Ergebnisse in der Ausbildung" erreicht und „Hervorragendes in allen Bereichen der Volkswirtschaft" geleistet, hieß es. Zudem hätten sie vor allem anläßlich ihres 35jährigen Bestehens im Jahr 1988 „erneut ihre unerschütterliche Treue und Verbundenheit zur Partei sowie ihre Entschlossenheit zum zuverlässigen Schutz der sozialistischen Errungenschaften" bekundet:

„Der politisch-moralische Zustand der Einheiten konnte gefestigt werden. Der hohe Anteil an Mitgliedern bzw. Kandidaten der SED, ihre Vorbildrolle und ihr aktives politisches Wirken sind dabei die entscheidenden Voraussetzungen für die klassenbewußte Haltung der Kampfgruppenangehörigen in den Kämpfen in unserer Zeit [...]",

gaukelte sich der NVR vor und gab sich überzeugt, „die verstärkten ideologischen Angriffe des Gegners" blieben in den Kampfgruppen „im wesentlichen ohne Erfolg". Die Realität sah anders aus, wie aus demselben Bericht hervorgeht.

Chronischer Geldmangel berührt die Strukturen
Zwar ist zu lesen, daß Kampfkräfte mit einer Sollstärke von 78.858 Kämpfern „zur Verfügung stehen" sowie Sicherungskräfte in einer Sollstärke von 110.512, doch wurde gleichzeitig eingeräumt, daß die personelle Auffüllung nur in zwölf Bezirken tatsächlich gewährleistet sei. Besondere Probleme beim Erreichen der geplanten Strukturstärken ergaben sich vor allem in den Bezirken Gera, Rostock und in Berlin, woran auch nichts die Tatsache geändert hatte, daß seit 1985 der Anteil weiblicher „Kämpfer" nun bereits auf 5.121 (= 2,7 Prozent der Gesamtstärke) hatte erhöht werden können. Wesentliche Hemmnisse im „Auffüllungsprozeß" sah der NVR zum einen in einer ungünstigen demographischen Entwicklung, zum anderen aber darin, daß zahlreiche „Zivilbeschäftigte bei den bewaffneten Organen, Werktätige in der speziellen Produktion, Leitungskader der Betriebe und andere Funktionäre" für den Dienst in den Kampfgruppen ausfielen. Die in Frage kommenden Regelungen sollten deshalb zumindest in Friedenszeiten aufgehoben werden. Zum anderen aber räumten die Verfasser des Berichtes ein, daß sich darüber hinaus erschwerend auf die personelle Auffüllung eine teilweise fehlende Bereitschaft zum Dienst in den Kampfgruppen auswirke. Für die „Verteidigung der sozialistischen Errungenschaften" mochten immer weniger Frauen und Männer Freizeit und Wochenenden opfern. Hinzu kam, daß viele für Führungsaufgaben vorgesehene „Kämpfer" nicht mehr im erforderlichem Umfang ausgebildet und zu den entsprechenden Lehrgängen geschickt werden konnten. Zwischen 1985 und 1990 waren zwar 17.120 „Führungskader" an die Kampfgruppen-Schulen entsandt worden, doch mußte der NVR eingestehen, daß es „im Zusammenhang mit den Anforderungen zur Erfüllung volkswirtschaftlicher Aufgaben" immer schwieriger wurde, „Kader zu den Lehrgängen zu delegieren".

Nicht nur deshalb gestaltete sich die weitere Entwicklung der Kampfgruppen zunehmend als Krisen-Management. So standen die Sicherungskräfte vor kaum noch zu bewältigenden Aufgaben, hatte sich doch die Zahl der „zentral und örtlich festgelegten Objekte mit Bedeutung für die Landesverteidigung" in den zurückliegenden Jahren ständig erhöht. Vor allem in den Bezirken Frankfurt/Oder, Cottbus, Potsdam und Berlin war die Zahl derartiger Objekte in einem Maße angewachsen, das die „Möglichkeiten der real zur Verfügung stehenden Einheiten" bei weitem überstieg und „teilweise zu einem zersplitterten Kräfteeinsatz" führen mußte. Um diesem Mißstand zu begegnen, schlug der NVR u.a. vor, eine Neubestimmung der Sicherungsobjekte vorzunehmen sowie die Praxis, nach der Kampfgruppen Mobilmachungspunkte und -transporte der Wehrkommandos der NVA zeitweilig zu sichern hatten, aufzugegeben.

Abgesehen von der weiterhin mangelhaften Beteiligung der „Kämpfer" an der Ausbildung, konnte die SED zu diesem Zeitpunkt dennoch zumindest mit dem Stand ihrer Ausrüstung und Bewaffnung einigermaßen zufrieden sein. Die Einheiten waren zu hundert Prozent mit Schützenwaffen, Artillerie, Flak und Fla-MG sowie mit Kraftfahrzeugen ausgerüstet, wobei das Ende der Flugabwehr-Kräfte ohnehin beschlossene Sache war. Die Umrüstung von 76-mm-Kanonen auf die wirksamere SPG-9 hatte schon 1986 beendet werden können. Der Abschluß der Zulieferung von Handfunksprechgeräten war für 1990 vorgesehen. Die große Zahl an Fahrzeugen, speziell die Ausstattung mit den SPW, hatte sogar dazu geführt, daß die zwei, 1972 vom Sekretariat des ZK der SED befohlenen, hauptamtlichen Planstellen für die Wartung der Technik in jedem Kampfgruppen-Bataillon (mot.) längst nicht mehr ausreichten. Im Durchschnitt waren 1990 bereits je Bataillon acht hauptamtliche „Kämpfer" für diesen Bereich eingesetzt - und hatten von den Betrieben finanziert werden müssen. Da dieses Verfahren die Betriebe über Gebühr belastete, wurde vorgeschlagen, die Zahl auf fünf für jedes der 39 Bataillone und damit auf 195 insgesamt zu beschränken.

Ein weiterer Punkt des Berichtes wies gleichfalls darauf hin, daß die DDR völlig überfordert war, die Vorstellungen der Partei oder des NVR hinsichtlich - nicht nur - der Kampfgruppen zu realisieren. So hatten Sammelräume der Einheiten sowie die baulichen Voraussetzungen für die sichere Unterbringung der Bewaffnung, Technik und Ausrüstung teilweise verbessert werden können, aus den Bezirken Neubrandenburg, Frankfurt/Oder, Gera und aus Berlin kamen jedoch Fehlmeldungen. Die Ursachen hierfür wurden offen genannt. Betriebe und Einrichtungen, die als Standortbetriebe für diese Kampfgruppeneinheiten festgelegt waren, hatten den erforderlichen Baubedarf weder materiell noch finanziell sicherstellen können. Das Eingeständnis, daß nicht einmal mehr Aufgaben der ansonsten immer absolut vorrangigen „Verteidigung sozialistischer Errungenschaften" finanziert werden konnten, war unwiderlegbarer Beweis: Die DDR war nicht nur politisch am Ende, sondern auch wirtschaftlich.

„Situation wie im Juni 1953"

Im Herbst 1989 hätten die Kampfgruppen der Arbeiterklasse, ihrer Aufgabe, Herkunft und Rolle in der sozialistischen DDR entsprechend, ihre womöglich wichtigste „Bewährungsprobe" bestehen können: Im Einsatz gegen die Demonstranten, für die die Bevölkerung Leipzigs als Synonym zu gelten hat. Am 8. Oktober beispielsweise waren die „Kämpfer" in Leipzig zusammen mit Volkspolizisten, Hundertschaften der NVA, Kräften des MfS und anderen Truppen des Ministeriums des Innern aufmarschiert, auf den Befehl wartend, gegen 50.000 Demonstranten vorzugehen. Der Befehl kam nicht, die SED in Leipzig hatte kapituliert. Wenigstens dem MfS war längst klar, daß im gesamten Land eine Situation entstanden war, „wie kurz vor den konterrevolutionären Ereignissen am 17.6.1953", daß dieses Mal jedoch die sowjetischen Truppen zur Rettung der SED-Herrschaft nicht eingreifen würden. Die Arbeiterklasse, aus der die Angehörigen der Kampfgruppen doch angeblich stammten und deren Interessen sie doch schützen sollten, hatte kein Vertrauen mehr in die „führende Rolle der Partei" und wollte ihren Sturz. Damit gab es konsequenterweise nichts mehr, was die Kampfgruppen hätten verteidigen können.

Dieses hatte, zumindest in Ansätzen, auch das ZK der SED begriffen, wenngleich die Partei, und nicht nur sie, im November 1989 von einem Weiterbestand der DDR ausging. Klar war ihr jedoch auch, daß die Kampfgruppen in der bisherigen Form kaum weitergeführt werden könnten. Die Zukunft des „Schwertes der Arbeiterklasse" war am 20. November Thema einer Besprechung, zu der die 1. Sekretäre der Bezirksleitungen zusammengerufen worden waren. Einig waren sich alle Teilnehmer darüber, daß die SED auch in einer „reformierten" DDR nicht auf ihr Machtinstrument verzichten wollte und würde. In einem Fernschreiben an die 1. Sekretäre der Bezirks- und Kreisleitungen faßte ZK-Sekretär Krenz am 24. November die Leitlinien als „Argumentationsmaterial" zusammen. Danach sollten die Kampfgruppen das „Schutzorgan der führenden politischen Kraft unserer Gesellschaft, der Arbeiterklasse und der mit ihr verbündeten Werktätigen in Stadt und Land" bleiben, in dem sich „Kommunisten und Parteilose sowie Mitglieder der anderen befreundeten Parteien" vereinten. Durch die Mitglieder der SED in den Einheiten war weiterhin „der Einfluß der SED in den Kampfgruppen (...) zu verwirklichen". Eher als Kosmetik dürfte daher der Vorschlag gedacht gewesen sein, die Gelöbnisformel zu ändern. Kampfgruppenangehörige sollten demnach künftig geloben:

„Ich bin bereit, als Kämpfer der Arbeiterklasse die Deutsche Demokratische Republik, meine sozialistische Heimat, jederzeit mit der Waffe in der Hand zu schützen und mein Leben für sie einzusetzen."

Die bisherige Gelöbniszeile „die Weisungen der Partei zu erfüllen" sollte gestrichen werden. Zu den weiteren Vorstellungen von Kampfgruppen unter den veränderten Bedingungen gehörten u.a.:

- Reduzierung der Ausbildung auf fünf Tage jährlich
- Senkung der Sollvorgaben für den Personalbestand um 25 Prozent
- Wegfall der Differenzierung nach Kampfkräften und Sicherungskräften; stattdessen Festlegung konkreter zu schützender Betriebe und anderer Objekte
- Beibehaltung „der bisherigen Möglichkeiten der moralischen und finanziellen Stimulierung (Medaillen, Prämien, Rentenzuschlag)".

Immerhin zeigte sich das ZK bereit, Kampfgruppen durch die jeweilige Volksvertretung kontrollieren zu lassen, auf Landesebene durch den Volkskammerausschuß für Nationale Sicherheit und Verteidigung. Das damit verbundene „Risiko" dürfte zu diesem Zeitpunkt vom ZK als eher gering eingeschätzt worden sein, ging es doch davon aus, nach einer kurzen Übergangszeit die bisherige uneingeschränkte Machtposition wieder einzunehmen und vor allem auszuüben. Von daher konnte Krenz sich auch den Vorschlag erlauben, Rolle, Aufgaben, Rechte, Pflichten, Organisationsgrundsätze und Struktur der Kampfgruppen in einem Statut festlegen zu lassen, „das vom Staatsrat bzw. von der Volkskammer der DDR zu beraten und zu beschließen wäre".

Zur Beruhigung der angespannten Situation war das ZK zudem bereit, wenigstens vorübergehend, im Rahmen der Ausbildung auf ein besonders brisantes Ausbildungsthema zu verzichten. Das Sperren und Räumen von Straßen und Plätzen sollte von den Lehrplänen verschwinden, aber auch die Panzernahbekämpfung, Kampfgruppenhundertschaften im Angriff aus der Bewegung bei Nacht und das Zuggefechtsschießen des Kampfgruppenbataillons. Auf dieser veränderten Grundlage jedoch hatten die Grundlehrgänge an den Kampfgruppenschulen bzw. denen des Ministeriums für Innere Angelegenheiten ab März 1990 wieder aufgenommen werden sollen. Bereits wenige Tage nach Abgang des Fernschreibens hatte die politische Entwicklung jedoch auch diese Vorstellungen hinfällig werden lassen.

Als Generalsekretär des ZK wandte sich Krenz gewissermaßen mit einem Abschiedsschreiben vom 28. November 1989 ein letztes Mal an die „Kommandeure, Unterführer und Kämpfer in den Kampfgruppen der Arbeiterklasse der DDR". Durch Besonnenheit und Disziplin hätten sie entscheidend dazu beigetragen, daß Frieden und Sicherheit in der DDR gewährleistet seien und in den Betrieben die „friedliche Arbeit ungestört" verlaufen könne. Möglicherweise als Balsam für die „Kämpfer"-Seelen erinnerte Krenz an die „Glanzpunkte" der Kampfgruppengeschichte:

„Im In- und Ausland weiß man noch sehr gut, wie die Kämpfer der Arbeiterklasse am 13. August 1961 am Brandenburger Tor und an vielen Abschnitten unserer Staatsgrenze halfen, damals vorhandene militärische Pläne zur Beseitigung der DDR zu vereiteln."

Man mag diesen Hinweis im Krenz-Schreiben als Aufforderung betrachten, die „Kämpfer" sollten ihren Vorgängern nacheifern und sich ihres Gelöbnisses erinnern. Zudem rückte er den Kampfgruppen noch einmal ins Bewußtsein, „was des Volkes Hände schaffen, ist durch des Volkes Hände zu schützen", und „ihr Recht auf Verteidigung der sozialistischen Errungenschaften (ließen) sich die Werktätigen der DDR nicht streitig machen". Der Schluß, der Verweis auf den 13. August 1961 sei als Mahnung an die „Kämpfer" zu verstehen, dem Ende der Parteiherrschaft nicht tatenlos zuzusehen, dürfte allerdings letztlich nicht zulässig sein.

Dennoch: Krenz hoffte offensichtlich, in einer weiterbestehenden sozialistischen, obschon reformierten DDR, werde nicht nur die SED weiterhin das Sagen haben, auch Kampfgruppen könnten ihren Platz darin finden. Sie sollten daher die Chance erhalten, „in die sozialistische Erneuerung" einbezogen zu werden. Das ZK halte es für „zweckmäßig", die Stellung der Kampfgruppen nunmehr „staatsrechtlich eindeutig zu bestimmen", und das umbenannte Ministerium für Innere Angelegenheiten sollte von der Volkskammer legitimiert werden, „die Organisation, Ausbildung, Führung und Sicherstellung der Kampfgruppen zu verantworten" Schließlich sollten künftig „die Volksvertretungen auf allen Ebenen die öffentliche Kontrolle über ihre gesamte Tätigkeit ausüben". Zumindest diejenigen „Kämpfer", die zuvor guten Glaubens in den Kampfgruppen gedient hatten, müssen über diesen Brief erschüttert gewesen sein. Denn Krenz räumte nichts anderes ein, als daß sich die Kampfgruppen in der gesamten Zeit ihres Bestehens allenfalls in einer rechtlichen Grauzone bewegt hatten, daß der, der ihnen Befehle erteilt, der Minister des Innern, auf keinerlei Legitimation verweisen konnte, es sei denn auf die der Partei.

„Die gute Losung ‚Wir sind das Volk'" schließe die Angehörigen der Kampfgruppen mit ein, deren Waffen richteten sich nicht gegen das Volk, und so solle es auch bleiben, schloß Krenz seinen Brief. Daß er jedoch darauf baute, die SED werde die kritischen Wochen und Monate überstehen und dann erneut auf ein von ihr direkt geführtes „bewaffnetes Organ" in Form der Kampfgruppen verfügen können, entging den angeschriebenen „Kämpfern". In den Entwurf des Schreibens hatte Politbüro-Mitglied Herger den Satz geschrieben: „Die Kampfgruppen dürfen nicht länger als ein bewaffnetes Organ der Partei verstanden werden." Daß diese Aussage ersatzlos gestrichen wurde, kann wohl getrost als entlarvend betrachtet werden.

Die wirklichen Verdienste zum Ende der Republik

Mit der Form, in der die Kampfgruppen sich auflösten, haben sich die „Kämpfer" ihre wirklichen historischen Verdienste erworben. In allen Berichten über die Übergriffe in den Herbstmonaten des Jahres 1989 findet sich nicht ein einziger Hinweis darauf, daß Angehörige von Kampfgruppen hieran beteiligt gewesen wären. Gegen das Volk gingen in erster Linie zivile und uniformierte Kräfte der Stasi, aber auch Bereitschaftspolizisten vor. Jetzt erst erwiesen sich „Kämpfer" tatsächlich als Vertreter der Interessen des Volkes, wenn man mag, als die der „werktätigen Massen". Ihr endgültiges „Aus" kam am 20. Dezember 1989 mit dem Beschluß des Ministerrates „über die Beendigung der Tätigkeit der Kampfgruppen der Arbeiterklasse". Bis zum 30. Juni 1990 hatte die Auflösung der Kampfgruppen nunmehr auf Befehl des Ministers für Nationale Verteidigung und in Verantwortlichkeit des Ministers für Innere Angelegenheit abgewickelt werden müssen. Das Ende der Kampfgruppen war - glücklicherweise - wenig spektakulär: Bekleidung und Schuhwerk konnten den Betrieben gegen Bezahlung als Arbeits- oder Dienstbekleidung überlassen werden, ebenso handelsübliche Technik und übrige Ausrüstung. Die Bewaffnung dagegen war der Nationalen Volksarmee zu übergeben oder gleich zu verschrotten. Die Kampfgruppen der Arbeiterklasse gehörten der Geschichte an.

Anhang

Verzeichnis der Dokumente

1. Sitzung des Politbüros, Bericht über die Situation in der KVP, Befehle zur Werbung von Freiwilligen und zur verstärkten politischen Arbeit, 21. November 1953
2. Auskunftsbericht für das Politbüro, Vorschlag zur Einberufung von Jugendlichen in die KVP und zur Modernisierung der Bewaffnung einschließlicher sowjetischer Flugzeuge, Übersicht über Disziplinarvergehen, Straftaten und Desertationen von KVP-Angehörigen, Januar 1954
3. Befehl 43/4 des MdI zur Bewachung des Wismut-Sperrgebietes sowie Anlage 3, Instruktion über die Ausgabe von Passierscheinen und Aufenthaltsgenehmigungen vom 8. Juli 1954
4. Befehl des MdI 12/55 zu „Maßnahmen zur Organisation und Ausbildung der Kampfgruppen der Deutschen Reichsbahn vom 25. April 1955
5. Schreiben Ulbrichts an den sowjetischen Botschafter in Ost-Berlin zur Aufstellung von „Inneren Truppen" vom 11. Juli 1955
6. Befehl des Chefs der DVP 40/55 zur „Organisation der Ausbildung und des Einsatzes der Kampfgruppen" vom 23. Juli 1955
7. Befehl des MdI 4/57 über die „Aufgaben und Organisation der Kampfgruppen" vom 10. Januar 1957
8. Vereinbarung zwischen der SED und dem MdI über die Einrichtung der Zentralschule für Kampfgruppen vom März 1957
9. Befehl zur Umbenennung der ZSDVP Schmerwitz in „Zentrale Schule für Kampfgruppen" vom 15. Oktober 1959
10. Befehl des MdI 1/61 zur „Verbesserung der Arbeit mit den Kampfgruppen der Arbeiterklasse und weitere Erhöhung der Einsatzbereitschaft" vom 3. Januar 1961
11. Beschluß des Nationalen Verteidigungsrates zur „Verbesserung der Arbeit mit den Kampfgruppen" vom 3. Mai 1961
12. Schreiben Ulbrichts an Chruschtschow zur Einführung der allgemeinen Wehrpflicht in der DDR vom 13. Dezember 1961
13. Befehl 0061/70 des MdI zur „Teilnahme von Einheiten der Deutschen Volkspolizei und der Kampfgruppen der Arbeiterklasse an einem Manöver der Nationalen Volksarmee" vom 8. Juli 1970 (einschließlich 1. Änderung und 1. Durchführungs-Anweisung)
14. Befehl 026/70 des MdI über die „Ziele und Aufgaben der Ausbildung der Kampfgruppen der Arbeiterklasse in der Ausbildungsperiode 1971/72" vom 21. September 1970

15. Richtlinie des Sekretariats des ZK über die Auswahl und die Zugehörigkeit von „Kämpfern" zu den Kampfgruppen vom 6. September 1972
16. Anordnung über die Gewährung eines Rentenzuschlages für Kampfgruppen-Angehörige und deren Hinterbliebenen vom 17. Dezember 1974
17. Instruktion 22/78 des MdI über die Aufgaben der Politorgane der DVP gegenüber den Kampfgruppen vom 1. September 1978
18. Befehl zur Durchführung des Kampfappells anläßlich des 20. Jahrestages des Baues des „antifaschistischen Schutzwalls" vom 19. Juni 1981
19. Rede Honeckers auf dem Kampfappell am 13. August 1981
20. Dienstvorschrift 101/84 des MdI „über den Einsatz der Kampfgruppen" vom 5. Januar 1983
21. Rede Honeckers zur Auszeichnung von Angehörigen der Kampfgruppen am 23. September 1983
22. Toast Honeckers anläßlich des 30jährigen Bestehens der Kampfgruppen am 23. September 1983
23. Rede Honeckers auf dem Kampfappell anläßlich des 30jährigen Bestehens der Kampfgruppen am 24. September 1983
24. Sitzung des Politbüros: Übertragung der operativen Führung auf das Ministerium des Innern, 1. März 1988
25. Rede Honeckers anläßlich des Kampfappells zum 35jährigen Bestehens der Kampfgruppen am 24. September 1985
36. Schreiben Egon Krenz an die Angehörigen der Kampfgruppen zu den Umwälzungen in der DDR vom 28. November 1989
37. Befehl 141/89 des Ministers für Nationale Verteidigung zur Auflösung der Kampfgruppen vom 20. Dezember 1989

Sitzung des Politbüros, 21. November 1953
Abschrift/ 3 Ex.
Der von der Regierung der DDR und von der Sozialistischen Einheitspartei Deutschlands verkündete neue Kurs führte im Juni ds. Js. zu der Notwendigkeit, die zahlenmässige Stärke der kasernierten Volkspolizei und die Ausgaben für ihren Unterhalt etwas einzuschränken, um die somit freiwerdenden Mittel für die Lösung der vom 15. Plenum des ZK der SED gestellten Aufgaben zu verwenden. Die Erklärungen der leitenden Funktionäre von Partei und Regierung sowie die in der Parteipresse erschienenen Artikel über die Einschränkung der Stärke der kasernierten Volkspolizei und der Mittel für ihren Unterhalt wurden von einigen Parteifunktionären falsch ausgelegt, die diese Massnahmen so verstanden, als ob Kurs auf die Liquidierung der kasernierten Volkspolizei genommen werde. Es ist jedoch so, dass die Ereignisse des 17. - 19. Juni und die gegenwärtige internationale Lage nicht nur die Erhaltung der kasernierten Volkspolizei, sondern auch ihre weitere allseitige Festigung erforderlich machen, um die Verteidigung der Deutschen Demokratischen Republik als eines demokratischen Staates der Arbeiter und Bauern zu sichern.
Das Kommando der kasernierten Volkspolizei hat 1953 eine grosse organisatorische Arbeit zur Formierung der territorialen Verwaltungen, der Abteilungen und Kommandos, zum Bau neuer und zur Wiederherstellung alter Kasernen, zur Schaffung der erforderlichen Voraussetzungen für die Organisierung der Ausbildung, für die Festigung der Disziplin und für die Organisierung der Lebensbedingungen des Mannschafts- und Offiziersbestandes der KVP durchgeführt.
Zugleich gibt es in der KVP eine Reihe ernster Mängel in der Vervollständigung des Mannschaftsbestandes, in der Pflege der Waffen und Geräte, in der materiellen Versorgung und Unterbringung.
In einigen Einheiten der KVP hat die Disziplin nachgelassen, die Zahl der Deserteure ist gestiegen und der moralisch-politische Zustand hat sich verschlechtert.
Das Politbüro stellt insbesondere fest:

a) Die Aufgaben und der Ausbildungsplan für das Jahr 1953 wurden nicht vollständig erfüllt. Die Schulung des Personalbestandes der KVP ist schlecht organisiert. Selbst die Abteilungen der territorialen Verwaltung Nord, die bereits im Herbst des Vorjahres formiert wurden, haben die ihnen gestellten Aufgaben zur Ausbildung des Personalbestandes nicht erfüllt und das Ausbildungsjahr mit der Ausbildung von nur einem Bataillon abgeschlossen. Die Unteroffiziere und jungen Offiziere verfügen nicht über genügend praktische Erfahrungen und Fertigkeiten bei der Ausbildung ihrer Untergebenen, sie sind schlecht mit den Waffen und Geräten vertraut, mit denen die KVP ausgerüstet ist. Die Stäbe der Verbände und Einheiten sind ihrer Aufgabe als leitende Organe immer noch nicht gewachsen und nehmen wenig Anteil an der Organisierung und Kontrolle der Kampfausbildung und an der Aufrechterhaltung der inneren Ordnung in den Einheiten und Abteilungen. Die Materialbasis für die Organisierung der Ausbildung ist auch weiterhin ungenügend. Die KVP hat keine freien Felder für die Errichtung von Übungsplätzen und Schiessplätzen erhalten, es mangelt an Lehrmitteln, die für die Ausbildung erforderliche Literatur wird nicht termingerecht in deutscher Sprache herausgegeben.

b) Der Zustand der Bewaffnung und der technischen Ausrüstungen erfordert entschlossene Massnahmen ihrer Pflege, ihrer Nutzung und besonders ihrer Reparatur. In einigen Einheiten ist die Betreuung und Unterbringung der Panzertechnik nicht organisiert. Die KVP ist nicht mit Ersatzteilen für die Wiederherstellung und Reparatur der Bewaffnung versorgt. Die Hauptursachen für die unbefriedigende Pflege der Bewaffnung sind die häufigen Fälle eines falschen und verantwortungslosen Verhaltens der KVP-Angehörigen zu den Waffen und zur Technik, der Mangel genügender technischer Kenntnisse und einzelne Fälle von Schädlingsarbeit beim Offiziersbestand.

c) Das Kommando und der Stab der KVP (Stoph, Hoffmann, Bechler) haben die Entlassung der Soldaten, Unteroffiziere und Offiziere bei der Einschränkung der KVP ungeschickt und schlecht organisiert, haben in dieser Frage widersprechende Anweisungen gegeben, wodurch die Kommandeure der Einheiten und Abteilungen desorientiert wurden. Die Folge war, dass in vielen Einheiten generell alle KVP-Angehörigen gefragt wurden, ob sie in der KVP dienen wollen, ohne dass dabei die gegebenen Verpflichtungen berücksichtigt wurden. Besonders schlecht wurde die Einschränkung in den Einheiten der territorialen Verwaltung Nord durchgeführt, wo die Kommandeure und Politleiter viele Fehler begingen, wodurch dort die Zahl derjenigen, die nicht mehr in der KVP dienen wollen, besonders gross war und auch die Disziplin am meisten nachgelassen hat.

d) Die politische Verwaltung (Dölling) und die politischen Organe einer Reihe von Verbänden, sowie die Partei- und FDJ-Organisationen in vielen Einheiten haben in der letzten Zeit die parteipolitische Arbeit vernachlässigt, deren Verstärkung jedoch durch die Situation diktiert wird. Die Folge war, dass viele KVP-Angehörige auf Entlassung aus der KVP gedrungen haben. Die Kommandeure, die politischen Organe, die Partei- und FDJ-Organisationen unternehmen keine genügenden Massnahmen, um solche Stimmungen zu unterbinden, die die Disziplin untergraben und den politisch-moralischen Zustand verschlechtern.

e) Die Kaderverwaltung der KVP (Munschke) und die Kaderabteilung der politischen Verwaltung der KVP (Barz) haben nicht eine rechtzeitige und richtige Verteilung der Offizierskader gesichert, sie dulden viele unzweckmässige Umbesetzungen des Offiziersbestandes, was die Organisiertheit und Disziplin in der KVP schwächt. Bei der Arbeit mit den Offizierskadern findet immer noch die falsche Praxis Anwendung, unterschiedslos gegen alle KVP-Angehörige misstrauisch zu sein, die Verwandte in Westdeutschland haben oder in westlicher Gefangenschaft waren. Eine solche Behandlung der KVP-Angehörigen, die fälschlicherweise mit der Notwendigkeit begründet wird, „Wachsamkeit zu zeigen", hat mit wahrer Wachsamkeit nichts gemein, da auf diese Weise völlig unbegründet die Treue einer grossen Anzahl ehrlicher Menschen zur Republik in Zweifel gezogen wurde. Das mindert die Initiative und Aktivität dieser Menschen, nimmt ihnen die Perspektive in der Arbeit und erschwert den Kampf gegen die wirklichen feindlichen Agenten, da die Wachsamkeit auf einen falschen Weg gelenkt wird.

f) Die Genossen Meier und Allenstein, die in der KVP für die materielle Versorgung und Unterbringung verantwortlich sind, haben sich nicht um die termingerechte Unterbringung und Versorgung des Mannschafts- und Offiziersbestandes der territorialen Verwaltung Nord gesorgt, wo viele Bauvorhaben noch immer unvollendet sind.
g) Die Abteilung Kultur des ZK der SED (Genosse ....) sowie das Komitee für Kunstangelegenheiten (Holzauer) und die politische Verwaltung der KVP (Dölling) haben nicht die erforderlichen Massnahmen getroffen, um die kulturelle Betreuung der Verbände und Einheiten der KVP zu sichern, besonders in den Garnisonen, die weiter von kulturellen Zentren entfernt sind. Das wirkt sich ungünstig auf den politisch-moralischen Zustand der Angehörigen dieser Garnisonen aus.
h) Es wurde festgestellt, dass sich viele Kommandeure und Politleiter nicht um die Mannschaften kümmern, nicht ihre Nöte, Sorgen und Stimmungen kennen, keine Massnahmen zur Befriedigung der begründeten und gesetzlichen Forderungen der Untergebenen trafen und vergessen, dass die Sorge um die ihnen anvertrauten Menschen die direkte Pflicht jedes Kommandeurs und Politleiters ist.
i) Ausserdem stellt das Politbüro des ZK fest, dass die Kommandeure und politischen Organe der KVP nicht genügend mit dem Parteiaktiv verbunden sind und sich in ihrer praktischen Arbeit nicht auf dieses stützen. Es besteht eine falsche Praxis der Auswahl des Parteiaktivs. In der Regel werden die Genossen nur auf Grund ihrer dienstlichen Stellung ins Parteiaktiv aufgenommen, ohne von ihrer Aktivität im Dienste und in der parteipolitischen Arbeit auszugehen. Unzulässig gering ist die Zahl der Soldaten und Unteroffiziere, die zum Parteiaktiv herangezogen werden. Es gibt in den Verbänden und Einheiten keine systematische Arbeit zur Erziehung der Parteiaktive.
j) Schlecht organisiert ist die ärztliche Betreuung in den Einheiten der KVP. Es gibt insgesamt nur 64 Ärzte, obwohl im Stellenplan 385 vorgesehen sind. Die früheren Beschlüsse des ZK zu dieser Frage wurden nicht durchgeführt.
k) Die Organe der Staatssicherheit (Paech) arbeiten in vielen Einheiten der KVP schlecht, isoliert von den politischen Organen und Parteiorganisationen, sie sind ungenügend aktiv und geschickt bei der Aufdeckung der Agenturen feindlicher Spionagedienste. In einigen Einheiten der KVP wurde nicht verhindert, dass ganze Gruppen von KVP-Angehörigen mitsamt den Waffen nach den Westsektoren Berlins gegangen sind. Es gibt immer noch ungeklärte Fälle von Schädlingsarbeit (besonders in Eggesin).
l) Viele Bezirks- und Kreisleitungen der Partei, örtliche Staats- und Wirtschaftsorgane, Gewerkschafts- und FDJ-Organisationen haben die Massnahme zur Einschränkung der KVP falsch verstanden und dem Kommando und den politischen Organen der Verbände und Einheiten nicht die notwendige Unterstützung zur Verstärkung der politischen und kulturellen Massenarbeit in der KVP zu Teil werden lassen. Einige leitende Funktionäre von Partei- und Massenorganisationen sowie Betriebsleiter haben sogar Anträge auf Entlassung einzelner Angehöriger und selbst ganzer Gruppen aus der KVP gestellt, da sie diese angeblich zur Durchführung der Aufgaben des neuen Kurses benötigen. Die in Urlaub kommenden Angehörigen der KVP werden von ihren Verwandten und **Bekannten**

intensiv dahingehend bearbeitet, sie sollten doch den Dienst verlassen. Und es gibt auch Fälle, dass sie ohne Vorweisung des Personalausweises und ohne Entlassungspapiere eine andere Arbeit aufnehmen. Die im August dieses Jahres begonnene Werbung für die KVP verläuft völlig unbefriedigend. Der Beschluss des ZK der SED vom 3.9.1952 über die Bedeutung der Werbung der Jugendlichen für die KVP ist von vielen Bezirks- und Kreisleitungen der Partei vergessen worden.
Das alles beweist, dass einige Funktionäre der Partei und des Staatsapparates eine ungenügende politische Reife in bezug auf die KVP an den Tag legen, denn eine Ignorierung der Aufgaben zur Sicherung der Verteidigung der DDR gegen ihre Feinde ist ein ernster und gefährlicher politischer Fehler. Anderseits unterschätzen diese Genossen die Tatsache, dass die republik-feindlichen Elemente und Agenten der westlichen Geheimdienste nach den Ereignissen des 17./19. Juni ihre Tätigkeit zur Zersetzung der kasernierten Volkspolizei verstärkt haben, die sich während dieser Ereignisse als eine zuverlässige Stütze der demokratischen Ordnung in der DDR erwiesen hat, dass der Gegner ebenfalls in verstärktem Masse versucht, unter den Werktätigen der DDR Misstrauen zu ihrer Arbeiter-und-Bauern-Volkspolizei zu säen und zu diesem Zweck schädliche und verleumderische Gerüchte über angeblich besonders hohe Gehälter der KVP-Angehörigen, darüber, dass die Ausgaben für ihren Unterhalt eine raschere Verbesserung der materiellen Lage der Werktätigen verhindern, verbreitet. Die örtlichen Partei- und FDJ-Organisationen kämpfen ungenügend gegen diese verleumderische Propaganda und bewegen sich in einigen Fällen im Schlepptau der Provokateure. Dabei wird die Tatsache ausser Acht gelassen, dass erstens der Arbeiter-und Bauernstaat in der DDR gut ausgebildete und bewaffnete Verbände der KVP zur Verfügung haben muss (jeder Staat hat solche Verbände), und dass zweitens der Dienst in der KVP mit ihrer hochentwickelten Technik und einem umfangreichen Ausbildungsprogramm schwierig ist und hohe Anforderungen stellt.
m) Der Zentralrat der FDJ erfüllt völlig ungenügend seine Patenschaftsverpflichtungen gegenüber der KVP, die auf dem IV. Parlament der FDJ in Leipzig übernommen wurden. Praktisch wird bisher weder vom Zentralrat noch von den örtlichen Organisationen der FDJ Patenschaftsarbeit geleistet. Schlecht organisiert ist die Arbeit der FDJ in den Verbänden und Einheiten der KVP.
n) Die genannten Mängel treffen auch auf die Grenzpolizei zu, wo eine Unterbesetzung des Mannschaftsbestandes bis zu 25 % zu verzeichnen ist, wodurch eine Kontinuität des Dienstes an der Grenze und am Berliner Aussenring gestört wird.
Das Zentralkomitee hält die genannten Mängel für anormal und unzulässig. Man muss begreifen, dass die Durchführung des neuen Kurses eine Stärkung der DDR als Arbeiter- und Bauernstaat und folglich eine Stärkung der kasernierten Volkspolizei erfordert, die ein wichtiger Bestandteil unserer Staatsapparates ist und die demokratischen Errungenschaften der Werktätigen der DDR gegen innere und äussere Feinde schützen und verteidigen soll.
Gegenwärtig, da die hauptsächliche organisatorische Arbeit zur Bildung der Formationen der KVP abgeschlossen ist, besteht unsere Hauptaufgabe darin, diese Formationen gut auszubilden, sie zu erziehen, sie gut diszipliniert und vollkommen kampffähig zu machen.

Um die kasernierte Volkspolizei weiter zu festigen, und günstigere Bedingungen der materiellen und Lebensbedingungen für die Angehörigen der kasernierten Volkspolizei und der Grenzpolizei zu schaffen, beschliesst das Politbüro des ZK der SED:

1.) Die Hauptaufgabe der Führung der kasernierten Volkspolizei (Stoph, Hoffmann, Dölling) für das Ausbildungsjahr 1953/54 besteht in folgendem: Organisierung einer planmässigen und hochqualitativen politischen und Kampfausbildung; Verbesserung des politisch-moralischen Zustandes des Mannschafts-, Unteroffiziers- und Offiziersbestandes, allseitige Festigung der Disziplin, Einführung einer richtigen Dienstordnung in den Verbänden und Einheiten, Stärkung der einheitlichen Kommandogewalt und Erhöhung der Anforderungen an die leitenden Personen und ihrer Verantwortlichkeit für ihre Arbeit; Organisierung einer guten Pflege, Bewahrung und Reparatur der Technik, Verstärkung der politisch erzieherischen Arbeit und besonders der kulturellen Massenarbeit; Verbesserung der materiellen Lebensbedingungen für die KVP-Angehörigen und in erster Linie für den Offiziersbestand; Hebung der Rolle der Partei- und FDJ-Organisationen zur Unterstützung der Kommandeure und politische Organe bei der Lösung der gestellten Aufgaben.

2.) Die Arbeit der Kaderverwaltung und der Kaderabteilung in der politischen Verwaltung der KVP ist bedeutend zu verbessern. Umbesetzungen von Offizieren sind nur nach der Beendigung des Ausbildungsjahres vorzunehmen (Oktober/ November). Es muss kühner dazu übergegangen werden, befähigte junge Offiziere in leitende Funktionen aufrücken zu lassen und sie bei der Rangvergebung in Ausnahmefällen Stufen überspringen zu lassen. Als Politfunktionäre (Partei- und FDJ-Sekretäre sowie Leiter der Klubs und Bibliotheken) sollen neben Offizieren auch überprüfte, politisch geschulte und befähigte Soldaten, Unteroffiziere und Feldwebel eingesetzt werden, denen dann der Offiziersrang zu verleihen ist. Das Vorhandensein von Verwandten im Westen oder der Aufenthalt in westlicher Gefangenschaft kann kein formales Hindernis für den Dienst in der KVP sein. Jeder Beschluss über die Beförderung oder Versetzung eines Offiziers muss auf der Grundlage eines sorgfältig individuellen Studiums seiner politischen und fachlichen Eignung gefasst werden, wobei unbedingt die Meinung des Kommandeurs der Einheit oder des Verbandes zu berücksichtigen ist.

Genosse Röbelen wird darauf hingewiesen, dass das Studium und die Verteilung der leitenden Kader der KVP, die zur Nomenklatur des ZK gehören, ungenügend ist, und dass die Erledigung ihres Einsatzes durch das ZK mit sehr grossen Verzögerungen erfolgt. Als falsch verurteilt wird die Praxis der Führung der KVP, Nomenklaturfunktionäre noch vor dem Beschluss des ZK provisorisch in die Funktionen einzusetzen.

3.) Die Genossen Stoph, Hoffmann und Dölling werden beauftragt, dem ZK und der Regierung in zweimonatlicher Frist den Entwurf neuer Bestimmungen über die Komplettierung der KVP mit Freiwilligen, über ihren Dienstverlauf und über ihre Verantwortlichkeit für die Verletzung der übernommenen Verpflichtungen zur Bestätigung vorzulegen.

4.) Genosse Hoffmann wird verpflichtet, im Jahr 1954 zur zentralisierten Versorgung der kasernierten Volkspolizei mit Lebensmitteln überzugehen, wofür ein zentrales Lebensmittellager der KVP mit Filialen im Norden und Süden der DDR zu schaffen ist sowie unverzüglich Massnahmen zu ergreifen sind, um die Verpflegung zu verbessern und in den Küchen der Einheiten und Schulen der KVP Ordnung zu schaffen.

Die Qualität der Bekleidung ist zu verbessern und die Tragzeit für die Uniformen ist etwas zu verkürzen, damit jeder Angehörige der KVP eine komplette Ausgehuniform hat. Für die Soldaten und Unteroffiziere sind als tägliche Fussbekleidung Stiefel einzuführen.

5.) Um den Mannschafts-, Unteroffiziers- und Offiziersbestand stärker am Dienst in der KVP und der Grenzpolizei zu interessieren, sind folgende Massnahmen durchzuführen:

Für Offiziere und Längerdienende wird ab 1. Januar 1954 die Zahlung eines prozentualen Zuschlags für langen Dienst in der KVP in folgender Höhe festgesetzt: für drei Jahre - 8 %, für fünf Jahre - 10 %, für zehn Jahre - 15 %;

der Mannschafts- und Unteroffiziersbestand sowie die Hörer der Schulen der KVP und der Grenzpolizei werden von der Zahlung aller Steuern befreit;

für alle Angehörigen der Kommandos und Kommandanturen der Grenzpolizei, die unmittelbar an der Demarkationslinie Dienst tun, ist ab 1. Januar 1954 wieder ein 15 % er Zuschlag zum Monatsgehalt zu zahlen;

es wird ein Abzeichen „Für ausgezeichneten Dienst" eingeführt, mit dem Soldaten und Unteroffiziere ausgezeichnet werden, die ihr Fach ausgezeichnet beherrschen. Ausserdem sind Angehörige der KVP für besondere Dienste und hervorragende Erfolge beim Aufbau der KVP, bei der Erziehung und Ausbildung des Personalbestandes mit Orden der DDR auszuzeichnen. Am fünften Jahrestag der Bildung der KVP (1. Juli 1954) sind alle Angehörigen, die länger als fünf Jahre in der KVP dienen, mit Medaillen und Geldprämien auszuzeichnen.

Genosse Ulbricht wird verpflichtet, folgende Massnahmen durchzuführen:

In Monatsfrist ist der vom Ministerium des Innern (Genosse Stoph) eingereichte Plan zur Versorgung der KVP zu prüfen und ein Beschluss dazu zu fassen, besonders hinsichtlich der Zuteilung von Geländeabschnitten zur Einrichtung von Übungsplätzen, Artillerie- und Infanterieschiessplätzen; der Ersetzung aller Holzbetten durch Metallbetten; der Bereitstellung zusätzlicher Papierkontingente für die zentralisierte Herausgabe des Dienstreglements, Ausbildungsliteratur, Anschauungsmaterialien usw.

Es ist ein Beschluss zu fassen, dass in allen neuerrichteten und wiederhergestellten kommunalen Wohnhäusern, wo in der Nähe Garnisonen der KVP stationiert sind, 10 % der Wohnraumfläche den Chefs der Garnisonen der KVP zur Unterbringung der Offiziere und Längerdienenden zur Verfügung zu stellen sind;

bei der Entscheidung der Frage über die wirtschaftliche Entwicklung der nordöstlichen Bezirke der DDR ist im Volkswirtschaftsplan für die Jahre 1954/55 der Bau von kommunalen, sozialen und industriellen Betrieben mit vorwiegender Frauenarbeit in den Städten Prenzlau, Pasewalk und Eggesin einzuplanen.

7.) Genosse Stoph wird verpflichtet, Massnahmen zur Verbesserung der Arbeit der Staatssicherheitsorgane in der kasernierten Volkspolizei zu treffen. Diese Organe sind mit zuverlässigen und qualifizierten Kräften zu verstärken.

Zur Gewährleistung einer besseren Zusammenarbeit der Organe der Staatssicherheit mit den Kommandeuren und politischen Organen der KVP wird es für notwendig erachtet, dass die in den Verbänden und Einheiten der KVP arbeitenden Angehörigen der Staatssicherheitsorgane, die Mitglieder der SED und FDJ sind, in der Parteiregistratur der politischen Organe der KVP geführt werden. In jeder Einheit ist eine Grundorganisation der Partei bei der Abteilung für Staatssicherheit zu bilden.

8.) Die Bezirks- und Kreisleitungen der Partei werden verpflichtet, die Unterstützung für die KVP zu verstärken und dringend Massnahmen zu ergreifen, um die Werbung der Jugendlichen für die Volkspolizei zu verbessern. Die den Bezirken gestellten Planaufgaben zur Werbung von Freiwilligen für alle Gattungen der Polizei sind im Laufe des Dezember vollständig zu erfüllen. In erster Linie ist dabei auf die Werbung für die Grenzpolizei zu achten. In Zukunft ist die Einstellung von Freiwilligen in die KVP zweimal im Jahr (im Frühjahr und Herbst), die Werbung und Auswahl Jugendlicher für den Dienst in der KVP jedoch im Laufe des gesamten Jahres vorzunehmen. In der mündlichen Propaganda ist in stärkerem Masse auf die Notwendigkeit des Dienstes in der KVP hinzuweisen und die Jugend darüber aufzuklären, dass der Dienst in der Volkspolizei eine hohe patriotische Pflicht der Bürger der DDR ist.

Die Anträge örtlicher Partei- und Staatsorgane auf Entlassung von Spezialisten und anderen in der KVP dienenden Personen aus den Reihen der Volkspolizei werden als unzulässig verurteilt.

Zwischen den politischen Organen der KVP und den örtlichen Organisationen der Partei ist ein enger Kontakt in den Fragen der agitatorischen-propagandistischen Arbeit und der kulturellen Betreuung der Angehörigen der KVP herzustellen. Es wird für erforderlich erachtet, dass während der Neuwahlkampagne Vertreter der Verbände und Einheiten der KVP in die Bezirks- und Kreisleitungen der Partei gewählt werden.

9.) Zur Verbesserung der Patenschaftsarbeit der FDJ gegenüber der kasernierten Volkspolizei wird der Zentralrat der FDJ (Genosse Honecker) verpflichtet, einen eingehenden Plan zur Entfaltung der Patenschaftsarbeit auszuarbeiten, in dem unter anderem folgende Massnahmen vorzusehen sind:

Ausarbeitung eines Entwurfs des Freundschaftsvertrages zwischen den örtlichen Organisationen der FDJ und den Einheiten der KVP. Abschluss dieser Verträge und Errichtung einer ständigen Kontrolle über ihre Durchführung, die Bezirks- und Kreisleitungen sowie die Grundorganisationen der FDJ haben nicht seltener als einmal in zwei Monaten Zusammenkünfte der Jugendlichen mit Angehörigen der ihrer Patenschaft unterstehenden Einheiten der KVP durchzuführen, Laienkunstaufführungen und gemeinsame sportliche Wettbewerbe zu organisieren;

die Abteilung Kultur des Zentralrats der FDJ hat Massnahmen zu ergreifen, um die Patenschaftsarbeit des Kollektivs des „Theater der Freundschaft" und anderer kultureller Einrichtungen der DDR in den Einheiten der KVP zu beleben;

zu Beginn des Jahres 1954 ist eine Beratung der Sekretäre der Kreisleitungen und der grösseren Organisationen der FDJ mit Vertretern der KVP durchzuführen, um die Bilanz der Patenschaftsarbeit zu ziehen und Massnahmen zu ihrer Verbesserung zu erörtern;

die Verlage „Junge Welt" und „Neues Leben" haben eine Reihe von Broschüren und Büchern zum Druck vorzubereiten, in denen von den Taten junger Kämpfer für den Frieden und die Einheit Deutschlands, vom heldenhaften Kampf der koreanischen Jugend, von patriotischen Taten Angehöriger der KVP während der faschistischen Provokation vom 17. Juni 1953 und bei der Erfüllung ihrer dienstlichen Pflichten berichtet wird;
es sind „Ehrenurkunden" des Zentralrates der FDJ einzuführen, mit denen die besten FDJ-Organisationen und die besten FDJ-Mitglieder in der KVP ausgezeichnet werden.
10.) Genosse Röbelen wird beauftragt, zu überprüfen, wie die Beschwerden behandelt werden, die von Angehörigen der KVP eingehen.
11.) Zur Verbesserung der ärztlichen Betreuung der KVP wird im Jahre 1954 an der medizinischen Fakultät der Universität .... eine Fachabteilung zur Ausbildung von Ärzten für die KVP gebildet. Die höheren Semester dieser Fachabteilung sind mit Studenten zu besetzen, die vor dem Abschluss ihres Studiums stehen. Diese Studenten sind für den Dienst in der KVP zu werben und für sie ist ein höheres Stipendium festzusetzen. Es ist zu gewährleisten, dass diese Fachabteilung in den Jahren 1954 und 1955 je 100 Ärzte jährlich für die KVP entlässt.
12.) Genosse Ölssner wird beauftragt, bis zum 1. Januar 1954 Massnahmen zur patriotischen Erziehung der Bevölkerung der DDR unter Verwendung der Presse, des Rundfunks, des Films und anderer Mittel der Propaganda auszuarbeiten.
13.) Es wird festgelegt, dass im Namen des Zentralkomitees ein Brief an alle Mitglieder und Kandidaten der SED gerichtet wird, die in der KVP dienen. Dem Inhalt des Briefes sollen folgende Fragen zugrunde liegen: die Arbeit der Parteiorganisation zur Festigung der KVP, zur Hebung des politisch-moralischen Zustandes, zur Stärkung der Disziplin, zur Steigerung der beispielgebenden Rolle der Mitglieder und Kandidaten der SED sowie der Mitglieder der FDJ in der politischen und Kampfausbildung, die Verstärkung der Rolle des Parteiaktivs.
Der Brief des ZK ist auf den Parteiaktivtagungen der Abteilungen und auf den Parteimitgliederversammlungen der Einheiten zu verlesen und zu behandeln. Die im Brief enthaltenen Forderungen sind ohne Verlesung des Textes den Mitgliedern der FDJ auf den Tagungen des FDJ-Aktivs und in den Versammlungen der Grundorganisationen der FDJ zur Kenntnis zu bringen. Auf den Aktivtagungen und Versammlungen sollen leitende Funktionäre des ZK der SED sowie der Verbände und Einheiten der KVP referieren. Der Brief ist an die Bezirks- und Kreisleitungen der SED zur Kenntnisnahme zu versenden.

Auskunftbericht für das Politbüro, Januar 1954

Die Kasernierte Volkspolizei hat im Ergebnis der in den Jahren 1952 - 53 durchgeführten Reorganisation gegenwärtig eine Organisation moderner Streitkräfte. Die Verbände und Truppenteile der KVP sind mit Hilfe der Sowjetunion mit allen Arten der modernen Bewaffnung und Kampftechnik sowjetischer Typen in einer Anzahl ausgerüstet, die nur für die Ausbildung des Personalbestandes ausreicht.

In dieser Zeit ist auch ein Netz militärischer Lehranstalten geschaffen worden, in denen die Jugend - hauptsächlich Arbeiter - eine militärische Ausbildung erhält. Die Aufnahmefähigkeit der militärischen Lehranstalten ermöglicht die Ausbildung von jährlich 3200 Offiziere aller Waffengattungen und Fachgebiete.
Das hauptsächlich aus der Arbeiterjugend (76 %) bestehende Offizierskorps der KVP, das in Kursen in der Sowjetunion oder in den Lehranstalten der KVP eine militärische Ausbildung erhalten hat, eignet sich mit Erfolg die Fragen der Ausbildung und Erziehung der Soldaten und Unteroffiziere, die Meisterung der modernen Waffen und Kampftechnik und die Fragen der Anleitung und Führung der Truppenteile und Verbände an. ...
Die Hauptaufgabe für das Jahr 1954 besteht darin, die volle Kampffähigkeit und Kampfbereitschaft aller Verbände und Truppenteile der Kasernierten Volkspolizei zu erreichen.
Jedoch hat die praktische Arbeit beim Aufbau der Kasernierten Volkspolizei als bewaffnete Kräfte gezeigt, daß neben den Mängeln innerhalb der Kasernierten Volkspolizei noch eine Reihe von Faktoren einen negativen Einfluß auf den Gesamtzustand der Kasernierten Volkspolizei ausüben und daß eine Reihe von Fragen, die für die Verteidigung von Bedeutung sind, noch keine entsprechende Lösung gefunden haben.
So gibt z.B. das zur Zeit bestehende System der Ergänzung der Kasernierten Volkspolizei aus Freiwilligen nicht die Möglichkeit, die Verbände und Truppenteile und Lehranstalten rechtzeitig und mit einem qualitativ guten Ersatz aufzufüllen und eine planmäßige Ausbildung des Personalbestandes der Kasernierten Volkspolizei zu organisieren.
Die zur Zeit notwendige Durchführung von laufenden Neueinstellungen stört die gesamte Ordnung in den Einheiten, den Dienstablauf und die Ausbildung.
Es gestattet nicht, die für Mobilisierungsverhältnisse notwendigen Kontingente der Jugend in der militärischen Ausbildung zu erfassen und ausgebildete Reserven von Wehrfähigen zu schaffen.
Außerdem wirkt sich das Fehlen einer staatlichen Regelung der Verantwortlichkeit der KVP-Angehörigen für eigenmächtiges Verlassen des Dienstes vor Ablauf der eingegangenen Verpflichtung und für andere Vergehen während des Dienstes in der Kasernierten Volkspolizei außerordentlich negativ auf die Disziplin und den politisch-moralischen Zustand des Personalbestandes aus.
Die praktische Arbeit hat gezeigt, daß die Lösung vieler Organisations- und Mobilisierungsfragen dadurch außerordentlich erschwert wird, daß in der Deutschen Demokratischen Republik keine Erfassung der männlichen Bevölkerung besteht, die für den Militärdienst tauglich sind, bzw. bereits früher in der Armee gedient haben.
Die Fragen der Luftverteidigung des Landes sind noch nicht gelöst. Es werden auch keinerlei Maßnahmen zur Organisierung des Luft- und Atomschutzes der Bevölkerung und der wichtigsten Industrie- und Verwaltungszentren durchgeführt.
Für den Schutz und die Verteidigung der Ostseeküste der Deutschen Demokratischen Republik gibt es bis heute noch keinerlei Küstenverteidigungsmittel.

Unter den Generalen und Offizieren der Kasernierten Volkspolizei gibt es niemand, der eine Ausbildung an einer modernen Militärakademie besitzt. Bis 75 % der jüngeren Offiziere besitzen eine äußerst ungenügende Ausbildung, die in Einjahrs-Kursen erworben wurde. Sie bedürfen unbedingt einer zusätzlichen Ausbildung bzw. Weiterbildung.
Schließlich sind 10 Geburtsjahrgänge (1926 - 36), das sind mehr als 1,5 Millionen der männlichen Bevölkerung, ohne militärische Ausbildung. Die Frage ihrer Ausbildung als Reserve ist bisher ebenfalls nicht gelöst.
Ohne die Frage nach der Schaffung einer Dienstpflicht zu stellen, müssen zur Festigung des Gesamtzustandes der Kasernierten Volkspolizei und der Verteidigungsfähigkeit der Deutschen Demokratischen Republik nach Möglichkeit folgende Maßnahmen durchgeführt werden:
- das System der Auffüllung der Kasernierten Volkspolizei mit Soldaten ist zu ändern. Das bestehende Prinzip der strengen Freiwilligkeit ist zu ersetzen durch eine organisierte Einberufung des besten Teils der Jugend der Arbeiterklasse und werktätigen Bauern, aus den Reihen der Mitglieder und Kandidaten der Sozialistischen Einheitspartei Deutschlands, der Freien Deutschen Jugend und von Parteilosen mit vollendetem 18. Lebensjahr zum freiwilligen Dienst in der Kasernierten Volkspolizei. Die Dienstzeit für Soldaten und Unteroffiziere ist wie folgt festzusetzen:
in den Landeinheiten 2 Jahre,
in den Luft- und Seeeinheiten 3 Jahre.
Jährlich sind 30 - 35 Tausend Mann zum Dienst in den bestehenden Verbänden und Truppenteilen der Kasernierten Volkspolizei einzuberufen. Sie sind einmal im Jahr, in den Monaten Oktober/November in die Kasernierte Volkspolizei einzustellen. Ihnen ist nach ihrer Dienstzeit die Rückkehr zum früheren Arbeitsplatz zu garantieren und die Dauer des Dienstes in der Kasernierten Volkspolizei bei der Festlegung ihres Arbeitsalters anzurechnen.
- für die Schaffung einer Offiziersreserve ist die militärische Ausbildung der Hochschulstudenten einzuführen.
In der ersten Etappe erfolgt die militärische Ausbildung in erster Linie mit Studenten der Arbeiter- und Bauernfakultät unter Einbeziehung des fortschrittlichsten Teils der übrigen Studenten;
bei den Kreis-Registrier-Abteilungen ist in getarnter Form die männliche Bevölkerung im Alter von 18 - 50 Jahren zu registrieren;
- für die Jugendlichen, die noch keine Ausbildung erhalten haben, ist ohne Herauslösung aus der Produktion eine allgemeine militärische Ausbildung schrittweise einzuführen und in Etappen vorzunehmen. Dazu sind bei den Kreis-Registrierabteilungen, zuerst in den großen Industriezentren, Ausbildungspunkte zu schaffen.
Die Ausbildung erfolgt zuerst mit den aktivsten Mitgliedern der Kampfgruppen und ist später auf breitere Teile der besten Arbeiter auszudehnen.
- Es sind gesetzliche Bestimmungen über die Verantwortlichkeit der KVP-Angehörigen für eigenmächtiges Verlassen des Dienstes und für andere im Zusammenhang mit dem Dienst stehende Vergehen zu erlassen;

- ein Statut über das Dienstverhältnis der Offiziere, Unteroffiziere und Mannschaften innerhalb der Kasernierten Volkspolizei ist auszuarbeiten und in Kraft zu setzen.
- mit der Ausarbeitung und Schaffung eines Systems der Luftverteidigung ist zu beginnen. Dazu ist im Jahre 1954 eine Verwaltung der zivilen Luftverteidigung zu organisieren. Die erforderlichen Maßnahmen zur Vorbereitung der Bevölkerung, der Industriebetriebe und Orte für den Luft- und Atomschutz sind durchzuführen; ebenfalls sind mehrere Fla-Artillerie-Einheiten zur Luftverteidigung besonders wichtiger Industrie- und Verwaltungszentren aufzustellen.
Die Luftwaffen-Formationen sind durch beschleunigte Lieferung von 150 Flugzeugen Typ JAK-11 und JAK-18 aus der Sowjetunion zu festigen. Die Ausbildung des fliegenden Personals im Fliegen mit reaktiven Flugzeugen ist im Herbst 1954 unter der Voraussetzung vorzusehen, daß die Möglichkeit besteht, eine notwendige Mindestzahl reaktiver Schulflugzeuge aus der Sowjetunion zu erhalten.[1]
- im Jahre 1954 sind alle Formationen der Kasernierten Volkspolizei mit der noch fehlenden Bewaffnung, Kampftechnik, den Kfz-Transportmitteln sowjetischer Herkunft und mit Reserve-Aggregaten und Ersatzteilen für die vorhandenen Waffen und Geräte voll auszustatten, um ihre ständige Kampfbereitschaft zu erhalten. Soweit es zweckmäßig erscheint, ist die Regierung der UdSSR um das Einverständnis zu bitten, in der Deutschen Demokratischen Republik Ersatzteile für sowjetisches Gerät herzustellen, wozu die technischen Unterlagen zu liefern wären;
- es ist erwünscht, das Einverständnis der Regierung der UdSSR zu erreichen, daß die Leitung und die Stäbe der Verbände der Kasernierten Volkspolizei zu gemeinsamen Übungen mit den sowjetischen Truppen in Deutschland herangezogen werden;
- die Regierung der UdSSR ist um die jährliche Aufnahme von 180 Offizieren der Kasernierten Volkspolizei in Militär-Akademien der Sowjetarmee zu bitten.

Die vorgesehenen Maßnahmen stellen die nächste Etappe zur Festigung der Kasernierten Volkspolizei und zur Hebung der Verteidigungsfähigkeit der Deutschen Demokratischen Republik dar.

Chef der Kasernierten Volkspolizei
- Generalleutnant - (Hoffmann)

<u>Anlage</u>
Im Jahre 1953 wurden aus den Reihen der KVP 457 Verhaftungen durchgeführt (im Jahre 1952 waren es 148 Verhaftungen),
d a v o n

---

[1] Gestrichen wurde an dieser Stelle die ursprüngliche Forderung: „ - für die Verstärkung des Schutzes und der Verteidigung der Ostseeküste ist bei der VP.-See eine U-Boot-Lehr-Abteilung neu aufzustellen und mit der Ausbildung der Kader für die Küsten-Artillerie zu beginnen. Dazu ist die Sowjetunion um die Lieferung von Geschützen für zwei bis vier Batterien Küsten-Artillerie zu bitten."

Spione aus englischen Geheimdiensten	8
amerikanischen	23
französischen	8
Agenten aus westdeutschen Geheimdiensten	39
	78
Terroristische Akte gegenüber Offizieren der KVP sowie Funktionären	27
Organisation zur Gruppenflucht	85
Deserteure, die in Westberlin den Spionagezentralen Dienstgeheimnisse preisgaben	140
wegen feindlicher Propaganda und Verbreitung von Flugblättern	89
sonstige	38

Im IV. Quartal 1953 sind insgesamt 14 157 Disziplinarvergehen zu verzeichnen, davon

	Okt.	Nov.	Dez.
Nichtausführen von Befehlen	916	1.181	1.381
Urlaubsüberschreitungen	1.000	1.294	994
Eigenmächtige Entfernungen	749	736	578
Undiszipliniertes Verhalten im Dienst und in der Öffentlichkeit	2.189	1.767	1.372
davon entfallen auf Mitglieder der SED und FDJ	2.720	2.890	2.192

Im Laufe des Jahres 1953 sind aus den Reihen der KVP insgesamt 2 582 Angehörige geflüchtet. In der gleichen Zeit wurden 521 Vorbereitungen zur Flucht verhindert und davon 85 Verhaftungen vorgenommen.

Befehl des Ministers des Innern der Regierung der Deutschen Demokratischen Republik Nr. 53/4 vom 8. Juli 1954

Wismut-Sperrgebiet

Zur Neuregelung der Bewachung und zur Regelung der Ein- und Ausreise sowie des Aufenthaltes im Wismut-Sperrgebiet in Durchführung des Beschlusses des Präsidiums des Ministerrats vom 8. Juli 1954
B E F E H L E   I C H :
1. Die Bewachung des Aussenringes des Wismutsperrgebietes ist von der Deutschen Grenzpolizei zu übernehmen.
2. Der Aussenring verläuft über folgende Punkte (von Westen nach Osten): von der tschechoslowakischen Grenze bei Steindöbra nach Westen bis zur Mulde bei Muldenberg, dann nach Beerheide - Rautenkranz - Griesbach - Hartenstein - ostwärts von Grünhain - westlich von Scheibenberg und weiter nach Süden bis zur tschechoslowakischen Grenze westlich von Tellerhäuser. Nordöstlich von Plauen wird ein kleines Sperrgebiet mit der Ortschaft Zobes im Zentrum und folgender Begrenzung gebildet: Siebenhitz, Burg, Altmannsgrün, Siebenhitz

3. Zur Sicherung der äusseren Bewachung und Kontrolle über den Verkehr in das Sperrgebiet werden folgende Kontrollstellen festgelegt:
a) auf den Haupt- und Landstrassen
13 Kontrollpassierpunkte (KPP),
17 Kontrollposten (KP),
b) auf den Eisenbahnstrecken
7 Kontrollpassierpunkte (KPP).
4. Die Grenzen des Sperrgebietes, die Dislokationen, die Kontrollpassierpunkte (KPP) und die Kontrollposten (KP) dürfen nur auf meinen Befehl nach Vereinbarung mit der Generaldirektion der Wismut A.G. geändert werden.
5. Auf den Strassen, die in das Sperrgebiet führen und nicht durch Kontrollpassierpunkte (KPP) und Kontrollpunkte (KP) gesichert sind, sind ständige Streifen der Deutschen Grenzpolizei einzurichten.
6. Die Organe der Deutschen Grenzpolizei haben ihren Dienst im engsten Kontakt mit der Direktion der Wismut A.G., dem zuständigen sowjetischen Militärkommandanten und den dortigen Kommandos der sowjetischen Truppen, welche die Objekte der Wismut A.G. bewachen, durchzuführen.
7. Die Kontrolle über das Passierscheinregime erfolgt durch die Deutsche Grenzpolizei gemeinsam mit dem Kommando der sowjetischen Truppen, welchem die Bewachung der Objekte der Wismut A.G. untersteht.
8. Die Instruktionen über
a) Die Ausgabe von Passierscheinen und Aufenthaltsgenehmigungen für die Einreise in das Wismut-Sperrgebiet und
b) Die Einreisebestimmungen in das Wismut-Sperrgebiet
werden bestätigt.
9. Der Chef der Deutschen Grenzpolizei hat Sofortmaßnahmen für die Unterbringung der für die Bewachung des Aussenringes des Sperrgebietes erforderlichen Grenzpolizeieinheiten zu treffen und mir den Zusatzplan zur Bestätigung vorzulegen. Mein Stellvertreter für Finanzen und Verwaltung hat die erforderlichen materiellen und finanziellen Voraussetzungen für die fristgemäße Durchführung dieses Zusatzbauprogrammes zu schaffen.
...
gez.: / S t o p h /

Anlage Nr. 3 zum Befehl des Ministers des Innern Nr. 53/54 vom 8. Juli 1954

INSTRUKTION

über die Ausgabe von Passierscheinen und Aufenthaltsgenehmigungen für die Einreise in das Wismut-Sperrgebiet
I. Allgemeines
1. Das Wismut-Sperrgebiet umfaßt die Kreise Aue und Schwarzenberg, die Städte Schneeberg und Johanngeorgenstadt sowie die Gemeinden Mühlleiten, Morgenröthe-Rautenkranz, Tannenbergsthal, Hammerbrücke und Muldenberg im Kreis Klingenthal und die Gemeinde Zobes im Kreis Plauen, welche eine Enklave des Sperrgebietes darstellt. ...

4. Der Verkauf von Eisenbahnfahrkarten nach den Bahnhöfen, welche im Wismut-Sperrgebiet liegen, darf nur gegen Vorlage von Passierscheinen oder Ausweisen, die den Passierscheinen gleichgestellt sind, erfolgen. ...
16. Aufenthaltsgenehmigungen für deutsche Bürger aus Westdeutschland oder Westberlin für Privatreisen werden durch die Räte der Kreise ausgestellt, auf Antrag der Verwandten nach Zustimmung des Leiters des zuständigen Volkspolizeikreisamtes.

Geänderter Punkt 16 in der Fassung vom 19. Januar 1955:
16. Aufenthaltsgenehmigungen für deutsche Bürger aus Westdeutschland oder Westberlin sind durch den Vorsitzenden des Rates des Bezirkes Karl-Marx-Stadt auszustellen, wenn gleichzeitig die Zustimmung des Chefs der BDVP Karl-Marx-Stadt vorliegt.
Die Anträge sind von den Verwandten, die im Wismut-Sperrgebiet wohnen, bei den für ihren Wohnsitz zuständigen Räten der Kreise zu stellen. Die von den Räten der Kreise befürworteten Anträge sind dem Vorsitzenden des Rates des Bezirkes Karl-Marx-Stadt zur Entscheidung vorzulegen.
Die Aufenthaltsgenehmigung wird als Formular X-120 erteilt. Auf Grund dieser Aufenthaltsgenehmigung erhalten westdeutsche Bürger den Passierschein zur Einreise in das Wismut-Sperrgebiet bei den VPKÄ Karl-Marx-Stadt, Zwickau oder Plauen.
Westberliner Bürger erhalten unter Abgabe der Aufenthaltsgenehmigung X-120 den Passierschein zur Einreise in das Wismut-Sperrgebiet vom Präsidium der Volkspolizei Berlin und den Passierschein zur Einreise in die Deutsche Demokratische Republik von den für ihren Wohnsitz zuständigen Passierscheinstellen im demokratischen Sektor von Groß-Berlin.
Die Einreise mit Kraftfahrzeugen westdeutscher und westberliner polizeilicher Kennzeichen ist nicht gestattet. In Ausnahmefällen kann nur der Vorsitzende des Rates des Bezirkes Karl-Marx-Stadt, nach Zustimmung des Chefs der BVDP, Siegmar-Schönau, entscheiden.

Befehl des Ministers des Innern der Regierung der Deutschen Demokratischen Republik Nr. 12/55 vom 25. April 1955
(Geheime Kommandosache 3/55)

Maßnahmen zur Organisation und Ausbildung der Kampfgruppen der Deutschen Reichsbahn durch die Hauptabteilung Transportpolizei
In Anbetracht der von den Feinden unserer Republik offen proklamierten Absicht, die staatliche Ordnung der Deutschen Demokratischen Republik anzugreifen und die Errungenschaften unserer Werktätigen zu zerstören, ist es notwendig, die Kampfgruppen zu einem wirksamen Instrument der Heimatverteidigung zu entwickeln und mit der Bildung freiwilliger Helfer zur Unterstützung der Transportpolizei zu beginnen.

Den Kampfgruppen der Deutschen Reichsbahn obliegt die Aufgabe, gemeinsam mit den Kräften der Transportpolizei den zuverlässigen Schutz der Objekte und Anlagen der Deutschen Reichsbahn zu gewährleisten.
Die Kampfgruppen der Deutschen Reichsbahn stehen unter der politischen Führung der Sozialistischen Einheitspartei Deutschlands und sind ausbildungs- und einsatzmäßig der Leitung der Transportpolizei unterstellt.
Um die ordnungsgemäße Ausbildung der Kampfgruppen und der Gruppen der freiwilligen Helfer der Transportpolizei zu gewährleisten und ihren zweckmäßigen Einsatz zu ermöglichen,
B E F E H L E   I C H :
1. Der Staatssekretär für Staatssicherheit hat die Organisation und Durchführung der Ausbildung der Kampfgruppen der Deutschen Reichsbahn durch die Hauptabteilung Transportpolizei und den ihr nachgeordneten Organen zu gewährleisten.
Die Ausbildungszeit ist in der Regel auf wöchentlich vier Ausbildungsstunden außerhalb der Arbeitszeit festzulegen.
Das Ausbildungsprogramm für die Kampfgruppen ist vom Staatssekretär für Staatssicherheit zu bestätigen.
Die Ausbildung hat mit Infanteriewaffen einschließlich lMG zu erfolgen.
2. Der Staatssekretär für Staatssicherheit hat alle erforderlichen Vorbereitungsmaßnahmen zu treffen, Führung und Verwendung der Kampfgruppen im Einsatz sicherzustellen.
In den Kampfgruppen ist für eine straffe, militärische Disziplin Sorge zu tragen und das Prinzip der militärischen Einzelleitung anzuwenden.
Die Aufgabenstellung erfolgt auf Befehlsgrundlage.
3. Für die Ausbildung der Kampfgruppen sind qualifizierte Offiziere und Unteroffiziere der Transportpolizei einzusetzen.
In den Bereichen der Reichsbahndirektionen ist die Verantwortung für die Ausbildung der Kampfgruppen auf die Abschnitte der Transportpolizei zu übertragen.
Die Offiziere der Transportpolizei sind verpflichtet, aktiv bei der Ausbildung der Kampfgruppen mitzuwirken.
4. In allen die Ausbildung und den Einsatz der Kampfgruppen betreffenden Fragen hat die Hauptabteilung Transportpolizei eng mit der Abteilung für Sicherheitsfragen des Zentralkomitees der Sozialistischen Einheitspartei Deutschlands und mit der Politischen Verwaltung bei der Generaldirektion der Deutschen Reichsbahn zusammenzuarbeiten.
Die Abschnittsleiter der Transportpolizei sind gleichfalls dementsprechend zur Zusammenarbeit mit den Bezirksleitungen der Sozialistischen Einheitspartei Deutschlands und den Politabteilungen der Reichsbahndirektionen anzuweisen.
5. In der Zeit vom 1. - 30.6.1955 ist in Klein-Wall bei Erkner ein vierwöchiger Lehrgang zur Heranbildung von ca. 100 Hundertschaftskommandeuren durchzuführen.
Im gleichen Zeitraum ist in den Dienstbereichen der VP-Abschnitte (T) ein vierwöchiger Lehrgang zur Heranbildung von Zug- und Gruppenführern der Kampfgruppen durchzuführen.

Die Programme dieser Lehrgänge sind durch den Staatssekretär für Staatssicherheit zu bestätigen.
6. Das Staatssekretariat für Staatssicherheit hat die Sicherstellung dieser Lehrgänge mit Bekleidung, Ausrüstung und Bewaffnung zu gewährleisten.
Dazu sind an Munition bereitzustellen:
25.000 Schuß KK-Munition
24.000 Schuß Karabiner-Munition
 6.500 Schuß Pistolen-Munition, 9 mm
19.000 Schuß MPi-Munition
7. Die für die finanzielle Sicherstellung der Lehrgänge benötigten zusätzlichen Mittel sind aus dem Sachkonto 900 (Sondermaßnahmen) zu entnehmen und gesondert nachzuweisen.
8. In den Dienststellen des Betriebs und Verkehrs, den Bahn-, Signal-, Fernmelde- und Starkstrommeistereien sind in großer Zahl freiwillige Helfer der Transportpolizei zu gewinnen.
Die gewonnenen freiwilligen Helfer sind in Gruppen zusammenzufassen. Die Gruppenführer sind aus den gebildeten Gruppen durch die Transportpolizei auszuwählen und durch die VP-Abschnitte (T) zu bestätigen.
9. Aus den freiwilligen Helfern sind planmäßig Spezialgruppen für Pionierwesen, Fernsprechwesen usw. zu organisieren und auszubilden.
Die Ausbildung und der Einsatz der freiwilligen Helfer hat ausschließlich durch die Transportpolizei zu erfolgen.
In Durchführung dieses Befehls erläßt der Staatssekretär für Staatssicherheit die für seinen Wirkungsbereich erforderlichen Bestimmungen.
Er berichtet mir erstmalig über den Stand der Ausbildung der Kampfgruppen der Reichsbahn sowie über den Stand der Werbung und Ausbildung der freiwilligen Helfer der Transportpolizei nach Abschluß der Lehrgänge bis zum 15.7.1955
Der Minister des Innern der Regierung der Deutschen Demokratischen Republik
/ Stoph/

Schreiben Ulbricht - G. M. Puschkin zur Aufstellung der Inneren Truppen vom 11. Juli 1955

<u>Streng vertraulich</u>　　　　　　　　　　　　　　Berlin, den 11. Juli 1955
An den
Außerordentlichen und Bevollmächtigten
Botschafter der UdSSR in der DDR
<u>Genossen G. M. Puschkin</u>

Werter Genosse Puschkin!
In der Anlage übermittele ich Ihnen zur Information das Protokoll der Sitzung der Sicherheitskommission vom 29.6.1955
Mit bestem Gruß!

/W. Ulbricht/

Streng geheim
Angesichts der wachsenden Bedeutung der Fragen der inneren Sicherheit und der Verteidigung der Grenzen unserer Republik haben wir den Beschluß über die Schaffung der Inneren Truppen in der Deutschen Demokratischen Republik und über die Reorganisation unserer Grenzpolizei zu Grenztruppen gefaßt.
Zeitweilig werden die Grenztruppen weiterhin den Namen „Polizei" tragen, aber sie werden eine militärische Organisation besitzen und gemeinsam mit den Inneren Truppen unter dem Befehl des Staatssekretärs für Staatssicherheit stehen.
1. Die Inneren Truppen werden über 6 Wachregimenter für die Bewachung der wichtigsten Staatsobjekte und 7 Mot.Infanterie-Regimenter, die für die Gegenwirkung aller inneren Vorkommnisse bestimmt sind, verfügen.
Das wird uns die Möglichkeit geben, in Berlin ein Wachregiment und 2 Mot.-Infanterie-Regimenter und in jedem Bezirk je ein Wachbataillon und je ein Mot.Infanterie-Bataillon zu haben.
Außerdem verfügen die Inneren Truppen über eine eigene Offiziersschule, über eine Bereitschaft für die Bewachung des Territoriums der Aktiengesellschaft „Wismut" und formieren noch ein selbständiges Lehrregiment für die Ausbildung der Unteroffiziere.
Alle angeführten Inneren Truppen werden der „Verwaltung der Inneren Truppen der Staatssicherheit" unterstehen.
Die Inneren Truppen werden aufgefüllt durchgehend aus jungen Jahrgängen (19/20 Jahre) unter Berücksichtigung des Prinzips der klassenmäßigen Auswahl der Soldaten und Offiziere für diese Truppen.

Befehl des Chefs der Deutschen Volkspolizei Nr. 40/55 vom 23. Juli 1955
<u>Organisation der Ausbildung und des Einsatzes der Kampfgruppen</u>
Die Verteidigung der Errungenschaften des Volkes in der Deutschen Demokratischen Republik erfordert, daß die Kampfgruppen der Partei zu einem wirksamen Instrument entwickelt werden.

Die Kampfgruppen stehen unter der politischen Führung der Sozialistischen Einheitspartei Deutschlands und unterliegen in der Ausbildung und im Falle eines Einsatzes der alleinigen Befehlsgewalt der Deutschen Volkspolizei.
Zur Organisierung der Ausbildung und des Einsatzes der Kampfgruppen
b e f e h l e   i c h
1. Die Kampfgruppen sind in Gruppen, Züge und Hundertschaften zu gliedern.
Die Gruppe hat sich aus einem Gruppenführer und neun Kämpfern (insgesamt 10), der Zug aus einem Zugführer, einem Stellvertreter des Zugführers und die Gruppen (insgesamt 32) zusammenzusetzen.
Drei Züge bilden eine Hundertschaft, deren Leitung sich zusammensetzt aus:
- 1 Hundertschaftskommandeur,
- 1 Stellvertreter Allgemein,
- 1 Beauftragter der zuständigen Parteileitung für die politische Arbeit, oder wenn sich die Hundertschaften aus mehreren Grundorganisationen zusammenset-

zen, dem qualifiziertesten Genossen, der von diesen Parteileitungen in Übereinstimmung beauftragt wird (nach Möglichkeit ein Mitglied der Parteileitung),
- 1 Innendienstleiter.
Diese Organisationsform ist mit sofortiger Wirkung einzuführen.
2. a) Mit sofortiger Wirkung ist innerhalb eines jeden Kreisgebietes ein Stab der Kampfgruppen zu bilden. Dem Stab unterstehen sämtliche Kampfgruppen des Kreisgebietes. Die Befehle und Anweisungen für die Ausbildung und für den Einsatz der Kampfgruppen erhält der Stab ausschließlich vom Leiter des Volkspolizeikreisamtes oder den übergeordneten Dienststellen der Deutschen Volkspolizei.
Zum Stab der Kampfgruppen im Kreisgebiet gehören:
- 1 Kommandeur des Stabes,
- 1 Stellvertreter Allgemein,
- 1 Beauftragter der Kreisleitung der Partei für die politische Arbeit mit den Kampfgruppen des Kreises (nach Möglichkeit ein Mitglied der Kreisleitung der Partei),
- 1 Innendienstleiter.
Als Kommandeur des Stabes ist ein verantwortlicher Genosse der Deutschen Volkspolizei, in der Regel der Instrukteur für Kampfgruppen der Gruppe Ausbildung und Schulung des Volkspolizeikreisamtes einzusetzen. Der Einsatz des Kommandeurs des Stabes hat durch Befehl des jeweiligen VPKA-Leiters zu erfolgen.
Die Aufgaben des Stellvertreters Allgemein und des Innendienstleiters haben Angehörige der Kampfgruppen zu übernehmen, die durch die Kreisleitung der Partei beauftragt werden.
Dem Stab sind vier Kradmelder zuzuteilen. Hierfür sind solche Angehörigen der Kampfgruppen einzusetzen, die im Besitz eines Motorrades sind und sich bereit erklären, dasselbe für die Ausbildung und den Einsatz zur Verfügung zu stellen. Die in Verbindung mit dem Einsatz entstehenden Unkosten für Kraftstoff und Reparaturen sind durch das VPKA zu tragen. Beim Fehlen von Krädern sind sinngemäß Melder mit Fahrrädern einzusetzen.
b) In den größeren sozialistischen Betrieben, wo die Gesamtstärke der Kampfgruppen des Betriebes zwei und mehr Hundertschaften beträgt, ist eine Kampfgruppenleitung des Betriebes zu bilden. Zur Kampfgruppenleitung des Betriebes gehören:
- 1 Kampfgruppenkommandeur,
- 1 Stellvertreter Allgemein,
- 1 Beauftragter der Parteileitung des Betriebes für die politische Arbeit in der Kampfgruppe (nach Möglichkeit ein Mitglied der Parteileitung des Betriebes),
- 1 Innendienstleiter.
Die Kampfgruppenleitung hat Melder entsprechend der Anzahl der Hundertschaften des Betriebes zur Verfügung zu stellen.
In Betrieben, wo nur eine Hundertschaft besteht, ist der Hundertschaftskommandeur identisch mit dem Kampfgruppenkommandeur.
c) Für die richtige politische Anleitung der Kampfgruppen ist der Parteisekretär des jeweiligen Betriebes verantwortlich. Er gehört jedoch nicht selbst der Kampf-

gruppe an, da im Falle des Einsatzes der Kampfgruppe der Betrieb nicht ohne Parteisekretär bleiben darf.

3. Um ein Höchstmaß von konzentrierter Ausbildung und einen schlagkräftigen Einsatz unter Berücksichtigung der örtlichen Struktur und unter Verhinderung einer Zersplitterung der Kampfgruppen zu gewährleisten, sind kleinere Kampfgruppen mehrerer Betriebe zu einer Hundertschaft zusammenzufassen. Die Mitglieder der Kampfgruppen kleinerer volkseigener Betriebe sind örtlich zusammenzufassen. Dabei muß erreicht werden, daß sämtliche Kampfgruppen mindestens die Stärke einer Hundertschaft haben. In den Dörfern sind die Kampfgruppen in den MTS, VEG und LPG zu bilden.

Der Einsatz der fähigsten Genossen aus den Reihen der Kampfgruppen als Gruppen-, Zug- und Hundertschaftskommandeure, deren Stellvertreter und Angehörige der Kampfgruppenleitungen sowie der Stäbe der Kampfgruppen im Kreisgebiet (mit Ausnahme der Kommandeurs des Stabes) erfolgt auf Vorschlag der leitenden Ausbildungsoffiziere der Deutschen Volkspolizei durch die Parteileitungen mittels Parteiauftrag. Bei diesen Vorschlägen sind besonders die in vierwöchigen Kampfgruppensonderlehrgängen der Deutschen Volkspolizei ausgebildeten Kommandeure zu berücksichtigen. Für alle Funktionen innerhalb der Kampfgruppen kommen nur Mitglieder und Kandidaten der Sozialistischen Einheitspartei in Betracht, die durch die Kreisleitungen der Partei bestätigt sein müssen.

Die Gruppen-, Zug- und Hundertschaftskommandeure, deren Stellvertreter und die Angehörigen der Kampfgruppenleitungen sowie der Stäbe sind so auszubilden, daß sie die Ausbildung ihrer Einheiten in möglichst kurzer Frist selbständig unter Anleitung der Instrukteure der Deutschen Volkspolizei durchführen können.

4. In die Kampfgruppen werden aufgenommen:
a) Männliche Mitglieder und Kandidaten der Sozialistischen Einheitspartei Deutschlands,
b) Männliche fortschrittliche, klassenbewußte, parteilose Arbeiter und Angestellte,
c) Männliche fortschrittliche, parteilose Genossenschaftsbauern und werktätige Einzelbauern sowie fortschrittliche Mitglieder der DBD, die Mitglieder einer LPG sind. Diese Mitglieder der DBD sind durch die Parteileitung der LPG, wenn bei der LPG keine Parteiorganisation besteht, durch die, für die Kampfgruppe zuständige Parteileitung als Mitglieder der Kampfgruppen zu bestätigen.
d) Männliche fortschrittliche Angehörige der technischen, wissenschaftlichen und künstlerischen Intelligenz.
e) Die Aufnahme und Dienstdurchführung in den Kampfgruppen beginnt mit dem 25. Lebensjahr.
f) Frauen erhalten eine Sanitätsausbildung durch das Deutsche Rote Kreuz sowie auf Wunsch, Ausbildung am KK-Gewehr durch die Deutsche Volkspolizei. Sie werden mit abgeschlossener Ausbildung den Kampfgruppen als Sanitätskräfte wie folgt zugeteilt:
Je Hundertschaft eine leitende Sanitäterin,
je Zug eine Sanitäterin.

Für die Verwendung als Sanitäterin sind ausgebildete Frauen bestimmten Einheiten zuzuteilen, denen sie ständig angehören und bei denen sie sich im Einsatz und in der Ausbildung befinden. Für jede Gruppe ist aus den Angehörigen dieser Gruppe je ein Genosse als Hilfskrankenträger einzusetzen, welcher ebenfalls durch das Deutsche Rote Kreuz für diese Aufgabe seine Ausbildung erhält. Dieser Genosse erhält jedoch innerhalb seiner Kampfgruppe seine volle Ausbildung als Angehöriger der Kampfgruppe.

g) Voraussetzung für die Aufnahme in die Kampfgruppe ist eine ärztliche Untersuchung. Diese Untersuchung hat durch die zuständigen Polikliniken zu erfolgen. Nur für die Ausbildung tauglich Befundene können in die Kampfgruppen aufgenommen werden. Die Untersuchungsbefunde sind bei den Parteileitungen aufzubewahren.

h) Für ältere kampferfahrene Genossen, die nicht mehr an der gesamten Ausbildung teilnehmen können, ist eine leichtere Ausbildung zu organisieren. Diese Kämpfer sind zu gesonderten Zügen zusammenzufassen, die über die üblichen drei Züge hinaus zu den Hundertschaften gehören.

j) Freiwillige Helfer der Deutschen Volkspolizei können nicht Mitglieder der Kampfgruppen sein; d.h., daß aus den Reihen der Freiwilligen Helfer keine Mitglieder für die Kampfgruppen geworben werden dürfen und andererseits aus den Kampfgruppen keine Freiwilligen Helfer zu werben sind. Die Freiwilligen Helfer der Deutschen Volkspolizei erhalten unabhängig von den Kampfgruppen ihre Ausbildung durch die Deutsche Volkspolizei gemäß Dienstanweisung Nr. 1 zum Befehl des Chefs der DVP Nr. 27/55.

k) Angehörige der Kampfgruppen können nicht Mitglieder der GST sein, wie auch umgekehrt Mitglieder und Funktionäre der GST nicht gleichzeitig den Kampfgruppen angehören können.

5. Die Leiter der Volkspolizeikreisämter tragen die volle Verantwortung für die Ausbildung und den Einsatz der Kampfgruppen. In den Kampfgruppen ist für eine straffe Disziplin Sorge zu tragen. Sämtliche Aufgaben sind auf der Grundlage von Befehlen durchzuführen.

6. Die auf wöchentlich vier Ausbildungsstunden festgelegte Ausbildung hat grundsätzlich außerhalb der Arbeitszeit nach dem Programm für die Ausbildung der Kampfgruppen vom 20. April 1955 zu erfolgen.

Zur Organisierung und Durchführung der Ausbildung und Vorbereitung auf den Einsatz sind qualifizierte Offiziere und Unterführer der Deutschen Volkspolizei als Instrukteure für die Hundertschaften und Kampfgruppenleitungen einzusetzen. In den Kreisen hat die Ausbildung der Kampfgruppen unter Einbeziehung der im Kreisgebiet stationierten Einheiten der Deutschen Volkspolizei unter der organisatorischen Leitung der VPKÄ zu erfolgen. Jeder Offizier und Unterführer der Deutschen Volkspolizei ist verpflichtet, anleitend an der Ausbildung der Kampfgruppen mitzuwirken. Soweit es der Personalbestand zuläßt, sind besonders in der ersten Zeit der Ausbildung außer den Instrukteuren für die Hundertschaften auch Zuginstrukteure und möglichst Gruppeninstrukteure einzusetzen. Die Festlegung der Ausbildungszeiten und Ausbildungsplätze hat individuell in Absprache zwischen den Hundertschaftsinstrukteuren und Hundertschaftskommandeuren der Kampfgruppen zu erfolgen.

7. Die Kampfgruppen sind mit einer einheitlichen Kopfbedeckung (Skimütze) auszustatten. Zur Durchführung der Kampfausbildung und für den Einsatz ist eine einheitliche Bekleidung (blaue Overalls mit roter Armbinde) anzustreben. Diese Kampfgruppenbekleidung darf nur von ständigen Angehörigen der Kampfgruppen getragen werden, die eine Ausbildung erhalten haben bzw. regelmäßig an der Ausbildung teilnehmen.
Die Bewaffnung und Ausrüstung der Züge der Kampfgruppen erfolgt zeitlich etappenweise entsprechend den festgelegten Normen für die Bewaffnung und Ausrüstung von Ausbildungszügen der VP-Bereitschaften. Für die Ausrüstung sind bis zum Eintreffen der Waffen für die Kampfgruppen die erforderlichen Waffen und Geräte aus den Beständen der Dienststellen der Deutschen Volkspolizei zur Verfügung zu stellen. Die Amtsleiter haben die ordnungsgemäße Aus- und Rückgabe der Waffen und Geräte unter Beschränkung auf die Dauer des Ausbildungsdienstes, die vorschriftsmäßige Behandlung der Waffen während des Ausbildungsdienstes sowie die Reinigung der Waffen mit ihrer Rückgabe zu gewährleisten. Die Verantwortung der Instrukteure der Deutschen Volkspolizei für die Handhabung und den Zustand der Waffen in ihrem Zuständigkeitsbereich ist durch die Amtsleiter unter Berücksichtigung der örtlichen Bedingungen schriftlich zu regeln.
Die zeitlich etappenweise zur Auslieferung gelangenden Waffen und Munition der Kampfgruppen sind in den Waffenkammern der Dienststellen der Deutschen Volkspolizei bzw. in den für die Volkspolizei zuständigen Lagerräumen für Munition unterzubringen. In den sozialistischen Großbetrieben, in den es VPÄ (B) gibt, können die Waffen und Munition der Hundertschaften der betreffenden Großbetriebe in entsprechend eingerichteten Waffenkammern dieser VPÄ (B) gelagert werden. Die Verantwortung für den Zustand, die Lagerung und Bewachung der Waffen und Munition tragen die jeweiligen Dienststellenleiter.
8. An der Schießausbildung der Kampfgruppen dürfen nur solche Genossen teilnehmen, die ständige Angehörige der Kampfgruppen sind und sich auf allen Ausbildungsgebieten und allen Vorübungen regelmäßig beteiligen. Über die Ausgabe von Waffen und Munition und über die Zulassung zum Schulschießen entscheiden ausschließlich die zuständigen Ausbildungsoffiziere bzw. VPKA-Leiter der Deutschen Volkspolizei.
9. Alle Angehörigen der Kampfgruppen haben die in der Vorläufigen Dienstordnung für die Kampfgruppen festgelegten Aufgaben zu erfüllen. Alle Funktionäre der Kampfgruppen (Gruppen- und Zugführer, Innendienstleiter, Hundertschaftskommandeure, Funktionäre der Kampfgruppenleitungen und der Stäbe) sind entsprechend ihrer Dienststellung durch die in der Vorläufigen Dienstordnung festgelegten Dienststellungsabzeichen kenntlich zu machen.

Die Hauptabteilung Ausbildung und Schulen hat den Entwurf der Dienstordnung für die Kampfgruppen bis zum 25. Juli 1955 fertigzustellen und mir zur Bestätigung vorzulegen.

F.d.R.	Chef der Deutschen Volkspolizei
Leiter des Sekretariats	i.V.: gez. Seifert
	Chefinspekteur der VP

Befehl des Ministers des Innern Nr. 4/57 vom 10. Januar 1957
(Vertrauliche Verschlußsache B 3/1 - 25/57, Auszug)

Aufgaben und Organisation der Kampfgruppen
Die Kampfgruppen sind das bewaffnete Organ der Arbeiterklasse. Sie werden in Betrieben und betriebsähnlichen Einrichtungen gebildet. Die Hauptaufgabe der Kampfgruppen besteht in der Verteidigung der Errungenschaften der Deutschen Demokratischen Republik gegen alle konterrevolutionären Aktionen sowohl in ihrem eigenen Objekt als auch in ihrem Stadt- und Kreisgebiet. Sie lösen diese Aufgaben gemeinsam mit den anderen Organen der Inneren Sicherheit. Im einzelnen haben die Kampfgruppen folgende Aufgaben zu erfüllen:
Schutz und Sicherung des jeweiligen Betriebes oder anderer Objekte; Bereitstellung und Einsatz von Teilen der Kampfgruppen als Reserven auf Befehl der zuständigen Einsatzleitung zur Lösung von Ordnungs- und Sicherungsaufgaben oder Kampfaufgaben im
Orts- und Häuserkampf mit dem Ziel der Liquidierung von Stützpunkten des Gegners;
beweglichen Einsatz zur Bekämpfung und Niederschlagung von Gruppen und Personen, die der Gegner aus der Luft landet, oder anderer bewaffneter feindlicher Kräfte (Diversanten).
1. Die Kampfgruppen des Kreisgebietes, mit Ausnahme der Kampfgruppen der Deutschen Reichsbahn, unterstehen dem Stab der Kampfgruppen des Kreises.
2. Die Auswahl der Kämpfer für die Kampfgruppen erfolgt auf der Basis der Freiwilligkeit. Die Stärke der Kampfgruppen darf nicht mechanisch nach Prozenten der Belegschaftsstärke festgelegt werden. Die Organisierung und Durchführung von Wettbewerben für die zahlenmäßige Verstärkung der Kampfgruppen ist unzulässig.
In die Kampfgruppen dürfen aufgenommen werden:
a) Mitglieder und Kandidaten der Sozialistischen Einheitspartei Deutschlands und andere fortschrittliche, der Regierung der Deutschen Demokratischen Republik treu ergebene Arbeiter, Angestellte, Angehörige der technischen, wissenschaftlichen und künstlerischen Intelligenz;
b) Über 25 Jahre alte Schüler langfristiger Lehrgänge (mindestens ein Jahr) solcher Parteischulen, FDJ- und FDGB-Schulen, für die eine Bestätigung der jeweiligen Einsatzleitung des Bezirkes bzw. Kreises zur Bildung von Kampfgruppen vorliegt;
Partei-, FDJ- oder FDGB-Zugehörigkeit ist unbedingte Voraussetzung zur Aufnahme in die Kampfgruppe;
5. Die auf monatlich acht Ausbildungsstunden festgelegte Ausbildung hat grundsätzlich außerhalb der Arbeitszeit nach dem Programm für die Ausbildung der Kampfgruppen zu erfolgen.
Zur Qualifizierung von Kampfgruppenkommandeuren ist durch die Hauptabteilung Ausbildung und Schulung eine zentrale Ausbildungsstätte zu schaffen und mit den Lehrgängen bis zum 15. April 1957 zu beginnen.
Unter Ausnutzung der freien Kapazität in den Volkspolizei-Bereitschaften ist der Kommandeursbestand der Kampfgruppen in Kurzlehrgängen ständig zu qualifizieren.

6. Die Ausstattung der Kampfgruppen mit Waffen und Munition sowie die Verantwortung über die Aufbewahrung und Erhaltung der Einsatzbereitschaft obliegt der Deutschen Volkspolizei.
Vom Munitionsbestand sind die erste und zweite Ausstattung der für die Ausbildung vorhandenen Waffen im Volkspolizei-Kreisamt bzw. Volkspolizeiamt (B) oder an anderen Stellen, entsprechend den Entscheidungen der Einsatzleitungen zu lagern. Die übrige Munition ist in den Lagern der Bezirksbehörden Deutsche Volkspolizei aufzubewahren.
Die Zahl des Waffen- und Munitionsbestandes für jede Hundertschaft muß der tatsächlichen Stärke entsprechen. Überzählige Waffen und Munition sind in den Lagern der Bezirksbehörde Deutsche Volkspolizei bzw. den zentralen Lagern des Ministeriums des Innern oder der Nationalen Volksarmee aufzubewahren.
Die Kampfgruppen sind in kürzester Zeit zunächst mit drei Munitionsausstattungen zu versorgen. Die erste und zweite Ausstattung sind am Ort der Unterbringung der Waffen zu lagern, die dritte Ausstattung als Bezirksreserve in den Lagern der Bezirksbehörden Deutsche Volkspolizei.
Der Befehl Nr. 40/55 des Chefs der DVP wird durch diesen Befehl außer Kraft gesetzt.
gez. Maron
Minister des Innern

Einrichtung der Zentralschule für Kampfgruppen, Frühjahr 1957
Wirtschaftsverwaltung
Az. 10.41.58
Vereinbarung zwischen dem Zentralkomitee der Sozialistischen Einheitspartei Deutschlands, Abteilung Finanzverwaltung und Betriebe, und dem Ministerium des Innern, Wirtschaftsverwaltung

1. Das ZK der SED übergibt dem Ministerium des Innern ab 1.3.1957 das Objekt der Sonderschule der SED in Schmerwitz, Bezirk Potsdam, zur Nutzung als Zentrales Ausbildungsobjekt zur Ausbildung von Kampfgruppen-Kommandeuren der Partei.
2. Das Objekt wird mit dem gesamten beweglichen Sachvermögen übergeben.
3. Die Nutzung erfolgt vorerst für ein Jahr vom 1.3.1957 bis 28.2.1958.
Mindestens 6 Wochen vor Ablauf der Frist wird vereinbart, inwieweit eine Nutzung darüberhinaus erfolgen kann.
4. Das vorhandene Wirtschaftspersonal bleibt im Angestelltenverhältnis zur Partei und führt die Aufgaben zur materiellen Gewährleistung des Lehrgangsablaufs nach Weisungen der Schulleitung durch.
Eine körperliche Übergabe bzw. Übernahme des Objektes ist deshalb nicht erforderlich.
Die Durchführung der wirtschaftlichen Aufgaben erfolgt während der Zeitdauer der Nutzung nach den für die Parteiobjekte geltenden Weisungen.

5. Das Ministerium des Innern verpflichtet sich, für die Zeitdauer der Nutzung folgende Kosten zu erstatten:
a) Die effektiven Personalkosten
b) Die allgemeinen Wirtschaftskosten
c) Jährliche Amortisationen in Höhe von 2 %
Die Erstattung der Kosten erfolgt nach Rechnungslegung vierteljährlich über die BDVP Potsdam.
Die darüberhinaus benötigten Mittel (z.B. Verpflegung, Reisekosten) werden der Sonderschule Schmerwitz von der BDVP Potsdam zur Verfügung gestellt und mit dieser abgerechnet.
Die Einweisung des Wirtschaftspersonals wird durch die BDVP Potsdam vorgenommen.
6. Das ZK der SED ist mit der Durchführung folgender baulicher Veränderungen einverstanden:
a) Vergitterungen der Fenster der Waffenkammer und Sicherung der Türen.
b) Erweiterung des Schießstandes und der Hindernisbahn.
Die Frage der Rückerstattung der seitens des Ministeriums des Innern dafür verausgabten Mittel wird vor Rückgabe des Objekts vereinbart.
Stellv. des Leiters der Wirtschaftsverwaltung im Ministerium des Innern

gez. Neumann

1. Ergänzung zum Befehl des Ministers des Innern Nr. 4/57
(Vertrauliche Verschlußsache B 3/1 - 25/3/57)

15. Oktober 1959   Berlin
Inhalt: **Umbenennung der ZSDVP Schmerwitz**

Die ZSDVP Schmerwitz hat die Aufgabe, Kommandeure der Kampfgruppen der Arbeiterklasse in ihrer Tätigkeit zu qualifizieren bzw. die Genossen der Kaderreserve auf diese Funktion vorzubereiten. Die bisherige Bezeichnung dieser zentralen Ausbildungsstätte entsprach nicht der Aufgabenstellung und den Zielen der Schule.
Um den Charakter der Schule für die Ausbildung der Kampfgruppen der Arbeiterklasse auch in der richtigen Benennung zum Ausdruck zu bringen, ist die ZSDVP Schmerwitz mit Wirkung vom 1.10.1959 in
Zentrale für Kampfgruppen (ZSfK) Schmerwitz
umzubenennen.
Alle mit dieser Umbenennung verbundenen Veränderungen sind durch die Hauptabteilung Ausbildung und Schulung in Verbindung mit dem Sekretariat der HVDVP und der ZSfK Schmerwitz zu erledigen.
Eine Veränderung im Unterstellungsverhältnis und in der material-technischen Versorgung erfolgt nicht.

Minister des Innern   i.V
Generalmajor der VP   gez.: Grünstein

Befehl des Ministers des Innern Nr. 1/61 vom 3. Januar 1961
(Geheime Verschlußsache B 3/1 - 1/61; Auszug)

<ins>Verbesserung der Arbeit mit den Kampfgruppen der Arbeiterklasse und weitere Erhöhung der Einsatzbereitschaft</ins>

Die Kampfgruppen der Arbeiterklasse haben sich seit ihrer Bildung zu einem schlagkräftigen Instrument zur Sicherung und Verteidigung der Errungenschaften der Deutschen Demokratischen Republik und des sozialistischen Aufbaus entwickelt. Trotz dieser positiven Entwicklung zeigten die Erfahrungen des Ausbildungsjahres 1960 und die Auswertung der Ergebnisse einiger Übungen, daß die Einsatzbereitschaft weiter erhöht werden muß, um den Beschlüssen der Partei und den Erfordernissen des Einsatzes der Kampfgruppen gerecht zu werden.

Die Hauptaufgaben der Kampfgruppen, die darin bestehen,
- selbständig bzw. im Zusammenwirken mit den bewaffneten Organen des Ministeriums des Innern Operationen und Handlungen zur schnellen Liquidierung bewaffneter Banden, Diversions- und Rangergruppen sowie Luftlandeeinheiten insbesondere am Rande und außerhalb von Städten durchzuführen;
- im Zusammenwirken mit den bewaffneten Organen des MdI, die Sicherheit und Ordnung im Innern der Deutschen Demokratischen Republik aufrechtzuerhalten;
- Betriebe, Verwaltungen u.a. wichtige Objekte zu sichern und zu verteidigen erfordern von jedem für die Arbeit mit den Kampfgruppen verantwortlichen Kommandeur in den bewaffneten Organen des MdI, daß er die Bedeutung der Kampfgruppen zur Aufrechterhaltung der Ordnung und Sicherheit im Inneren der DDR erkennt und auf die ständige Erhöhung der Einsatzbereitschaft der Kampfgruppeneinheiten in seinem Dienstbereich unmittelbar Einfluß nimmt.

Die Aufgabenstellung der Kampfgruppen erfordert eine straffe Führung und Organisation der Ausbildung der Kampfgruppen. Dazu

B E F E H L E   I C H :

I.

Die Einsatzbereitschaft der Kampfgruppen ist weiter zu erhöhen durch
- Verkürzung der Zeiten zur Alarmierung und zur Herstellung der Marschbereitschaft;
- ständige Verbesserung der Alarmierungsunterlagen unter Auswertung der gesammelten Erfahrungen;
- die Durchführung von mindestens einem Übungsalarm im Quartal in jeder Kampfgruppeneinheit;
- die Verbesserung des Zusammenwirkens der Kampfgruppeneinheiten mit Einheiten der Deutschen Volkspolizei, Bereitschaftspolizei und Deutschen Grenzpolizei sowie Durchführung gemeinsamer Übungen;
- die bessere Organisation und Vorbereitung sowie den Einsatzbedingungen entsprechende Durchführung der Kampfgruppenübungen, einschließlich der in den Ausbildungsprogrammen festgelegten Abschlußübungen der einzelnen Ausbildungsabschnitte.

Die Kommandeure der bewaffneten Kräfte der Bezirke und Kreise haben mindestens einmal im Quartal in der Einsatzleitung über den Stand der Einsatzbereitschaft der Kampfgruppeneinheiten zu berichten und Maßnahmen zur weiteren Erhöhung der Einsatzbereitschaft vorzuschlagen.

II.
Die Ausbildung der Kampfgruppeneinheiten ist weiter zu verbessern durch
- qualifizierte militär-politische Propaganda;
- gründliche und rechtzeitige Vorbereitung der Ausbildung, ·
- Erhöhung des Niveaus und der Qualität der Ausbildung,
- maximale Ausnutzung der Ausbildungszeit.

IV.
a) Zur straffen Führung und zur Organisation der Ausbildung der Kampfgruppen ist im MdI eine
„Abteilung Kampfgruppen"
zu bilden.
Diese Abteilung untersteht meinem Stellvertreter für bewaffnete Organe direkt und hat ab 5.1.1961 die Arbeit aufzunehmen.
Der Leiter der Abteilung Kampfgruppen ist berechtigt, die Durchführung von Befehlen und Weisungen auf dem Gebiet der Kampfgruppenarbeit zu kontrollieren und zur Durchsetzung der Befehle selbst Weisungen zu erteilen.
Die Abteilung Kampfgruppen des MdI ist verantwortlich für alle Fragen der Arbeit mit den Kampfgruppen - ausgenommen Fragen des Einsatzes und der operativen Planung, für die der Stab des MdI zuständig ist.
Sie hat insbesondere die Ausbildung und Kaderentwicklung der Kampfgruppen zu organisieren, für eine ständige hohe Einsatzbereitschaft der Einheiten und der materiellen Mittel zu sorgen und gemeinsam mit dem Stab des MdI
- die Reihenfolge der Komplettierung und die Prinzipien der Verteilung materieller Mittel festzulegen und die Durchführung zu kontrollieren;
- das Zusammenwirken der Kampfgruppen mit der Deutschen Volkspolizei, Bereitschaftspolizei, Deutschen Grenzpolizei, dem Luftschutz und der Nationalen Volksarmee zur Unterstützung der Kampfgruppenarbeit zu organisieren.
In den Fragen der medizinischen und sanitären Sicherstellung hat die Abteilung Kampfgruppen des MdI mit den Medizinischen Diensten des MdI zusammenzuarbeiten.
Die Versorgung der Kampfgruppen hat weiterhin über die Versorgungsorgane der Deutschen Volkspolizei zu erfolgen.
Grundsätzliche Fragen der Arbeit mit den Kampfgruppen sind durch die Abteilung Kampfgruppen mit dem Leiter des Stabes des MdI und dem Leiter HVDVP zu beraten und abzustimmen.
b) In den BDVP, dem PdVP Berlin, der BDVP (BS) Wismut und der Hauptabteilung Transportpolizei ist eine
„Abteilung Kampfgruppen"
zu bilden. Diese Abteilung ist dem Stabschef direkt zu unterstellen.
In den VPKÄ, BS-Ämtern der BDVP Wismut, BS-Ämtern solcher Betriebe, in denen eine Kreisleitung der Partei besteht, Abschnittsverwaltungen der Transportpolizei (und in Transportpolizei-Ämtern mit mehr als 5 Hundertschaften der Kampfgruppen) sind
„Arbeitsgruppen Kampfgruppen" bzw.
„Offiziere für Kampfgruppen"

zu schaffen und dem Stabschef bzw. dem 1. Stellvertreter der Dienststelle zu unterstellen.

c) Mit der Bildung der „Abteilung Kampfgruppen" des MdI sowie der Abteilungen, Arbeitsgruppen und Offiziere für Kampfgruppen in den nachgeordneten Dienststellen wird die Unterabteilung Kampfgruppen im Stab des MdI und die Abteilung Kampfgruppen bei der Hauptabteilung Ausbildung und Schulung der HVDVP aufgelöst.

Beim Stab des MdI verbleibt ein Richtungsoffizier für Kampfgruppen. Gleichzeitig ist das Arbeitsgebiet Kampfgruppen aus dem Dienstzweig A/S in den nachgeordneten Dienststellen herauszulösen.

Die Stäbe der Kampfgruppen in den Kreisen sind aufzulösen. Die dadurch freiwerdenden Kader der Kampfgruppen sind bei der Bildung der allgemeinen Kampfgruppenbataillone entsprechend ihrer Qualifikation zu berücksichtigen.

d) Die bisher von der Hauptabteilung Ausbildung und Schulung der HVDVP wahrgenommenen Aufgaben bezüglich der ZSfK Schmerwitz werden ab 5.1.1961 der Abteilung Kampfgruppen des MdI übertragen.

V.

a) Zur weiteren Erhöhung der Schlagkraft der Kampfgruppeneinheiten und zur Gewährleistung des Einsatzes ist die Struktur der Kampfgruppenheiten entsprechend der als Anlage beigefügten Strukturschemen zu verändern. Dabei ist gleichzeitig die Bewaffnung der Kampfgruppenbataillone der Bezirksreserven aus dem Bestand der Bezirke und Kreise zu vervollständigen.

Bei der Bildung von Spezialeinheiten (z.B. chemische Gruppe, Transportzug, Sanitätsstaffel usw.) ist weitestgehend auf bereits entsprechend vorgebildete Kräfte (Kämpfer aus chemischen Betrieben, aus dem VE-Kraftverkehr, Angehörige des DRK bzw. des staatlichen Gesundheitswesens) zurückzugreifen.

In Kreisen und Betrieben mit einer größeren Anzahl von Kampfgruppenhundertschaften sind allgemeine Kampfgruppenbataillone zu bilden. In diesen Bataillonen sind nur solche Kampfgruppeneinheiten zusammenzufassen,
- zwischen deren Standorten keine größeren Entfernungen liegen,
- deren Einsatz für gleiche Aufgaben vorgesehen ist (operativer Einsatz bzw. gemeinsame Sicherung eines großen Objektes). ...

Die allgemeinen Kampfgruppen-Bataillone gehören nicht zur Bezirksreserve.

VI.

Für die Kampfgruppen der Arbeiterklasse wird ein vorläufiges Soll der Bezirke festgelegt. Das Soll der Bezirke ist in Zusammenarbeit mit der Bezirksleitung der Partei auf die Kreise aufzuschlüsseln. Zur Erreichung des vorläufigen Solls sind grundsätzlich keine neuen Kampfgruppeneinheiten zu bilden, sondern die bestehenden Einheiten entsprechend der Struktur aufzufüllen.

Minister des Innern   gez. Maron   F.d.R.: Göhringer, Oberst

Beschluß des Nationalen Verteidigungsrates auf seiner 5. Sitzung, 03. Mai 1961 (Geheime Kommandosache 30/61; Auszug)

Der Nationale Verteidigungsrat nimmt den Bericht über die Durchführung des Beschlusses des Politbüros vom 22.11.60 zur Verbesserung der Arbeit mit den Kampfgruppen der Arbeiterklasse und zur weiteren Erhöhung der Einsatzbereitschaft zur Kenntnis.

Seit Beginn des Jahres 1961 sind gute Fortschritte in der politischen Erziehung und militärischen Ausbildung der Kampfgruppen zu verzeichnen.

Die Arbeit mit den Kampfgruppen der Arbeiterklasse wird jedoch noch von einer Reihe Bezirks- und Kreiseinsatzleitungen vernachlässigt. Das zeigt sich u.a. in den Bezirken Suhl, Frankfurt/Oder, Berlin und Neubrandenburg. ...

2. Alle Bezirkseinsatzleitungen werden beauftragt, die Arbeit mit den Kampfgruppen einzuschätzen und Maßnahmen zu treffen, daß bereits mit Abschluß des II. Quartals 1961 eine grundlegende Veränderung erreicht wird.

- Die Auswahl der Kämpfer ist zu verbessern. Die Aufnahme als Kämpfer in die Kampfgruppen der Arbeiterklasse ist eine besondere Ehre und Auszeichnung. Kämpfer der Kampfgruppen der Arbeiterklasse kann nur sein, wer seine Verbundenheit zur Partei der Arbeiterklasse und zur Staatsmacht der Arbeiter und Bauern unter Beweis gestellt hat und unter strenger Wahrung des Prinzips der Freiwilligkeit sowie unter Berücksichtigung seiner Aufgabe im politischen und wirtschaftlichen Leben bereit und in der Lage ist, unter allen Bedingungen am Einsatz und an der Ausbildung regelmäßig teilzunehmen. Das Mindestalter von 25 Jahren als Voraussetzung zur Zugehörigkeit zu den Kampfgruppen der Arbeiterklasse ist zu beachten.

Die Kämpfer der Kampfgruppen der Arbeiterklasse können nicht gleichzeitig freiwillige Helfer der Deutschen Volkspolizei bzw. Grenzpolizei oder Angehörige der Freiwilligen Feuerwehr und der Sanitätseinheiten des Deutschen Roten Kreuzes sein.

- Fluktuationen unter dem Kommandeursbestand und unter den Spezialkräften sind zu vermeiden. Für unumgängliche kadermäßige Veränderungen sind rechtzeitig Nachwuchskader heranzubilden. Jede kadermäßige Veränderung bedarf entsprechend der für die Kampfgruppen festgelegten Nomenklatur der Bestätigung der Bezirks- bzw. Kreiseinsatzleitungen.

- Als Kommandeure und Spezialkräfte sind nur solche Angehörige der Kampfgruppen auszuwählen, die politisch und fachlich sich dazu eignen und auf Grund ihrer Aufgaben im gesellschaftlichen Leben in der Lage sind, die erforderlichen Lehrgänge zur Aneignung der für diese Funktionen notwendigen Qualifikationen zu besuchen. ...

Die Kommandeure sind von weiteren Funktionen, die sie bei der Erfüllung der Aufgaben als Kommandeure hemmen, zu entlasten.

Angehörigen der Kampfgruppen der Arbeiterklasse, insbesondere den Kommandeuren, dürfen durch die Zugehörigkeit zu den Kampfgruppen und durch die umfangreiche Inanspruchnahme zur Erfüllung dieses Parteiauftrages keinesfalls Nachteile irgendwelcher Art erwachsen. Die Förderung der Angehörigen der Kampfgruppen im beruflichen und persönlichen Leben ist zu gewährleisten.

- In Verbindung mit den quartalmäßigen Einschätzungen der Arbeit mit den Kampfgruppen haben die Bezirks- und Kreiseinsatzleitungen den Büros der Bezirks- und bzw. Kreisleitungen der Partei Vorschläge zur Sicherung der regelmäßigen Teilnahme aller Kämpfer an der Ausbildung und zur Erreichung der Ausbildungsziele zu unterbreiten.
Verantwortlich: Bezirkseinsatzleitungen
3. Der Nationale Verteidigungsrat lenkt die Aufmerksamkeit der Bezirkseinsatzleitungen darauf, daß sich die Kampfgruppen-Bataillone der Bezirksreserven in einigen Fällen durch ihre Verteilung auf eine Vielzahl von Betrieben bzw. Ortschaften zersplittern. Dadurch wird ihre Einsatzbereitschaft ernsthaft in Frage gestellt.
Die Bezirkseinsatzleitungen haben die Kampfgruppen-Bataillone der Bezirksreserven auf die Zweckmäßigkeit der Standorte und bezüglich der personellen Zusammensetzung und materiellen Ausrüstung zu überprüfen und Maßnahmen zur Wahrung des Charakters als schnelle und einsatzbereite Bezirksreserven zu treffen.
Verantwortlich: Bezirkseinsatzleitungen
5. Es muß erreicht werden, daß die vollständige Bewaffnung und Ausrüstung der Kampfgruppen zu einem früheren Zeitpunkt als in den gegenwärtig gültigen Plänen festgelegt, abgeschlossen wird. Der Minister für Nationale Verteidigung hat eine Überprüfung zu veranlassen, in welchem Umfange die Vervollständigung der Bewaffnung bzw. Ausrüstung der Kampfgruppen mit
leichten Maschinengewehren,
Maschinenpistolen,
1 PAG 40 mm,
Nachrichtenmitteln und
Feldküchen
bis zum Ende des III. Quartals 1961 möglich ist.
Bericht an den Sekretär des Nationalen Verteidigungsrates bis zum 31. 5. 1961.
Verantwortlich: Minister für Nationale Verteidigung
6. Die Bezirks- und Kreiseinsatzleitungen haben unter Wahrung aller Sicherheitsbestimmungen die dezentralisierte Lagerung der Waffen zu beschleunigen und bis Ende des III. Quartal 1961 abzuschließen
Verantwortlich: Bezirkseinsatzleitungen
7. Der Minister des Innern wird beauftragt, entsprechend den bisher gesammelten Erfahrungen ein vereinfachtes und zweckmäßigeres System der Alarmierung bis Ende des III. Quartals 1961 erarbeiten zu lassen.
Verantwortlich: Minister des Innern
8. Der Minister für Nationale Verteidigung und der Minister des Innern werden beauftragt, bis Ende des I. Quartals 1962 eine feste Ordnung über die Bereitstellung des Transportraumes für den Einsatz und die Ausbildung der Kampfgruppen zu schaffen. Auf dieser Grundlage ist die Erarbeitung der Transportpläne für den Einsatz und die Ausbildung der Kampfgruppen durch die Bezirks- bzw. Kreiseinsatzleitungen bis zum Ende des IV. Quartals 1961 vorzunehmen.
Verantwortlich: Minister für Nationale Verteidigung und Minister des Innern, Bezirkseinsatzleitungen ...

Schreiben Ulbricht - Chruschtschow zur Einführung der allgemeinen Wehrpflicht, 13. Dezember 1961

Streng vertraulich Berlin, den 13. Dezember 1961

An den
Ersten Sekretär des ZK der KPdSU
Genossen N. S. Chruschtschow

Teurer Genosse Nikita Chruschtschow!
Im Auftrage des Politbüros des ZK der SED ersuche ich das Präsidium des ZK der KPdSU um seine Meinung zu dem anliegenden „Gesetz über die allgemeine Wehrpflicht (Wehrpflichtgesetz)". Nach reiflicher Prüfung halten wir die Einführung der allgemeinen Wehrpflicht in der Deutschen Demokratischen Republik durch Beschluß der Volkskammer im Januar 1962 für zweckmäßig und notwendig.

In diesem Jahr haben wir mit einer allgemeinen Kampagne den Bestand der Nationalen Volksarmee aufgefüllt. Die Wiederholung einer solchen Kampagne ist nicht möglich. Es kommt hinzu, daß bei einer solchen Kampagne die Werbung weniger nach klassenmäßigen Gesichtspunkten erfolgt als bei der Einführung der allgemeinen Wehrpflicht. Im Jahre 1962 ergeben sich größere Schwierigkeiten, da im April 1962 für 30 000 freiwillig in der Nationalen Volksarmee dienende Soldaten und Offiziere und im Oktober desselben Jahres für weitere 30 000 die Verpflichtungen ablaufen. Die Anzahl der zur Verfügung stehenden Wehrfähigen der einzelnen Jahrgänge ist infolge der Nachwirkungen des Krieges zu gering. Die Werbung von Freiwilligen und die damit verbundene zwei- bis dreimalige Einstellung in einem Jahr gestattet keine kontinuierliche Übereinstimmung mit der Arbeitskräfteplanung der Volkswirtschaft. Hinzu kommt, daß unter der Bevölkerung, auch unter den Jugendlichen, weitgehend erklärt wird, die Einführung der allgemeinen Wehrpflicht sei besser als die jetzige Methode.

Würden wir die allgemeine Wehrpflicht nicht einführen, so wäre die Auffüllung der Nationalen Volksarmee mit Soldaten, Unteroffizieren und Offizieren entsprechend den Verpflichtungen des Warschauer Vertrages nicht mehr voll gewährleistet. Wir gehen davon aus, daß nach Einführung der allgemeinen Wehrpflicht eine bessere Auswahl nach politischer Zuverlässigkeit und fachlicher Qualifikation möglich ist. Wir können unter den wehrpflichtigen Jahrgängen die Personen auswählen, die am treuesten zu unserer Republik und zur Sache des Sozialismus stehen und auch bessere bildungsmäßige Voraussetzungen für den Dienst in der Nationalen Volksarmee mitbringen.

Die Vorlage wurde im Politbüro und im Nationalen Verteidigungsrat einmütig angenommen. Was die Meinung der Blockparteien betrifft, so hatten diese schon bei der Annahme des Gesetzes zur Verteidigung der Deutschen Demokratischen Republik angenommen, daß wir zur Einführung der allgemeinen Wehrpflicht übergehen. Die Vertreter der Blockparteien waren erstaunt, daß das noch nicht geschah. Von dieser Seite sind keine Einwände zu erwarten.

Wir bitten Sie um Prüfung unseres Vorschlages und um Ihre Meinungsäußerung.
Mit kommunistischem Gruß
Erster Sekretär des ZK der SED:
/W. Ulbricht/

B e f e h l   Nr. 0061/70 des Ministers des Innern und Chefs der Deutschen Volkspolizei
über
die Vorbereitung und Teilnahme von Einheiten der Deutschen Volkspolizei und der Kampfgruppen der Arbeiterklasse an einem Manöver der Nationalen Volksarmee
- Vom 08. Juli 1970 -
(Auszug)
Unter Leitung des Ministers für Nationale Verteidigung findet im Oktober 1970 das Manöver „Waffenbrüderschaft" statt.
An diesem Manöver nehmen Kräfte der Deutschen Volkspolizei und der Kampfgruppen der Arbeiterklasse teil.
Zur Gewährleistung der erfolgreichen Erfüllung der dem Ministerium des Innern im Rahmen des Manövers übertragenen Aufgaben und zu einer planmäßigen Vorbereitung
B E F E H L E   I C H :
1. (1) Zur Lösung der den Kräften der Deutschen Volkspolizei und der Kampfgruppen der Arbeiterklasse übertragenen Aufgaben werden die 17. Volkspolizei-Bereitschaft und je ein Kampfgruppen-Bataillon (mot) entsprechend den Festlegungen der Vorsitzenden der Bezirkseinsatzleitungen Frankfurt/Oder und Cottbus eingesetzt.
(2) Die Chefs der Bezirksbehörden der Deutschen Volkspolizei Frankfurt/Oder und Cottbus sowie der Präsident der Deutschen Volkspolizei Berlin sind für die planmäßige politische und militärische Vorbereitung sowie die Herstellung der vollen Einsatzbereitschaft bis zum Zeitpunkt der Verlegung der Einheiten auf dem Truppenübungsplatz Lieberose II verantwortlich.
(3) Die Verlegung der Einheiten in die Unterbringungsräume ist zu folgenden Terminen sicherzustellen:
- 17. Volkspolizei-Bereitschaft   26.09.1970
- Kampfgruppen-Bataillon (mot)
  Bezirk Frankfurt/Oder   30.09.1970
- Kampfgruppen-Bataillon (mot)
  Bezirk Cottbus   06.10.1970
(4) Zur Sicherstellung der Handlungen der Einheiten sind die Pionierzüge der 18. und 19. Volkspolizei-Bereitschaft zeitweilig auf dem Truppenübungsplatz Lieberose II einzusetzen.

2. (1) Im Ministerium des Innern ist zur Gewährleistung einer planmäßigen Vorbereitung der teilnehmenden Kräfte eine Arbeitsgruppe in folgender Zusammensetzung zu bilden ...
(2) Diese Arbeitsgruppe hat alle grundsätzlichen Maßnahmen, die für die Vorbereitung der Einheiten erforderlich sind, auszuarbeiten, das Zusammenwirken mit den entsprechenden Bereichen des Ministeriums für Nationale Verteidigung aufrechtzuerhalten und grundsätzliche Fragen in der Vorbereitung der Einheiten mit dem Militärbezirk V der Nationalen Volksarmee abzustimmen, die Bezirksbehörden der Deutschen Volkspolizei Frankfurt/Oder und Cottbus sowie das Präsidium der Volkspolizei Berlin und die zu bildende Führungsgruppe in ihrer Tätigkeit zu unterstützen, anzuleiten und zu kontrollieren.
(3) Die Arbeitsgruppe ist dem Stellvertreter des Ministers und Leiter der Hauptinspektion, Genossen Generalleutnant Seifert, unterstellt.
3. (1) Der Chef des Stabes hat in Zusammenarbeit mit dem Leiter der Versorgungsdienste des Ministeriums des Innern und dem Leiter der Verwaltung Kader die zur Sicherstellung der Tätigkeit der Führungsgruppe erforderlichen Kräfte und Mittel zu bestimmen und die notwendigen Maßnahmen zur materiellen, technischen und medizinischen Sicherstellung der eingesetzten Einheiten einzuleiten.
(2) Der Leiter der Politischen Verwaltung hat zu sichern, daß die Kräfte durch das Politorgan gründlich vorbereitet werden und während des Einsatzes eine planmäßige aufgabenbezogene und differenzierte politisch-ideologische Erziehungsarbeit gewährleistet wird. Die Pläne für die Maßnahmen der politischen Arbeit sind von ihm zu bestätigen und die erforderlichen Materialien und Geräte bereitzustellen.
4. (1) Zur unmittelbaren Vorbereitung der teilnehmenden Kräfte auf das Manöver und zur Führung der Einheiten auf dem Truppenübungsplatz Lieberose II ist eine nicht-strukturmäßige Führungsgruppe zu bilden.

Berlin, den 08. Juli 1970
gez. Dickel Generaloberst
Schlagwort: Manöver „Waffenbrüderschaft"

1. Änderung zum Befehl Nr. 0061/70 des Ministers des Innern und Chefs der Deutschen Volkspolizei
- Vom 21. September 1970 - (Geheime Verschlußsache I 020281, Auszug)

1. Die Ziffer 1 wird nachstehend erweitert:
(5) An der Eröffnungskundgebung am 12.10.1970, 17.00 in Cottbus, Altmarkt, nehmen als Formationen teil:
- aus dem Bestand der 17. Volkspolizei-Bereitschaft
 4 Offiziere
12 Unterführer
84 Wachtmeister und
 1 Fahnenkommando

- aus dem Bestand des 20. Kampfgruppen-Bataillons (mot) Senftenberg/ Lauchhammer
16 Kommandeure
84 Kämpfer
1 Fahnenkommando
Die Vorbereitung der an der Eröffnungsveranstaltung teilnehmenden Kräfte erfolgt in Verantwortung des Leiters der gebildeten nichtstrukturmäßigen Führungsgruppe.
Berlin, den 21. September 1970
gez. Dickel Generaloberst

1. Durchführungs-Anweisung
des Stellvertreters des Ministers und Leiters der Hauptinspektion zum
Befehl 0061/70 des Ministers des Innern und Chefs der Deutschen Volkspolizei
- Vom 10. September 1970 -
(Geheime Verschlußsache I 020279)

In Durchführung des Befehls 0061/70 des Ministers des Innern und Chefs der Deutschen Volkspolizei über die Vorbereitung und Teilnahme von Einheiten der Deutschen Volkspolizei und der Kampfgruppen der Arbeiterklasse an einem Manöver der Nationalen Volksarmee
WIRD ANGEWIESEN:
1. (1) Die Verlegung der festgelegten Einheiten in die Unterbringungsräume auf dem Truppenübungsplatz Lieberose II ist in Verantwortung der zuständigen Chefs der Bezirksbehörden der Deutschen Volkspolizei so zu organisieren, daß die Einheiten wie folgt auf dem Truppenübungsplatz Lieberose II, am Westausgang der Ortschaft Reicherskreuz, eintreffen.
- 17. Volkspolizei-Bereitschaft   26.09.1970, 12.00 Uhr
- 1. Kampfgruppen-Bataillon (m)   30.09.1970, 12.00 Uhr
- 20. Kampfgruppen-Bataillon (m)   02.10.1970, 12.00 Uhr
(2) Mit dem Zeitpunkt des Eintreffens der Einheiten auf dem Truppenübungsplatz Lieberose II werden die Einheiten dem Leiter der gebildeten nichtstrukturmäßigen Führungsgruppe unterstellt.
2. Zur Vorbereitung des Feldlagers auf dem Truppenübungsplatz Lieberose II sind die Pionierzüge der 17., 18. und 19. Volkspolizei-Bereitschaft am 14. September 1970 und eine Schützenkompanie der 17. Volkspolizei-Bereitschaft am 17. September 1970 unter Leitung des Leiters der nichtstrukturmäßigen Führungsgruppe einzusetzen.
3. Die Verlegung der nichtstrukturmäßigen Führungsgruppe ist mit Teilkräften am 16. September nach Jessern und am 26. September 1970 im vollen Bestand nach Lieberose II durchzuführen.
4. Der Leiter der nichtstrukturmäßigen Führungsgruppe ist für eine ordnungsgemäße Vorbereitung der Kräfte verantwortlich, die an militärpolitischen Veranstaltungen im Rahmen der Vorbereitung und Durchführung der Übung „Waffenbrüderschaft" teilnehmen.

5. Die Rückverlegung des 1. und 20. KGB (m) erfolgt voraussichtlich am 14. Oktober 1970. Die 17. Volkspolizei-Bereitschaft und die nichtstrukturmäßige Führungsgruppe, außer den erforderlichen Kräften und Mitteln für das Nachkommando, führen die Verlegung am 15. Oktober 1970 durch.
6. Diese Durchführungs-Anweisung tritt mit sofortiger Wirkung in Kraft. Sie ist nach Beendigung der Übung „Waffenbrüderschaft" dem Ministerium des Innern, Stab, Referat Weisungswesen, zurückzusenden.
Berlin, den 10.09.1970
gez. Seifert, Generalleutnant

Befehl Nr. 026/70 des Ministers des Innern und Chef der Deutschen Volkspolizei
über
die Ziele und Aufgaben der Ausbildung der Kampfgruppen der Arbeiterklasse in der Ausbildungsperiode 1971/ 72
- Vom 21. September 1970 -
(Vertrauliche Verschlußsache I 020282, Auszug)

Zur Lösung der der Deutschen Volkspolizei durch die Beschlüsse des Zentralkomitees der Sozialistischen Einheitspartei Deutschlands und der Direktiven des Nationalen Verteidigungsrates der Deutschen Demokratischen Republik übertragenen Aufgaben zur Ausbildung der Kampfgruppen der Arbeiterklasse in der Ausbildungsperiode 1971/72
  B E F E H L E I C H :
  I.
1. Durch die Ausbildung der Kampfgruppen der Arbeiterklasse in der Ausbildungsperiode 1971/72 sind die Kampfgruppen zu befähigen, selbständig oder in Kräftegruppierungen mit anderen bewaffneten Organen der DDR im Rahmen des Gesamtsystems der Landesverteidigung die ihnen obliegenden Aufgaben jederzeit und unter allen Bedingungen erfolgreich zu lösen.
Zur Erhöhung der Qualität und Effektivität der politischen und militärischen Ausbildung der Kampfgruppen ist die gesamte Arbeit mit den Kampfgruppen durch alle Chefs der Bezirksbehörden der Deutschen Volkspolizei und Leiter der Volkspolizei-Kreisämter im Rahmen der Verbesserung der Führungs- und Leitungstätigkeit auf eine qualitativ höhere Stufe zu heben.
2 (2) Bei der Gestaltung der Ausbildung sind die Hauptanstrengungen zu richten auf die
- Entwicklung und Festigung von Überzeugungen und Motiven für die Erfüllung des Klassenauftrages zum bewaffneten Schutz der DDR, die sich insbesondere aus den neuen Anforderungen der entwickelten sozialistischen Gesellschaft und des sich verschärfenden Klassenkampfes zwischen Sozialismus und Imperialismus ergeben;

- Vervollkommung der Führungsfertigkeiten der Kommandeure aller Stufen zur Führung der Einheiten unter gefechtsnahen Bedingungen;
- Weiterentwicklung der pädagogischen, methodischen und organisatorischen Kenntnisse und Fertigkeiten der Kommandeure als Grundlage der Erhöhung der Qualität und Effektivität des Ausbildungsprozesses in den Einheiten;
- Vervollkommnung der militärischen Grundfertigkeiten der Kämpfer in der Einzelausbildung,
- Steigerung der physischen Leistungsfähigkeit der Kommandeure und Kämpfer,
- Erhöhung der Diszipliniertheit und Geschlossenheit der Handlungen der Einheiten bei Tag und Nacht und unter allen Witterungsbedingungen;
- Verbesserung der Ausbildung im KCB-Schutz, der KC-Aufklärung sowie der gefechtsnahen Ausbildung aller Einheiten unter den Bedingungen des Einsatzes von Massenvernichtungsmitteln.

II.

3 (1) Das Prüfungsschießen der Systeme des direkten und indirekten Richtens (76 mm-Kanone, 82-mm-RG, 82-mm-Granatwerfer) ist im Verlaufe der Ausbildungsperiode 1971/72 je einmal unter Winter- und Sommerbedingungen durchzuführen. Dem Schießen unter Winterbedingungen sind Aufgaben im Rahmen von Verteidigungshandlungen, dem Schießen unter Sommerbedingungen Aufgaben im Rahmen von Angriffshandlungen zugrunde zu legen.
(2) Das Prüfungsschießen der Einheiten der Systeme des direkten und indirekten Richtens ist zeitlich wie folgt durchzuführen:
- durch die Bezirke Neubrandenburg, Leipzig, Schwerin, Rostock, Potsdam, Suhl, Cottbus und Erfurt im Monat Januar 1971 und im Monat Juni 1972;
- durch die Bezirke Frankfurt (Oder), Halle, Dresden, Magdeburg, Gera, Karl-Marx-Stadt, Berlin und Wismut im Monat Juni 1971 und im Monat Januar 1972.

Die Bedienungen sind so vorzubereiten, daß sie im Rahmen ihrer Einheit alle Tätigkeiten zur Herstellung der Marsch- und Feuerbereitschaft sowie zur wirkungsvollen Feuerführung unter den gegebenen Bedingungen beherrschen.
4. Das Gruppengefechtsschießen durch die Schützengruppen der KGB (m) und der selbständigen KGH (m) im 2. Ausbildungsabschnitt ist sorgfältig vorzubereiten und auf den Übungsplätzen der NVA durchzuführen.
Berlin, den 21. September 1970
gez. Dickel, Generaloberst

Richtlinie für die Auswahl und die Zugehörigkeit der Kämpfer zu den Kampfgruppen der Arbeiterklasse der Deutschen Demokratischen Republik
- Beschluß des Sekretariats des ZK der SED vom 6.9.1972 -
(Geheime Verschlußsache I 024 235)

Die vom VIII. Parteitag der Sozialistischen Einheitspartei Deutschlands beschlossenen Aufgaben zur planmäßigen Vervollkommnung der Landesverteidigung der Deutschen Demokratischen Republik stellen auch höhere Anforderungen zur weiteren Festigung und Entwicklung der Kampfgruppen der Arbeiterklasse. Die

weitere kontinuierliche Erhöhung der Kampfkraft und der Gefechtsbereitschaft der Kampfgruppen der Arbeiterklasse als notwendige Voraussetzung zur Erfüllung der ihnen gestellten Hauptaufgabe erfordert die allseitig abgestimmte Auswahl aller Kampfgruppenangehörigen.
Bei der Bestätigung der Aufnahme von Angehörigen der Kampfgruppen der Arbeiterklasse haben die Bezirks- und Kreisleitungen der Sozialistischen Einheitspartei Deutschlands davon auszugehen, daß die Kampf- und Sicherungskräfte der Kampfgruppen der Arbeiterklasse den Einsatzleitungen der Bezirke und Kreise in einer Spannungsperiode und im Verteidigungszustand im geplanten Bestand zur Verfügung stehen. Dabei ist zu beachten, daß die Kampf- und Sicherungseinheiten sowohl im vollen als auch im Teilbestand mit Auslösung einer Alarmstufe aus der Produktion bzw. aus dem Arbeitsprozeß herausgelöst werden.

I.

Die Zugehörigkeit zu den Kampfgruppen der Arbeiterklasse

Angehörige der Kampfgruppen der Arbeiterklasse können Mitglieder und Kandidaten der Sozialistischen Einheitspartei Deutschlands, parteilose Werktätige und die Mitglieder der Demokratischen Bauernpartei Deutschlands sein, die
- Staatsbürger der Deutschen Demokratischen Republik sind;
- ihre Treue und Ergebenheit zur Partei der Arbeiterklasse, zur Staatsmacht der Deutschen Demokratischen Republik sowie ihre Zuverlässigkeit unter Beweis gestellt haben;
- ihre beruflichen und gesellschaftlichen Pflichten vorbildlich erfüllen;
- unter Berücksichtigung ihrer beruflichen und gesellschaftlichen Tätigkeit sowie ihrer gesundheitlichen Eignung in der Lage sind, freiwillig entsprechend dem Gelöbnis an der Ausbildung und am Einsatz der Kampfgruppen der Arbeiterklasse teilzunehmen;
- in der Regel das 26. Lebensjahr vollendet haben und gediente Reservisten sind.
Weibliche Bürger der Deutschen Demokratischen Republik können Angehörige der Kampfgruppen der Arbeiterklasse sein. Sie sind vorwiegend in den Sanitäts-, Nachrichten- und Versorgungseinheiten einzusetzen.
Bei der Entscheidung über die Zugehörigkeit von Rückkehrern und Erstzuziehenden zu den Kampfgruppen der Arbeiterklasse ist die Zustimmung durch die zuständigen leitenden Parteiorgane erforderlich. Dabei ist ein besonders strenger Maßstab anzulegen.
Als Angehörige der Kampfgruppen der Arbeiterklasse können nicht gewonnen werden:
- Reservisten, die zur Ergänzung der Nationalen Volksarmee und der anderen bewaffneten Organe geplant sind;
- Kader, die zur Gewährleistung der politischen, staatlichen und ökonomischen Führung der zentralen und örtlichen Organe, der Parteien, der gesellschaftlichen Organisationen, der zentralen und örtlichen wirtschaftsleitenden Organe sowie die, die zur Durchführung der verteidigungswichtigen und lebensnotwendigen Produktions- und Leistungsaufgaben unabkömmlich bzw. vom Wehrdienst im Verteidigungszustand zurückgestellt sind.

Angehörige der Kampfgruppen der Arbeiterklasse können nicht sein Bürger der Deutschen Demokratischen Republik, die wegen staatsgefährdender Tätigkeit und anderer schwerwiegender Verbrechen strafrechtlich zur Verantwortung gezogen wurden.

Die Zugehörigkeit zu den Kampfgruppen der Arbeiterklasse kann beendet werden, wenn
- staatliche oder gesellschaftliche Funktionen durch Angehörige der Kampfgruppen übernommen werden, in denen sie unabkömmlich sind;
- Angehörige der Kampfgruppen unbedingt zur Ergänzung der Nationalen Volksarmee und der anderen bewaffneten Organe geplant werden müssen;
- eine dauernde gesundheitliche Untauglichkeit für den Dienst in den Kampfgruppen vorliegt;
- auf Beschluß der zuständigen leitenden Parteiorgane eine Herauslösung bei schwerwiegenden Verstößen gegen die sozialistische Gesetzlichkeit sowie bei politischer und moralischer Unzuverlässigkeit erforderlich ist.

II.

Die Auswahl der Angehörigen der Kampfgruppen der Arbeiterklasse

Die zuständigen leitenden Parteiorgane haben zu sichern, daß
- alle Kampfgruppen-Einheiten entsprechend der geplanten Strukturstärke ständig personell aufgefüllt und mindestens 10 % Reservekader für die Dienststellung Kämpfer ausgewählt sind;
- die Mehrheit der Kämpfer in allen Kampfgruppen-Einheiten Mitglieder oder Kandidaten der Sozialistischen Einheitspartei Deutschlands sind;
- alle Kommandeursdienststellungen bis einschließlich Zugführer und besondere Dienststellungen, wie Codierer, Gruppen- und Truppführer der Nachrichten- und Aufklärungseinheiten, mit Mitgliedern und Kandidaten der Sozialistischen Einheitspartei Deutschlands besetzt sind;
- die Angehörigen der Kampfgruppen 20 Jahre und länger ihren Dienst in den Kampfgruppen-Einheiten versehen;
- sich der Charakter der Kampfgruppen als dem unmittelbar bewaffneten Organ der Arbeiterklasse in dem überwiegenden Anteil von Angehörigen, die in der Produktion tätig sind bzw. ihrer sozialen Herkunft nach der Arbeiterklasse entstammen, widerspiegelt;
- den Parteiorganisationen solche Sollvorgaben für die Kampfgruppen zu geben sind, die von der realen abgestimmten Kräftelage und Kräfteplanung im Verteidigungszustand für das jeweilige Territorium ausgehen und berücksichtigen, daß möglichst geschlossene Einheiten aus dem Bereich der Parteiorganisation gestellt werden;
- in „zentralen Objekten" sowie verteidigungswichtigen und lebensnotwendigen Organen, Betrieben und Einrichtungen in der Regel nur die zur Sicherung und Verteidigung dieser Betriebe und Einrichtungen notwendigen Kampfgruppen-Einheiten aufgestellt werden.

Bei der Auswahl der Kämpfer, der Festlegung ihrer Dienststellung und Kampfgruppen-Einheit sind die Gesichtspunkte für eine ständige hohe Gefechtsbereitschaft zu berücksichtigen.

III.
Die Abstimmung der Angehörigen der Kampfgruppen der Arbeiterklasse
Die Abstimmung aller Angehörigen der Kampfgruppen der Arbeiterklasse ist im Rahmen der Umgliederung der Einheiten durchzuführen. Nach der durchgängigen Abstimmung sind in der Regel ein- bis zweimal im Jahr die notwendigen Veränderungen abzustimmen.

Die Angehörigen der Kampfgruppen sind zwischen den zuständigen leitenden Parteiorganen, den Wehrkreiskommandos der Nationalen Volksarmee, den Volkspolizei-Kreisämtern, den Kreisdienststellen des Ministeriums für Staatssicherheit sowie den Organen für Planung (Abteilungen bzw. Mitarbeiter) bei den Vorsitzenden der Räte der Bezirke und Kreise abzustimmen.

Dazu sind auf Kreisebene Koordinierungskommissionen als Arbeitsorgane der 1. Sekretäre der Kreisleitungen der Sozialistischen Einheitspartei Deutschlands zu bilden, in die verantwortliche Vertreter der Wehrkreiskommandos der Nationalen Volksarmee, der Volkspolizei-Kreisämter, der Kreisdienststellen des Ministeriums für Staatssicherheit und Mitarbeiter für Planung bei den Vorsitzenden der Räte der Kreise zu berufen sind.

Die Mitarbeit in diesen Koordinierungskommissionen umfaßt die Aufbereitung der erforderlichen Angaben und Informationen zur Abstimmung entsprechend der jeweiligen Verantwortung und Zuständigkeit.

Diese Koordinierungskommissionen haben auf der Grundlage dieses Beschlusses und anderer zentraler, die Auswahl und den Einsatz von Bürgern der DDR für die Tätigkeit in bzw. zur Unterstützung von Organen der Staatsmacht regelnden Bestimmungen und Weisungen die Abstimmung der Angehörigen der Kampfgruppen der Arbeiterklasse durchzuführen und den 1. Sekretären der Kreisleitungen zur Bestätigung vorzulegen.

Die zuständigen leitenden Parteiorgane haben bei der Entscheidung über die Zugehörigkeit der Angehörigen der Kampfgruppen der Arbeiterklasse zu berücksichtigen, daß
- der geplante Bedarf für die Nationale Volksarmee und die anderen bewaffneten Organe gewährleistet ist;
- keine Doppelverwendung im Sinne der Planung für andere Organe bzw. für andere Tätigkeiten zugelassen wird,
- bei Betriebs- und Ortswechsel von Angehörigen der Kampfgruppen der Arbeiterklasse der Verbleib in den Kampfgruppen gesichert ist und die Übernahme in die neuen Einheiten erfolgt;
- in Durchführung der Abstimmung die Gefechtsbereitschaft aller Kampfgruppen-Einheiten ständig aufrechterhalten wird.

Die zuständigen leitenden Parteiorgane der Sozialistischen Einheitspartei Deutschlands haben zu gewährleisten, daß die Auswahl und Abstimmung auf dem kürzesten Wege erfolgt und daß mit den vorgesehenen Angehörigen der Kampfgruppen der Arbeiterklasse erst dann gesprochen wird, wenn über die Möglichkeit ihrer Zugehörigkeit zu den Kampfgruppen entschieden wurde.

Ministerrat der Deutschen Demokratischen Republik
Ministerium des Innern

Anordnung über die Gewährung eines Zuschlages zur Rente für Werktätige, die Angehörige der Kampfgruppen waren, und deren Hinterbliebene
vom 17. Sepember 1974 (GBl der DDR, Teil I Nr 49 vom 8. Oktober 1974)

In Würdigung der hohen Leistungen langjähriger Angehöriger der Kampfgruppen der Arbeiterklasse wird in Übereinstimmung mit dem Minister des Innern und Chef der Deutschen Volkspolizei sowie im Einvernehmen mit dem Bundesvorstand des Freien Deutschen Gewerkschaftsbundes folgendes angeordnet:

§ 1 Werktätige, die Angehörige der Kampfgruppen der Arbeiterklasse (nachstehend Kampfgruppen genannt) waren, erhalten bei Erreichen des Rentenalters oder bei Eintritt der Invalidität zur Rente der Sozialversicherung oder zu der an deren Stelle gezahlten Versorgung einen Zuschlag in Höhe von DM 100 M monatlich. Voraussetzung für den Anspruch ist, daß sie
a) mindestens 25 Jahre den Kampfgruppen angehört haben oder
b) mindestens 20 Jahre den Kampfgruppen angehört haben und infolge Untauglichkeit aus gesundheitlichen Gründen aus den Kampfgruppen ausgeschieden sind oder
c) infolge eines Unfalls bei Übungen oder Einsätzen der Kampfgruppen aus diesen ausscheiden mußten, unabhängig von der Dauer der Zugehörigkeit zu den Kampfgruppen. ...

§ 4 (1) Witwen und Waisen von Werktätigen, die Angehörige der Kampfgruppen waren, erhalten zur Hinterbliebenenrente der Sozialversicherung oder zu der an deren Stelle gezahlten Hinterbliebenenversorgung einen Zuschlag, wenn der Verstorbene eine der im § 1 genannten Voraussetzungen erfüllt hatte.

(2) Der Zuschlag beträgt monatlich
a) für die Witwe   60 M
b) für jede Vollwaise   40 M
c) für jede Halbwaise   30 M ...

§ 7 Diese Anordnung tritt am 1. Oktober 1974 in Kraft
Berlin, den 17. September 1974
Der Staatssekretär für Arbeit und Löhne
I.V. Ramuta
Stellvertreter des Staatssekretärs

Instruktion Nr. 22/78 des Stellvertreters des Ministers und Leiters der Politischen Verwaltung über die Aufgaben der Politorgane in der Deutschen Volkspolizei und in den anderen Organen des Ministeriums des Innern gegenüber den Kampfgruppen der Arbeiterklasse der DDR -
Vom 01.September 1978 - (Auszug)

1. Die Politorgane haben die Stellvertreter für politische Arbeit der Kommandeure der Kampfgruppen bei der Erfüllung ihrer Aufgaben anzuleiten und wirksam zu unterstützen. Sie haben darauf Einfluß zu nehmen, daß die den Organen des

Ministeriums des Innern übertragenen Gesamtaufgaben gegenüber den Kampfgruppen mit hoher Qualität und Effektivität erfüllt werden.
2. Die Politorgane haben sich in ihrer Tätigkeit darauf zu konzentrieren, daß die politische und ideologische Arbeit in den Kampfgruppen entsprechend den Beschlüssen, Befehlen und Weisungen erfolgt und darauf gerichtet wird, daß
- Parteiverbundenheit, unerschütterliches Vertrauen zur Partei, Liebe und Treue zur Arbeiterklasse, sozialistischer Patriotismus, hohes Klassen- und sozialistisches Nationalbewußtsein, leidenschaftliche Parteinahme für die allseitige Stärkung der DDR und die Bereitschaft, den Sozialismus unter allen Bedingungen zu verteidigen, die politisch-moralische Haltung der Angehörigen der Kampfgruppen bestimmen;
- alle Kampfgruppenangehörigen zutiefst davon überzeugt sind, daß das Verhältnis zur Sowjetunion und zur KPdSU der entscheidende Prüfstein für die Treue zum Marxismus-Leninismus und zum proletarischen Internationalismus und die Festigung des Bündnisses mit der Sowjetunion, die Entwicklung der sozialistischen ökonomischen Integration und die Zusammenarbeit im Warschauer Vertrag das Unterpfand des Werdens und Wachsens der sozialistischen Deutschen Demokratischen Republik sind;
- sozialistischer Internationalismus und die Waffenbrüderschaft mit der Sowjetarmee und den anderen Armeen des Warschauer Vertrages, die wachsende gemeinsame Verantwortung für den zuverlässigen Schutz des Sozialismus Herzenssache aller Kampfgruppenangehörigen ist,
- durch die ständige Entlarvung des menschenfeindlichen Wesens des Imperialismus, vor allem in der BRD, der Wurzeln und Klassenziele seiner Aggressionspolitik, die Kampfgruppenangehörigen zum unerbittlichen Haß gegen den Imperialismus erzogen, ihnen ein stabiles Feindbild vermittelt und sie befähigt werden, einen entschiedenen Kampf gegen alle Einflüsse der imperialistischen Ideologie zu führen;
- alle Kampfgruppenangehörigen zur Erfüllung des Gelöbnisses, zur revolutionären Wachsamkeit, zur strikten Erfüllung aller Beschlüsse, Befehle und Weisungen, zum Streben nach höchstmöglichen Ergebnissen in der Gefechtsausbildung und zu militärischer Disziplin und Ordnung erzogen werden;
- in der politischen Erziehung und in der Gefechtsausbildung Klugheit und Ideenreichtum der Kampfgruppenangehörigen ständig berücksichtigt und ihre Initiativen und Tatkraft gefördert werden.
3. Die Politorgane haben die Aufgabe:
- die Stellvertreter für politische Arbeit der Kommandeure der Kampfgruppeneinheiten bei der Wahrnehmung ihrer Verantwortung zur Festigung der Einzelleitung und Stärkung der Kampfkraft der Parteikollektive anzuleiten;
- die politische Arbeit während der Ausbildung und im Einsatz anzuleiten;
- alle Fragen der politischen Arbeit in den Kampfgruppen mit den zuständigen leitenden Parteiorganen zu beraten und abzustimmen und sie regelmäßig über die Ergebnisse zu informieren;
- die militärpolitische Schulung in den Kampfgruppen zu gewährleisten, ihre Ergebnisse regelmäßig zu analysieren und die leitenden Parteiorgane darüber zu informieren; ...

- die Kommandeure bei der Führung des sozialistischen Wettbewerbs zu unterstützen und darauf hinzuwirken, daß die schöpferischen Aktivitäten der Kampfgruppenangehörigen auf die Lösung der Aufgaben der politischen Erziehung und Gefechtsausbildung ausgerichtet, die übernommenen Verpflichtungen erfüllt und die Erfahrungen der Besten verallgemeinert werden;
- die kameradschaftliche Zusammenarbeit der Einheiten der Kampfgruppen mit den anderen bewaffneten Kräften der DDR sowie die Festigung der Waffenbrüderschaft mit der ruhmreichen Sowjetarmee zu fördern;
- Pflege und Wahrung der revolutionären Traditionen der deutschen Arbeiterbewegung und der Kampfgruppen zu unterstützen ...

8. Die Stellvertreter für politische Arbeit der Leiter der Zentralschule für Kampfgruppen „Ernst Thälmann" und der Kampfgruppenschule Gera haben:
- für die ständige Erhöhung des wissenschaftlich-theoretischen Niveaus der marxistisch-leninistischen Aus- und Weiterbildung, der erzieherischen Wirksamkeit und der politischen Überzeugungsarbeit der Lehrveranstaltungen zu sorgen und durch ihre aktive Mitarbeit an der Forschung wissenschaftlich-theoretischen Vorlauf für die Lösung herangereifter Probleme der politischen und militärischen Erziehung und Ausbildung zu schaffen;
- die politische Arbeit zielstrebig und ideenreich auf die wirksame Vermittlung, das Verstehen der Sicherheits- und Militärpolitik der Partei, der Probleme der Landesverteidigung, insbesondere der Anforderungen an die Arbeit in den Kampfgruppen, auf die umfassende Ausprägung klassenmäßiger Verhaltensweisen der Lehrgangsteilnehmer, des Lehr- und Stammpersonals zu richten, ein hohes Niveau der Propaganda, Agitation und Kulturarbeit entsprechend den Beschlüssen der Partei und den Befehlen und Weisungen zu sichern, ihre Qualität und Effektivität zu erhöhen sowie den Parteifunktionären und den Lehroffizieren wirksame Hilfe und Unterstützung zu geben.
Stellvertreter des Ministers und Leiter der Politischen Verwaltung
Reuther, Generalleutnant

Durchführungsanweisung des Leiters der Versorgungsdienste zum Befehl 0112/81 des Ministers des Innern und Chef der Deutschen Volkspolizei - Vom 19. Juni 1981 -
(Auszug)

Zur Durchführung des Kampfappells der Kampfgruppen der Arbeiterklasse anläßlich des 20. Jahrestages der Errichtung des antifaschistischen Schutzwalls am 13. August 1981
W E I S E   I C H   A N :

I.

1. (1) Die Stellvertreter der Chefs und Leiter der Versorgungsdienste der BDVP sind für die Maßnahmen zur Vorbereitung und Durchführung der materiellen,

technischen und medizinischen Sicherstellung aller am Kampfappell in der Hauptstadt der DDR, Berlin, teilnehmenden Kräfte und Mittel der Kampfgruppen der Arbeiterklasse verantwortlich.

II.

1. Sämtliche zum Kampfappell mitzuführenden Waffen sind auf der Grundlage der „Bilddokumentation zur einheitlichen Gestaltung der Technik" gründlich vorzubereiten.
2. (1) Der technische Zustand der Waffen muß den Abnahmebedingungen für die jeweilige Waffenart entsprechen.
2) Insbesondere sind zu gewährleisten:
a) Einheitlichkeit in der gesamten äußeren Beschaffenheit,
b) einheitliche Farbgebung und einwandfreie Brünierung,
c) Neuausstattung der MPi mit Trageriemen,
d) guter Pflegezustand der Pistolentaschen,
e) Ausstattung der MPi mit je einem Magazin, ohne Magazintasche und Seitengewehr, mit Zusatzvisier (Mündungsmutter oder Kompensator einheitlich je Marschblock bzw. Besatzung/Bedienung).
3. Notwendige Unterstützungsmaßnahmen bei der Vorbereitung der Waffen durch die Zentralen Waffenwerkstätten sind beim Leiter Abteilung Bewaffnung des MdI zu beantragen.
4. (1) Die Schützenwaffen (Pistolen, MPi) der aus den Bezirken teilnehmenden Kampfgruppenangehörigen sind in Waffentransportkisten verpackt und auf LKW W 50 L/A (je Marschblock ein LKW) nach Berlin zu transportieren.
(2) Die Waffentransportkisten müssen über Festlegehölzer verfügen. Sie sind zu verplomben und mit der Nr. des Marschblocks und des Gliedes zu beschriften (z.B. Marschblock Nr 3, Glied Nr. 61 - 70).
5. (2) Als Sicherungskräfte sind je Waffentransportfahrzeug einzusetzen:
- der Kraftfahrer
- ein Waffenwart, zugleich Reservekraftfahrer.
(3) Die Sicherungskräfte sind mit MPi und der Erstausstattung Munition (90 Patronen M 43) auszurüsten (ein gefülltes Magazin in der Waffe, die übrigen in der Magazintasche).

IV.

1. (1) Zur Gewährleistung der Einheitlichkeit der festgelegten Bekleidungsordnung der Teilnehmer am Kampfappell sind in der Vorbereitungsphase B/A-Appelle durchzuführen. Erforderliche Ergänzungen mit B/A-Stücken sind bei Notwendigkeit vorzunehmen.
(2) Die Teilnehmer am Kampfappell reisen in der festgelegten Anzugsordnung an.
(3) Als Reserve (Schlechtwettervariante) ist die zweite am Mann befindliche Uniform sowie das Sturmgepäck Teil I mit folgendem Inhalt geschlossen mitzuführen:
- 1 Garnitur Unterwäsche,
- 1 Paar Socken,
- 1 Feldflasche,

- Dinge des persönlichen Bedarfs einschließlich Feldeßbesteck.
2. (1) Die Stahlhelme sind einheitlich, durch die BDVP zentral, mit der Farbe Nr. AVA Typ 4608/7157 steingrau-matt, zu spritzen. Die Bereitstellung der Farbe und eines Farbmusters erfolgt zentral. Die Abholung hat am 30.06.1981 im PdVP Berlin, BVL, zu erfolgen.
(2) Auf dem Marsch sind die Stahlhelme, durch Einschnüren in abgeknöpfte Kapuze der Uniform, geschützt zu transportieren.

VI.

2. (1) Die zum Kampfappell eingesetzten Waffen und Fahrzeuge sind in einen einwandfreien technischen und äußeren Zustand zu versetzen.
(2) Der technische und äußere Zustand der schweren Waffen hat den Abnahmebedingungen für die jeweilige Waffenart zu entsprechen. Insbesondere ist zu gewährleisten:
a) die Einheitlichkeit in der gesamten äußeren Beschaffenheit,
b) die einheitliche Farbgebung, vor allem die Übereinstimmung des Farbtons der Waffen mit dem der Fahrzeuge,
c) die Sauberkeit und Einheitlichkeit der Waffenbezüge,
d) die Vollständigkeit der Minimalausstattung der Waffen und des Zubehörs mit den Besonderheiten
- 76-mm-Kanone ohne Schanzzeug und ohne Optik;
- 23-mm-Flak ZU 23 je Waffen (Rohr) ein Gurtkasten, ohne Optik;
- 7,62-mm-sMG SGM ein Patronenkasten,
e) einwandfreie Bereifung der schweren Waffen,
f) einwandfreier Zustand der Waffenhalterungen auf dem SPW und der Podeste für SPG 9 D sowie 82-mm-Granatwerfer auf MTW Robur.
(3) Das einheitliche Aussehen der Fahrzeuge ist durch die volle Ausrüstung des in den Einheiten der Kampfgruppen der Arbeiterklasse in Berlin vorhandenen Fahrzeugbestandes sowie der zugeordneten Fahrzeuge zu sichern. Folgende Anforderungen sind zu erfüllen:
a) alle Fahrzeuge sind
- mit einer einheitlichen Farbgebung zu versehen;
- mit einwandfreier Bereifung auszustatten;
- vollständig auszurüsten (einschließlich Reservekanister, Werkzeug, Zubehör entsprechend der Erstausstattung, Verbandskasten);
- mit einer Auffüllung T/S auszustatten. Die Tank- und Kanisterverschlüsse sind zu verplomben.
b) Die Einheitlichkeit der äußeren Gestaltung der Fahrzeuge muß für
- SPW mindestens paarweise
- MTW mindestens innerhalb der einzelnen Waffenarten hergestellt werden.
c) Die SPW 152 sind in geschlossener Ausführung einzusetzen und mit Spurbahnbrücken auszurüsten,
d) auf den Ladeflächen der MTW befindliche Feuerlöscher, Hinweisschilder und Mittelbänke sind zu entfernen,
f) die SPW sind mit je 2 Panzerhauben und mit Antennen auszustatten,

g) bei den mit Spill ausgerüsteten SPW 152 sind die Seilenden vollständig auf die Trommel aufzurollen und zu befestigen. ...
Berlin, den 19. Juni 1981
Leiter der Versorgungsdienste
Tittelbach, Generalmajor

Rede des Generalsekretärs des ZK der SED und Vorsitzenden des Staatsrates der DDR, Erich Honecker, auf dem Kampfappell bewaffneter Kräfte zum 20. Jahrestag der Errichtung des antifaschistischen Schutzwalls am 13. August 1981 in Berlin

Genossen Kämpfer!
Genossen Angehörige der bewaffneten Kräfte!
Liebe Berlinerinnen und Berliner!
Werte Gäste!
Heute begehen wir mit diesem machtvollen Kampfappell in feierlicher Form den Tag, an dem vor zwanzig Jahren entsprechend einem Beschluß des Warschauer Vertrages rings um Westberlin eine solche Grenzordnung eingeführt wurde, die eine zuverlässige Kontrolle gewährleistete und der imperialistischen Wühltätigkeit gegen die Länder der sozialistischen Gemeinschaft wirksam den Weg verlegte. Zwei ereignisreiche Jahrzehnte sind seit dem 13. August 1961 vergangen. Die als Kinder damals zehn Jahre alt waren, stehen heute im blühenden Menschenalter. Mit Genugtuung darf man feststellen:
Durch die Errichtung des antifaschistischen Schutzwalls sorgten wir für den Schutz der sozialistischen Errungenschaften unserer Arbeiter-und-Bauern-Macht und leisteten zugleich einen großen Beitrag zur Sicherung des Friedens.
Der 13. August wird für immer ein Tag sein, der den Beginn eines neuen Abschnitts in der Geschichte unserer Republik und Europas markiert. Gestattet mir, aus diesem Anlaß Euch, den Teilnehmern dieser eindrucksvollen Manifestation, im Namen des Zentralkomitees der Sozialistischen Einheitspartei Deutschlands, des Staatsrates und des Ministerrates der Deutschen Demokratischen Republik die herzlichsten, brüderlichen Kampfesgrüße zu übermitteln.
Wir Ihr alle wißt, stand im Sommer 1961 für den Weltfrieden viel auf dem Spiel. Die aggressivsten Kreise des Imperialismus in der BRD und in anderen Staaten der NATO unternahmen damals massiv den Versuch, ihre Träume vom „Tag X" zu realisieren. Als ihr Ziel nannten sie unverhohlen das Zurückrollen des Sozialismus, die Beseitigung der Arbeiter-und-Bauern-Macht auf deutschem Boden. In ihrer Verblendung sahen sie, wie sie selber sagten, schon die Bundeswehr mit klingendem Spiel durch das Brandenburger Tor ziehen. Doch daraus ist nichts geworden.
Die Kampfgruppen der Arbeiterklasse, Einheiten der Nationalen Volksarmee, der Grenztruppen, der Volkspolizei nahmen die Staatsgrenze unserer Deutschen De-

mokratischen Republik zu Westberlin unter Kontrolle und verstärkten den Schutz der Grenze zur BRD. So wurde der 13. August zu einem schwarzen Tag für die Ostlandreiter. Ein für allemal wurde klargestellt, daß die Deutsche Demokratische Republik ein Eckpfeiler des Friedens in Europa ist. Es wurde verhindert, daß der Imperialismus weiterhin seine Hände in unsere Taschen steckt und sich, wie er das bei offener Grenze jahrelang getan hatte, am Fleiß unseres Volkes bereichert. Deutlich für jedermann trat zutage, daß die Deutsche Demokratische Republik ein souveräner, unabhängiger sozialistischer Staat ist, in dem das Volk über seine Geschicke selbst bestimmt. Durch die Maßnahmen vom 13. August 1961 wurde der Frieden gerettet. Den Imperialisten wurden die Grenzen ihrer Macht gezeigt. Unsere Deutsche Demokratische Republik ist unter der Führung der Sozialistischen Einheitspartei Deutschlands, durch das gemeinsame Handeln der in der Nationalen Front vereinigten Parteien und Massenorganisationen seitdem weiter erstarkt. Im Leben der Menschen haben sich tiefgreifende Veränderungen zum Guten vollzogen. Davon zeugen die bedeutenden Fortschritte bei der Gestaltung der entwickelten sozialistischen Gesellschaft, zeugen der Aufstieg unserer Volkswirtschaft, das Aufblühen von Wissenschaft und Kultur. Erfolgreich realisieren wir das bisher größte sozialpolitische Programm mit seinem Kernstück, dem Wohnungsbau. Das materielle und kulturelle Lebensniveau des Volkes hat sich spürbar erhöht.

Wir sind entschlossen, diesen Kurs der Einheit von Wirtschafts- und Sozialpolitik entsprechend den Beschlüssen des X. Parteitages der Sozialistischen Einheitspartei Deutschlands konsequent fortzusetzen. Die positiven Ergebnisse der Planerfüllung im ersten Halbjahr 1981 zeigen, daß die Werktätigen unsere Politik durch hohe Leistungen unterstützen. Das enge Vertrauensverhältnis zwischen Partei und Volk ist auch weiterhin die Quelle unserer Kraft und der Garant für die Verwirklichung unserer großen Ziele.

Liebe Freunde und Genossen!

Unseren Kampf für Sozialismus und Frieden führen wir von festen Positionen aus. Unerschütterlich ist unsere brüderliche Verbundenheit mit der Sowjetunion und den anderen Ländern der sozialistischen Gemeinschaft. Die geschichtliche Bedeutung dieses Freundschaftsbundes freier Völker kam bei meinem diesjährigen Krim-Treffen mit unserem Freund und Genossen Leonid Iljitsch Breshnew erneut zum Ausdruck. Wir konnten erklären, daß der XXVI. Parteitag der kommunistischen Partei der Sowjetunion und der X. Parteitag der Sozialistischen Einheitspartei Deutschlands der allseitigen Zusammenarbeit unserer beiden Länder neue Horizonte eröffnet haben. Dementsprechend werden wir im jetzigen Jahrfünft die Kooperation in der Produktion wesentlich erweitern und bedeutende gemeinsame Vorhaben verwirklichen.

Außenpolitisch sehen wir die Friedenssicherung als zentrale Aufgabe an. Wer an der Notwendigkeit dieser Aufgabenstellung bisher noch zweifelte, der wird durch die jüngsten Beschlüsse der USA über den Bau der Neutronenbombe eines Besseren belehrt. Diese Entscheidung, die an dem Tag gefällt wurde, an dem vor 36 Jahren die erste amerikanische Atombombe über Hiroshima explodierte und mehr als 200 000 Menschenleben auslöschte, stellt eine Herausforderung für alle in der Welt dar, denen das friedliche Leben der Völker das heiligste Gut ist. Gerade

jetzt kommt es darauf an, im Interesse einer friedlichen Zukunft der Menschheit alle Chancen zu nutzen, um die Atomwaffe zu ächten und zu Vereinbarungen über die Rüstungskontrolle und Abrüstung zu gelangen.
Ich möchte wiederholen, was ich gemeinsam mit Genossen Breshnew auf der Krim zum Ausdruck brachte: Europa braucht keine Auffüllung der Arsenale mit Waffen aus Übersee, sondern eine Begrenzung und den Abbau des Wettrüstens jeder Art, besonders des nuklearen. Nicht Konfrontation, wie sie durch die Hochrüstung der NATO und ihren Brüsseler Raketenbeschluß betrieben wird, sondern Frieden und gegenseitig vorteilhafte Zusammenarbeit sind das Grundanliegen der Völker. Dies bringt auch das starke Anwachsen der Friedensbewegung in vielen Ländern des Kapitals nachhaltig zum Ausdruck. Wenn aggressive imperialistische Kreise heute glauben, am bestehenden Kräftegleichgewicht in Europa rütteln zu können, dann werden sie genauso ein Fiasko erleiden wie am 13. August 1961.
Genossen Kämpfer!
Genossen Angehörige der bewaffneten Kräfte!
Angesichts der friedensfeindlichen Machenschaften des Imperialismus ist und bleibt es unsere Pflicht, die Verteidigungsbereitschaft unserer Republik stets auf dem erforderlichen Niveau zu gewährleisten und niemandem zu gestatten, die Errungenschaften unseres Volkes und die Staatsgrenze der Deutschen Demokratischen Republik anzutasten. Mit Freude kann unser Volk feststellen, daß die Angehörigen der Kampfgruppen der Arbeiterklasse in der ersten Reihe derer stehen, die sowohl in der Produktion als auch beim Schutz der sozialistischen Heimat hervorragende Leistungen vollbringen. Ihr, Genossen Kämpfer, verkörpert die Einheit von friedlicher Arbeit und zuverlässigem bewaffnetem Schutz der Deutschen Demokratischen Republik.
Im sozialistischen Wettbewerb der Kampfgruppen erzielt Ihr Ergebnisse, die sich würdig in die Initiativen der Werktätigen zur Realisierung des Volkswirtschaftsplanes 1981 einreihen. Eure Leistungen bei der Gefechtsausbildung, für eine hohe Einsatzbereitschaft aller Einheiten verdienen große Anerkennung. Wir wissen, daß Ihr dafür viele Stunden Freizeit opfert. In unsere Wertschätzung schließen wir Eure Frauen und Mädchen ein, die Euch durch ihr Verständnis unterstützen.
Seite an Seite mit Euch erfüllen die Angehörigen der Nationalen Volksarmee und aller bewaffneten Kräfte der Deutschen Demokratischen Republik den verantwortungsvollen Klassenauftrag des X. Parteitages unserer Partei. Für diese ständige, treue Pflichterfüllung, für die hohe Einsatz- und Gefechtsbereitschaft spreche ich Euch den herzlichsten Dank der Partei- und Staatsführung aus.
Liebe Genossen!
Liebe Berlinerinnen und Berliner!
Die Geschichte ist bekanntlich ein guter Lehrmeister. Sie hat bewiesen, daß an der Existenz, an der stabilen Entwicklung des ersten Staates der Arbeiter und Bauern auf deutschem Boden weder gerührt noch gerüttelt werden kann. Durch die Verwirklichung der vom X. Parteitag der Sozialistischen Einheitspartei Deutschlands beschlossenen Ziele stärken wir allseitig die Deutsche Demokratische Republik. So mehren und schützen wir die großen revolutionären Errungen-

schaften unseres Volkes im engsten Bündnis mit der Sowjetunion und allen Bruderländern der sozialistischen Gemeinschaft.
Es lebe und gedeihe unser sozialistisches Vaterland, die Deutsche Demokratische Republik!
Es lebe der Kampf für Frieden und Sozialismus!

Dienstvorschrift 101/84 über den Einsatz der Kampfgruppen der Arbeiterklasse
VD KG 232/82
Berlin, den 05.01.83
Minister des Innern und Chef der Deutschen Volkspolizei
Dickel Generaloberst   (Vertrauliche Dienstsache W-DV-101/84, Auszug)

Zur Durchsetzung einheitlicher Grundsätze der Organisation und Durchführung von Einsätzen durch Einheiten der Kampfgruppen der Arbeiterklasse
wird festgelegt:
I. Allgemeine Grundsätze
1(1) Die Bataillone, Hundertschaften und Züge der Kampfgruppen der Arbeiterklasse (nachfolgend Einheiten genannt) sind nach militärischen Prinzipien gegliederte, geführte, ausgerüstete und ausgebildete Einheiten, die zur Gewährleistung des Schutzes der sozialistischen Ordnung und zur Verteidigung des Territoriums der Bezirke und Kreise der DDR eingesetzt werden.
(2) Im Einsatz führen die Einheiten selbständig oder im Zusammenwirken mit anderen bewaffneten Kräften taktische Handlungen durch
a) im Interesse der jederzeitigen Gewährleistung der öffentlichen Ordnung und Sicherheit,
b) zur Aufklärung, Vernichtung und Gefangennahme von Kräften des Gegners (vorwiegend subversive Kräfte, Diversions- und Aufklärungsgruppen, Luft- und Seelandeeinheiten),
c) zur Sicherung, Deckung und Verteidigung wichtiger Objekte, Abschnitte und Räume.
2. (1) Taktische Handlungen sind der Angriff, die Verteidigung, die militärische Sicherung und Verteidigung von Objekten, die Suche, die Einkreisung, der Hinterhalt, die Verfolgung sowie das Sperren und Räumen von Straßen und Plätzen.
...
4. Granatwerfer werden eingesetzt, um den Gegner und seine Feuermittel in und außerhalb von Deckungen niederzuhalten oder zu vernichten, Sperren des Gegners zu zerstören und das Gelände zu beleuchten.
5. (1) Geschütze werden eingesetzt, um gepanzerte und andere Fahrzeuge sowie Kräfte und Mittel des Gegners zu vernichten oder niederzuhalten.
6. Luftabwehrmittel werden eingesetzt zur Vernichtung tieffliegender Luftziele und in Einzelfällen gegen Erdziele (Niederhaltung des Gegners und seiner Feuermittel in der Hauptanstrengung der Handlungen).

7. Pionierkräfte werden vorrangig eingesetzt zur Pionieraufklärung, zum Schaffen von Gassen in Sperren, zum Anlegen und Räumen von Sperren, behelfsmäßigen Übersetzmitteln sowie Feldbefestigungsmittelanlagen und zur Wasseraufbereitung

8. Struktur- und nichtstrukturmäßige Trupps für Kernstrahlungs- und chemische Aufklärung (TKCA/NTKCA) werden eingesetzt zur Kernstrahlungs- und chemischen Aufklärung.

9. Nachrichtenkräfte werden eingesetzt, um ununterbrochene Nachrichtenverbindungen der Führung, des Zusammenwirkens, der Benachrichtigung und Warnung sicherzustellen.

10. (1) Der Einsatz der Einheiten erfolgt meist unter den Bedingungen sich schnell verändernder Lage, selbständiger Handlungen, des Einsatzes von Massenvernichtungsmitteln, umfangreicher Zerstörungen, größerer Zwischenräume, offener Flanken und häufiger Manöver.
(2) Der Einsatz erfordert von jedem Kampfgruppenangehörigen unbedingte Treue zum Gelöbnis, moralische Festigkeit, strenge Disziplin und Ordnung, revolutionäre Wachsamkeit sowie die widerspruchslose, exakte und schnelle Ausführung aller Befehle.
(3) Ideologische Klarheit, hohe Bewußtheit, ausgezeichnetes militärisches Wissen und Können, unbeugsamer Siegeswille und ein hohes physisches Leistungsvermögen jedes einzelnen sowie die Geschlossenheit und hohe Gefechtsbereitschaft der Einheiten sind grundlegende Voraussetzungen für den Erfolg im Einsatz.

11. Der Erfolg im Einsatz wird erreicht durch:
a) kühne, initiativreiche und überraschende Handlungen sowie Erringung der Initiative gegenüber dem Gegner,
b) ununterbrochene und aktive Aufklärung,
c) straffe und ständige Führung der Einheiten,
d) schnelles Reagieren auf Lageveränderungen und entschlossene Manöver,
e) ständige Gewährleistung des Schutzes vor Massenvernichtungsmitteln
f) geschickte Tarnung, Täuschung des Gegners und gedeckte Vorbereitung der eigenen Handlungen,
g) Bereithalten von ausreichenden Reserven,
h) rechtzeitige und vollständige rückwärtige Sicherstellung.

12. (1) Das Feuer ist das Hauptmittel zur Vernichtung des Gegners. Eine hohe Wirkung wird durch seine Rechtzeitigkeit, Genauigkeit, Massiertheit, Überraschung, überfallartige Eröffnung und Leitung erreicht.
(2) Geschütze und Granatwerfer (nachfolgend Artillerie genannt) schießen zusammengefaßtes Feuer auf ein Ziel oder eine Zielgruppe, Sperrfeuer zum Abschlagen von Angriffen des Gegners und Sperren seiner Bewegungsrichtung sowie Feuer auf einzelne Ziele mit einzelnen Geschützen, Werfern oder zugweise.

II. Führung

14. Die Führung der Einheiten umfaßt die gesamte Tätigkeit des Kommandeurs, der (des) Stellvertreter(s) und des Stabes zur Organisation und Durchführung des Einsatzes. Sie muß ununterbrochen, straff, wendig, operativ, gedeckt und zentralisiert sein sowie die Initiative der Unterstellten gewährleisten.

III. Politische Arbeit

31. (1) Die politische Arbeit während der Handlungen ist auf die unablässige Aufrechterhaltung und Festigung der Kampfkraft und Gefechtsbereitschaft der Einheiten und die vorbildliche und initiativreiche Erfüllung der Aufgaben im Einsatz unter allen Bedingungen zu richten.
(2) Die politische Arbeit ist auf der Grundlage der Beschlüsse der SED sowie des Nationalen Verteidigungsrates und der zu ihrer Durchführung erlassenen Rechtsvorschriften, Befehle, Direktiven und anderen Weisungen zu führen und zu organisieren und hat der jeweiligen Handlung und Lage zu entsprechen. Sie hat zum Ziel:
a) die weitere konsequente Durchsetzung der führenden Rolle der SED, insbesondere durch die Festigung der militärischen Einzelleitung, die stetige Sicherung der Kampfkraft der Parteigruppen, die Sicherung der Vorbildhaltung aller Kommunisten und eine hohe Wirksamkeit der Stellvertreter der Kommandeure für politische Arbeit in allen Einheiten,
b) die ständige und allseitige Gewährleistung bzw. Wiederherstellung einer hohen Kampfmoral sowie die konsequente Durchsetzung der revolutionären Wachsamkeit, Geheimhaltung, Disziplin und Ordnung,
c) die Erfüllung der Aufgabe bzw. die Aufrechterhaltung oder Wiederherstellung der öffentlichen Ordnung und Sicherheit,
d) die weitere Erziehung zu klassenmäßig gestählten, politisch-moralisch oder psychologisch gefestigten Kampfgruppenangehörigen, besonders durch die Vertiefung der marxistisch-leninistischen Weltanschauung und die psychologisch-moralische Vorbereitung auf den bewaffneten Kampf.
32. (1) Die Aufgaben, Formen und Methoden der politischen Arbeit sind von der Lage, der gestellten Aufgabe sowie dem politisch-moralischen Zustand der Einheit abhängig und werden durch Vorbefehle des Kommandeurs und durch seine Aufgabenstellung festgelegt.
(2) Die Aufgaben der politischen Arbeit während der Handlungen bestehen im besonderen darin:
a) das Vertrauen und die Ergebenheit aller Kampfgruppenangehörigen zur SED und zur Regierung der DDR sowie zur Einheit, Geschlossenheit und Überlegenheit der sozialistischen Staatengemeinschaft zu festigen,
b) die Verbundenheit mit den anderen bewaffneten Kräften der DDR sowie die Waffenbrüderschaft mit der Sowjetarmee und den anderen Armeen des Warschauer Vertrages zu vertiefen,
c) die uneingeschränkte Autorität der Vorgesetzten, das Vertrauen zu ihnen sowie die widerspruchslose Unterordnung unter die Beschlüsse, Befehle und andere Weisungen zu entwickeln,
d) die sozialistischen Überzeugungen weiter wirksam zu vertiefen und die politische Standhaftigkeit der Kampfgruppenangehörigen zu festigen;
e) ständig im erforderlichen Umfang über die aktuelle Klassenkampfsituation und die daraus resultierende politische und militärische Lage zu informieren, die Lage im Raum der Handlungen zu erläutern und die subversiven, bzw. aggressiven Absichten und Ziele des Gegners zu entlarven,
f) die Idee und die Aufgabenstellung der Vorgesetzten zu erläutern, die persönliche Verantwortung jedes Kampfgruppenangehörigen für die Errungung und Be-

hauptung des Erfolges im Einsatz bewußt zu machen sowie Rolle, Platz und Aufgaben der Einheiten im Einsatz zu verdeutlichen,
g) bei den Kampfgruppenangehörigen solche moralisch-kämpferischen Eigenschaften zu festigen wie Mut, Ausdauer, Standhaftigkeit, Besonnenheit, Entschlossenheit, Aktivität und Initiative,
h) den unerbittlichen Haß gegenüber dem imperialistischen Feind und seine Handlanger zu vertiefen und das Feindbild auszuprägen ...
l) Angst und Panik sowie Erscheinungen von Gehorsamsverweigerung und Nichterfüllung von Befehlen und anderen Weisungen bereits im Ansatz kompromißlos zu verhindern bzw. zu bekämpfen ...
o) die enge Verbundenheit der Kampfgruppen mit der Bevölkerung des Handlungsraumes zu fördern, die differenzierte Mitarbeit von Bürgern bei der Lösung von Aufgaben zu erreichen sowie den weitestgehenden Schutz und die Erhaltung des gesellschaftlichen und persönlichen Eigentums, der natürlichen Ressourcen sowie die Bewahrung von Kulturgütern und -denkmälern zu unterstützen. ...
VII. Angriff
88. (1) Der Angriff hat das Ziel, den Gegner in kurzer Zeit zu vernichten bzw. gefangenzunehmen und wichtige Abschnitte, Räume und Objekte einzunehmen.
(2) Es wird erreicht durch:
a) die aktive Aufklärung des Gegners und zweckmäßige Ausnutzung des Geländes,
b) die schnelle Vernichtung des Gegners durch das Feuer der Waffen,
c) den entschlossenen Angriff der Einheiten auf die Widerstandsnester bzw. Stützpunkte des Gegners,
d) zweckmäßige Manöver der Einheiten in Flanken und Rücken des Gegners, seine Einkreisung und Vernichtung,
e) die unablässige Verfolgung des Gegners ...
118. (1) Der Angriff auf subversive Kräfte wird auf der Grundlage der allgemeinen Prinzipien des Angriffs organisiert und durchgeführt.
(2) Der vermutliche Raum, in dem sich subversive Kräfte festgesetzt haben, ist den Möglichkeiten entsprechend abzuriegeln.
(3) Der tatsächliche Raum des Aufenthaltes ist durch Aufklärungs- und Suchhandlungen festzustellen. Die gegnerische Kräfte sind einzukreisen, ein Ausbruch ist nicht zuzulassen.
(4) Der Angriff kann aus einer oder mehreren Richtungen gleichzeitig oder aufeinanderfolgend erfolgen.
(5) Reserven sind entsprechend der Lage im Handlungsraum dezentralisiert an wichtigen Abschnitten unterzubringen.
(6) Nach Abschluß der Handlungen ist der Handlungsraum nach Feindmaterialien abzusuchen.
VIII. Verteidigung
119. Die Verteidigung hat das Ziel, den Angriff überlegener Kräfte des Gegners abzuwehren, ihnen bedeutende Verluste zuzufügen, die bezogenen Stellungen zu halten und dadurch günstige Bedingungen für den Übergang zum Angriff zu schaffen.
IX. Militärische Sicherung und Verteidigung von Objekten

148. (1) Die militärische Sicherung und Verteidigung von Führungsstellen, Anlagen, Einrichtungen und Betrieben (nachfolgend Objekte genannt) hat das Ziel, gegnerische Anschläge auf Objekte zu verhindern bzw. abzuwehren, den Gegner zu vernichten oder gefangenzunehmen.
(2) Sie umfaßt die zuverlässige äußere Sicherung und standhafte Verteidigung der Objekte und wird in der Regel auf der Grundlage vorbereiteter Objektsicherungs- und verteidigungspläne organisiert und durchgeführt.
X. Suche
163. (1) Die Suche hat das Ziel, gegnerische Kräfte aufzuspüren, zu vernichten oder gefangenzunehmen, Verstecke aufzufinden sowie Waffen, Geräte und andere Gegenstände, die auf den Aufenthalt gegnerischer Kräfte schließen lassen, sicherzustellen.
XI. Einkreisung, Hinterhalt, Verfolgung
186. (1) Die Einkreisung hat das Ziel, den Gegner, der sich verborgen hält oder festgesetzt hat, vollständig zu umstellen und durch den entschlossenen Angriff zu vernichten bzw. gefangenzunehmen.
(2) Die Gefechtsordnung kann bestehen aus:
a) Einkreisungskräften,
b) Liquidierungskräften,
c) Sicherungskräften,
d) der Waffengruppe,
e) der Reserve...
188. (1) Die Liquidierungskräfte haben die Aufgabe, den Gegner nach der Einkreisung durch Angriffshandlungen zu vernichten oder gefangenzunehmen...
192. (1) Der Hinterhalt hat das Ziel, den Gegner überraschend zu vernichten oder gefangenzunehmen und Beweismaterial sicherzustellen...
196. (1) Die Verfolgung hat das Ziel, flüchtende bzw. sich in Bewegung befindliche Kräfte des Gegners in kürzester Zeit zu vernichten bzw. gefangenzunehmen. Sie wird durchgeführt, wenn
a) die tatsächliche bzw. vermutliche Bewegungsrichtung des Gegners bekannt ist,
b) sich der Gegner der Gefangennahme durch Flucht entziehen will,
c) Spuren des Gegners vorhanden sind.
XII. Sperren und Räumen von Straßen und Plätzen
200. Das Sperren und Räumen hat das Ziel, Störungen der öffentlichen Ordnung und Sicherheit zu verhindern oder zu beseitigen, ein festgelegtes Regime durchzusetzen, die Bevölkerung von Gefahrenherden zu entfernen, mit Rechtsverletzern durchsetzte Menschenansammlungen abzudrängen und die Rechtsverletzer zu lokalisieren, herauszulösen und festzunehmen.
201. (101) Die zum Sperren eingesetzten Kräfte haben die Aufgabe:
a) das unberechtigte Überschreiten oder Überfahren des Sperrabschnittes zu verhindern,
b) alle Versuche, den abgesperrten Raum oder Abschnitt zu erweitern oder zu verengen, nicht zuzulassen,
c) die Handlungen anderer Einsatzkräfte zu unterstützen,
d) Rechtsverletzer, die versuchen, die Sperrkette zu durchbrechen, festzunehmen.
(2) Die zum Räumen eingesetzten Kräfte haben die Aufgabe:

a) zügig und entschlossen Straßen, Wege und Plätze zu räumen, Menschenansammlungen abzudrängen;
b) das Durchbrechen der Räumkette nicht zuzulassen,
c) Rechtsverletzer sowie Personen, die während des Räumens Widerstand leisten, festzunehmen.

Rede des Generalsekretärs des Zentralkomitees der SED und Vorsitzenden des Staatsrates der DDR, Erich Honecker, zur Auszeichnung von Angehörigen der Kampfgruppen im Staatsrat der DDR am 23. September 1983

Liebe Genossen und Freunde!
Aus Anlaß des dreißigjährigen Bestehens der Kampfgruppen der Arbeiterklasse der Deutschen Demokratischen Republik werden heute verdiente Kämpfer, Unterführer und Kommandeure, Genossen der Deutschen Volkspolizei und des Parteiapparates sowie Kampfgruppeneinheiten mit hohen staatlichen Auszeichnungen geehrt. Damit würdigt die Partei- und Staatsführung die hervorragenden Leistungen, die sie bei der Entwicklung der Kampfgruppen, ihrer Kampfkraft und ständigen Gefechtsbereitschaft zum Schutz unserer Arbeiter-und-Bauern-Macht vollbracht haben.
In drei Jahrzehnten haben sich die Kampfgruppen jederzeit als ein zuverlässiges bewaffnetes Organ der Arbeiterklasse der Deutschen Demokratischen Republik erwiesen. Gerade in einer zugespitzten internationalen Klassenkampfsituation, wie wir sie gegenwärtig als Folge des imperialistischen Kurses der Konfrontation und der Hochrüstung erleben, bewähren sich unsere Kampfgruppen als ein wichtiger Garant der Verteidigung der revolutionären Errungenschaften unseres Volkes und des Friedens.
Immer mehr gewinnen ihre unerschütterliche Treue zur Sozialistischen Einheitspartei Deutschlands, ihre politische Standhaftigkeit, bewußte Disziplin und revolutionäre Wachsamkeit an Bedeutung. Mit unserem Volk tief verbunden und von ihm hoch geachtet, erfüllen die Kämpfer, Unterführer und Kommandeure in allen Einheiten beispielhaft ihre Klassenpflicht. Sie halten die wehrhaften Traditionen der revolutionären deutschen Arbeiterbewegung in Ehren und setzen sie würdig fort.
Es ist eine historische Tatsache von größtem Gewicht, daß es zum ersten Mal auf deutschem Boden eine starke Arbeiter-und-Bauern-Macht gibt, unsere sozialistische Deutsche Demokratische Republik. Durch sie hat das Volk wahrhaft Freiheit erlangt. Diese Macht gewährleistet eine Politik, deren oberster Grundsatz darin besteht, alles für das Wohl der Menschen zu tun. Niemals wieder wird es der Reaktion, wie noch bei der deutschen Novemberrevolution vor 65 Jahren, möglich sein, der Arbeiterklasse zu entreißen, was sie unter vielen Opfern erkämpft hat. Heute sind ihre Errungenschaften zuverlässig geschützt. Daran habt Ihr, haben unsere Kampfgruppen - einen wesentlichen Anteil.

Die Angehörigen Eurer Einheiten leisten Beispielhaftes in der täglichen Arbeit und sind zugleich mit Hingabe und Einsatzbereitschaft bestrebt, auch das militärische Handwerk zu beherrschen. Für Euch und all jene Genossinnen und Genossen, die für die Entwicklung der Kampfgruppen unmittelbar Verantwortung tragen, bringt das viele zusätzliche Verpflichtungen mit sich, für die Ihr auf nicht wenig Freizeit und manch andere Annehmlichkeit des Lebens verzichtet.
Unsere Partei, unser sozialistischer Staat und unser Volk setzen volles Vertrauen in die Kampfgruppen und bringen ihnen von ganzem Herzen Aufmerksamkeit und Wertschätzung entgegen. Bereits jetzt haben die Kampfgruppen ihr Versprechen an den X. Parteitag eingelöst. Im sozialistischen Wettbewerb verzeichnen sie beträchtliche Erfolge in der gegenwärtigen Ausbildungsperiode. Gewachsen ist ihre Fähigkeit, in komplizierten Situationen der Klassenauseinandersetzung jeden Auftrag der Partei zu erfüllen. Die Kampfkraft hat sich weiter gefestigt.
Bei steigenden Anforderungen in der Ausbildung wurden gute und sehr gute Ergebnisse in allen Disziplinen erreicht.
Beeindruckend ist die große Beteiligung an allen Maßnahmen der Ausbildung und der Überprüfung der Gefechtsbereitschaft. Im ganzen Land verfügen wir über stabile Kampfkollektive, die von politisch und militärisch qualifizierten, lebenserfahrenen Kommandeuren geführt werden und an der Seite der anderen bewaffneten Organe dem Gegner keine Chance lassen.
Auf vielfältige Weise, durch ihre beispielhaften Produktionsleistungen sowie die erforderlichen Ergebnisse in der Ausbildung und bei der Sicherung der Gefechtsbereitschaft haben die Kämpfer, Unterführer und Kommandeure dazu beigetragen, daß wir den bevorstehenden 34. Jahrestag unserer Deutschen Demokratischen Republik mit einer Bilanz begehen, die sich sehen lassen kann.
Dafür möchte ich unseren herzlichsten Dank zum Ausdruck bringen. Wir danken den Angehörigen der Kampfgruppen und all ihren Helfern in Betrieben und Produktionsgenossenschaften, in wissenschaftlichen Institutionen und Verwaltungen, den Genossen der Deutschen Volkspolizei und in den leitenden Parteiorganen der Kreise und Bezirke. Wir danken auch den Familien, insbesondere den Ehefrauen der Kampfgruppenangehörigen, für ihr Verständnis und ihre aktive, selbstlose Unterstützung.
Unter den heute Auszuzeichnenden sind nicht wenige, die seit dem ersten Tage in den Reihen der Kampfgruppen gestanden und für ihre Entwicklung all ihre Kraft eingesetzt haben. Geehrt werden Kommandeure und Politstellvertreter von 37 Einheiten, die zu den Besten der Kampfgruppen in unserer Republik gehören. Ich möchte das Kampfgruppenbataillon „Bernard Koenen" aus Halle-Leuna nennen, das Kampfgruppenbataillon „Ernst Thälmann" von der Warnow-Werft, Rostock, das Kampfgruppenbataillon „Martin Hoop" aus Zwickau, die heute voller Stolz hohe Auszeichnungen unseres Landes entgegen nehmen können. Sie stehen stellvertretend für viele weitere vorbildliche Einheiten.
Bekanntlich hat sich das Kampfgruppenbataillon „Otto Buchwitz" aus Dresden an alle Kampfgruppen mit dem Aufruf gewandt, den sozialistischen Wettbewerb mit Höchstleistungen zu Ehren des 30jährigen Bestehens der Kampfgruppen zu führen. Damit wurden im ganzen Land viele wirksame Initiativen ausgelöst und das Versprechen, die Effektivität der Ausbildung zu steigern, erfüllt.

Liebe Genossen!
Wer sich die internationale Entwicklung vor Augen hält, der versteht um so besser, wie wichtig es ist, unsere sozialistische Deutsche Demokratische Republik als einen zuverlässigen Eckpfeiler des Friedens in Europa weiter zu stärken. Wir setzen zielstrebig den auf dem X. Parteitag der SED beschlossenen Kurs der Hauptaufgabe in der Einheit von Wirtschafts- und Sozialpolitik fort. Damit verbinden wir, an der Seite der Sowjetunion und der anderen Bruderländer, zugleich alle Anstrengungen, um zu verhindern, daß die Menschheit einem nuklearen Inferno zum Opfer fällt.
Zu einer neuen Runde des atomaren Wettrüstens darf es nicht kommen. Es darf nicht dazu kommen, daß der Brüsseler Raketenbeschluß der NATO realisiert und durch die Stationierung von amerikanischen Pershing-II und Cruise Missiles in Westeuropa die internationale Lage noch mehr kompliziert, die Gefahr eines nuklearen Weltkrieges weiter erhöht wird. Wie alle, die den Frieden aufrichtig wollen, sind wir nicht für Hochrüstung, sondern für die Begrenzung und Reduzierung der Rüstungen in Ost und West, wobei das Prinzip der Gleichheit und der gleichen Sicherheit eingehalten werden muß. Statt Konfrontation, statt Sanktions-, Boykott- und Drohpolitik, die der USA-Imperialismus gerade jetzt wieder unter wüsten antisowjetischen Verleumdungen forciert, soll gegenseitig vorteilhafte Zusammenarbeit das internationale Klima bestimmen.
Zur friedlichen Koexistenz von Staaten verschiedener sozialer Ordnung gibt es weniger denn je eine vernünftige Alternative. Davon ist das ganze Programm konstruktiver Abrüstungsmaßnahmen getragen, das die Staaten des Warschauer Pakts von Prag aus und die führenden Repräsentanten sozialistischer Länder von Moskau aus unterbreitet haben. Durch seinen jüngsten, Euch allen bekannten Vorschlag zur Reduzierung der atomaren Mittelstreckenwaffen in Europa hat unser Freund und Genosse Juri Andropow im Namen der Sowjetunion einen erneuten, bedeutsamen Schritt getan, um konkrete Vereinbarungen zu ermöglichen. Die Deutsche Demokratische Republik unterstützt die beharrlichen Initiativen der UdSSR, die Beweis für aufrichtige Friedenspolitik im Interesse aller Völker sind, voll und ganz. Daraus wird deutlich, wer in Genf auf ein positives Ergebnis hinarbeitet und wer es blockiert.
Gerade in der jetzigen internationalen Situation, da der Imperialismus, insbesondere der USA, die Spannungen weiter verschärft, angesichts der Kriegsvorbereitungen in der NATO ist höchste Wachsamkeit am Platze. Der Schutz und die Verteidigung des Sozialismus müssen jederzeit auf dem erforderlichen Niveau gewährleistet werden. Deshalb ist es auch für die Kampfgruppen ein Gebot der Stunde, jederzeit einsatzbereit zu sein. Wir sind überzeugt, daß alle Einheiten ihren aufopferungsvollen Dienst an unserem sozialistischen Vaterland ganz in diesem Sinne betrachten und ihre Aufgaben auch weiterhin mit Hingabe erfüllen.
Liebe Freunde und Genossen!
In Anerkennung Eurer hervorragenden Verdienste um die Entwicklung der Kampfgruppen, in Würdigung der hohen Kampfkraft und Gefechtsbereitschaft der hier vertretenen Einheiten verleihe ich den Karl-Marx-Orden, den Vaterländischen Verdienstorden und den Orden „Banner der Arbeit". Ich beglückwünsche

Euch herzlich zu dieser hohen Ehrung und verbinde damit die besten Wünsche
für neue Erfolge, gute Gesundheit und persönliches Wohlergehen.

**Toast des Generalsekretärs des Zentralkomitees der SED und Vorsitzenden
des Staatsrates der DDR, Erich Honecker, beim festlichen Beisammensein
anläßlich 30 Jahre Kampfgruppen der Arbeiterklasse im Palast der Republik
am 23. September 1983**

Liebe Genossinnen und Genossen!
Liebe Freunde!
Im Namen des Zentralkomitees, des Staatsrates und des Ministerrates beglückwünsche ich alle Kämpfer, Unterführer und Kommandeure sehr herzlich zum 30jährigen Bestehen der Kampfgruppen der Arbeiterklasse der Deutschen Demokratischen Republik. Ganz besonders gilt unsere Gratulation all jenen Genossen, denen heute hohe staatliche Auszeichnungen verliehen wurden. Mit diesem gemeinsamen festlichen Beisammensein wollen wir auch den hier anwesenden Ehefrauen für die langjährige Unterstützung danken, die sie ihren Männern beim Dienst im Ehrenkleid der Kampfgruppen erwiesen haben. Herzlich willkommen heiße ich die Vertreter von Volkmilizen und Kampfgruppen aus unseren sozialistischen Bruderländern CSSR und Ungarische Volksrepublik sowie aus der befreundeten Volksrepublik Kongo.
Das Jubiläum der Kampfgruppen, dieses revolutionären Machtinstruments der Arbeiterklasse, ist für unser ganzes Volk ein großes gesellschaftliches Ereignis. Gerade aus seinem Anlaß bringen die Werktätigen zum Ausdruck, wie fest sie mit ihnen verbunden sind. Indem unsere Partei die Kampfgruppen der Arbeiterklasse ins Leben rief und ständig weiterentwickelte, hat unsere Partei nach der Leninschen Erkenntnis gehandelt, daß nur diejenige Revolution etwas wert ist, die sich auch zu verteidigen versteht. So sind die Kampfgruppen eine unserer großen revolutionären Errungenschaften. Sie sind mit dem Entstehen und Erstarken unseres Landes aufs engste verbunden. In nunmehr drei Jahrzehnten haben sie sich um den zuverlässigen Schutz und die Verteidigung der Arbeiter-und-Bauern-Macht in unserer sozialistischen Deutschen Demokratischen Republik hervorragende Verdienste erworben. Darauf können alle ihre Angehörigen mit Recht stolz sein.
Ihr Gelöbnis lautet bekanntlich, als Kämpfer der Arbeiterklasse die Weisungen der Partei zu erfüllen, die Deutsche Demokratische Republik, ihre sozialistischen Errungenschaften jederzeit mit der Waffe in der Hand zu schützen und das eigene Leben dafür einzusetzen. Danach handeln Sie entschlossen in jeder Situation und erfüllen Ihre verantwortungsvolle Aufgabe im Interesse des ganzen Volkes. Sie tragen dazu bei, die Beschlüsse des X. Parteitages der SED weiter erfolgreich im Leben zu verwirklichen.
Von Jahr zu Jahr haben die Kampfgruppen an Schlagkraft gewonnen und nehmen ihren festen Platz in der sozialistischen Landesverteidigung ein. Gemeinsam mit

der Nationalen Volksarmee und den anderen bewaffneten Kräften unseres Landes sind sie bereit, den Frieden und den Sozialismus gegen jeden Anschlag zu schützen.
Am heutigen Tag danken wir von ganzem Herzen allen Kämpfern, Unterführern und Kommandeuren, den Mitgliedern der ehrenamtlichen Arbeitsgruppen, den Tausenden von Genossinnen und Genossen in den Grundorganisationen, Kreis- und Bezirksleitungen unserer Partei, in der Deutschen Volkspolizei und den anderen bewaffneten Organen, die so tatkräftig an der Entwicklung unserer Kampfgruppen mitwirken.
Liebe Genossen und Freunde!
Angehöriger der Kampfgruppen zu sein, ist ein ehrenvoller Auftrag. Charakteristisch für einen Kämpfer sind Treue zur Partei und Ergebenheit gegenüber der Sache des Sozialismus. Wir wissen alle, daß es nicht leicht fällt, im Alltag gute Arbeit zu leisten und zudem im Kampfgruppendienst seinen Mann zu stehen. Nicht selten verlangt das, persönliche Interessen hinter die Belange des Schutzes unserer sozialistischen Gesellschaft und der Bürger zurückzustellen. Um so höher schätzen wir den Dienst in den Kampfgruppen, den manche nicht nur seit Jahren, sondern schon seit Jahrzehnten versehen.
Angehöriger der Kampfgruppen zu sein, heißt heute erst recht, sich als bewußter, standhafter Kämpfer für den Frieden zu bewähren. Denn ein dritter, ein nuklearer Weltkrieg, dessen Gefahr aus der imperialistischen Politik der Konfrontation und Hochrüstung erwächst, wäre der Untergang der menschlichen Zivilisation. Die Sicherung des Friedens ist das Wichtigste, was es gibt. Europa braucht keine US-Erstschlagwaffen, keine Pershing-II und Cruise Missiles, sondern soll frei werden von Atomwaffen überhaupt. Den Weg dazu weisen die Vorschläge der Sowjetunion, der DDR und der anderen sozialistischen Länder.
Liebe Genossinnen und Genossen!
Liebe Freunde!
Zehntausende Vertreter der Kampfgruppen aus allen Bezirken unseres Landes werden morgen in der Hauptstadt der DDR, Berlin, an traditioneller Stätte erneut ihr Gelöbnis bekräftigen und ihrem Friedenswillen kraftvoll Ausdruck verleihen. Sie werden vor Augen führen, daß der Schutz der Arbeiter-und-Bauern-Macht in starken Händen liegt.
Erheben wir das Glas und trinken auf
- die Kampfgruppen der Arbeiterklasse der Deutschen Demokratischen Republik,
- unser sozialistisches Vaterland, die Deutsche Demokratische Republik,
- das weitere Erstarken des Sozialismus und des Friedens!

Rede des Generalsekretärs des Zentralkomitees der SED und Vorsitzenden des Staatsrates der DDR, Erich Honecker, auf dem Kampfappell anläßlich 30 Jahre Kampfgruppen der Arbeiterklasse am 24. September 1983 in Berlin

Genossen Kämpfer, Unterführer und Kommandeure!
Liebe Berlinerinnen und Berliner!
Liebe Gäste!
Zum 30jährigen Bestehen der Kampfgruppen der Arbeiterklasse übermittele ich Euch und allen Kämpfern in unserer Republik die herzlichsten Glückwünsche des Zentralkomitees der Sozialistischen Einheitspartei Deutschlands, des Staatsrates und des Ministerrates der Deutschen Demokratischen Republik. Eure eindrucksvolle Manifestation hier im Herzen des roten Berlin ist ein lebendiger Ausdruck dafür, daß die Opfer des deutschen Proletariats im Kampf gegen imperialistischen Krieg und Faschismus, für die soziale Befreiung unseres Volkes nicht vergebens waren. Ihr steht für den Schutz der ersten Arbeiter-und-Bauern-Macht auf deutschem Boden.
Drei Jahrzehnte Kampfgruppen der Arbeiterklasse zeigen, daß wir nicht zu den Leuten gehören, welche die erhabenen Ziele der deutschen Arbeiterbewegung aus den Augen verlieren. Diese Jahrzehnte zeigen, daß sich unsere Partei, die Partei Ernst Thälmanns, im Geiste des sozialistischen Patriotismus und proletarischen Internationalismus stets von der Leninschen Erkenntnis leiten läßt, daß nur die Revolution etwas wert ist, die sich zu verteidigen versteht. Den Freunden unserer Republik zur Genugtuung, den Feinden zur Mahnung: unsere Republik versteht sich zu verteidigen. Im unzerstörbaren ewigen Bündnis mit der Sowjetunion und allen anderen sozialistischen Bruderländern verteidigen wir heute und für alle Zukunft den Sozialismus und den Frieden.
Wir befinden uns am Vorabend jenes Tages, an dem vor 34 Jahren mit der Gründung der Deutschen Demokratischen Republik eine Wende in der Geschichte Europas eingeleitet wurde. Im nächsten Jahr begehen wir bereits den 35. Jahrestag des sozialistischen Deutschlands, das im Ergebnis des zweiten Weltkrieges und der Nachkriegsentwicklung entstand. Vor 34 Jahren waren es diesseits und jenseits der Elbe nicht wenige, die unserer Republik keine Perspektive geben wollten. Aber die Arbeiterklasse der DDR hat im Bündnis mit den Bauern und der werktätigen Intelligenz unter Beweis gestellt, daß sie eine staatstragende Kraft ist, da dieser Staat der ihrige ist.
Heute ist der erste sozialistische deutsche Staat, die Deutsche Demokratische Republik, seine Existenz im Herzen Europas, eine Hoffnung für alle, die nach Frieden und sozialer Gerechtigkeit streben, und zugleich eine Warnung für diejenigen, die glauben, das Rad der Geschichte zurückdrehen zu können. Am Vorabend des 34. Jahrestages, auf diesem machtvollen Appell der bewaffneten Arbeiterklasse sagen wir: Schaut auf diese Republik, sehr, was aus ihr geworden ist, und ihr werdet begreifen, was möglich ist, wenn die Frauen und Männer der Arbeit das Rad der Geschichte in die eigenen Hände nehmen, auf dem festen Kurs der Freundschaft und Zusammenarbeit mit der Sowjetunion und den anderen Staaten der sozialistischen Gemeinschaft, für Frieden und Sozialismus.

Unser Land steht in der ersten Reihe der Industrienationen der Welt - mit einem Nationaleinkommen von mehr als 200 Milliarden Mark im Jahr, mit einer industriellen Warenproduktion von 360 Milliarden Mark, mit Zuwachsraten von 4 bis 5 % sowohl bei den Erzeugnissen, als auch bei der Arbeitsproduktivität. Unsere sozialistische Landwirtschaft ist ein Beweis, was das Bündnis von Arbeitern und Bauern hervorzubringen vermag. Überwunden werden wesentliche Unterschiede zwischen Stadt und Land - auf dem Gebiet der Bildung, im Wohnungswesen und bei vielem anderen mehr.

Unser Land ist auferstanden aus Ruinen, unser sozialistisches Deutschland blüht und gedeiht, durch dies alles, durch die Kinder und Enkel, die Fürsorge für die Alten, durch dies alles werden wir in unserem Willen bestärkt, unseren Beitrag zur Erhaltung des Friedens zu leisten und den Wohlstand des Volkes zu mehren. Das ist Frieden in Aktion. Das ist Freiheit für jedermann, wenn er entschlossen ist, die Freiheit unserer Republik zu verteidigen.

Genossen Kämpfer!

Stets haben die Angehörigen der Kampfgruppen ihren Klassenauftrag erfüllt und ein Beispiel an Pflichtbewußtsein, Vaterlandsliebe und Einsatzbereitschaft gegeben. Mit diesem machtvollen Appell in der Hauptstadt der DDR bekundet Ihr Eure Treue und Ergebenheit zur Sozialistischen Einheitspartei Deutschlands, zu den Idealen des Sozialismus und des Friedens.

Für Eure großartigen Leistungen beim Schutz der sozialistischen Errungenschaften spricht Euch das Zentralkomitee der Sozialistischen Einheitspartei Deutschlands von ganzem Herzen seinen Dank aus. Darin einbezogen sind alle, die unsere Kampfgruppen so aktiv unterstützen. Nicht zuletzt gilt unser Dank den Veteranen der Kampfgruppen und all jenen, die an der Entstehung unserer bewaffneten Arbeiterformationen mitgewirkt haben.

Auch in den kommenden Jahren habt Ihr große Aufgaben zu lösen. Das erfordert von jedem Kämpfer, Unterführer und Kommandeur hohes Bewußtsein und wachsende militärische Fähigkeiten, um die Handlungsbereitschaft unter allen Bedingungen zu gewährleisten. Allen Genossinnen und Genossen in den Kampfgruppen wünsche ich einen erfolgreichen Abschluß des Ausbildungsjahres 1983. Ich wünsche Ihnen und Ihren Familien Gesundheit, Glück und Wohlergehen.

Es leben der Sozialismus und der Frieden!
Es lebe unsere sozialistische Deutsche Demokratische Republik!

Protokoll Nr. 9 der Sitzung des Politbüros des ZK der SED vom 1.3.1988
Geheime Verschlußsache ZK 02 9/88 -117-

Begründung, H. Keßler, Mitglied des Politbüros des Zentralkomitees der SED

Entsprechend der Aufgabenstellung des Nationalen Verteidigungsrates der DDR in Auswertung der zentralen Schulungsmaßnahme „MEISTERSCHAFT 85" sind die Bestimmungen über die Verwirklichung der operativen Führung der Kampf-

kräfte der Kampfgruppen der Arbeiterklasse nach Auslösung der Stufen „Gefechtsbereitschaft bei Kriegsgefahr" bzw. „Volle Gefechtsbereitschaft" zu präzisieren. Mit dieser Präzisierung soll
- die Führung aller Kampfgruppeneinheiten durch die sozialistische Einheitspartei Deutschlands sowohl im Frieden wie auch im Verteidigungszustand nahtlos über den Minister des Innern und Chef der Deutschen Volkspolizei verwirklicht
- und die operative Führung sowie die rückwärtige und technische Sicherstellung der Kampfgruppen nach Auslösung einer höheren Stufe der Gefechtsbereitschaft ohne Umstellung sofort voll wirksam
werden.
Mit den vorgesehenen Änderungen würde insbesondere den Festlegungen der „Direktive des Vorsitzenden des NVR über Rolle, Platz, Aufgaben, Organisation und Ausbildung der Kampfgruppen der Arbeiterklasse der DDR vom 22.12.1960" entsprochen, wonach die Kampfgruppen insgesamt in die bewaffneten Kräfte eingeordnet werden, vor allem als Organ der Arbeiterklasse für Handlungen im Interesse der jederzeitigen Gewährleistung des Schutzes der sozialistischen Errungenschaften der DDR, vorrangig gegen subversive und konterrevolutionäre Handlungen des Gegners. Gleichzeitig würde mit der vorgeschlagenen Präzisierung einer generellen Erkenntnis Rechnung getragen, daß in der Periode der Mobilmachung des Landes möglichst keine grundsätzlichen Veränderungen der bestehenden Führungsorganisation bzw. Umunterstellungen größeren Ausmaßes vorgenommen werden sollten.
Diese Schlußfolgerung wurde in Auswertung der zentralen Schulungsmaßnahme „MEILENSTEIN/MEISTERSCHAFT 87" nachdrücklich unterstrichen.

Anlage Nr. 6
Das Politbüro beschließt:

[...] 1. Ausgehend von der Entwicklung der Ansichten über die Führung territorialer Kräfte ist zur weiteren Vervollkommung der Landesverteidigung der DDR die entsprechend den gegenwärtig geltenden Bestimmungen dem Minister für Nationale Verteidigung nach Auslösung der Stufen „Gefechtsbereitschaft bei Kriegsgefahr" bzw. „Volle Gefechtsbereitschaft" obliegende Verantwortung zur Verwirklichung der operativen Führung der Kampfkräfte der Kampfgruppen der Arbeiterklasse ab 01.01.1991 durch den Minister des Innern und Chef der Deutschen Volkspolizei wahrzunehmen.
2. Der Minister für Nationale Verteidigung und der Minister des Innern und Chef der Deutschen Volkspolizei haben in enger Zusammenarbeit die in ihrer Zuständigkeit dafür erforderlichen stabsmäßigen, planerischen und organisatorischen Voraussetzungen zu schaffen.
Alle Maßnahmen sind unter Wahrung der Geheimhaltung durchzuführen.
3. Für die Realisierung des Vorschlages sind folgende Festlegungen zugrunde zu legen:
...
- Durchführung der Umlagerung materieller Mittel der Kampfkräfte aus Lagern der Nationalen Volksarmee in Lager des Ministeriums des Innern sowie Überga-

be geplanter Kapazitäten für die Instandsetzung von Bewaffnung und Technik der Kampfkräfte an das Ministerium des Innern.
Verantwortlich: Minister für Nationale Verteidigung, Minister des Innern und Chef der Deutschen Volkspolizei
Termin: Oktober 1990
- Herstellung der vollen Bereitschaft zur Verwirklichung der operativen Führung der Kampfkräfte der Kampfgruppen der Arbeiterklasse durch den Minister des Innern und Chef der Deutschen Volkspolizei und die Chefs/Leiter der nachgeordneten zuständigen Führungsorgane
Verantwortlich: Minister des Innern und Chef der Deutschen Volkspolizei
Termin: November 1990
- Meldung des Abschlusses der Präzisierung der operativen Führung der Kampfkräfte der Kampfgruppen der Arbeiterklasse an den Generalsekretär des Zentralkomitees der SED und Vorsitzenden des Nationalen Verteidigungsrates
Verantwortlich: Minister des Innern und Chef der Deutschen Volkspolizei
Termin: Dezember 1990
4. Der Minister für Nationale Verteidigung ist nach der Neuregelung der operativen Führung der Kampfkräfte der Kampfgruppen der Arbeiterklasse zuständig für:
- die Abstimmung der Kampfgruppenangehörigen und die Planung von Leistungen aus der Volkswirtschaft durch die Wehrkommandos
- die Unterstützung der Deutschen Volkspolizei bei der Durchführung von Ausbildungsmaßnahmen mit den Kampfgruppen sowie bei der Ausrüstung der Kampfgruppeneinheiten mit Technik und Bewaffnung
- die zur Verfügungstellung von Ausbildungsbasen für die zeitweilige Nutzung durch die Kampfgruppen
- die Präzisierung operativer Forderungen bezüglich des Einsatzes von Kampfkräften im Interesse der Streitkräfte und der Grenztruppen der DDR.

Rede des Generalsekretärs des ZK der SED und Vorsitzenden des Staatsrates der DDR, Erich Honecker, anläßlich des Kampfappells 35 Jahre Kampfgruppen der Arbeiterklasse am 24. September 1988 in Berlin

Liebe Berlinerinnen und Berliner!
Genossen Kämpfer aus allen Kreisen unserer Republik!
Der 35 Jahrestag des Bestehens der Kampfgruppen der Arbeiterklasse ist uns Anlaß, allen Frauen und Männern der Kampfgruppen für ihre hohe Einsatzbereitschaft zum Schutze der Heimat, zum Schutze der sozialistischen Errungenschaften der Deutschen Demokratischen Republik recht herzlich zu danken.
Wir wissen, daß die ständige Einsatz- und Kampfbereitschaft an alle Kämpfer große Anforderungen stellt, sowohl in der Produktion als auch in der Gefechtsausbildung und im Privatleben. Um so höher ist Euer persönlicher und kollektiver Einsatz zu schätzen, denn er dient unserem sozialistischen Vaterland, der

Deutschen Demokratischen Republik, dient dem Schutz der sozialistischen Errungenschaften, die die Arbeiter, Bauern und Angehörigen der Intelligenz in fast 40 Jahren Deutsche Demokratische Republik geschaffen haben.
Als ich vor 43 Jahren, kurz nach der Befreiung Berlins durch die Rote Armee, zum ersten Mal durch diese Straße ging, auf der Ihr zum Kampfappell angetreten seid, war Berlin eine einzige Trümmerlandschaft, in der, obwohl man es nicht glauben wollte, Menschen lebten. Heute ist unser Berlin, ebenso wie unsere Bezirksstädte, ebenso wie unsere ganze Deutsche Demokratische Republik schöner denn je aus den Ruinen des zweiten Weltkrieges auferstanden.
Ja, ich möchte im Gegensatz zu manchem verantwortungslosen Gerede von Leuten, die es besser wissen müßten, sagen, daß das Antlitz des Sozialismus auf deutschem Boden noch nie so menschlich war wie heute, in einer Zeit, da allein in Berlin, der Hauptstadt der DDR, jährlich 30 000 neue Wohnungen entstehen. Sie werden von Bürgern in Besitz genommen werden, denen bei der Schlüsselübergabe die Freude anzusehen ist, eine Wohnung in Besitz zu nehmen, die sich zu Kaisers Zeit nur Bürger gehobenen Standes leisten konnten. Und das in einer Stadt, wo in wenigen Tagen die dreimillionste seit 1971 in unserer Republik gebaute Wohnung an ihre Mieter übergeben wird. Für die Entwicklung dieses Volkswohlstandes hat unsere sozialistische Republik, haben ihre Werktätigen seit 1971 über 320 Milliarden Mark ausgegeben.
Dies sowie die Schaffung vieler Arbeitsplätze, die Garantie der Vollbeschäftigung, die Tatsache, daß alle Kinder des Volkes ohne Unterschied der Weltanschauung und der Religion gleiche Bildungschancen haben, sichert unserer Republik trotz aller Anfeindungen für immer einen guten Platz in der Geschichte der Völker, die nach Frieden und Wohlstand streben.
Es erfüllt uns daher mit großer Freude und Genugtuung, daß auch in der neuen Ausbildungsperiode die Kampfkraft aller Einheiten der Kampfgruppen der Arbeiterklasse in unserer Republik weiter gewachsen ist. Das stärkt unsere sozialistische Republik, das stärkt in unserer bewegten Zeit das Bewußtsein unseres Volkes, daß die Bürger der Demokratischen Republik auch künftig in Frieden ihrer Arbeit nachgehen und ihre Freizeit gut ausfüllen können.
Genossen Kämpfer!
Liebe Berlinerinnen und Berliner!
Die weitere Gestaltung der entwickelten sozialistischen Gesellschaft in der Deutschen Demokratischen Republik, die im Gegensatz zur kapitalistischen Gesellschaft allen Bürgern ein würdiges Leben ermöglicht, trägt das Gütezeichen einer Gesellschaft, in der ein Mensch ein Mensch sein kann. Sie ist, das möchte ich gerade auf diesem Kampfappell sagen, kein Tummelplatz für Leute, die uns in die alte Zeit zurückzerren wollen.
Genossen Kämpfer!
Mit uns zieht die neue Zeit, und diese neue Zeit werden wir zu jeder Zeit mitgestalten, schützen und verteidigen, denn zu jeder Stunde schützen wir unsere Republik.

Protokoll Nr. 56 der Sitzung des Politbüros vom 28. 11.1989

9. Brief des Generalsekretärs des Zentralkomitees der Sozialistischen Einheitspartei Deutschlands an die Kommandeure, Unterführer und Kämpfer in den Kampfgruppen der Arbeiterklasse
Berichterstatter: W. Herger
Der Brief wird mit den Hinweisen aus der Diskussion bestätigt.

Liebe Genossinnen und Genossen!

In dieser für unser sozialistisches Vaterland so schicksalhaften Zeit tragen die Angehörigen der Kampfgruppen standhaft, mit Besonnenheit und Disziplin entscheidend dazu bei, daß für alle Bürger unseres Landes Frieden und Sicherheit gewährleistet sind und daß in unseren Betrieben die friedliche Arbeit ungestört verläuft.

Dafür dankt Euch das Zentralkomitee der Sozialistischen Einheitspartei Deutschlands sehr herzlich.

In der 36jährigen Geschichte unserer Arbeiterformationen gab es viele Situationen, in denen die Werktätigen im Ehrenkleid der Kampfgruppen die politische Stabilität der Arbeiter-und-Bauern-Macht stärkten und den sich entwickelnden Sozialismus schützten.

Im In- und Ausland weiß man noch sehr gut, wie die Kämpfer der Arbeiterklasse am 13. August 1961 am Brandenburger Tor und an vielen Abschnitten unserer Staatsgrenze halfen, damals vorhandene militärische Pläne zur Beseitigung der DDR zu vereiteln.

Hohes Ansehen erwarben sich die Angehörigen der Kampfgruppen durch ihr Engagement und ihr Vorbild im Arbeitsprozeß. Unvergessen ist das aktive Mitwirken bei der Beseitigung der Folgen von Naturereignissen, wie beispielsweise im Winter 1978.

Ihr verwirklicht mit Eurem selbstlosen Einsatz den demokratischen Auftrag „Was des Volkes Hände schaffen, ist durch Volkes Hände zu schützen!". Dienst in den Kampfgruppen, das war und bleibt Dienst am Volk, eine Form demokratischer Mitverantwortung für den Schutz des Sozialismus. Ihr Recht auf Verteidigung der sozialistischen Errungenschaften lassen sich die Werktätigen der DDR nicht streitig machen.

Unsere Partei, die SED, spricht sich dafür aus, die Kampfgruppen der Arbeiterklasse in die sozialistische Erneuerung einzubeziehen.[1] Bereits jetzt stehen in den Einheiten Kommunisten und Christen, Mitglieder aller Parteien der DDR und Parteilose Schulter an Schulter. Wir halten es deshalb für zweckmäßig, ihre Stellung staatsrechtlich eindeutig zu bestimmen.

Das Ministerium für Innere Angelegenheiten sollte von der Volkskammer der DDR legitimiert werden, die Organisation, Ausbildung, Führung und Sicherstellung der Kampfgruppen zu verantworten. Die Volksvertretungen auf allen Ebenen müssen die öffentliche Kontrolle über ihre gesamte Tätigkeit ausüben.

---

[1] An dieser Stelle wurde der Satz gestrichen: „Sie dürfen nicht länger als bewaffnetes Organ der Partei verstanden werden."

Wir bitten die Leitungen und Grundorganisationen unserer Partei und alle Angehörigen der Kampfgruppen, sich zu diesen und weiteren Überlegungen zu äußern und ihre Erfahrungen für die künftige Entwicklung der Kampfgruppen der Arbeiterklasse der DDR nutzbar zu machen.
Liebe Genossinnen und Genossen!
Das Zentralkomitee unserer Partei steht fest an Eurer Seite und zu Eurem freiwillig übernommenen Auftrag. Laßt uns gemeinsam mit allen demokratischen Kräften unseres Volkes einen schöneren, einen für alle lebenswerten Sozialismus gestalten.
Unsere Waffen richten sich nicht gegen das Volk. Im Gegenteil: Die gute Losung „Wir sind das Volk!" schließt auch jeden Angehörigen der Kampfgruppen der Arbeiterklasse ein. Und so soll es bleiben.
Mit einem herzlichen Gruß an Euch und Eure Familien
Egon Krenz

Befehl Nr. 141/89 des Ministers für Nationale Verteidigung über die Verwirklichung eines Beschlusses des Ministerrates der Deutschen Demokratischen Republik vom 20.12.1989

Entsprechend einem Beschluß des Ministerrates der Deutschen Demokratischen Republik[2] ist die Tätigkeit der Kampfgruppen der Arbeiterklasse zu beenden und planmäßig bis zum 30. Juni 1990 in Verantwortlichkeit des Ministers für Innere Angelegenheiten abzuschließen.

Zur Erfüllung der sich daraus für das Ministerium für Nationale Verteidigung ergebenden Aufgaben
B E F E H L E I C H :
Die zuständigen Stellvertreter des Ministers für Nationale Verteidigung bzw. Chefs und Leiter im Ministerium für Nationale Verteidigung sowie die Chefs der Wehrbezirkskommandos haben alle zur Verwirklichung des Ministerratsbeschlusses erforderlichen Maßnahmen in enger Zusammenarbeit mit den Partnern des Zusammenwirkens im Ministerium für Innere Angelegenheiten bzw. in den BDVP durchzuführen.
In Verantwortlichkeit des Stellvertreters des Ministers und Chefs des Hauptstabes sind
- der zur Unterstützung der NVA und der Grenztruppen der DDR bisher vorgesehene Einsatz von Kampfkräften der Kampfgruppen der Arbeiterklasse aufzuheben
- die dem ehemaligen Ministerium des Innern übergebenen „Operativen Forderungen ..." in meinem Auftrag gegenüber dem Ministerium für Innere Angelegenheiten außer Kraft zu setzen

---

[2] Auszug aus dem Beschluß siehe Anhang

- mit dem Stellvertreter des Ministers für Innere Angelegenheiten und Chef des Stabes die für die Sicherung bedeutsamer Objekte im Interesse der Streitkräfte auf dem Territorium der DDR künftig vorzusehenden Regelungen abzustimmen sowie
- darüber hinaus Festlegungen zu treffen, um erforderlichenfalls verteidigungswichtige Objekte bzw. Punkte und Transporte der militärischen Mobilmachung durch Kräfte der NVA zuverlässig zu sichern.

In Verantwortlichkeit des Stellvertreters des Ministers und Chefs Technik und Bewaffnung sowie des Stellvertreters des Ministers und Chefs Rückwärtige Dienste sind entsprechend der Zuständigkeit
- die materiellen Mittel der Kampfkräfte aus Lagern der NVA in Lager des Ministeriums für Innere Angelegenheiten umzulagern bzw.
- eine Verwendung zur Sicherstellung des Bedarfs der NVA und der Grenztruppen der DDR oder die Verschrottung nicht mehr benötigter Technik, Bewaffnung und Ausrüstung vorzusehen.

4. In Verantwortlichkeit der Chefs der Wehrbezirkskommandos sind
- die für die Einheiten der Kampfkräfte vorgesehenen Einsatzdokumente sofort außer Kraft zu setzen und bis zum 31.01.1990 zu vernichten.
- die zur Sicherstellung der Handlungen der Einheiten der Kampfkräfte getroffenen Festlegungen bzw. übergebenen Leistungsbescheide unverzüglich aufzuheben, die entsprechende Dokumentation gleichfalls bis zum 31.01.1990 zu vernichten.

5. Mit der Kontrolle der Durchsetzung dieses Befehls wird der Stellvertreter des Ministers und Chef des Hauptstabes beauftragt.

6. Außer Kraft gesetzt werden:
- Befehl 52/88 des Ministers für Nationale Verteidigung vom 28.05.1988
- Ordnung Nr. 034/9/001 des Ministers für Nationale Verteidigung sowie alle auf dieser Grundlage erlassenen Nachfolgebestimmungen.

7. Dieser Befehl tritt mit sofortiger Wirkung in Kraft und ist, außer der Urschrift, am 30.06.1990 zu vernichten.

Berlin, den 20.12.1989
Hoffmann
Admiral

Anhang (Auszug)
Beschluß über die Beendigung der Tätigkeit der Kampfgruppen der Arbeiterklasse
Die mit der Beendigung der Tätigkeiten der Kampfgruppen der Arbeiterklasse freiwerdenden materiellen Mittel sind wie folgt zu verwenden:
1. Sicherstellung des strukturmäßigen und versorgungsmäßigen Bedarfs des Ministeriums für Innere Angelegenheiten und des Ministeriums für Nationale Verteidigung bei Reduzierung des gegenüber der Volkswirtschaft angemeldeten Bedarfs 1990.
2. Bekleidung, Schuhwerk, individuelle Ausrüstung kann Betrieben, Einrichtungen und Genossenschaften gegen Bezahlung als Arbeitsbekleidung bzw. wenn geeignet als Dienstbekleidung überlassen werden.

3. Allgemeine handelsübliche Technik und Ausrüstung kann entsprechend den dafür geltenden staatlichen Regelungen Betrieben, Einrichtungen und Genossenschaften gegen Bezahlung übereignet werden.
4. Nicht benötigte spezielle militärische Technik, Bewaffnung und Ausrüstung sind zu verschrotten. Diese Maßnahmen sind in geeigneten Betrieben der Volkswirtschaft durchzuführen. Die dafür erforderlichen Aufwendungen trägt der Haushalt des Ministeriums für Innere Angelegenheiten.
In Umsetzung vorgenannter Maßnahmen sind zwischen dem Minister für Innere Angelegenheiten und dem Minister für Nationale Verteidigung sowie dem Vorsitzenden der Staatlichen Plankommission die notwendigen Festlegungen zu treffen.
Mit den Betrieben, Kombinaten, Handels- und Dienstleistungseinrichtungen sowie Reparaturbetrieben für 1990 abgeschlossene Verträge sind entsprechend dem Erfordernis des verringerten Bedarfs des Ministeriums für Innere Angelegenheiten und des Ministeriums für Nationale Verteidigung eigenverantwortlich zwischen den Vertragspartnern zu präzisieren. Dem Ministerium für Innere Angelegenheiten sowie dem Ministerium für Nationale Verteidigung einschließlich den nachgeordneten Dienststellen sind keine Sanktionen infolge der notwendigen Präzisierungen zu berechnen.

Die wesentliche Bewaffnung und Ausrüstung der Kampfgruppen

Persönliche Ausstattung der Kampfgruppenangehörigen:
- Stahlhelm
- Maschinenpistole
- Schutzmaske
- Schutzanzug
- Feldspaten
- Feldflasche

Bewaffnung:
- Pistole Makarow, M, Kaliber 9,02 mm, Einführung 1961
- Maschinenpistole Kalaschnikow, MPi-KMS-72, 7,62 mm, Einführung 1976
- Maschinenpistole Kalaschnikow, MPi-KM, mit Abschußgerät für Angriffsgranate oder Reizwurfkörper, 51,5 mm, Einführung 1972
- Leichtes Maschinengewehr Kalschnikow, lMG-K, 7,62 mm, Einführung 1970
- Panzerbüchse, RPG-7, 40 mm, Einführung 1971
- Reaktives Panzerabwehrgerät, RPG-18, 34 mm, Einführung 1984
- Schweres Panzerabschußgerät 73, SPG-9D, 73 mm, Einführung 1972
- Granatwerfer 37, GW, 82 mm, Einführung 1957
- Fliegerabwehrmaschinengewehr, Fla-MG, 12,7 mm, Einführung 1977
- Fliegerabwehrkanone, ZU-23 Zwilling, 23 mm, Einführung 1974

Bewaffnung einer Kampfgruppe:
- 7 Maschinenpistolen, 2 leichte Maschinengewehre, 1 Panzerbüchse

Einsatz- und Transportfahrzeuge:
- Krad ETZ 250A, Melde- und Regulierungsfahrzeug, Einführung 1985
- Schützenpanzerwagen 40 P 2, SPW 40 P2, allgemeines Aufklärungsfahrzeug, KC-Aufklärungsfahrzeug; Bewaffnung: Panzermaschinengewehr KPTW, 14,5 mm, und Panzermaschinengewehr PKT, 7,62 mm, Einführung 1986
- Schützenpanzerwagen 152 W 1, SPW 152 W 1, Gruppenfahrzeug; Bewaffnung: Panzermaschinengewehr PKMB, 7,62 mm, Einführung 1976
- Jeep, UAZ 469 B, geländegängiges Kommandeursfahrzeug, Einführung 1975
- Jeep, UAZ 469 B mit Speziallafette, Basisfahrzeug für SPG-90, Einführung 1987
- Trabant Kübel, P 601 A, Kommandeursfahrzeug, Einführung 1986
- W 50 LA/A-1, Mannschafts- und Transportfahrzeug, Einführung 1985
- W 50 LA / A / CM. LAK II, Stabsfahrzeug als leichter, abnehmbarer Koffer, Einführung 1984
- W 50 LA / A-ND-KTW, Kanistertankwagen, Einführung 1986
- W 50 LA PV / W, Instandsetzungsfahrzeug mit Werkstatt, Einführung 1981
- LO 2002 A, Mannschaftstransportfahrzeug, Basisfahrzeug für Wasserfilterstation, Protzenfahrzeug, Instandsetzungsfahrzeug, Einführung 1975
- LO 2002 Sankra, Sanitätsfahrzeug, Einführung 1975
- FKü 180/72, Feldküche, Einführung 1973
- WTA 900/69, Wassertransportanhänger, Einführung 1970

Nachrichtentechnik:
Handfunksprechgeräte:
- UFT 422, UFT 721, UFT 727, Reichweite ca. 4 - 6 km, Einführung 1972
- R 108 mit Leistungsverstärker UM 2, Reichweite 6 - 15 km, mit UM 2 bis 30 km, Einführung 1965
- Gerätesatz 9/12, leichtes Feldkabel, 12 km, Vermittlung für 10 Teilnehmer, Einführung 1969
- R 1125 B, mobiler Funkgerätesatz, Einführung 1981

Pionierausrüstung:
- Wasserfilterstation, WFS 1/72, Leistung 30 l/h, Einführung 1973
- WFS 2/72 auf Basisfahrzeug LO 2002, Wasserfilterstation, Leistung 600 l/h, Einführung 1973
- Einmannmotorkettensäge, Einführung 1970
- Minensuchgerät 75, MSG 75, Einführung 1980
- Minensuch- und Räumsatz, MSS-KRM, Einführung 1982
- Schlauchboot, 2,5 MP

Abkürzungsverzeichnis

ABV	-	Abschnittsbevollmächtigter (Unterste Dienststellung bei der Deutschen Volkspolizei; verantwortlich für öffentliche Sicherheit und Ordnung, häufig Spitzeldienste für das MfS)
A/S	-	Ausbildung/Schulung
ASG	-	Aufklärungs- und Suchgruppe
BDVP	-	Bezirksverwaltung Deutsche Volkspolizei
BEL	-	Bezirkseinsatzleitung
BKK	-	Bezirkskampfkräfte
BL	-	Bezirksleitung
BGL	-	Betriebsgewerkschaftsleitung
BHG	-	Bäuerliche Handelsgenossenschaft
BPO	-	Betriebsparteiorganisation
BS	-	Betriebsschutz
CSR	-	Tschechoslowakische Republik
CSSR		Tschechoslowakische Sozialistische Republik
DBD	-	Demokratische Bauernpartei Deutschlands
DFD	-	Demokratischer Frauenbund Deutschlands
DSF	-	Gesellschaft für Deutsch-sowjetische Freundschaft
DVP	-	Deutsche Volkspolizei (auch: DP)
EKB	-	Elektrotechnisches Kombinat Bitterfeld
Elmo	-	Elektromotorenwerk Wernigerode
FH	-	Freiwillige Helfer (z.B der Volkspolizei, Transportpolizei, Grenztruppen)
Fla-MG	-	Flugabwehr-Maschinengewehr
FvD	-	Fahrer vom Dienst
GKvD	-	Gehilfe des Kommandeur vom Dienst
GOvD	-	Gehilfe Offizier vom Dienst
GST		Gesellschaft für Sport und Technik
GW	-	Granatwerfer
HA/AS	-	Hauptabteilung Ausbildung und Schulung (der Deutschen Volkspolizei)
HO	-	Handelsorganisation
HS	-	Hundertschaft

HVDVP	-	Hauptverwaltung Deutsche Volkspolizei
IdL	-	Innendienstleiter
IML	-	Institut für Marxismus-Leninismus beim ZK der SED
KCB	-	Kernstrahlungs- chemische- biologische (-Abwehr)
Kdr.	-	Kommandeur
KG	-	Kampfgruppen
KGB	-	Kampfgruppen-Bataillon
KGBttr.	-	Kampfgruppen-Batterie
KGH	-	Kampfgruppen-Hundertschaft
KGZ	-	Kampfgruppen-Zug
KK	-	Kampfkräfte
KKK	-	Kreiskampfkräfte
Kom.	-	Kommissar
KPS		Kreisparteischule
lMG	-	leichtes Maschinengewehr
lPAG	-	Leichtes Panzerabwehrgeschütz
LDPD	-	Liberal Demokratische Partei Deutschlands
LPG	-	Landwirtschaftliche Produktionsgenossenschaft
NDPD	-	National Demokratische Partei Deutschlands
NVA	-	Nationale Volksarmee
NVR	-	Nationaler Verteidigungsrat
MdI	-	Ministerium (Minister) des Inneren
MPi	-	Maschinenpistole
MTS	-	Maschinen- und Traktor-Station ((bis 1949 MAS - Maschinenausleihstationen für Bauern, die im Zuge der Bodenreform Land erhalten hatten; in den sechziger Jahren allmähliche Übergabe an die LPG)
MVM	-	Massenvernichtungsmittel
Ofw.	-	Oberfeldwebel
OvD.	-	Offizier vom Dienst
OVE	-	Objektverteidigungs-Einheit
PaK	-	Panzerabwehrkanone
PdVP	-	Präsidium der Deutschen Volkspolizei
RAW	-	Reichsbahnausbesserungswerk
RFB	-	Roter Frontkämpferbund
RG	-	Rückstoßfreies Geschütz

RTS	-	Reparatur-Traktoren-Station
SK	-	Sicherungskräfte
sMG	-	schweres Maschinengewehr
SvD	-	Sanitäter vom Dienst
StKTA	-	Stellvertreter Kommandeur Technik/Ausrüstung
StKV	-	Stellvertreter Kommandeur Versorgung
SU	-	Sowjetunion
VD	-	Versorgungsdienste
VdgB	-	Vereinigung der genossenschaftlichen Bauernhilfe
VEB	-	Volkseigener Betrieb
VEG	-	Volkseigenes Gut
VP	-	Volkspolizei
VPA (B)	-	Volkspolizeiamt (Betrieb)
VPKA	-	Volkspolizeikreisamt
Wm.	-	Wachtmeister
WPO	-	Wohnbezirksparteiorganisation
ZPKK	-	Zentrale Parteikontrollkommission
ZSdVP	-	Zentralschule der Volkspolizei, später: ZSfKG bzw.
ZSfK	-	Zentralschule für Kampfgruppen

Begriffserläuterungen

Parteigruppe der SED - In der Organisationsstruktur kleinste Einheit der Mitglieder und Kandidaten der SED

Politbüro - Kurzform für Politisches Büro in der SED wie auch in den kommunistischen und Arbeiterparteien; kollektives, vom Zentralkomitee gewähltes und ihm rechenschaftspflichtiges Führungsorgan zur politischen Leitung der Arbeit des Zentralkomitees (und aller gesellschaftlichen Bereiche des Landes) zwischen den Plenartagungen des Zentralkomitees.

SED-Grundorganisation - wurde in Betrieben oder Institutionen aus mehreren Parteigruppen gebildet und wählte eine Parteileitung mit einem Sekretär der Grundorganisation

SED-Parteiaktiv - Organisationsform innerhalb der Partei zur Beratung spezieller Themen; die jeweilige Parteileitung (bis zur Politischen Verwaltung der bewaffneten Organe) konnte die Teilnehmer von unteren und oberen Parteileitungen bzw. Grundorganisationen bestimmen, ohne sich an gewählte Institutionen zu halten

Zentrale Parteikontrollkommission (ZPKK) - Vom ZK berufenes Organ zum Schutz der Einheit und Reinheit der SED vor feindlichen Einflüssen sowie vor jeder „fraktionellen" Tätigkeit; nach dem Statut der SED hatte die ZPKK die Einhaltung der Parteidisziplin durch die Mitglieder und Kandidaten der SED zu kontrollieren und gegen diejenigen vorzugehen, die gegen das Statut, die Beschlüsse der Partei, die Partei- und Staatsdisziplin sowie gegen die Parteimoral verstoßen hatten; die ZPKK arbeitete eng mit dem MfS zusammen und kann als eine der übelsten und menschenverachtendsten kommunistischen Institutionen betrachtet werden; Vorsitzende der ZPKK waren Hermann Matern, Erich Mückenberger und in der Wendezeit Werner Eberlein

Namensverzeichnis - Auszug -

Berthold, Lothar, Prof. Dr. sc., Leiter des Instituts für Marxismus-Leninismus

Borning, Walter, Generalleutnant, Leiter der Abteilung Sicherheitsfragen des ZK der SED

Dickel, Friedrich, Armeegeneral, Stellv. Minister für Nationale Verteidigung, Chef der politischen Verwaltung der NVA, später Minister des Innern und Chef der Volkspolizei

Eberlein, Werner, Vorsitzender der ZPKK

Ebert, Friedrich, Oberbürgermeister von Berlin (Ost) und Mitglied des Politbüros

Eikemeier, Fritz, Generalmajor, Präsident der Volkspolizei Berlin

Grotewohl, Otto, Mitglied von ZK und Politbüro, Ministerpräsident

Grünstein, Herbert, Generalleutnant, Stellvertreter des MdI und Staatssekretär

Herger, Wolfgang, Leiter der Abteilung für Sicherheitsfragen des ZK der SED

Hoffmann, Heinz, Armeegeneral, Chef der KVP, später Minister für Nationale Verteidigung

Hoffmann, Theodor, Admiral, letzter Minister für Nationale Verteidigung

Honecker, Erich, SED-Generalsekretär, Staatsratsvorsitzender, Vorsitzender des NVR

Keßler, Heinz, Armeegeneral, Minister für Nationale Verteidigung, zuvor Stellvertreter des Ministers und Chef Hauptstab, Mitglied des Politbüros

Krenz, Egon, Mitglied von Politbüro und ZK der SED, Vorsitzender des Staatsrates der DDR, letzter Generalsekretär des ZK

Last, Otto, Generalmajor, Stellvertreter des Staatssekretärs für Staatssicherheit

Leuschner, Bruno, Mitglied von ZK und Politbüro, Vorsitzender der Staatlichen Plankommission, NVR-Mitglied

Matern, Hermann, Mitglied von ZK und Politbüro, Vorsitzender der ZPKK, NVR-Mitglied

Mielke, Erich, Armeegeneral, Mitglied des Politbüros, NVR-Mitglied, Minister für Staatssicherheit

Mückenberger, Erich, Mitglied des Politbüros, Vorsitzender der Bezirksleitung Frankfurt/Oder, Vorsitzender der ZPKK, Vorsitzender der DSF

Neumann, Alfred, Mitglied von ZK und Politbüro, 1. Sekretär der SED-Bezirksleitung Berlin

Oelßner, Fred, Mitglied von ZK und Politbüro, Chefideologe der SED, 1958 wegen „Opportunismus und Zersetzung" Verlust der Parteiämter

Pieck, Wilhelm, Mitglied von ZK und Politbüro, Präsident der DDR

Puschkin, G.M., Sowjetischer Botschafter in der DDR

Rau, Heinrich, Mitglied des Politbüros, u.a. Minister für Planung, Maschinenbau und Außenhandel

Reuther, Generalleutnant, Stellvertreter des MdI und Leiter der Politischen Verwaltung

Röbelen, Gustav, Generalmajor, Leiter der Abt. für Sicherheitsfragen beim ZK der SED

Scheibe, Herbert, Generaloberst, Leiter der Abt. für Sicherheitsfragen des ZK der SED

Schirdewan, Karl, Kaderchef, Mitglied von ZK und Politbüro, 1958 wegen „Fraktionstätigkeit" entmachtet

Schmalfuß, Generalleutnant, Stellvertreter des MdI

Schön, Otto, Leiter des Büros des Politbüros, Mitglied des ZK

Seifert, Willi, Generalleutnant, Stellvertreter des MdI und Leiter der Hauptinspektion, Hauptabteilung Kampfgruppen

Stoph, Willi, Armeegeneral, Minister des Innern, erster Minister für Nationale Verteidigung, Vorsitzender des Ministerrates, Mitglied von ZK und Politbüro

Streletz, Fritz, Generaloberst, Stellvertreter des MfNV und Chef Hauptstab der NVA

Tittelbach, Generalmajor, Leiter der Versorgungsdienste des MdI

Trötscher, Otto, Mitglied des Politbüros und erster Chefredakteur des Organs „Der Kämpfer"

Ulbricht, Walter, Erster Sekretär des ZK der SED, Staatsratsvorsitzender, Vorsitzender des NVR, Ehrenvorsitzender der SED

Verner, Paul, 1. Sekretär der SED-Bezirksleitung Berlin

Wagner, Kurt, Generaloberst, Stellvertreter des MfNV für Ausbildung

Walter, Otto, Generalleutnant, Stellvertreter des Ministers für Staatssicherheit

Warnke, Herbert, Vorsitzender des FDGB, Mitglied von ZK und Politbüro

Weikert, Martin, Generalleutnant, Stellvertreter d. Ministers für Staatssicherheit

Wollweber, Ernst, Staatssekretär für Staatssicherheit, 1956 wegen „Fraktionstätigkeit" aus dem ZK ausgeschlossen

Zaisser, Wilhelm, Minister für Staatssicherheit, nach dem Volksaufstand vom 17. Juni 1953 entmachtet

Ziegler, Erhard, Oberstleutnant, erster Leiter der ZSDVP Schmerwitz

Bewertung des Quellenmaterials

Zur Erarbeitung der Problematik der Kampfgruppen in der DDR wurden Dokumente des SED Parteiarchivs/Stiftung Archiv der Parteien und Massenorganisationen, des Militärarchivs des ehemaligen Ministeriums für Nationale Verteidigung sowie des DDR-Ministeriums des Inneren in Anspruch genommen. Die Bestände im Bundesarchiv, Militärarchiv, Dahlwitz-Hoppegarten, erwiesen sich als aufschlußreich inbesondere hinsichtlich der Weisungen des Ministers des Innern, Fragen, die die Finanzplanungen für die Kampfgruppen berührten sowie vor allem in bezug auf die Ausbildungspläne der Zentralen Schule für Kampfgruppen „Ernst Thälmann" in Schmerwitz. Leider finden sich in ihnen jedoch keinerlei Unterlagen mehr aus der direkten Anfangsphase des Aufbaues der Kampfgruppen in den Jahren 1953 und 1954, der Archivbestand setzt erst mit dem Jahr 1955 ein. Gleiches gilt für das Archiv des früheren Ministerium des Innern, in dem nur noch sporadisch Dokumente aus der Anfangszeit der Kampfgruppen zu finden sind. Der Weisungsbestand des Ministers des Innern dürfte dagegen vollständig vorhanden sein. Dasselbe gilt für den Aktenbestand des Nationalen Verteidigungsrates, der sich nach seiner Bildung im Jahr 1961 mehrfach mit den Kampfgruppen befaßt hatte. Im wesentlichen jedoch sind dessen Akten weitgehend identisch mit den im Bestand des ZK oder des Politbüro vorgefundenen, vor allem soweit es um Direktiven oder um Untersuchungen über den Ausbildungsstand bzw. die Einsatzbereitschaft der Kampfgruppen geht. In den Befehlen des Ministers für Nationale Verteidigung finden sich kaum Aussagen zu den Kampfgruppen. Eine Ausnahme macht hier lediglich ein Befehl aus dem Jahr 1989 zur Auflösung der Kampfgruppen.

Angesichts zahlreicher Verflechtungen zwischen den sog. bewaffneten Organe in der DDR erwies es sich als erforderlich, zumindest in Grundzügen auch auf Einrichtungen einzugehen, die vordergründig mit den Kampfgruppen der Arbeiterklasse nur wenig zu hatten. So war allerdings die Gesellschaft für Sport und Technik in den Anfangsjahren für die Ausbildung der Kampfgruppen verantwortlich, bevor sie dann der Deutschen Volkspolizei bzw. auch der Transportpolizei übertragen wurde. Kasernierte Volkspolizei (später Nationale Volkspolizei), GST, Volks-, Bereitschafts- und Transportpolizei sowie Grenzpolizei (später Grenztruppen) waren gemeinsam mit den Kampfgruppen in das Netz der „sozialistischen Landesverteidigung" eingebunden. Die Darstellung der Kampfgruppen hat deshalb auch immer diese militärischen und paramilitärischen Einrichtungen mit einzubeziehen.

Da es sich bei den Kampfgruppen um ein bewaffnetes Organ der SED handelte, weisen zwangsläufig die Unterlagen über die Tagungen des ZK der SED sowie über die Sitzungen des Politbüros des ZK, die für den Zeitraum 1952 bis 1989 untersucht wurden, eine besondere Bedeutung auf. Als von nicht zu unterschätzender Relevanz stellte sich die Arbeit des Sekretariats des ZK der SED als Arbeitsorgan des Politbüros heraus, bei dem es sich jedoch tatsächlich um das eigentliche Machtorgan des gesamten Apparates des Zentralkomitees gehandelt hatte. Einfluß auf die Entstehung und Entwicklung der Kampfgruppen und der anderen bewaffneten Organe der DDR hatten über das Sekretariat des ZK die jeweils verantwortlichen Sekretäre des ZK in der Reihenfolge Walter Ulbricht, Paul Verner, Albert Norden, Erich Honecker und Egon Krenz. Deshalb wurden sowohl die Dokumentationen der Büros dieser SED-Funktionäre wie auch deren vorhandene Nachlässe gesichtet.

Unmittelbare Verantwortung für die Arbeit in den bewaffneten Organen der DDR trug die Abteilung für Sicherheitsfragen des ZK der SED. Dieses ergab sich schon aus dem Selbstverständnis der SED hinsichtlich ihrer führenden Rolle im gesamten Leben der DDR, mithin auch in den bewaffneten Kräften. Für jeden militärischen Bereich, für jedes Ministerium und auch für den Nationalen Verteidigungsrat (der Abteilungsleiter S - Sicherheitsfragen war auch immer Mitglied des NVR) war diese Abteilung die entscheidende Adresse, um die Durchsetzung des Absolutheitsanspruchs der Partei zu gewährleisten. Die Abteilung für Sicherheitsfragen hatte in den Jahren 1953 bis 1989 u.a folgende Aufgaben:
- Erarbeitung von grundsätzlichen militär-, sicherheits- und friedenspolitischen Beschlüssen sowie von Richtlinien für Landesverteidigung;
- Anleitung und Kontrolle der SED-Parteiorganisationen in den bewaffneten Organen der DDR, insbesondere in den Bereichen des Ministeriums des Innern (und damit der Kampfgruppen), des Ministeriums für Nationale Verteidigung, der Staatlichen Plankommission, der Industrieministerien (Beschaffung von Technik und Bewaffnung) sowie über die Hauptabteilungen I in den übrigen Ministerien, aber auch im Rahmen der wehrpolitischen Massenarbeit und der GST;

- Aus- und Weiterbildung von SED-Kadern und deren Einsatz (Nomenklatura) in führenden militärischen Positionen;
- Bearbeitung von Eingaben aus der DDR-Bevölkerung, aber auch von Bürgern anderer Staaten an das ZK der SED, den Generalsekretär des ZK der SED und den Vorsitzenden des NVR.

Mit der Politik der Nomenklatura waren Politbüro, Sekretariat und Sicherheitsabteilung zugleich in der Lage, alle Bereiche des gesellschaftlichen Lebens einschließlich des militärischen zu erfassen, auszurichten und zu lenken. Bedauerlicherweise war zum Zeitpunkt der Recherchen für dieses Buch erst etwa die Hälfte des Archivgutes erschlossen und zugänglich, so daß hier weiter geforscht werden muß und eine Bewertung nur des vorliegenden Teilbestandes erfolgen konnte. Als Staatspartei trug die SED die alleinige Verantwortung für die Ausarbeitung und Durchsetzung der Militärdoktrin und der Sicherheitspolitik besonders gegenüber der Bundesrepublik Deutschland und damit auch der NATO. Das überlieferte Schriftgut der Abteilung für Sicherheitsfragen ist deshalb nicht nur wichtig für Entstehen und Entwicklung der Kampfgruppen der SED, sondern vor allem für die Aufdeckung und Analyse der Ursachen des Scheiterns der SED auch auf dem Gebiet der Militär- und Sicherheitspolitik in der DDR und im Rahmen des Warschauer Vertrages.

Literatur- und Quellenhinweise

Die Aufrüstung in der Sowjetischen Besatzungszone Deutschlands, Bonn, 1958

Ich schoß für den Frieden, Berlin (West), 1958

Ich war ein Genosse Kämpfer, Berlin (West), 1958

G. Baumann, Der militärische Wert der SED-Kampfgruppen, In: Wehrkunde, Heft 10, 1959

Die Kampfgruppen in der Sowjetzone, Berlin (West), 1959

H.-J. Eitner, Die Kampfgruppen der SED - die Bürgerkriegs-Miliz der SBZ, In: Wehrwissenschaftliche Rundschau, Heft 6, 1960

Lehfeld/Pfaff, „Die Zerschlagung der konterrevolutionären Pläne des deutschen Imperialismus und die Solidaritätsbewegung für das sozialistische Ungarn als bedeutende Beiträge der deutschen Arbeiterklasse zur Rettung des Weltfriedens im Herbst 1956", Dissertation, Berlin (Ost), 1962

W. Bader, Kampfgruppen, die Spezialtruppe der SED für den Bürgerkrieg, Köln 1963

A. Hindrichs, Die Bürgerkriegsarmee, die militärischen Kampfgruppen des deutschen Kommunismus, Berlin (West), 1964

H. Marks, Die Kampfgruppen der Arbeiterklasse, ein wichtiges Organ des Militärapparates der DDR, Köln, 1970

M. Czismas, Paramilitärische Organisationen in den Warschauer Pakt-Staaten, In: Sicherheitspolitik heute, Heft 2, 1974

„Für den Schutz der Arbeiter-und-Bauer-Macht", Berlin (Ost), 1976

Kampfgruppen in der DDR gut gerüstet, In: Einheit (IG Bergbau), 10/1976

P. Gosztony, Paramilitärische Ortganisationen im Sowjetblock, Bonn, 1977

Parteiarmee der SED - die Kampfgruppen der Arbeiterklasse, Erfstadt, 1978

G. Holzweißig, 25 Jahre Kampfgruppen in der DDR, In: Deutschland-Archiv, Köln, 11 (1978) 10

J. Nawrocki, Bewaffnete Organe in der DDR, Berlin (West), 1979

Kampfgruppen der Arbeiterklasse, in: Wehrpolitische Informationen, 26/1980

D. Wagner, Die Kampfgruppen der Arbeiterklasse in der DDR, In: Beiträge zur Konfliktforschung, Nr. 4, 1981

Organisation, Auftrag und militärischer Stellenwert der Kampfgruppen der Arbeiterklasse in der DDR, In: Europäische Wehrkunde, Nr. 7, 1981

Rühle/Holzweißig, „13. August 1961 - Die Mauer von Berlin", Köln, 1981

Die paramilitärischen Verbände der DDR, Friedrich-Ebert-Stiftung, Bonn, 1983

DDR-Handbuch, Band 1 und 2, Köln, 1985

Zeittafel zur Militärgeschichte der DDR, 1949 bis 1984", Berlin (Ost), 1985

„Die Militär- und Sicherheitspolitik der SED, 1945 - 1988", Berlin(Ost), 1988

J. Gabert, „Die Entstehung der Kampfgruppen und ihre Entwicklung bis zum Sommer 1961 zu einem schlagkräftigen bewaffneten Instrument der Arbeiterklasse der DDR", Berlin (Ost), 1989

R. Grau, „Aufgaben und Funktionen der Kampfgruppen der Arbeiterklasse beim umfassenden Aufbau des Sozialismus in den Jahren 1961 bis 1970", Dissertation (B), Berlin (Ost), 1989

H. Nicolaus, „Lehren und Erfahrungen des wehrhaften Kampfes der revolutionären deutschen Arbeiterbewegung und die Entwicklung der Kampfgruppen der Arbeiterklasse der DDR von 1981 - 1986", Dissertation (A), Berlin (Ost), 1989

Mitter/Wolle, „Untergang auf Raten", München 1993

Bennewitz/Potratz, „Zwangsaussiedlungen an der innerdeutschen Grenze", Berlin, 1994

V. Koop, „Den Gegner vernichten!", Bonn, 1996

H.-H. Hertle, „Chronik des Mauerfalls", Berlin, 1996

Zeittafel

<u>1953</u>:
17. Juni:	Volksaufstand in Ost-Berlin und in der DDR, Niederschlagung des Aufstandes insbesondere durch sowjetische Truppen
20. Juli:	Als Konsequenz aus dem Volksaufstand Beschluß des ZK der SED auf seiner 14. Tagung zur „Bildung weiterer Arbeiterwehren in den VEB", aus ihr entwickeln sich die „Kampfgruppen der Arbeiterklasse"
4.Juli:	Einsatz von 3000 Angehörigen der KVP in Ost-Berlin, um ein Wiederaufflackern des Aufstandes zu verhindern
Juli bis Sept.:	Gründung zahlreicher „Arbeiterwehren" bzw. „Sicherungsgruppen" in Betrieben in der DDR
30. September:	Rückzug der KVP aus Ost-Berlin und Ersatz durch 3.000 Volkspolizisten; Befehl zur Werbung zusätzlicher 1.500 Kräfte für die Berliner Volkspolizei
9. Dezember:	Beschluß des Sekretariats des ZK der SED über „Richtlinien für die weitere Festigung der Kampfgruppen der Arbeiterklassen". Alle „körperlich voll einsetzbaren Mitglieder und Kandidaten" der SED werden aufgefordert, sich den KG anzuschließen. Die Ausbildung wird von der Gesellschaft für Sport und Technik übernommen.

<u>1954</u>
1. März:	Übergabe der Sonderschule der SED Schmerwitz an das MdI als zentrales Ausbildungsobjekt für Kampfgruppen-Kommandeure
1. Mai:	KG nehmen erstmals an den Demonstrationszügen in der DDR teil
2. Juni:	Festlegung durch das Sekretariat des ZK: „Die Kampfgruppen sind ein Instrument der SED - Sie sind kein Ersatz für die Organe der Volkspolizei - also keinesfalls ein Staatsorgan"; Aufstellung von Kampfgruppen I (in Industriebetrieben, W, (in Wohngebieten) und L (in Landwirtschaftsbetrie-

	ben); Beschluß des MdI über zusätzliche Sicherungsmaßnahmen zum 17. Juni 1954
5. Juli:	Einführung von Sonderausweisen zum Passieren der VP-Sperren am „Ring um Berlin"
8. Juli:	Neuregelung zur Bewachung des Wismut-Sperrgebietes; weitgehende Abschnürung, Kontrolle durch sowjetische Kräfte und die Deutsche Grenzpolizei

1955

4. Januar:	Sitzung des Politbüros, Festlegung der Aufgaben der GST, Aufgabenerweiterung für die KG (Einsatz auch gegen Feinde von außen)
25. April:	Übertragung der Organisation und Ausbildung der KG der Deutschen Reichsbahn auf das Staatssekretariat für Staatssicherheit
15. April:	Die Ausbildung geht von der GST an die Volkspolizei über; Umwandlung der KG in Universitäten, Hoch- und Fachschulen in Einheiten der GST
20. April:	Festlegung des MdI: „Programm für die Ausbildung der Kampfgruppen in 132 Ausbildungsstunden"
1. Mai:	KG beteiligen sich erstmals in blauen Kombinationen mit roten Armbinden an den Mai-Umzügen
7. Juli:	Neue ZK-Direktive über die Struktur und Aufgaben der KG; Auflösung der Kampfgruppen „I", „W" und „L"; Bildung von Gruppen, Zügen und Hundertschaften; Beschluß zur generellen Einführung der einheitlichen Bekleidung
11. Juli:	Schreiben Ulbricht - Chruschtschow mit der Bitte, der Einführung der allgemeinen Wehrpflicht zuzustimmen

1956:

15. Januar:	Inkrafttreten der „Vorläufigen Dienstordnung der Kampfgruppen"
18. Januar:	Beschluß über die Aufstellung der Nationalen Volksarmee
1. September:	Formale Aufhebung des Wismut-Sperrgebietes
23. Oktober:	Beginn des Volksaufstandes in Ungarn

24. Oktober:	Erste Machtdemonstrationen zur Einschüchterung der Bevölkerung in der DDR; öffentliche „Kampfappelle" der KG
2./3. November:	Massiver Einsatz der KG in Ost-Berlin; gewaltsame Verhinderung von Protestaktionen insbesondere an der Berliner Humboldt-Universität
4. November:	Nach anfänglichen Erfolgen der ungarischen Freiheitsbewegung Bildung der kommunistischen Kádár-Regierung und Niederschlagung des Aufstandes durch sowjetische Truppen
8. November:	Beschlußfassung des Politbüros über einen „Hilferuf" an die sowjetischen Truppen im Falle eines Übergreifens der ungarischen Freiheitsbewegung auf die DDR
12.-14. Nov.:	Als Folge des Umsturzversuches in Ungarn Beschluß des ZK der SED auf seiner 29. Tagung, Ausrüstung und Bewaffnung der KG zu verbessern
7. Dezember:	Erlaß einer neuen Anordnung zur Bewachung der SDAG Wismut durch Einheiten der Bereitschaftspolizei
12. Dezember:	Alarmübung der KG in sechs Grenzkreisen zur Überprüfung der Fähigkeiten im Straßen- und Häuserkampf

1957

30. Jan./1. Febr.:	Beschluß der 30. Tagung des ZK zur weiteren Stärkung der Kampfgruppen; Honecker unterstreicht den Anteil der Kampfgruppen an der Aufrechterhaltung von Ordnung und Sicherheit während des ungarischen Volksaufstandes
6. Februar:	Beschluß zur Aufstellung von „Objektverteidigungseinheiten", bestehend aus Kranken und Behinderten, in Berlin
1. März:	Übertragung der Bewachung des Wismut-Gebietes von der Bereitschaftspolizei auf die Volkspolizei; Neuregelung der Sicherung bestimmter volkseigener Betriebe (Wismut)
April:	Übungen der KG in den Bezirken und Kreisen der DDR

17. Mai:	Eröffnung der „Zentralschule zur Ausbildung der Kader für die Kampfgruppen der Arbeiterklasse" in Schmerwitz
26 Juli:	Verurteilung der „Harich-Janka-Gruppe" wegen Bildung einer „konspirativen Gruppe"
ab 1. September:	Übungen „aller Organe der Inneren Sicherheit sowie der GST und des Deutschen Roten Kreuzes"
25. September:	Forcierte Ausbildung von Zug- und Gruppenführern der KG
30. Oktober:	Dienstanweisung des MdI zur Herausgabe des Mitteilungsblattes „Der Kämpfer"

1958

Februar 195:	Auflösung der Objektverteidigungseinheiten; Eingliederung der Kranken und Behinderten in die allgemeinen KG-Einheiten
24. März:	Bericht der DVP an das MdI: Nur 50,7 Prozent der „Kämpfer" hatten an der Ausbildung teilgenommen
4. April:	Arbeitskonferenz der KG in Leipzig
25. September:	Befehl des MdI zur „Sicherung der Schächte, Betriebe und Anlagen der SDAG Wismut"
18. Dezember:	Befehl des ZK zur weiteren militärischen Ausrichtung der KG, Schaffung von KG-Bataillonen
19. Dezember:	Bericht des MdI an Honecker, wonach KG und die „operativen Einheiten des Deutschen Roten Kreuzes" unter dem Schutz der Genfer Abkommen stehen; Beschluß über den Beginn einer ganzjährigen, einheitlichen Ausbildung in den KG

1959

29. April:	Einführung von Dienststellungsabzeichen für die Kommandeure der neugeschaffenen KG-Bataillone
19. Mai:	Einführung eines einheitlichen Gelöbnisses durch das Politbüro des ZK der SED
	Erste Kreisspartakiade der KG in Berlin-Köpenick
1. Oktober:	Umbenennung der Zentralschule der Deutschen Volkspolizei (DSVDP) in Zentralschule für Kampfgruppen (ZSfK)

Oktober:	Landesweite Lehrvorführung zum „Einsatz von Kampfgruppen der Arbeiterklasse bei Aktionen gegen bewaffnete Diversantengruppen"
8. Dezember:	Beschluß des Politbüros über die Bildung des Nationalen Verteidigungsrates als Nachfolgeorgan der streng geheimen Sicherheitskommission

__1960__

21.April:	Anordnung, alle Lehrgangsteilnehmer vor ihrer Entsendung an die ZSfK ärztlich untersuchen zu lassen
22. November:	Beschluß des Politbüros zur Schaffung einer selbständigen „Abteilung Kampfgruppen" im MdI; im Hinblick auf die geplante Schließung der Grenzen zu Berlin und Westdeutschland Intensivierung der Ausbildung

__1961__

1. Januar:	Befehl 1/61 des MdI zur weiteren Erhöhung der Einsatzbereitschaft der KG und zur Bildung der „Abteilung Kampfgruppen" im MdI sowie zur Bildung entsprechender Abteilungen in den BDVP, PdVP Berlin, BDVP (BS) Wismut und der Hauptabteilung Transportpolizei
3. Mai:	Beschlußfassung des NVR über umfassende Neuregelungen in der Struktur und Ausbildung der KG
13. August:	KG am Mauerbau und an Unterdrückungsmaßnahmen in Berlin beteiligt
19. August:	KG schließen die SPD-Büros im Ostteil Berlins
23. August:	Vorbeimarsch der KG in Berlin
25. September:	Stiftung der „Verdienstmedaille der Kampfgruppen der Arbeiterklasse"
Sept./Okt.:	Beteiligung der Kampfgruppen an der Zwangsumsiedlungsmaßnahme „Aktion Festigung"

__1962__

ab 1962:	Herausgabe erster KG-Informationsblätter auf Betriebs- und Kreisebene; u.a. „Der Kampfruf", Kreis Bitterfeld, „Der Rote Wittstocker Sender", „Der Brandenburger Kämpfer", „Priegnitzer

	Kämpfer" und „Die rote Hundertschaft" im Kreis Jüterbog
1. Mai:	Auszeichnung von 3.118 Angehörigen der KG mit der neugestifteten Verdienstmedaille
1963	
20. Oktober:	Massiver Einsatz von Angehörigen der KG zur Abwicklung der Volkskammerwahlen
1964	
17. März:	Beginn der Umrüstung der Kampfgruppen in den südlichen Bezirken der DDR von 76-mm-Kanonen auf Granatwerfer, Rückstoßfreie Geschütze und Fla-MG
März:	Neue Richtlinie des ZK der SED „für die Entwicklung und Durchführung des sozialistischen Wettbewerbs, der Bestenbewegung sowie der Neuererbewegung" in den KG
1965	
19. Mai:	Beschluß des Sekretariats des ZK zur Verstärkung der sozialistischen Wehrerziehung, daraufhin systematischer Aufbau der „Spartakiadebewegung" in den Bezirken der DDR
5. August:	Beschluß über die Verbesserung der materiellen Versorgung von Angehörigen im Dienst verletzter oder getöteter KG-Angehörigen
18. Oktober:	Verordnung über die Stiftung der „Medaille für ausgezeichnete Leistungen und der „Medaille für treue Dienste" in den KG
10. November:	Beschluß des Sekretariats des ZK über eine Direktive zur Ausbildung und Erhöhung der Einsatzbereitschaft der KG
22. November:	Verordnung über den Lohnausgleich für Angehörige der KG
1966	
1. August:	Instruktion über die Aufgaben der Politorgane in den KG
1967	
12. Mai:	Auszeichnung der zentralen Ausbildungsstätte für Kommandeure der Kampfgruppen in Schmerwitz

	mit dem „Vaterländischen Verdienstorden in Gold" und dem Namen „Ernst Thälmann"
24. September:	1. Bezirksspartakiade in Berlin mit über 3.000 aktiven KG-Angehörigen

1968
Mai:	Übungen der KG in den Bezirken und Kreisen der DDR

1970
3. April:	Beschluß zur Einführung neuer KG-Uniformen, die denen der NVA stark ähneln
30. Sept. bis 14. Oktober:	Teilnahme von KG-Einheiten am NVA-Manöver „Waffenbrüderschaft"

1971
30. August:	Beschlußfassung des NVR über „Grundsätze für die Hauptrichtung der Entwicklung der KG im System der Landesverteidigung der DDR bis 1980"
30. September:	Beschluß des NVR zur Umgliederung der KG in Bezirkskampf-, Kreiskampf- und Sicherungskräfte

1972
6. September:	„Richtlinien des Sekretariats des ZK über die Auswahl und Zugehörigkeit der Kämpfer" zu den KG

1973
29. September:	Grußadresse Honeckers zum 20jährigen Bestehen der KG

1974:
17. September:	Anordnung über erhöhte Renten für langjährige Angehörige der KG

1975
27. Juni:	Erlaß der „Ordnung über den Dienst in den Kampfgruppen der Arbeiterklasse - Dienstordnung Kampfgruppen -"

1977
12. Mai:	Auszeichnung der ZSfK mit dem „Scharnhorst-Orden"

1978
1. September: Direktive über die Aufgabe der Politorgane in der DVP gegenüber den Kampfgruppen
30. September: Parade von 10.000 Kampfgruppen-Angehörigen in Berlin
1980
31. Januar: Aufnahme der Ausbildung von Angehörigen der Volksmiliz der Volksrepublik Kongo an der ZSfK Schmerwitz
20. Februar: Erlaß einer Direktive durch das ZK, nach der nach zwanzig Jahren der Komplex „Räumen und Sperren" wieder in das Ausbildungsprogramm der KG aufgenommen wurde; verstärkt Aufgabenzuweisung zur Bekämpfung von Demonstrationen im Innern; Einführung von Fünfjahres-Plänen in der Ausbildung
21. November: Direktive des Vorsitzenden des NVR über Rolle, Platz, Aufgaben und Ausbildung der KG
1981
19. Juni: Befehl des MdI zur Durchführung des Kampfappells am 13. August
13. August: Rede Honeckers anläßlich des 20. Jahrestages des Mauerbaus
1982
3. März: Festlegungen des ZK zur Durchführung des 30jährigen Bestehens der KG 1983; Motto: „30 Jahre Kampfgruppen der Arbeiterklasse für den zuverlässigen Schutz der Arbeiter-und-Bauern-Macht"
1983
5. Januar: Dienstvorschrift 101/84 des MdI über den Einsatz der KG
15. September: Beginn der zentralen Veranstaltungen aus Anlaß des KG-Jubiläums
24. September: Rede Honeckers aus Anlaß des 30jährigen Bestehens der KG; in Berlin präsentieren sich Hundertschaften und motorisierte Einheiten

1985
6. Februar: Kampfmeeting zum 35jährigen Bestehen des MfS; die KG bekräftigen ihre Treue und Ergebenheit
1987
17. Mai: Rede von Egon Krenz anläßlich des 30. Jahrestages der ZSfK; Auszeichnung der Schule mit dem „Stern der Völkerfreundschaft"
1988
30. Januar: Rede Krenz auf einer Tagung der Kommandeure der KG
1. März: Beschluß des Politbüros über die Übertragung der operativen Führung der KG auf den Minister des Innern
24. September: Rede Honecker zum Kampfappell der KG

1989
23. Februar: Befehl 0109/89 des MdI über die Übertragung der operativen Führung der KG auf den Minister des Innern; den KG werden damit wieder verstärkt Aufgaben zur Aufrechterhaltung der „Ordnung" im Innern der DDR zugewiesen
4. Juli: Beschlußfassung des Politbüros über ein neues „Statut der Einsatzleitungen"
28. November: Brief des Generalsekretärs des ZK, Krenz, zur politischen Situation der Wendezeit an die Angehörigen der KG
20. Dezember: Befehl 141 des Ministers für Nationale Verteidigung über die Beendigung der Tätigkeit der KG
1990
8. Februar: Befehl des MdI über die Auflösung des Gebietskommandos der DVP (BS) Wismut

Dank

Es ist dem Verfasser nicht etwa bloße „Pflicht", sondern ausgesprochene Herzensangelegenheit, einigen Personen zu danken, die am Entstehen dieses Buches wesentlichen Anteil haben. Grundlage für die Darstellung der Kampfgruppen sind zwangsläufig in erster Linie Dokumente, die sich in den Archiven der früheren DDR und somit heute zumeist im Bundesarchiv befinden. Das Wissen um die Existenz solcher Archive allerdings allein hätte dieses Buch kaum entstehen lassen können. Der Verfasser hatte das außerordentliche Glück, in Frau Margret Fruth im Bundesarchiv, Zwischenarchiv Berlin-Lichterfelde, und in Wolfgang Haack vom Bundesministerium des Innern, Außenstelle Berlin, Persönlichkeiten gefunden zu haben, die ihn mit zusätzlichen Hinweisen auf den hoffentlich „richtigen Weg" brachten.

Besonderer Dank aber gilt Klaus Wiegand, selbst Militärhistoriker, der mit dem Wissen um und dem Empfinden für das Wesentliche die Archive von ZK und Politbüro sowie die Dokumentionen der Büros der für Sicherheitsfragen zuständigen SED-Funktionäre sichtete und auch im übrigen dem Verfasser wichtige Anregungen gab.

Hinweis zur Zitierweise

Soweit aus Originaldokumenten zitiert wurde, hat der Verfasser die ursprüngliche Schreibweise einschließlich der darin enthaltenen orthographischen, grammatikalischen oder der Fehler in der Zeichensetzung unverändert übernommen. Kritik zumindest in diesen Punkten hat sich also nicht an ihn zu richten.

Bildnachweis

BA, SAPMO: **1.** Hoffmann, Bild Y 4 11822; **2.** Bild Y 1 -211/78 N; **3.** R. Seidel, Bild Y 1 - 2112/79 N; **4.** Bild Y 1-2281N; **5.** Bild Y - 1 448/79 N; **6.** W. Schröder, Bild Y - 11 436; **7.** W. Schröder, Bild Y - 1 11 433 N; **8.** W. Schröder, Bild Y 21120 N; **9.** Bild Y 22530 N; **10.** Bild Y - 1 - 22 531 N; **11.** Bild Y 22529 N; **15.** Bild Y 85645/1 N; **18.** Bild Y 870/69; **20.** Bild Y 85755/1 N; BA, Bildarchiv Koblenz: **12.** 85 458/2 N; **13.** 85 701/6 N; **14.** 85 458/ N; **16.** 85 711/8 N; **17.** 85711/7 N; **19.** Stör, 85 701/2 N; **21.** Katschorowski, M 0929/29 N; **22.** Kohls, R 0811/17 N; **23.** Koard, R 0813/32 N; **24.** Link, R 0814/24 N; **25.** Siebahn, T 0501/23 N; **26.** Busch, U 0114/17 N; **27.** Mittelstädt, 0924/2 N; **28.** Mittelstädt, 0923/ 27. N.

Organisationsstrukturen der Kampfgruppen
1. Kampfgruppenbataillon (mot.)
Personelle Stärke 531

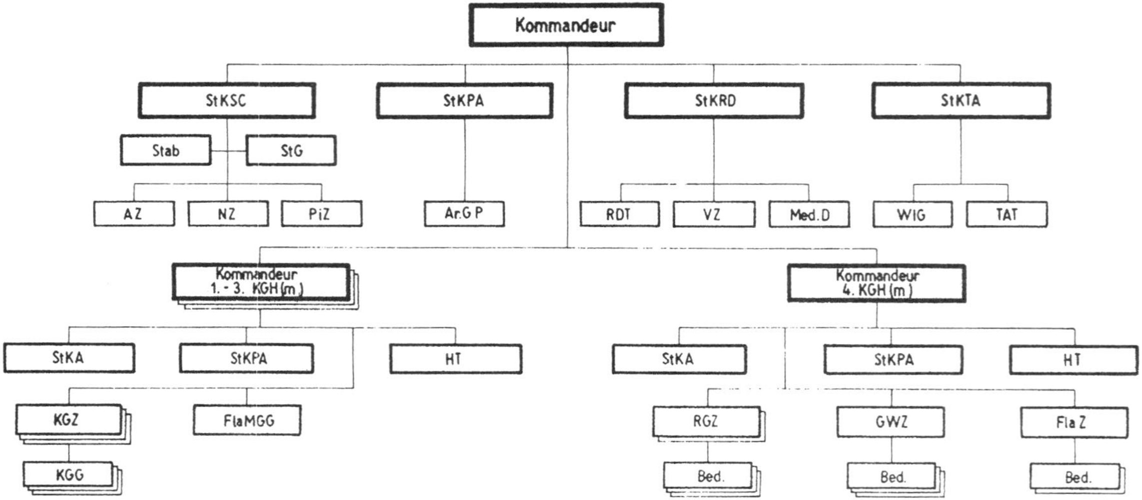

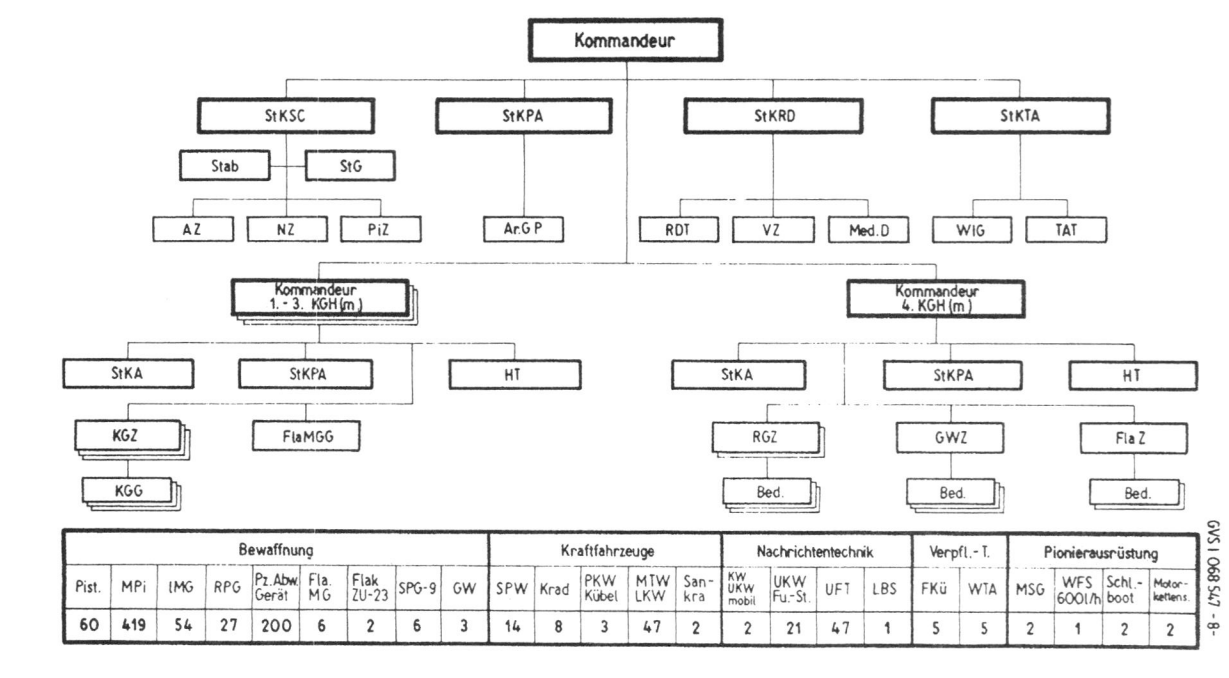

GVS I 068 547 -8-

Bewaffnung									Kraftfahrzeuge						Nachrichtentechnik				Verpfl.-T.		Pionierausrüstung			
Pist.	MPi	lMG	RPG	Pz.Abw Gerät	Fla. MG	Flak ZU-23	SPG-9	GW	SPW	Krad	PKW Kübel	MTW LKW	San-kra	KW UKW mobil	UKW Fu-St.	UFT	LBS	FKü	WTA	MSG	WFS 600l/h	Scht.-boot	Motor-kettens
60	419	54	27	200	6	2	6	3	14	8	3	47	2	2	21	47	1	5	5	2	1	2	2

Kommandeur
- StKSC
  - Stab
    - AZ
    - NZ
  - StG
    - PiZ
- StKPA
  - Ar.GP
- StKRD
  - RDT
  - VZ
  - Med.D
- StKTA
  - WIG
  - TAT

Kommandeur 1.-3. KGH(m)
- StKPA
- HT
- FlaMGG
- StKA
- KGZ
- KGG

Kommandeur 4. KGH(m)
- StKPA
- HT
- GWZ
- Fla Z
- Bed.
- StKA
- RGZ
- Bed.
- Bed.

Gliederung der Kampfgruppen

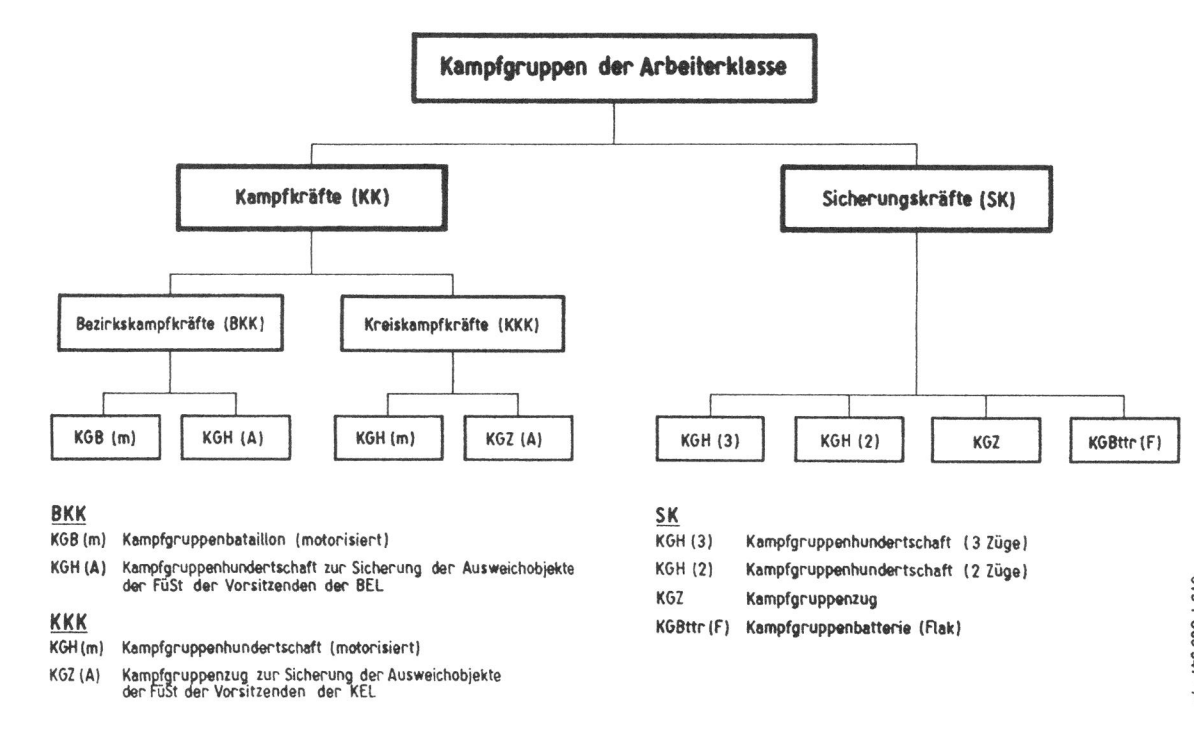

GVS I 068 547-7-

```
                    Kampfgruppen der Arbeiterklasse
                    ┌──────────────┴──────────────┐
              Kampfkräfte (KK)              Sicherungskräfte (SK)
          ┌─────────┴─────────┐           ┌────┬────┬────┬────┐
   Bezirkskampfkräfte    Kreiskampfkräfte KGH(3) KGH(2) KGZ KGBttr(F)
        (BKK)                 (KKK)
     ┌────┴────┐          ┌────┴────┐
   KGB(m)   KGH(A)      KGH(m)   KGZ(A)
```

BKK
KGB (m) Kampfgruppenbataillon (motorisiert)
KGH (A) Kampfgruppenhundertschaft zur Sicherung der Ausweichobjekte
         der FüSt der Vorsitzenden der BEL

KKK
KGH (m) Kampfgruppenhundertschaft (motorisiert)
KGZ (A) Kampfgruppenzug zur Sicherung der Ausweichobjekte
         der FüSt der Vorsitzenden der KEL

SK
KGH (3)   Kampfgruppenhundertschaft (3 Züge)
KGH (2)   Kampfgruppenhundertschaft (2 Züge)
KGZ   Kampfgruppenzug
KGBttr (F) Kampfgruppenbatterie (Flak)

Ausbildung der Kampfgruppen

1. Organisation der Ausbildung

Die Ausbildungsperiode

Sie umfaßt einen Zeitraum von 5 Jahren, steht in Übereinstimmung mit dem Fünfjahresrhytmus der Planung der Volkswirtschaft und gliedert sich in 2 Ausbildungsabschnitte

Die Ausbildungsabschnitte

1. Ausbildungsabschnitt = 2 Ausbildungsjahre   /   2. Ausbildungsabschnitt = 3 Ausbildungsjahre

Das Ausbildungsjahr

Es beginnt am 01.01. und endet am 30.11.

In ihm stehen für die Kampfkräfte und KG-Batterien (Flak) 7 Tage mit 46 effektiven Stunden - die sich in 5 Tage á 6 Stunden und 2 Tage á 8 Stunden gliedern - und für die Sicherungskräfte 5 Tage mit 34 effektiven Stunden - die sich in 3 Tage á 6 Stunden und 2 Tage á 8 Stunden gliedern - für die Durchführung der Ausbildung zur Verfügung. Im jährlichen Wechsel werden Überprüfungen der politischen u. Gefechtsausbildung, taktische Übungen sowie das Schießen der Artillerie- und Flakeinheiten durchgeführt.

Der Ausbildungstag

Er wird mit einer effektiven Dauer von 6 Ausbildungsstunden durchgeführt. Die Tage mit 8 Ausbildungsstunden werden in der Regel als zusammenhängende Ausbildungstage zum Abschluß eines Ausbildungsjahres durchgeführt und bilden gleichzeitig einen Höhepunkt in der Ausbildung. Die Zeit für die Vor- und Nachbereitung der Ausbildung wird durch den Kommandeur festgelegt.

GVS I 068547 -20-

2. Inhalt der Ausbildung

Er wird von den Aufgaben und Einsatzgrundsätzen der Kampfgruppen abgeleitet und in Ausbildungszweige gegliedert

Die Ausbildungszweige und ihr Inhalt

Die militärpolitische Schulung

Schwerpunkte:
- Probleme zur militärpolitischen Lage
- sozialistische Militärpolitik
- politische und ideologische Anforderung an den Kampfgruppendienst.

Die Taktikausbildung

Schwerpunkte:
- entschlossene Handlungen der Einheiten gegen subversive und andere bewaffnete Kräfte des Gegners in unterschiedlichem Gelände, bei Tag und Nacht sowie in jeder Jahreszeit.
- zuverlässige militärische Sicherung und Verteidigung von Objekten.
- Lösung von Aufgaben gegen konterrevolutionäre Machenschaften und subversive Kräfte.
- Handlungen sind selbständig oder im Zusammenwirken im Territorium zu führen.

Die Spezialausbildung

entspr. den Aufgaben der Einheiten

Schwerpunkte:
- Beherrschung der Technik und Ausrüstung
- vollständige Ausschöpfung ihrer Leistungsparameter
- effektiver Einsatz bei taktischen Handlungen

Die Schießausbildung

Schwerpunkte:
- Handhabung der Waffen
- treffsicheres Schießen
- selbständiges Lösen von Feueraufgaben

Anmerkung:
Die Teilnahme an der Ausbildung ist im wesentlichen stabil und beträgt durchschnittlich 95,0 %

GVS I 068547 -17-

Kaderqualifizierung

Hauptinhalt: Befähigung zur
- Durchsetzung der militärischen Einzelleitung
- zielgerichteten politisch-ideologischen Arbeit
- straffen Führung von taktischen Handlungen
- effektiven Gestaltung der Ausbildung

Schulische Aus- und Weiterbildung

▷ Sie erfolgt
  - an der ZSFK „Ernst Thälmann" als zentrale Ausbildungsstätte für Kommandeure und deren Stellvertreter
  - an der KGS „Ernst Schneller" als zentrale Ausbildungsstätte für Kader der Artillerieeinheiten und für die Zug- und Gruppenführer
  - an Schulen des MdI für Kader der RD, Med. D, Nachrichten- und Pioniereinheiten sowie für die Zug- und Gruppenführer

▷ Die Ausbildung der Kader wird vor deren Einsatz in die Dienststellung differenziert zwischen 12 und 4 Wochen durchgeführt.

▷ Alle Kommandeure und Stellvertreter werden in einer Ausbildungsperiode 4 Wochen schulisch weitergebildet.

▷ Jährlich werden ca. 4.600 Kader schulisch aus-und weitergebildet.

Außerschulische Weiterbildung

▷ Sie erfolgt für
  - die Kommandeure und deren Stellvertreter
  - die Angehörigen der Stäbe der KGB (m)
  - bestimmte Angehörige der RD
  - die Zug- und Gruppenführer sowie Gleichgestellte

  jährlich an 9 Ausbildungstagen mit je 8 Std. während d. Arbeitszeit.

▷ Sie ist aufbauend und weiterführend auf die schulische Qualifikation vorrangig ausgerichtet auf die
  - weitere Befähigung zur erfolgreichen Führung der Einheiten im Einsatz unter allen Bedingungen
  sowie
  - umfassende Vorbereitung der Ausbildung der Kämpfer und Einheiten in hoher Qualität und Intensität.

1. Demonstrationszug der Kampfgruppen am 1. Mai 1955 in Halle.

2. Kampfgruppen-Angehörige am 1. Mai 1955 in Berlin: „Wir sind bereit zur Arbeit und zur Verteidigung unseres Betriebes".

3. „Kämpfer" der Sowjetisch-deutschen Aktiengesellschaft Wismut mit roter Armbinde, 1954 oder 1955.

4. Aufmarsch zum 1. Mai 1955: Kampfgruppen in Leipzig.

5. Demonstration für den Sozialismus: „Kämpfer" 1956 auf der Brandenburger „Straße der Aktivisten".

6. Eher skeptische denn begeisterte Zuschauer: Demonstration Berliner Kampfgruppen im Januar 1956.

7. Sozialistisches Ritual: „Selbstverpflichtungen" vor SED-Parteitagen auch bei dieser Berliner Kampfgruppen-Demonstration im Januar 1956.

8. Demonstration von Kampfgruppen im Januar 1956 vor dem Berliner Dom.

9. Appell der Berliner Kampfgruppen am 13. April 1957 auf dem damaligen August-Bebel-Platz.

10. Erste Großkampfübung der Kampfgruppen des Reichsbahnbezirkes Berlin, Reichsbahnausbesserungswerk Schöneweide, am 18. Mai 1957.

11. Übergabe von Waffen an die Kampfgruppen des VEB Berliner Bremsen- und Vergaserwerkes am 10. April 1958.

12. Berlin, 13. August 1961: Kampfgruppen- Angehörige am Brandenburger Tor sollten der Weltöffentlichkeit vorgaukeln, der Mauerbau sei eine Sache der „Werktätigen" gewesen.

13. Aus propagandistischen Gründen am Tag des Mauerbaus in den Vordergrund gerückt: „Kämpfer" Alfred Ringel vor VP-Oberwachtmeister Rudi Jass.

14. Original DDR-Bildunterschrift vom 14. August 1961: „Die Kämpfer aus unseren VEB und Staatlichen Institutionen auf der westlichen Seite des Brandenburger Tores schützen unsere Grenzen. Die Beschlüsse von Partei und Regierung werden konsequent durchgeführt. Alle Kraft in den Dienst des Friedens." Das Bild wurde gesperrt, da alle abgebildeten „Kämpfer" in den Westen flüchteten.

15. Auch „Kämpfer" riegelten am 13. August 1961 die innerstädtischen Berliner Sektorengrenzen ab und waren u.a. auf der westlichen Seite des Brandenburger Tores aufmarschiert.

16. Zwischen Alex und Strausberger Platz in Berlin: Parade der Berliner Kampfgruppen im Panzerspähwagen zehn Tage nach dem Mauerbau, am 23. August 1961. Auf der Tribüne u.a. Partei- und Staatschef Ulbricht (3.v.r.).

17. Kampfgruppen-Parade am 23. August 1961 auf der Karl-Marx-Allee in Berlin.

18. Der 1. Sekretär der SED-Bezirksleitung Berlin, Paul Verner, Walter Ulbricht, Erich Honecker und Kommandeur Dobenstein (v.r.) bei der Abnahme des Appells der Berliner Kampfgruppen am 23. August 1961.

19. „Fertigmachen zur Postenablösung" - Kampfgruppen-Angehörige bei „der Durchsetzung der Grenzsicherungmaßnahmen" vom 13. August 1961.

20. Rückkehr von drei Hundertschaften des Kabelwerkes Oberspree, die bis zum 25. August 1961 zur Sicherung des Mauerbaus eingesetzt waren.

21. Vorbeimarsch der Kampfgruppen mit schwerer Technik vor Mitgliedern der DDR-Partei- und Staatsführung am 29. September 1973.

22. Vorbereitung auf die Vielseitigkeitsstaffel der III. Spartakiade in Berlin. Kämpfer des VEB Ausbau am 11. August 1976 beim Training in der Wuhlheide.

23. Nahmen am 13. August 1976 den Kampfappell in Berlin ab: Armeegeneral Heinz Hoffmann, Vorsitzender des Staatsrates Willi Stoph, ZK-Generalsekretär Erich Honecker und Martin Degen, Kommandierender des Kampfappells (v.l.).

24. Sollte den Kampfeswillen der Bevölkerung stärken: III Spartakiade der Kampfgruppen am 14. August 1976 im Stadion des Berliner Pionierparks „Ernst Thälmann".

25. „Kampfdemonstration der Berliner Werktätigen" am 1. Mai 1978. Den Abschluß der Parade auf der Karl-Marx-Allee bildeten die Kampfgruppen.

26. Ehrung von Karl Liebknecht und Rosa Luxemburg an der „Gedenkstätte der Sozialisten" in Berlin-Friedrichsfelde am 14. Januar 1979.

27. Über 10.000 Kampfgruppen-Angehörige hatten am 24. September 1983 am Berliner Kampfappell anläßlich des 30jährigen Bestehens der Partei-Armee teilzunehmen. Der Kommandeur des KG-Bataillons „Werner Seelenbinder" meldet hier Erich Honecker die angetretenen Einheiten.

28. Auszeichnungsakt zum 30jährigen Bestehen der Kampfgruppen am 23. September 1983 im Amtssitz des Staatsrates. ZK-Generalsekretär Honecker bei der Verleihung des Karl-Marx-Ordens an das Kampfgruppenbataillon „Bernhard Koenen" aus Leuna.